К. И. ЗЕЛЕНИН

ДЕЛОВЫЕ КОНТАКТЫ

Русско-немецкий разговорник

МИНСК
«ВЫШЭЙШАЯ ШКОЛА»
1994

ББК 81.2 Нем
З 48
УДК 801.3=82=30

Рецензент: кандидат филологических наук
доцент *Г. И. Куликов*

Зеленин К. И.
З 48 Деловые контакты: Русско-немецкий разговорник.— Мн.: Выш. шк., 1994.— 399 с.
ISBN 5-339-00906-8.

В разговорнике представлены образцы устной речи, относящиеся к различным видам и сферам деловых контактов: заключение договора, организация взаимных визитов, участие в проведении конференций, осуществление финансовых операций, сотрудничество в области экономики, образования, культуры, спорта и т. п. Разговорник содержит лексический материал, необходимый специалистам для общения в немецкоязычной среде, а также русско-немецкий словарь.

Разговорник дополнен алфавитными указателями на русском и немецком языках.

$$З \frac{8010300000-006}{М\ 304(03)-94}\ 93-93 \qquad\qquad ББК\ 81.2\ Нем$$

ISBN 5-339-00906-8 © К. И. Зеленин, 1994

СОДЕРЖАНИЕ

Предисловие   4

Условные обозначения и сокращения   9

1

КОМАНДИРОВКА   10

Таможенный досмотр и паспортный контроль   10
Обмен денег   12
Поездки   13
Поезд   13
  Самолет   17
  Городской транспорт   19
Связь   21
Гостиница   23
Парикмахерская   26
  Дамский зал   26
  Мужской зал   27
Общественное питание   27
Бытовое обслуживание   29
У врача   31
В магазине   33
Надписи. Вывески. Указатели   34
  Вокзал   34
  Аэропорт   35
  Город   35

ПЕРЕГОВОРЫ. СОГЛАШЕНИЯ   39

Встреча   39
Запрос. Предложение   40
Разработка договора   43
Дополнения к контракту   47

Организация деловых визитов 48
Обмен информационными материалами 51

ФИНАНСОВЫЕ ОПЕРАЦИИ 55

Кредиты 55
  Открытие кредита 55
  Условия предоставления кредита 57
  Погашение кредита 58

Платежи 60
  Общие вопросы 60
  Время платежа 64
  Платежные документы 64
  Оплата в банке 65
  Оплата в кассе фирмы 68
  Финансовые претензии 69

2

ЭКОНОМИЧЕСКОЕ СОТРУДНИЧЕСТВО 75

ПОСЕЩЕНИЕ ФИРМЫ, ПРОМЫШЛЕННОГО ПРЕДПРИЯТИЯ 77

Выбор объекта 77
Организация производства 78
Технико-экономические показатели оборудования 81
Использование оборудования и его модернизация 85
Материальное обеспечение производства 86
Оплата труда. Профсоюзы 88

ПОСЕЩЕНИЕ СЕЛЬСКОХОЗЯЙСТВЕННОГО ПРЕДПРИЯТИЯ 91

Общая характеристика хозяйства 91
Земледелие 94
Животноводство 100
Другие отрасли сельского хозяйства 105
Переработка, хранение и реализация продукции 107

ТЕХНИЧЕСКАЯ ВЫСТАВКА 109

Организационные вопросы 109
Обслуживание участников 114
Монтаж экспозиции 118
Финансовые расчеты 121
Посещение выставки 122

ТОРГОВЛЯ 126

Товары 126

Номенклатура товара 126
Качество товара 128
Гарантийные обязательства 131

Переговоры по ценам 133

База цены 133
Расчет цен 136
Согласование цен 138

Поставка товара 144

Сроки 148
Упаковка 152
Отгрузка 155
Транспортировка 156

Монтаж оборудования и его техническое обслуживание 158

Командирование специалистов 160
Монтаж 161
Ремонт 163
Рекламация 168
Предъявление рекламации 168

Экспертиза 174

НАУЧНО-ТЕХНИЧЕСКОЕ СОТРУДНИЧЕСТВО 176

Основные направления сотрудничества 176
Планы сотрудничества и их реализация 181

ГОСУДАРСТВЕННОЕ УСТРОЙСТВО 193

Административное деление 193
Органы власти 194

Суды   197
Партии, общественные организации, союзы   197

ОБРАЗОВАНИЕ. НАУКА   200

Общая часть   200
Школа   201
Вуз   207

КОНФЕРЕНЦИИ. СИМПОЗИУМЫ. СОВЕЩАНИЯ   218

Организационные вопросы   218
Процедурные вопросы   221
Доклад   223
Дискуссия   226
Частная беседа   230

МЕДИЦИНСКОЕ ОБСЛУЖИВАНИЕ   234

Медицинские учреждения   234
Амбулаторное лечение   236
Стационарное медицинское обслуживание   237
Медицинское обслуживание на предприятии   238
Скорая медицинская помощь   239
Посещение лечебного учреждения   240
Сотрудничество в области медицины   246

КУЛЬТУРА. ИСКУССТВО. СПОРТ   249

Книгоиздание   251
Библиотеки   252
Театр. Цирк   254
Музей. Картинная галерея   255
Киноискусство   256
Спортивное движение   258
Спортивное общество   259

Русско-немецкий словарь   261
Алфавитный указатель   379
Alphabetisches Sachregister   389
Список использованной литературы   399

ПРЕДИСЛОВИЕ

Русско-немецкий разговорник предназначен в первую очередь для лиц, имеющих деловые контакты с представителями немецкоязычных стран как на территории нашей страны, так и за рубежом. Вместе с тем он может быть полезен при изучении немецкого языка в вузах, особенно экономического профиля.

В книге представлены темы: «Командировка», «Переговоры. Соглашения», «Финансовые операции», которые носят более общий характер и могут быть использованы абсолютно всеми специалистами, а также темы более узко-специального характера: «Торговля», «Техническая выставка» и некоторые другие. Они охватывают практически все виды экономического сотрудничества и содержат необходимый языковой материал по ознакомлению с промышленным и сельскохозяйственным производством, при заключении и выполнении различного вида контрактов. В книгу включены также темы и неэкономических направлений: «Образование. Наука», «Государственное устройство», «Медицинское обслуживание» и др. Хотя разработка этих тем носит пробный характер, автор надеется, что привлеченный материал окажет существенную помощь специалистам и в этих сферах сотрудничества. Русско-немецкий словарь включает лексику по всем темам, представленным в разговорнике.

Автор стремился отобрать наиболее типичные ситуации, возникающие при обсуждении коммерческих и других вопросов между представителями отечественных и зарубежных организаций. В разговорнике приводятся наиболее типичные для сферы делового общения фразы. При этом следует учесть, что русские фразы не всегда являются дословным переводом немецких, автор стремился лишь к ситуативному соответствию.

Материал разговорника отобран с учетом современной терминологии и может быть, благодаря тематической подаче, использован как выборочно, так и последовательно.

В теме «Командировка» представлены также наиболее часто встречаемые вывески, надписи и указатели на немецком языке с переводом их на русский язык.

В русско-немецком словаре словарная статья состоит из заглавного слова, выделенного шрифтом, и наиболее употребительных для данной тематики словосочетаний. Словосочетания при заглавном слове подаются в алфавитном порядке в следующих условно разделяемых группах: прилагательное + существительное (△), существительное + существительное (●), существительное + глагол (■) прочие конструкции и целые фразы (◆). Омонимы вместе с относящимся к ним материалом помещены в одной словарной статье и обозначены цифрами.

В конце разговорника приводятся алфавитные указатели на русском и немецком языках, которые помогут пользователю быстро отыскать необходимую дополнительную информацию.

Автор

УСЛОВНЫЕ ОБОЗНАЧЕНИЯ И СОКРАЩЕНИЯ

( ) круглые скобки, в них заключается дополнительная информация пояснения, уточнения: У вас лишний вес (багажа).
/ / косяки, в них помещается новый вариант предложения или слова: Кто владелец /совладелец/ предприятия?
~ тильда, используется: а) в словосочетании вместо основного предшествующего слова:

паспорт
    заграничный ~;

б) в сложных словах:

Export *m*   экспорт
~abschluß *m*   экспортная сделка

дефис, используется: а) для замены основы предшествующего слова: учитель (-ница); крестьянин (-ка);
б) для замены повторяемого корня в сложном слове: Elektro-, Haushalt- und Küchengeräte   бытовые электроприборы

... многоточие, в заглавном предложении означает, что вместо него могут быть поставлены различные единицы и конструкции, приведенные под чертой:
Предъявите, пожалуйста, ...   Zeigen Sie bitte ... .

ваш билет	Ihre Fahrkarte
ваши документы	Ihre Papiere
ваш заграничный паспорт	Ihren Reisepaß

В разговорнике использованы следующие сокращения:

A	Akkusativ	(винительный падеж)
D	Dativ	(дательный падеж)
f	Femininum	(имя существительное женского рода)
G	Genitiv	(родительный падеж)
M	Mark	(марка — денежная единица)
m	Maskulinum	(имя существительное мужского рода)
n	Neutrum	(имя существительное среднего рода)
N	Nominativ	(именительный падеж)
Pf	Pfennig	(пфенниг — денежная единица)
pl	Plural	(множественное число)

1

КОМАНДИРОВКА

ТАМОЖЕННЫЙ ДОСМОТР И ПАСПОРТНЫЙ КОНТРОЛЬ

Скажите, пожалуйста, где здесь таможенный досмотр и паспортный контроль?	Sagen Sie bitte, wo ist hier die Zoll- und Paßkontrolle?
Проверка производится у выхода на летное поле.	Die Kontrolle wird beim Ausgang zum Flugplatz durchgeführt.
У вас есть таможенная декларация?	Haben Sie die Zollerklärung?
Я еще не заполнил таможенную декларацию.	Ich habe die Zollerklärung noch nicht ausgefüllt.
Где мне можно получить бланк?	Wo kann ich ein Formular bekommen?
Вот, пожалуйста, бланк. Заполните его на русском и немецком языках.	Hier bitte ist das Formular. Füllen Sie es bitte in deutscher und russischer Sprache aus.
Прочерков не делайте, а пишите «нет».	Verwenden Sie keine Striche, sondern schreiben Sie «nein».
Предъявите, пожалуйста, таможенную декларацию.	Zeigen Sie bitte Ihre Zollerklärung.
Вот, пожалуйста, моя декларация.	Hier ist meine Zollerklärung.
Вы уплатили пошлину?	Haben Sie die Zollgebühr entrichtet?
Вот моя квитанция об уплате пошлины.	Hier ist meine Zollmarke.
Сколько у вас мест?	Wieviel Gepäckstücke haben Sie?
У меня	Ich habe ...,
два чемодана	zwei Koffer
одна сумка	eine Einkaufstasche
один портфель	eine Aktentasche

Russian	German
Откройте, пожалуйста, … .	Öffnen Sie bitte … .
ваш чемодан	Ihren Koffer
ваш саквояж	Ihren Reisesack
вашу сумку	Ihre Tasche
эту коробку	diese Schachtel
Что вы везёте с собой?	Was haben Sie bei sich?
Я везу … .	Ich habe … .
только вещи личного пользования	nur persönliche Dinge
подарки для своих друзей /родственников/	Geschenke für meine Freunde /Verwandten/
У вас есть …?	Haben Sie …?
советские деньги	sowjetisches Geld
иностранная валюта	Geld in ausländischer Währung
деньги ФРГ	Geld in der Währung der BRD
австрийские шиллинги	österreichische Schillinge
вещи, за которые не уплачена пошлина	unverzollten Gegenstände
вещи, ввоз /вывоз/ которых запрещён	Sachen, deren Einfuhr /Ausfuhr/ verboten ist
Нет.	Nein.
Всё указано в таможенной декларации.	Alles ist in der Zollerklärung aufgeführt.
Так, теперь можете оформлять багаж.	Gut, jetzt können Sie zur Gepäckabfertigung.
Ставьте вещи на весы.	Stellen Sie Ihr Gepäck auf die Waage.
У вас лишний вес. Заплатите за него.	Sie haben Übergepäck. Zahlen Sie bitte dafür.
Вот, пожалуйста, квитанция за лишний вес.	Hier bitte ist die Quittung für das Übergepäck.
Пройдите на паспортный контроль.	Gehen Sie bitte zur Paßkontrolle.
Ваш паспорт, пожалуйста.	Bitte, Ihr Reisepaß.
Куда вы едете?	Wohin fahren Sie?
Я еду … .	Ich fahre … .
в ФРГ	in die BRD

Командировка

в Австрию	nach Österreich
в Швейцарию	in die Schweiz
в Люксембург	nach Luxemburg

По чьему приглашению вы едете? — Auf wessen Einladung fahren Sie?

Я еду по приглашению ... . — Ich fahre /reise/ auf Einladung ... .

моих друзей	meiner Freunde
моих родственников	meiner Verwandten
фирмы «Веберхаус»	der Firma „Weberhaus"

На какой срок вы едете? — Zu welchem Termin fahren Sie? *für welchen Zeitraum*

Я еду на две недели /шесть месяцев/. — Ich fahre für zwei Wochen /sechs Monate/.

Все в порядке. Проходите, пожалуйста. — Alles in Ordnung. Gehen Sie bitte durch. */weiter/*

ОБМЕН ДЕНЕГ

Скажите, пожалуйста, где можно обменять ...? — *mein Geld umwechseln* Sagen Sie mir bitte, wo ich ... ~~einwechseln~~ kann?

валюту	Valuta /Währung/
советские деньги	sowjetisches Geld
дорожные чеки	Reiseschecks

Где находится ближайший ...? — Wo befindet sich die nächstliegende ...?

банк	Bank
обменный пункт	Wechselstube /Wechselstelle/

Пункт обмена /банк/ находится на улице Шиллера. — Die Wechselstelle /Bank/ befindet sich in der Schillerstraße.

Могу ли я здесь ...? — Könnte ich hier ...?

обменять советские рубли	sowjetische Rubel (ein)-wechseln /umtauschen/ *wechseln*
получить деньги по чеку	Geld gegen einen Scheck erhalten
разменять стомарковую купюру на пятидесятимарко-	einen Hundertmarkschein gegen einen Fünfzigmark-

вую и на более мелкие купюры	schein und kleinere Scheine eintauschen
По чеку вы можете получить деньги только в банке.	Gegen Scheck können Sie ~~das~~ Geld nur in einer Bank erhalten.
К какому окну мне нужно подойти /обратиться/?	An welchen Schalter soll ich mich wenden?
Вот мое разрешение на обмен денег.	Hier ist meine Zollerlaubnis für den Geldumtausch.
Сколько марок я получу за сто рублей?	Wieviele Mark bekomme ich für hundert Rubel?
Какой обменный курс ...?	Wie ist der Wechselkurs ...?
австрийского шиллинга	des österreichischen Schillings
американского доллара	des amerikanischen Dollars
английского фунта стерлингов	des englischen Pfunds Sterling
советского рубля	des sowjetischen Rubels
швейцарского франка	des schweizer Frankens
Дайте, пожалуйста, квитанцию об обмене денег	Geben Sie mir bitte eine Wechselquittung.

ПОЕЗДКИ

ПОЕЗД

Скажите, пожалуйста, с какого вокзала идут поезда в ...?	Sagen Sie bitte, von welchem Bahnhof gehen die Züge nach ...?
Москву	Moskau
Мюнхен	München
Лейпциг	Leipzig
Как проехать к вокзалу?	Wie kommt man zum Bahnhof?
Если у вас много вещей, то лучше всего закажите такси, в противном случае поезжайте на ...	Wenn Sie viele Gepäckstücke haben, bestellen Sie ~~bitte~~ ein Taxi, andernfalls fahren Sie mit ...
метро	der U-Bahn

× am besten

Командировка

трамвае	der Straßenbahn
автобусе	dem Bus
Где здесь ...?	Wo ist hier ...?

вокзал	der Bahnhof
выход в город	der Ausgang zur Stadt
справочное бюро	die Auskunft
расписание поездов	der Fahrplan
камера хранения багажа	die Gepäckaufbewahrung
комната матери и ребенка	der Raum für Mutter und Kind
комната отдыха	der Ruheraum
кассовый зал	die Schalterhalle
зал ожидания	der Wartesaal
туалет	eine Toilette
переход к городской железной дороге	der Übergang zur S-Bahn
тоннель к платформе А	die Unterführung zum Bahnsteig A

Каким поездом я попаду в ...?	Mit welchem Zug komme ich nach ...?
Кёльн	Köln
Гамбург	Hamburg
Мюнхен	München
Нюрнберг	Nürnberg
Вам придется сделать пересадку в Берлине, но там вам нужно будет подождать два часа.	Sie müssen in Berlin umsteigen, Sie haben aber dort drei Stunden Aufenthalt.
При пересадке вам совсем не придется ждать.	Beim Umsteigen haben Sie sofort Anschluß.
Сколько часов идет поезд до Цвикау?	Wieviel Stunden fährt der Zug bis Zwickau?
Когда прибывает поезд в Майнц?	Wann kommt der Zug in Mainz an?
Какие крупные города проезжает этот поезд?	Durch welche größeren Städte fährt dieser Zug?
Сколько стоит билет до Эрфурта?	Was kostet eine Fahrkarte nach Erfurt?
Где можно познакомиться с условиями приобретения льготных проездных билетов?	Wo kann man die Bedingungen für ermäßigte Fahrkarten erfahren?

В кассовом зале имеется вся необходимая информация.
Дайте мне, пожалуйста, один билет на поезд № ... Берлин — Минск.
На какой день?
На ... .

> завтра
> двадцать первое октября

В какой вагон?
В ... .

> вагон первого /второго/ класса
> спальный вагон
> вагон с местами для лежания

У вас есть ...?

> билеты подешевле
> более дорогие билеты

Это пятый вагон?
Да, это вагон номер пять.
Ваш билет, пожалуйста.
Проходите, пожалуйста.
Покажите, пожалуйста, мое место.
У вас второе место в первом купе.
Здравствуйте, меня зовут Иван Иванович. Я еду до Эссена. Давайте познакомимся.

Сколько осталось до отхода поезда?
Поезд отправляется через 10 минут.
Вы не возражаете, если я открою /закрою/ окно?
Разрешите поставить здесь чемодан?

In der Schalterhalle finden Sie die nötigen Auskünfte.
Geben Sie mir bitte eine Fahrkarte für den Zug Nummer ... Berlin — Minsk.
Für welchen Tag?
Für ... .

> morgen
> den einundzwanzigsten Oktober

Welche Klasse?
... .

> Erster /zweiter/ Klasse

> Schlafwagen
> Liegewagen

Haben Sie ...?

> preisgünstigere Fahrkarten
> etwas teurere Fahrkarten

Ist das der Wagen Nr. 5?
Ja, das ist der Wagen 5.
Ihre Fahrkarte bitte.
Gehen Sie bitte durch.
Zeigen Sie bitte meinen Platz.

Sie haben Platz zwei im Abteil eins.
Guten Tag, mein Name ist /ich heiße/ Iwan Iwanowitsch. Ich fahre nach Essen. Wollen wir uns bekanntmachen.

Wieviel Zeit haben wir noch bis zur Abfahrt des Zuges?
Der Zug fährt in zehn Minuten ab.
Stört es Sie, wenn ich das Fenster öffne /schließe/?
Darf ich meinen Koffer hier hinstellen?

Командировка

Я выйду, чтобы вам не мешать.	Ich werde hinausgehen, damit Sie mehr Platz haben.
Можно поднять /опустить/ полку?	Darf ich die Sitzbank hochklappen /herunterlassen/?
Можно включить радио?	Erlauben Sie bitte, daß ich das Radio einschalte?
Можно мне здесь сесть?	Darf ich mich hier hinsetzen?
Господин проводник!	Herr Schaffner!
Уважаемая проводница!	Gnädige Schaffnerin!
Разбудите меня, пожалуйста, ...	Wecken Sie mich bitte ... .
в шесть часов	um sechs Uhr
за час до прибытия	eine Stunde vor der Ankunft
Где находится ...?	Wo befindet sich ...?
вагон-ресторан	der Speisewagen
буфет	das Büffet
туалет	die Toilette
розетка для бритья	die Steckdose zum Rasieren
Где включается ...?	Wo wird hier ... eingeschaltet?
свет	das Licht
радио	das Radio
Вагон-ресторан находится в этом направлении.	Der Speisewagen befindet sich *ist* in dieser Richtung.
Он находится	Er befindet sich *ist...* ... .
в голове поезда	an der Spitze des Zuges
во 2-м вагоне	im zweiten Wagen
за нашим вагоном	hinter unserem Wagen
Это /не/ далеко отсюда.	Es ist /nicht/ weit von hier.
Принесите, пожалуйста, два стакана чаю.	Bringen Sie bitte zwei Gläser Tee.
Когда мы прибываем в Лейпциг?	Wann sind wir *kommen* in Leipzig *an?*
Как называется эта станция?	Wie heißt diese Station?
Сколько времени стоит наш поезд на этой станции?	Wie lange hält unser Zug auf *an* dieser Station?

Наш поезд не опаздывает?	Hat unser Zug keine Verspätung?
Поезд нагнал опоздание, он прибывает вовремя.	Der Zug hat die Verspätung aufgeholt, er kommt pünktlich an.
Поезд идёт по расписанию.	Alles geht fahrplanmäßig.
Мы подъезжаем к Гамбургу.	Wir sind kurz vor Hamburg.
Помогите мне, пожалуйста, снять чемодан.	Würden Sie mir bitte helfen, den Koffer herunterzuheben.
Возмите, пожалуйста, ваш билет.	Nehmen Sie bitte Ihre Fahrkarte.

САМОЛЁТ

Далеко ли расположен аэропорт от города?	Ist der Flughafen weit von der Stadt?
На каком автобусе я смогу доехать до аэропорта?	Mit welchem Bus kann ich zum Flughafen fahren?
Когда я должен быть в аэропорту?	Wann soll ich im Flughafen sein?
Скажите, пожалуйста, где здесь	Sagen Sie mir bitte, wo ... ist.
расписание полётов	der Flugplan
справочное бюро	die Auskunft
зал ожидания	der Wartesaal
Когда вылетают самолёты на ...?	Wann ist der Abflug (der Maschine) nach ...?
Москву	Moskau
Минск	Minsk
Вену	Wien
Когда следующий рейс на Мюнхен?	Wann ist der nächste Flug nach München?
Сколько времени продолжается полёт?	Wie lange dauert der Flug?
Этот рейс прямой или на этом рейсе есть промежуточные посадки?	Ist das ein direkter Direktflug, oder gibt es während dieses Fluges Zwischenlandungen?
Когда прибывает самолёт?	Wann kommt das Flugzeug an?
Я хотел бы приобрести билет до Москвы.	Ich möchte einen Flug nach Moskau buchen.

Командировка

Мое место забронировано.	Mein Platz ist reserviert.
Мне, пожалуйста, один билет на самолёт до Вены.	Geben Sie mir bitte einen Flugschein nach Wien.
Предъявите, пожалуйста, ...	Zeigen Sie bitte ... .

    ваш билет   Ihren Flugschein
    ваши документы   Ihre Papiere
    ваш заграничный паспорт   Ihren Reisepaß
    вашу таможенную декларацию   Ihre Zollerklärung

Поставьте, пожалуйста, ваш багаж на весы.	Bitte stellen Sie Ihr Gepäck auf die Waage.
Это мой ручной багаж.	Das ist mein Handgepäck.
Я могу взять с собой этот маленький чемодан?	Kann ich diesen kleinen Koffer mitnehmen?
У вас лишний вес *(багажа)*.	Sie haben Übergepäck.
Сколько я должен заплатить за лишний вес?	Wieviel habe ich für das Übergepäck zu zahlen.
Доплатите 75 марок.	Zahlen Sie bitte 75 Mark.
Покажите мне, пожалуйста, мое место.	Zeigen Sie mir bitte meinen Platz.
Помогите мне, пожалуйста, ...	Helfen Sie mir bitte ... .

    пристегнуть ремни   beim Anschnallen
    установить сиденье   meinen Sitz zu verstellen

На какой высоте мы летим?	In welcher Höhe fliegen wir?
С какой скоростью мы летим?	Mit welcher Geschwindigkeit fliegen wir?
Мне плохо.	Mir ist nicht gut.
Меня тошнит.	Mir ist übel.
У меня болят уши.	Mir schmerzen die Ohren.
Дайте мне, пожалуйста, ...	Geben Sie mir bitte ... .

    воды   Wasser
    леденцов   Fruchtbonbons
    гигиенический пакет   eine hygienische Tüte

Когда мы должны приземлиться?	Wann werden wir landen?
Самолёт опаздывает?	Wird sich das Flugzeug verspäten?
Самолёт приземляется.	Das Flugzeug landet.

ГОРОДСКОЙ ТРАНСПОРТ

Покажите, пожалуйста, на плане города улицу Бисмарка.	Zeigen Sie bitte auf dem Stadtplan die Bismarkstraße.
Опишите мне, пожалуйста, путь отсюда до биржи.	Beschreiben Sie mir bitte den Weg bis zur Börse.
Мне нужно на рыночную площадь. На каком номере (трамвая, автобуса) можно туда доехать?	Ich möchte zum Marktplatz. Mit welcher Linie kann ich dorthin fahren.
Поезжайте на	Fahren Sie mit ... .
автобусе № 2	dem Bus der Linie zwei
трамвае № 23	der Straßenbahn der Linie dreiundzwanzig
метро	der U-Bahn /der Untergrundbahn/
Садитесь на автобус № 3.	Nehmen Sie den Bus der Linie drei.
Садитесь у универмага и сделайте пересадку у рынка на трамвай № 12.	Steigen Sie am Warenhaus ein, und steigen Sie dann am Markt in die Straßenbahn Linie zwölf um.
Скажите, пожалуйста, где здесь ближайшая остановка ...?	Sagen Sie bitte, wo ist hier die nächste ... .
автобуса	Autobushaltestelle
трамвая	Straßenbahnhaltestelle
троллейбуса	Obushaltestelle
метро	U-Bahnstation
Далеко ли до остановки?	Ist es weit bis zur Haltestelle?
Пять минут ходьбы.	Zu Fuß braucht man fünf Minuten.
Я правильно иду к станции метро?	Ist das der richtige Weg zur U-Bahnstation?
Вы неправильно идете.	Sie sind hier falsch.
В каком направлении мне идти?	In welche Richtung muß ich gehen?
Остановка вон там.	Die Haltestelle ist drüben.
Идите прямо через парк, затем налево.	Gehen Sie geradeaus durch den Park, dann nach links.

Вернитесь назад.	Gehen Sie zurück.
Идите все время по правой /левой/ стороне.	Bleiben Sie immer auf der rechten /linken/ Seite.
Через два квартала будет остановка автобуса.	Zwei Ecken weiter ist die Bushaltestelle.
Станция метро за углом.	Die U-Bahnstation ist um die Ecke.
Осторожно. Слева идет автобус.	Passen Sie auf. Von links kommt der Bus.
Сколько стоит одна поездка на ...?	Wieviel kostet eine ...?

автобусе	Busfahrt
метро	Fahrt mit der U-Bahn
трамвае	Straßenbahnfahrt
троллейбусе	Obusfahrt

Где можно купить проездные билеты для городского транспорта?	Wo kann man Fahrkarten für den Stadtverkehr kaufen?
Дайте мне, пожалуйста, пять билетов на автобус /трамвай, метро, троллейбус/.	Geben Sie mir bitte fünf Fahrkarten für den Bus /die Straßenbahn, di U-Bahn, den Obus/.
Пройдите, пожалуйста, дальше /в середину/.	Bitte gehen Sie weiter /in die Mitte/ durch.
Побыстрее, пожалуйста.	Beeilen Sie sich bitte.
Разрешите пройти.	Darf ich mal durch?
Пропустите меня, пожалуйста.	Lassen Sie mich bitte durch.
Подвиньтесь, пожалуйста.	Rücken Sie bitte etwas nach.
Вы сходите на следующей остановке?	Steigen Sie an der nächsten Haltestelle aus?
Вы сейчас выходите?	Steigen Sie jetzt aus?
Куда идет ...?	Wohin fährt /geht/ ...?

этот автобус	dieser Bus
этот трамвай	diese Straßenbahn
этот троллейбус	dieser Obus

Идет ли этот автобус к вокзалу?	Fährt dieser Bus zum Bahnhof?
Как называется следующая остановка?	Wie heißt die nächste Haltestelle?

Скажите, пожалуйста, когда мне выходить?	Sagen Sie bitte, wann ich aussteigen muß?
Вам выходить на третьей остановке.	An der dritten Haltestelle müssen Sie aussteigen.
Скажите, пожалуйста, где ближайшая стоянка такси?	Sagen Sie mir bitte, wo der nächstliegende Taxistand ist.
Скажите, пожалуйста, номер телефона, чтобы я смог вызвать (заказать) такси.	Sagen Sie mir bitte die Telefonnummer, um ein Taxi zu bestellen.
Наберите номер … .	Wählen Sie bitte die Nummer … .
Вы свободны?	Sind Sie frei?
Куда поставить вещи?	Wohin muß ich meine Sachen stellen?
Откройте, пожалуйста, багажник.	Öffnen Sie bitte den Kofferraum.
Отвезите меня, пожалуйста, к главному почтамту.	Bringen Sie mich bitte zum Hauptpostamt.
Я /не/ спешу.	Ich habe es /nicht/ eilig.
Остановитесь, пожалуйста, … .	Halten Sie bitte … .
здесь	hier
около этого перекрёстка	an dieser Kreuzung /an dieser Ecke/
Подождите меня пять минут.	Warten Sie bitte fünf Minuten auf mich.
Сколько с меня?	Was habe ich zu zahlen?
Вы можете дать мне сдачу с 50 /100/ марок?	Können Sie mir auf fünfzig /hundert/ Mark herausgeben?

СВЯЗЬ

Где находится …?	Wo befindet sich …?
ближайшее почтовое отделение	das nächste Postamt
ближайший переговорный пункт	die nächste Fernsprechstelle
телеграф	das Telegrafenamt
телефон-автомат	der Münzfernsprecher

Командировка

Когда открывается почтовое отделение?	Wann macht das Postamt auf?
До какого часа открыт почтамт?	Bis wann ist das Postamt geöffnet?
До 10 вечера.	Bis zehn Uhr abends.
Когда обеденный перерыв?	Wann ist hier Mittagspause?
Обеденный перерыв с 13 до 14 часов.	Die Mittagspause geht von dreizehn bis vierzehn Uhr.
Где можно отправить ...?	Wo kann man ... aufgeben?
посылку	ein Paket
бандероль	ein Päckchen
письмо	einen Brief
телеграмму	ein Telegramm
денежный перевод	eine Geldanweisung
Где можно ...?	Wo kann man ...?
подписаться на газеты и журналы	~~die~~ Zeitungen und Zeitschriften abonnieren
заказать телефонный разговор	ein Telefongespräch anmelden
На какую сумму нужно наклеить марок на это письмо?	Wieviel Porto kommt áuf diesen Brief?
Примите, пожалуйста, ...	Hier ein ... bitte.
заказное письмо	Einschreibebrief
ценное письмо	Wertbrief
срочное письмо	Eilbrief
письмо-телеграмму	Brieftelegramm
Я хотел бы послать	Ich möchte ... aufgeben.
срочную телеграмму	ein dringendes Telegramm
телеграмму с оплаченным ответом	ein Telegramm mit bezahlter Antwort
простую телеграмму	ein einfaches Telegramm
телеграмму-молнию	ein Blitztelegramm
Когда телеграмма будет на месте?	Wann kommt das Telegramm an?
Я хотел бы перевести деньги	Ich möchte ~~das~~ Geld ... überweisen.
по почте	per Post
на счет № ...	auf das Konto Nr. ...

Я хотел бы отправить /получить/	Ich möchte ... schicken /abholen/.
бандероль	ein Päckchen
посылку	ein Paket
Я хотел бы подписаться на «Зюддойче цайтунг».	Ich möchte die „Süddeutsche Zeitung" abonnieren.
Я хотел бы заказать телефонный разговор	Ich möchte ein Ferngespräch ... anmelden.
с Москвой	mit Moskau
на завтра	für morgen
Если можно, сейчас.	Nach Möglichkeit möchte ich gleich sprechen.
Откуда вы звоните?	Von wo rufen Sie an?
Из гостиницы Н.	Aus dem Hotel „N".
Ваш номер, пожалуйста.	Ihre Nummer bitte.
Мой номер	Meine Nummer lautet ... .
Номер в Минске?	Die Nummer des Teilnehmers in Minsk bitte?
Кого пригласить?	Wen möchten Sie sprechen?
Господина Мюллера, пожалуйста.	Herrn Müller bitte.
Положите трубку. Ждите звонка.	Legen Sie bitte auf. Ich rufe Sie an.
Абонент не отвечает.	Der Teilnehmer meldet sich nicht.
Аннулировать заказ или позвонить еще раз?	Wollen Sie das Gespräch streichen, oder sollen wir später nochmals durchrufen?
Позвоните, пожалуйста, еще раз.	Rufen Sie bitte in einer Stunde noch einmal an.

ГОСТИНИЦА

Какие гостиницы есть в вашем городе ...?	Welche Hotels gibt es in Ihrer Stadt ...?
недалеко от вокзала	unweit des Bahnhofes
в центре города	im Stadtzentrum
недалеко от выставки /ярмарки/	unweit der Ausstellung /Messe/
Где находится эта гостиница?	Wo befindet sich dieses Hotel?

Как пройти /проехать/ к этой гостинице?	Wie kommt man zu diesem Hotel?
Я хотел бы у вас заказать номер.	Ich möchte bei Ihnen ein Zimmer bestellen.
Я заказал номер	Ich habe das Zimmer ... vorbestellt.

   по телефону   telefonisch
   по телеграфу   telegrafisch
   по телексу   per Telex
   письмом   durch die Post

К сожалению, у нас нет свободных номеров.	Leider haben wir keine Zimmer *frei*.
Этот номер мне нужен на	Dieses Zimmer benötige ich für ... .

   один день   einen Tag
   с ... по ...   vom ... bis *(zum)* ...

Мне нужен номер ... .   Ich brauche ... .

   на одного   ein Einbettzimmer
   на двоих   ein Zweibettzimmer
   на 3-м этаже   ein Zimmer im zweiten Stock

Есть ли в номере ...?   Gibt es im Zimmer ...?

   холодная и горячая вода   kaltes und *warmes* Wasser
   кондиционер   eine Klimaanlage
   радиоприемник   einen Rundfunkempfänger
   телевизор   einen Fernsehempfänger
   телефон   ein Telefon
   холодильник   einen Kühlschrank

Где можно ...?   Wo kann man ...?

   оставить машину   mein Auto *abstellen* unterbringen
   обменять деньги   Geld umtauschen
   купить газеты   Zeitungen kaufen
   заказать билеты в театр /на поезд, на самолёт/   Theaterkarten /Fernfahrkarten, Flugscheine/ bestellen

Дайте мне, пожалуйста, ключ от 10 номера.	Geben Sie mir bitte den Schlüssel vom /für/ Zimmer zehn.

Пожалуйста, ключ от 10-го номера.	Bitte, Nummer zehn.
Где можно у вас поесть?	Wo kann man bei Ihnen essen?
Отнесите, пожалуйста, мои вещи	Bringen Sie bitte meine Sachen ... .
в номер	auf /in/ mein Zimmer
в вестибюль	in die Vorhalle
в камеру хранения	zur Gepäckaufbewahrung
Принесите мне, пожалуйста, ...	Bringen Sie mir bitte ... .
бутылку минеральной воды /лимонада/	eine Flasche Mineralwasser /Limonade/
чистое постельное бельё	saubere Bettwäsche
свежее полотенце	ein frisches Handtuch
Мне хотелось бы в номере	Ich möchte in meinem Zimmer ... .
позавтракать	frühstücken
пообедать	zu Mittag essen
поужинать	zu Abend essen
выпить чаю /кофе/	Tee /Kaffee/ trinken
У меня в комнате	In meinem Zimmer ... .
не горит свет	brennt kein Licht
нет горячей /холодной/ воды	läuft kein warmes /kaltes/ Wasser
сломалась розетка	ist die Steckdose kaputt
жарко	ist es heiß
холодно	ist es kalt
засорился туалет	ist die Toilette verstopft
Закажите, пожалуйста, для меня	Bestellen Sie bitte für mich ... .
билет в театр	eine Theaterkarte
билет на спектакль	eine Karte für eine Vorstellung
билет на поезд № ...	eine Fernfahrkarte für den Zug Nummer ...
билет на самолёт, рейс номер ...	einen Flugschein /Flugticket/, Flug Nummer ...

Я уезжаю	Ich fahre ... .
завтра	morgen
во вторник	am Dienstag
через неделю	in einer Woche
Закажите, пожалуйста, такси на вокзал к 10 часам.	Bestellen Sie mir bitte ein Taxi zum Bahnhof für zehn Uhr früh.
Отходит ли автобус от гостиницы до аэропорта /вокзала/?	Fährt der Bus vom Hotel bis zum Flughafen /Bahnhof/?
Подготовьте, пожалуйста, счет.	Machen Sie bitte die Rechnung fertig.
Можно получить счет?	Kann ich bitte die Rechnung haben?
Я хотел бы оплатить счет.	Ich möchte meine Rechnung bezahlen.
Сколько с меня?	Wieviel habe ich (zu) zahlen?

ПАРИКМАХЕРСКАЯ

ДАМСКИЙ ЗАЛ

Вымойте мне, пожалуйста, голову и сделайте укладку.	Bitte die Haare waschen und legen.
Покрасьте мне, пожалуйста, волосы в ... цвет.	Färben Sie mir bitte die Haare ... .
каштановый	kastanienbraun
коричневый	braun
пепельный	aschblond
соломенный	strohblond
черный	schwarz
Осветлите мне, пожалуйста, волосы.	Blondieren Sie mir bitte meine Haare.
Покрасьте, пожалуйста, ...	Färben Sie mir bitte ... .
брови	Augenbrauen
ресницы	Wimpern
Постригите, пожалуйста, ...	Schneiden Sie mir bitte das Haar ... .
не слишком коротко	nicht zu kurz
сзади покороче /подлиннее/	hinten etwas kürzer /länger/

спереди покороче /подлиннее/	vorn etwas kürzer /länger/
Сделайте так, чтобы уши /лоб/ были открыты /закрыты/.	Die Ohren /die Stirn/ frei /bedeckt/ bitte.
Расчешите волосы	Kämmen Sie das Haar bitte ... .
без пробора	ohne Scheitel
с пробором слева /справа/	mit dem Scheitel links /rechts/
Сделайте, пожалуйста, маникюр без лака /с лаком/.	Bitte, Maniküre ohne Nagellack /mit Nagellack/.

МУЖСКОЙ ЗАЛ

Вас ...?	Soll ich ...?
постричь	Ihnen die Haare schneiden
побрить	Sie rasieren
Как вас постричь?	Was für einen Haarschnitt wünschen Sie?
Сделайте, пожалуйста, какую-нибудь простую стрижку.	Machen Sie bitte irgendeinen einfachen Haarschnitt.
Виски прямые /косые/?	Sollen Ihre Schläfen gerade /schräg/ sein?
Вам помыть голову?	Soll ich Ihnen die Haare waschen?
Пожалуйста, осторожнее. У меня чувствительная кожа.	Seien Sie bitte vorsichtiger. Meine Haut ist sehr empfindlich.
Сделайте, пожалуйста, массаж головы.	Machen Sie bitte eine Kopfmassage.
Освежите мне одеколоном лицо /голову/.	Erfrischen Sie bitte mein Gesicht /meinen Kopf/ mit Kölnischwasser.

ОБЩЕСТВЕННОЕ ПИТАНИЕ

Я очень хочу есть /пить/.	Ich möchte gern essen /trinken/.
Давайте перекусим.	Wollen wir einen kleinen Imbiß zu uns nehmen.

Командировка

Где можно ...?	Wo kann man ...?
быстро перекусить	schnell einen kleinen Imbiß zu sich nehmen
недорого поесть	nicht zu teuer essen
выпить стакан чаю /кофе, лимонада, пива/	ein Glas Tee /Kaffee, Limonade, Bier/ trinken
Где здесь поблизости ...?	Wo ist hier in der Nähe ...?
ресторан	ein Restaurant
закусочная	eine Imbißstube
столовая	eine Speisehalle
буфет	ein Büfett
Простите, это место свободно?	(Verzeihen) Entschuldigen Sie, ist dieser Platz frei?
Садитесь, пожалуйста.	Setzen Sie sich bitte.
Стол заказан.	Der Tisch ist reserviert.
Сядьте, пожалуйста, за другой стол.	Setzen Sie sich bitte an einen anderen Tisch.
Официант, принесите, пожалуйста, меню.	Herr Ober, bitte die Speisekarte!
Вот меню. Выбирайте, пожалуйста.	Hier ist die Speisekarte. Würden Sie bitte aus wählen.
Что вы будете заказывать?	Was möchten Sie bestellen?
Какие у вас есть ...?	Welche ... haben Sie?
закуски	Vorspeisen
супы	Suppen
мясные блюда	Fleischgerichte
рыбные блюда	Fischgerichte
Что у вас есть ...?	Was haben Sie ...?
из холодных /горячих/ блюд	an kalten /warmen/ Speisen
на десерт	zum Nachtisch
из вин	an Weinen
Принесите, пожалуйста, ...	Bringen Sie mir bitte ... .
какое-нибудь фирменное блюдо	irgendeine Spezialität Ihres Hauses
мясной суп	eine Fischsuppe
бифштекс	ein Beefsteak
салат	einen Salat

бутылку вина	eine Flasche Wein
На десерт принесите мне, пожалуйста, компот.	Bringen Sie mir zum Nachtisch einen Kompott.
Может быть вы желаете ещё что-нибудь?	Wüschen Sie sonst noch etwas?
Я очень спешу. Обслужите нас побыстрее.	Ich habe es sehr eilig. Bedienen Sie uns bitte schneller.
Скоро нам подадут (еду)?	Kommt unser Essen bald?
Приятного аппетита!	Guten Appetit! /Mahlzeit!/
Подать вам соль /перец/?	Soll ich Ihnen Salz /Pfeffer/ reichen?
Подайте мне, пожалуйста, ...	Reichen Sie mir bitte ... .
вилку	eine Gabel
ложку	einen Löffel
нож	ein Messer
Это блюдо очень вкусное.	Diese Speise schmeckt sehr gut.
Мясо немножко жестковато.	Das Fleisch ist etwas zäh.
Это шампанское великолепно.	Dieser Sekt ist wunderbar.
Простите, у вас есть спички?	Verzeihen Sie, haben Sie Feuer?
Здесь можно курить?	Darf man hier rauchen?
Официант, пожалуйста, счёт.	Herr Ober, die Rechnung bitte.
Сколько с меня?	Was habe ich zu zahlen?
Сколько всего?	Was macht es zusammen?
Все стоит 5 марок.	Das macht fünf Mark.

БЫТОВОЕ ОБСЛУЖИВАНИЕ

Где можно ...?	Wo kann man ... lassen?
почистить костюм	den Anzug reinigen
почистить туфли	die Schuhe putzen
погладить пиджак	das Jackett bügeln
постирать сорочку	das Hemd waschen
отдать в починку радиоприемник	das Radiogerät reparieren

Командировка

Пожалуйста, ...	Würden Sie bitte ... .
зашейте мне костюм	mir meinen Anzug nähen
переставьте пуговицы	Knöpfe umsetzen
погладьте мои брюки	meine Hosen bügeln
подшейте подкладку	das Futter einnähen
поставьте здесь заплату	hier einen Flicken aufsetzen
Я хотел бы сдать в химчистку	Ich möchte ... in die chemische Reinigung geben.
мой костюм	meinen Anzug
мой плащ	meinen Regenmantel
Удалите, пожалуйста, эти пятна.	Entfernen Sie bitte diese Flecken.
Это пятно нельзя удалить.	Dieser Fleck läßt sich nicht entfernen.
Платье сядет при чистке.	Das Kleid läuft bei der Reinigung ein.
Поставьте мне, пожалуйста, ... подмётки.	Besohlen Sie bitte meine Schuhe. Ich möchte ... .
новые	neue Sohlen
кожаные	Ledersohlen
резиновые	Gummisohlen
Пожалуйста, ...	Würden Sie mir bitte ... .
замените мне стельки	die Einlagen ersetzen
зашейте здесь	hier zunähen
прибейте мне подмётки	die Sohlen fest nageln
приклейте здесь	hier ankleben
удалите гвоздь из туфли	aus dem Schuh einen Nagel herausziehen
Почистите мне, пожалуйста, ...	Putzen Sie mir bitte meine ... .
туфли	Schuhe
сапоги	Stiefel
ботинки	Schnürschuhe
У меня часы	Meine Uhr ... .
стоят	steht
останавливаются	bleibt stehen

не заводятся	läßt sich nicht [mehr] aufziehen
уходят вперед	geht vor
отстают	geht nach
Не можете ли вы ...?	Können Sie ...?
отремонтировать мои часы	meine Uhr reparieren
вставить новое стекло /пружину/	ein neues Glas /eine neue Feder/ einsetzen
поставить новый циферблат /стрелку/	ein neues Zifferblatt /einen neuen Zeiger/ anbringen
почистить мои часы	meine Uhr reinigen
В моем фотоаппарате не срабатывает	Bei meiner Kamera geht ... nicht.
кнопка спуска	der Auslöser
затвор	der Verschluß
диафрагма	die Blende
Сделайте, пожалуйста, ...	Machen Sie bitte ... .
по две фотокарточки с каждого кадра	von jedem Bild je zwei Abzüge
с 2-го и 5-го кадров по три фотокарточки	von dem zweiten und fünften Bild je drei Abzüge

У ВРАЧА

Я чувствую себя неважно. У меня	Ich fühle mich nicht wohl. Ich habe ... .
температура	Fieber
головные боли	Kopfschmerzen
боли в области сердца	Herzbeschwerden
боли в желудке	Magenschmerzen
кашель	Husten
Вы измеряли температуру?	Haben Sie die Temperatur gemessen?
Вчера вечером было 37°, а сегодня утром 38°.	Gestern abend waren es 37 Grad und heute vormittag 38.
Откройте рот и покажите язык.	Machen Sie bitte den Mund auf, und zeigen Sie die Zunge.
Разденьтесь до пояса.	Machen Sie bitte den Oberkörper frei.

Командировка

Дышите глубоко.	Bitte tief atmen.
Не дышать.	Atem anhalten.
Можете одеваться.	Sie können sich wieder anziehen.
Где вы чувствуете боль?	Wo haben Sie Schmerzen?
Сделайте, пожалуйста, кардиограмму.	Melden Sie sich bitte zum EKG an.
Какие лекарства вы принимаете?	Welche Arzneien nehmen Sie ein?
Я принимаю аспирин и тетрациклин.	Ich nehme Aspirin und Tetrazyklin ein.
Я выпишу рецепт от … .	Ich schreibe Ihnen ein Rezept gegen … .

простуды	Erkältung
гриппа	Grippe
головной боли	Kopfschmerzen

Вам придётся несколько дней полежать.	Sie müssen ein paar Tage im Bett liegen.
Принимайте по одной таблетке три раза в день и пока не вставайте с постели.	Nehmen Sie dreimal täglich eine Tablette, und bleiben Sie vorläufig im Bett.
Вам предстоит операция.	Sie müssen sich einer Operation unterziehen.
Выпишите мне другие очки.	Verschreiben Sie mir bitte eine andere Brille.
У меня болит … .	Ich habe einen kranken … .

коренной зуб	Backenzahn
передний зуб	Vorderzahn
верхний зуб	Oberzahn

Этот зуб вам нужно … .	Diesen Zahn muß man … .

полечить	behandeln
запломбировать	plombieren
удалить	ziehen

Поставьте мне, пожалуйста, … .	Setzen Sie mir bitte … ein.

простую коронку	eine einfache Zahnkrone
золотую коронку	eine Goldkrone
искусственный зуб	einen künstlichen Zahn
золотой зуб	einen Goldzahn

В МАГАЗИНЕ

Где здесь поблизости находится ...?	Wo ist hier in der Nähe ...?

булочная — eine Bäckerei
магазин канцтоваров — ein Geschäft für Bürobedarf /eine Schreibwarenhandlung/
книжный магазин — eine Buchhandlung
магазин мясных и колбасных изделий — ein Geschäft für Fleisch- und Wurstwaren
магазин радиотелевизионной аппаратуры — ein Geschäft für Radio- und Fernsehgeräte
магазин /киоск/ сувениров — ein Geschäft /Kiosk/ für Souveniers
ближайший универмаг — das nächste Warenhaus /Kaufhaus/

Скажите, пожалуйста, где здесь можно купить ...? — Sagen Sie mir bitte, wo kann man hier ... kaufen?

головные уборы — eine Kopfbedeckung
детскую одежду — ~~eine~~ Kinderbekleidung
женскую одежду — ~~etwas von~~ Damenkonfektion
игрушки — Spielzeug
мужскую одежду — Herrenbekleidung
обувь — Schuhwerk
пластинки — Schallplatten
продовольственные товары — Lebensmittel
сладости — Süßwaren
спортивные товары — Sportartikel
фототовары — Fotoartikel
цветы — Blumen
часы — Uhren
электротовары — Elektroartikel

Что бы вы хотели? — Was wünschen Sie? /Sie wünschen?/

У вас есть ...? — Haben Sie ...?

туфли 23 размера — Schuhe in der Größe 23
туфли на шпильках — Schuhe mit Pfennigabsätzen

2 К. Зеленин

мужские сорочки размером по воротнику 43	Herrenhemde mit Kragenweite 43
Я думаю, вам понравится	Ich glaube, ... wird Ihnen gefallen?
этот майсенский фарфор	dieses Meißener Polzellan
этот подарочный набор духов	diese Geschenkpackung mit Parfüm
Сколько мне нужно заплатить за покупки?	Was habe ich für die Einkäufe zu zahlen?
Всё стоит 50 марок.	Das macht 50 Mark.
Можете вы дать мне сдачу ...?	Können Sie mir ... herausgeben?
мелочью	Kleingeld
крупными деньгами	großes Geld
Вот сдача.	Hier ist das Restgeld.

НАДПИСИ. ВЫВЕСКИ. УКАЗАТЕЛИ

ВОКЗАЛ

Annahme	Приём *(багажа)*
Ausgabe	Выдача *(багажа)*
Ausgang zur Stadt	Выход в город
Auskunft	Справочное бюро
Bahnhof	Вокзал
Bahnhofsvorsteher	Начальник вокзала
Bahnsteig	Платформа
Fahrplan	Расписание
Fernfahrkarten in allen Richtungen	Билеты по всем направлениям
Fernzüge in Richtung Westen	Поезда дальнего следования западного направления
Gepäckablieferung	Доставка багажа
Gepäckaufbewahrung	Камера хранения багажа
Gleis	Путь
Handgepäckaufbewahrung	Камера хранения ручного багажа
Mutter und Kind	Комната матери и ребёнка
Zu den Bahnsteigen 1, 2	К платформам 1, 2
Notbremse	Стоп-кран
Ruheraum	Комната отдыха

Schalterhalle	Кассовый зал
Toilette (H), (D)	Туалет (М), (Ж)
Übergang zu Fernbahnsteigen	Переход к платформам поездов дальнего следования
Wartesaal	Зал ожидания
Zu den Zügen	К поездам

АЭРОПОРТ

Abfertigung der Fluggäste und Gepäckabfertigung	Регистрация пассажиров и оформление багажа
Ausgang zum Flugplatz	Выход на посадку
Flugplan	Расписание полётов
Gepäckabfertigung	Регистрация багажа
Gepäckausgabe	Выдача багажа
Paßkontrolle	Паспортный контроль
Zollabfertigung	Таможенный зал
Zu den Bus- und Taxihaltestellen	Выход на посадку в автобусы и такси

ГОРОД

Accessoires	Галантерея
Achtung!	Внимание!
Ambulatorium	Амбулатория
Antiquariat	Букинистический магазин
Apotheke	Аптека
Atelier	Ателье
Ausfahrt!	Берегись автомобиля!
Ausgang	Выход
Auskunft	Справочное бюро
Autobushaltestelle	Остановка автобуса
Bäckerei	Булочная
Bar	Бар
Bier	Пиво
Bierhalle	Пивная
Blumen	Цветы
Briefmarken	Филателия
Brot	Хлеб

Buchhandlung	Книжный магазин
Bürobedarf	Канцелярские принадлежности
Café	Кафе
Chemische Reinigung	Химчистка
Damenkonfektion	Женская одежда
Damen- und Herrenmode	Женская и мужская мода
Durchgang verboten	Проход запрещён
Eingang	Вход
Eintritt verboten	Вход запрещён
Eisdiele	Кафе-мороженое
Elektroartikel	Электротовары
Fahrstuhl	Лифт
Färberei	Крашение
Fleisch	Мясо
Frisiersalon	Парикмахерская
Fußgängertunnel	Подземный переход
Galanteriewaren	Галантерея
Gaststätte	Ресторан (столовая)
Geldwechsel	Обмен денег
Gemüsehandlung	Овощи
Geschenkartikel	Подарки
Geschirr	Посуда
Geschlossen!	Закрыто!
Gestrichen!	Окрашено!
Halt!	Стой!
Haushaltwaren	Хозтовары
Herrenbekleidung	Мужская одежда
Hüte und Mützen	Головные уборы
Imbißstube	Закусочная
Juwelierwaren	Ювелирные изделия
Käse	Сыр
Kein Durchgang	Хода нет
Kein Eingang	Нет входа
Kinderbekleidung	Детская одежда
Kino	Кинотеатр
Konditorei	Кондитерская
Konfektion	Готовое платье
Kunstgewerbe	Художественный салон

Kurzwaren	Галантерея *(мелочи)*
Lebensmittel	Продовольственные товары
Lederwaren	Изделия из кожи
Markt	Рынок
Milch	Молоко
Modeschmuck	Украшения
Molkereiwaren	Молочные продукты
Münzfernsprecher	Телефон-автомат
Nahrungs- und Genußmittel	Бакалея
Notausgang	Запасной выход
Obst	Фрукты
Optik	Оптика
Papier- und Schreibwarenhandlung	Канцелярские принадлежности
Parfümeriewaren	Парфюмерия
Pelze	Меха
Poliklinik	Поликлиника
Porzellan	Фарфор
Post	Почта
Postamt	Почта
Radio- und Fernsehgeräte	Радиотелевизионная аппаратура
Reparatur	Ремонт
Reparaturen von Schuhen	Ремонт обуви
Restaurant	Ресторан
Schallplatten	Пластинки
Schmuck	Украшения
Schonkost	Диетические продукты
Schuhe	Обувь
Souveniers	Сувениры
Spielwaren	Игрушки
Sportartikel	Спортивные товары
Stoffe	Ткани
Stoßen!	От себя! *(у двери)*
Straßenbahnhaltestelle	Остановка трамвая
Süßwaren	Сладости
Tabakwaren	Табачные изделия
Theater	Театр
Theaterkassen	Театральная касса

Toiletten (D), (H)	Туалет (Ж), (М)
Strickwaren	Трикотаж
Tür schließen!	Закрывайте дверь!
Übergang	Переход
Uhren	Часы
Vorsicht!	Осторожно!
Vorverkaufskasse	Касса предварительной продажи
Wäsche	Бельё
Weine und Spirituosen	Винно-водочные изделия
Wegen Renovierung geschlossen	Закрыто на ремонт
Wurstwaren	Колбасные изделия
Ziehen!	К себе! *(у двери)*
Zutritt verboten!	Вход запрещён!

ПЕРЕГОВОРЫ. СОГЛАШЕНИЯ

ВСТРЕЧА

Здравствуйте! Моя фамилия Смирнов.
Я из Минска и представляю интересы ... .

   автозавода
   тракторного завода

Мы ознакомились с ... .

   вашим предложением
   вашим встречным предложением
   вашим официальным письмом
   вашим рекламным объявлением

Мы хотели бы теперь подробно обсудить возможности нашего сотрудничества.

Естественно, это не телефонный разговор, и я хотел бы договориться с вами о времени нашей личной встречи.

Здравствуйте! Моя фамилия Мюллер.

Я ... .

   директор завода
   генеральный директор фирмы
   коммерческий директор

Guten Tag! Mein Name ist Smirnow.
Ich bin aus Minsk, und vertrete die Interessen ... .

   des Autowerkes
   des Traktorenwerkes

Wir haben uns mit ... bekannt gemacht.

   Ihrem Angebot
   Ihrem Gegenangebot
   Ihrem offiziellen Schreiben
   Ihrer Werbeanzeige

Wir möchten jetzt eingehend die Möglichkeiten unserer Zusammenarbeit beraten.

Selbstverständlich können wir das nicht telefonisch erledigen, und ich möchte den Termin unserer Zusammenkunft festlegen.

Guten Tag! Ich heiße Müller.

Ich bin ... .

   Werkleiter
   Generaldirektor der Firma
   kaufmännischer Direktor

Вы хорошо сделали, что приехали к нам.	Es ist nett von Ihnen, daß Sie zu uns gekommen sind.
Мы очень заинтересованы в сотрудничестве с вами.	Wir sind an Ihrer Zusammenarbeit sehr interessiert.
Но сегодня в первой половине дня у меня переговоры с другим объединением.	Heute vormittag(s) habe ich aber eine Verhandlung mit einer anderen Vereinigung.
Поэтому ничего не получится.	Es ist also nichts zu machen.
Не могли бы вы принять меня после обеда, часов в 15?	Könnten Sie mich um 15 Uhr nachmittags empfangen?
Как вам будет удобно.	Ich richte mich nach Ihnen.
Каким временем мы располагаем?	Wieviel Zeit haben wir zur Verfügung?
Пожалуй, потребуется два часа.	Ich meine, daß wir dazu zwei Stunden brauchen.
Я готов встретиться с вами (принять вас) в любое время.	Ich bin bereit, Sie zu jeder Zeit zu empfangen.
Я предлагаю встретиться в 10 часов.	Ich schlage vor, uns um 10 Uhr zu treffen.

ЗАПРОС. ПРЕДЛОЖЕНИЕ

Я к вам по очень важному делу.	Ich komme in einer sehr wichtigen Angelegenheit zu Ihnen.
Я очень рад, что вы приехали лично.	Ich freue mich, daß Sie uns persönlich besuchen.
Нам следует обсудить ряд важных вопросов.	Wir haben eine Reihe wichtiger Fragen zu besprechen.
Я того же мнения.	Ich bin mit Ihnen einer Meinung.
В этом цель и моей поездки.	Das ist auch das Anliegen meiner Reise.
В феврале этого года мы посылали вам запрос относительно поставок некоторого количества товаров широкого потребления.	Im Februar dieses Jahres schickten wir Ihnen eine Anfrage wegen einer Lieferung von Konsumgütern.
Ваша продукция пользуется у нас большим спросом и высоко оценена нашими специалистами.	Ihre Erzeugnisse sind bei uns sehr gefragt und von unseren Spezialisten sehr hoch eingeschätzt.

Мы рады такой оценке нашей продукции.	Wir freuen uns sehr über eine solche Gutachten für Erzeugnisse unserer Produktion.
Что вы можете сказать по поводу нашего запроса?	Was können Sie zu unserer Anfrage sagen?
Ваш запрос не относится непосредственно к нашей фирме, но по некоторым позициям мы можем вам помочь.	Ihre Anfrage betrifft nicht direkt unsere Firma, aber in einigen Punkten können wir Ihnen helfen.
Мы уже дали письменный ответ на ваш запрос.	Wir haben Ihnen bereits schriftlich auf Ihre Anfrage geantwortet.
Ваш запрос мы направили дальше.	Ihre Anfrage haben wir bereits weitergeleitet.
После изучения вашего запроса мы передадим вам подробное предложение.	Nach der Bearbeitung Ihrer Anfrage übergeben wir Ihnen ein ausführliches Angebot. zukommen
Вы можете рассчитывать на положительный ответ на свой запрос.	Sie können mit einer positiven Antwort auf Ihre Anfrage rechnen.
Ваш запрос мы изучили. Он соответствует нашим пожеланиям и потребностям.	Ihre Anfrage haben wir geprüft. Sie entspricht unseren Wünschen und Bedürfnissen.
Мы хотели бы организовать деловые поездки наших специалистов для ознакомления с работой ваших	Wir möchten einige Geschäftsreisen unserer Fachleute organisieren, um sie mit der Arbeit Ihrer ... bekannt zu machen.

промышленных /сельскохозяйственных/ предприятий	Industriebetriebe /landwirtschaftlichen Betriebe/
органов управления	Verwaltungsorgane
органов здравоохранения	Gesundheitsorgane
учреждений культуры	kulturellen Einrichtungen
учебных заведений	Lehranstalten
спортивных обществ	Sportvereine
научных учреждений	Forschungsstätten einrichtungen
Мы хотели бы заключить с вами контракт по вопросу	Wir möchten mit Ihnen einen Vertrag zur Frage ... abschließen.

обмена опытом	des Erfahrungsaustausches

Переговоры, соглашения

обмена товарами	des Warenaustausches
поставок оборудования /машин/	der Lieferungen von Ausrüstung /Maschinen/
предоставления кредитов	der Gewährung von Krediten
совместного строительства завода /комбината/	des Gemeinschaftsbaus eines Werkes /Kombinates/
совместной эксплуатации газопровода	der gemeinsamen Nutzung einer Gasleitung
создания совместного предприятия	der Gründung eines Gemeinschaftsunternehmens

По вышеуказанным направлениям мы предлагаем заключить с нами ... .

долгосрочный договор	einen langfristigen Vertrag
долгосрочное соглашение	ein langfristiges Abkommen
разовый договор	einen einmaligen Vertrag
торговый договор	einen Handelsvertrag
хозяйственный договор	einen Wirtschaftsvertrag

На договорной основе нам хотелось бы регулировать свои отношения с вами ... . — Wir möchten unsere Beziehungen mit Ihnen ... vertragsgemäß regeln.

в области культуры	auf dem Kulturgebiet
в области науки	in der Wissenschaft
в спорте	im Sport
по координации некоторых международных акций	bei der Koordinierung einiger internationalen Aktionen

В соответствии с ... мы подготовили проект договора. — Laut ... haben wir einen Vertragsentwurf vorbereitet /abgefasst/.

с нашим /вашим/ запросом	unserer /Ihrer/ Anfrage
с вашими пожеланиями	Ihren Wünschen
предварительной договоренностью	vorläufiger Vereinbarung

У вас, вероятно, также есть подобный документ. — Vielleicht haben Sie auch ein solches Dokument.

Нам следует только согласовать проекты.

Wir müssen nur unsere Vertragsentwürfe in Einklang bringen.

Мы имеем все полномочия на заключение договора и соответствующую информацию.

Wir besitzen für den Abschluß des Vertrages erforderliche Vollmachten und jeweilige Informationen.

Давайте ознакомимся с проектами.

Wollen wir unsere Entwürfe studieren.

Мы так и сделаем.

So werden wir es handhaben. *machen*

РАЗРАБОТКА ДОГОВОРА

Давайте уточним официальные названия наших предприятий /фирм/.

Wollen wir die offiziellen Bezeichnungen unserer Betriebe /Firmen/ präzisieren.

На каких условиях мы заключим наш договор?

Zu welchen Bedingungen werden wir unseren Vertrag abschließen?

Как правило, мы заключаем такие сделки на условиях франко вагон граница страны продавца — фоб порт ФРГ /Республика Беларусь/

In der Regel tätigen wir solche Geschäfte zu Bedingungen franko Waggon Grenze des Verkäuferlandes und fob Hafen der BRD /Republik Belarus/.

А сейчас рассмотрим список машин и оборудования.

Nun wollen wir das Verzeichnis von Maschinen und Ausrüstungen untersuchen.

У нас нет возражений против количества и наименований товаров.

Wir haben keine Einwände gegen die Mengen und Bezeichnungen der Waren.

Нам хотелось бы выяснить основания по определению цен на товары.

Wir möchten die Preisbasis der Waren klären.

Цены устанавливаются согласно вышеназванному базису поставки, включая стоимость маркировки и экспортной упаковки, соответствующие транспортным условиям для данного товара.

Die Preise werden *gemäß der* auf obengenannten Lieferbasis festgesetzt, einschließlich Markierung und Exportverpackung, die den Beförderungsbedingungen der Ware entsprechen.

Но цена на изделие типа Н сейчас значительно выше той, по которой мы производили предыдущую сделку.

Der Preis für das Erzeugnis vom Typ N ist aber jetzt bedeutend höher, als *dem* vorigen Geschäft.

... der, auf dessen Grundlage wir das vorherige Geschäft abgewickelt haben.

Переговоры, соглашения	

Вы должны принять во внимание, что это изделие высшего качества.

Sie müssen in Betracht ziehen, daß dieses Erzeugnis von ~~viel höherer~~ Qualität ist.

Какова же общая стоимость машин и оборудования?

Wie ist der Gesamtpreis der Maschinen und Ausrüstungen?

Общая стоимость поставок составит два миллиона марок.

Der Gesamtpreis der Lieferungen beträgt zwei Millionen Mark.

В какие сроки будут производиться поставки?

Zu welchen Terminen werden die Lieferungen erfolgen?

Поставки товаров будут производиться в следующие сроки:

Die Lieferungen werden zu folgenden Terminen durchgeführt: *erfolgen:*

— первую партию товара мы поставим в конце первого квартала,

— die erste Warenpartie werden wir ~~vor dem~~ *am* Ende des ersten Quartals liefern,

— остальные поставки будут совершаться в течение этого года равными частями поквартально /согласно графика поставок/.

— die übrigen Lieferungen werden ~~während~~ *im Laufe* dieses Jahres zu gleichen Teilen vierteljährlich /laut Lieferplan/ durchgeführt.

Мы просим вас своевременно ставить нас в известность о поставках.

Wir bitten Sie um rechtzeitige Lieferbenachrichtigungen.

Конечно, об этом мы известим вас своевременно.

Selbstverständlich werden wir Sie darüber rechtzeitig benachrichtigen.

Не позднее трех дней после отгрузки мы пошлем вам соответствующее извещение.

Nach *der* Verladung, spätestens im Laufe von drei Tagen, werden wir Ihnen die entsprechende Lieferbenachrichtigung senden.

В извещении будет указан вес брутто, стоимость поставки, а также номер транса.

In der Benachrichtigung wird das Bruttogewicht, der Wert der Lieferung sowie die Trans-Nr. angegeben.

Сейчас поговорим о качестве товаров.

Jetzt zu der Qualität der Waren.

Каким нормативным документам по качеству соответствуют изделия?

Welchen Normativdokumenten für Qualität entsprechen die Erzeugnisse?

Качество машин соответствует ... .

Die Qualität der Maschinen entspricht ... .

Давайте обсудим условия платежа.

Wollen wir Zahlungsbedingungen besprechen.

Хорошо, оплату товара вы будете производить в банке ... .

При оплате вам следует представить следующие документы:

— специфированный счет в 4-х экземплярах

— упаковочные листы в 3-х экземплярах

— дубликат железнодорожной накладной /бортового коносамента/

— сертификат качества (документ завода-изготовителя, подтверждающий соответствие качества машин и оборудования договорным условиям).

— копии протоколов испытаний.

Оплату производите только за комплектные единицы, поставленные согласно договору.

Какие гарантийные сроки вы устанавливаете на это оборудование?

Гарантийный срок на это изделие составляет два года.

Какую техническую документацию вы нам передаете и в какие сроки?

До первого марта этого года мы вышлем вам следующие технические материалы:

— чертежи общего вида с указанием всех основных деталей машин и оборудования

— список главных деталей и узлов

Gut. Die gelieferten Waren werden Sie bei der Bank ... bezahlen.

Bei der Bezahlung der Ware müssen Sie folgende Dokumente vorlegen:

— Faktur, spezifiert — 4fach

— Packlisten — 3fach

— Duplikat-Frachtbrief /Anbord-Konnossement/

— Qualitätszertifikat (Dokument des Herstellerbetriebs, das die Übereinstimmung der Qualität der Maschinen und Ausrüstungen mit den vertraglichen Vereinbarungen bestätigt).

— Kopien der Prüfungskontrolle.

Bezahlen Sie nur die kompletten Einheiten, die gemäß Vertrag geliefert wurden.

Welche Garantiezeit setzen Sie für diese Ausrüstung fest?

Die Garantiezeit für dieses Erzeugnis beträgt 2 Jahre.

Welche technische Dokumentation übergeben Sie uns und zu welchen Terminen?

Bis zum 1. März dieses Jahres werden wir Ihnen folgende technische Unterlagen übermitteln:

— Übersichtszeichnungen mit Angabe aller Hauptteile der Maschinen und Ausrüstungen

— Verzeichnis der Hautpteile und Baugruppen

Переговоры, соглашения

— чертежи фундаментов
— сборочные чертежи и принципиальные схемы (электрические, кинематические, гидравлические, пневматические, смазки и охлаждения и другие) с соответствующими подробными описаниями
— руководства для сборки, наладки, пуска в эксплуатацию, обслуживания и ремонта машин и оборудования

— список быстроизнашивающихся деталей
— рабочие чертежи быстроизнашивающихся деталей

— каталог запасных частей.
Два комплекта вышеуказанных технических материалов, а также паспорта отсылаются вместе с машинами и оборудованием.
Возможно у вас есть какие-либо другие дополнения к договору?
Да, нам нужно обсудить вопрос о санкциях на случай нарушения договора.

Кроме того, мы хотели бы ... .

внести исправления во второй пункт договора
внести дополнительный пункт о ...
внести контрпредложение

исключить из договора пункт о ...
сформулировать пункт № ... в следующей редакции

— Fundamentzeichnungen
— Montagezeichnungen und prinzipielle Schemata (elektrische, kinematische, hydraulische, pneumatische Schemata, Schmier- und Kühlschemata und andere) mit entsprechenden ausführlichen Beschreibungen
— Anleitung zur Montage, zum Einrichten, zur Inbetriebnahme, Bedienung und Reparatur der Maschinen und Ausrüstungen
— Verzeichnis der Verschleißteile
— Werkstattzeichnungen der schnellverschleißbaren Einzelteile
— Ersatzteilkatalog.
Zwei Sätze der obengenannten technischen Unterlagen sowie die Pässe werden zusammen mit den Maschinen und Ausrüstungen versandt.
Haben Sie vielleicht noch andere Ergänzungen zum Vertrag?
Ja, wir müssen noch die Sanktionen bei einer Vertragsverletzung beraten.

Außerdem möchten wir ... .

im zweiten Vertragsposten eine Korrektur vornehmen
einen zusätzlichen Posten über ... eintragen
einen Gegenvorschlag beantragen
aus dem Vertrag den Posten über ... streichen
den Posten Nummer ... in folgender Fassung formulieren

| За ходом выполнения договора /соглашения/ будет следить смешанная комиссия. | Die gemeinsame Kommission wird den Verlauf des Vertrags /Abkommens/ kontrollieren. |

Мы предлагаем поквартально /ежемесячно/ проверять выполнение договора.

Wir schlagen vor, die Kontrolle der Vertragseinhaltung vierteljährlich /monatlich/ durchzuführen.

Мы согласны с этим.

Wir sind damit einverstanden.

ДОПОЛНЕНИЯ К КОНТРАКТУ

У нас возникла необходимость внести изменения /дополнения/ в контракт.

Bei uns entstand die Notwendigkeit der Vertragsänderung /der Vertragsergänzung/.

Чем это вызвано?

Wodurch ist das hervorgerufen?

У нас изменились условия производства.

Bei uns haben sich die Produktionsbedingungen geändert.

Вы уже подготовили проект изменений к контракту?

Haben Sie einen Entwurf für die Vertragsänderung vorbereitet?

Да, соответствующие дополнения к контракту мы уже подготовили.

Ja, wir haben einen entsprechenden Nachtrag bereits vorbereitet.

Каков характер изменений /дополнений/ к контракту?

Welche Art der Vertragsänderung /der Vertragsergänzung/ sind die möchten Sie (haben)?

Мы хотели бы изменить ... .

Wir möchten ... ändern.

   сроки поставок

   сумму оплаты

   условия поставок

   die Lieferfristen

   die Summe der Bezahlung

   die Lieferbedingungen

Мы считаем изменения к контракту совершенно необходимыми.

Wir halten die Vertragsänderung für unbedingt erforderlich.

Мы надеемся на положительный ответ.

Wir hoffen auf eine positive Antwort.

Мы согласны с предложенными изменениями.

Wir sind mit den vorgeschlagenen Änderungen einverstanden.

Изменения к контракту имеются на русском и немецком языках.

Die Vertragsänderung liegt in Deutsch und Russisch vor.

Переговоры, соглашения 48

Мы подготовим изменения к контракту на двух языках.	Wir werden die Vertragsänderung en zweisprachig ausfertigen.
Мы передаём вам копии изменений к контракту.	Wir übergeben Ihnen eine Kopie der Vertragsänderung en.
Подпишите, пожалуйста, дополнения к контракту.	Unterzeichnen Sie bitte die Vertragsänderung en.
Дополнения к контракту акцептированы обеими сторонами.	Die Vertragsergänzungen /der Nachtrag/ wurden von beiden Seiten akzeptiert.
Мы проверим этот вопрос с заказчиком.	Wir werden diese Frage mit dem unserem Auftragsgeber prüfen.
В данном случае дополнений не требуется.	In unserem Fall ergibt sind sich keine Vertragsänderung en etat festlich.
Пришлите нам обратно изменения к контракту.	Bitte, senden Sie die Vertragsänderung en an uns zurück.
Проект дополнения к контракту ещё не готов. Мы передадим вам дополнения к контракту через месяц.	Der Entwurf der Vertragsergänzung ist noch nicht fertig. Wir werden Ihnen in einem Monat die Ergänzungen übergeben.

ОРГАНИЗАЦИЯ ДЕЛОВЫХ ВИЗИТОВ

Нам бы хотелось установить дружеские /деловые/ контакты с вашей страной	Wir möchten zu Ihrem Land freundliche /sachliche/ Kontakte ... anknüpfen.
в политической сфере	im politischen Bereich Bereich
в экономической сфере	in der ökonomischen Sphäre wirtschaftlichen
по линии здравоохранения	im Gesundheitswesen
в области образования и воспитания	auf dem Gebiet der Ausbildung und Erziehung
по вопросам науки	in der Wissenschaft
по линии культуры	in der Kultur
по вопросам физкультуры и спорта	in der Körperkultur und im Sport
по вопросам туризма	im Tourismus in der Touristik
С этой целью мы хотели бы узнать, какие государственные органы, общественные	Zu diesem Zweck möchten wir wissen, welche staatliche Behörden, gesellschaftliche Or-

организации или частные фирмы занимаются вопросами ...	ganisationen oder Privatfirmen sich mit den Fragen ... beschäftigen.
международного туризма	der internationalen Touristik *des Tourismus*
обмена специалистами /студентами, учащимися/	des Austausches von Fachleuten /Studenten, Schülern/
Какие у вас есть возможности ...?	Welche Möglichkeiten ... haben Sie?
для улучшения деловых контактов	zur Besserung *Verb der schäfts-* sachlicher Kontakte
в вопросах обмена туристскими группами	im Bereich des Austausches von Touristengruppen
улучшения организации взаимных визитов	zur Besserung *Verb der* organisatorischer Maßnahmen für gegenseitige Besuche
Какова программа вашего ...?	Wie ist das Programm ...?
визита	Ihres Besuches
путешествия	Ihrer Reise
экскурсии	Ihrer Exkursion *Ausflugs*
Какие ... вы хотите посетить /осмотреть/?	Welche ... wollen Sie besuchen /besichtigen/?
Мы хотим посетить (осмотреть)	Wir wollen ... besuchen /besichtigen/.
библиотеки	Bibliotheken
выставки	Ausstellungen
достопримечательности	Sehenswürdigkeiten
лечебные учреждения	Heilanstalten
министерства	Ministerien
объекты	Objekte
организации	Organisationen /Behörden/
органы здравоохранения	Gesundheitsämter
предприятия	Betriebe
спортивные мероприятия	Sportveranstaltungen
учебные заведения	Lehranstalten
учреждения культуры	Kultur anstalten *einrichtungen*
физкультурно-спортивные учреждения	Ämter /Behörden/ für Körperkultur und Sport

Программа состоит из	Das Programm besteht aus
посещения /осмотра/ различных объектов	den Besuchen /Besichtigungen/ verschiedener Objekte
участия в конференции /в совещании/	der Teilnahme an der Konferenz /Beratung/
встреч с ...	den Treffen /Begegnungen/ mit ...
ознакомления с /технической/ документацией, произведениями искусства	dem Bekanntmachen mit der Dokumentation /technischen Unterlagen/, Kunstwerken
Какова цель вашего визита?	Was ist das Ziel Ihres Besuches?
Мы хотели бы	Wir möchten ... .
ознакомиться с достопримечательностями вашего города /вашей страны/	uns mit den Sehenswürdigkeiten Ihrer Stadt /Ihres Landes/ bekannt machen
ознакомиться с вашими способами производства /технологией/	uns mit Ihren Produktionsverfahren /Technologie/ vertraut machen
ознакомиться с условиями труда на вашем /этом/ предприятии	uns mit den Arbeitsbedingungen in Ihrem /diesem/ Betrieb bekannt machen
заключить договор /соглашение/	einen Vertrag /ein Abkommen/ abschließen
Когда прибывает делегация?	Wann kommt die Delegation an?
Каков состав группы /делегации/?	Aus welchen Leuten besteht die Gruppe /Delegation/?
Где место будущего проживания группы /делегации/?	Wo ist der zukünftige Aufenthaltsort /Wohnort/ der Gruppe /Delegation/?
Каковы условия ...?	Wie sind die ...?
проживания	Wohnbedingungen
работы	Arbeitsbedingungen
отдыха	Bedingungen für Erholung
На каких условиях производится обслуживание туристов /делегатов/?	Zu welchen Bedingungen wird die Betreuung der Touristen /Delegierten/ geleistet?
Мы предоставляем вам места в гостинице.	Wir bieten Ihnen Hotelzimmer an.

У вас будут хорошие условия для	Sie werden gute ... haben.
культурного отдыха	Bedingungen für Ihre kulturelle Erholung
проживания	Wohnbedingungen
работы	Arbeitsbedingungen
Мы	Wir werden ... .
организуем для вас высококачественное обслуживание	für Sie ~~Qualitätsbedingungen~~ organisieren /schaffen/
обеспечим вас необходимыми средствами транспорта и связи	Sie mit ~~den~~ nötigen Verkehrs- und Verbindungsmitteln versorgen *Kommunikationsein-richtungen sorgen für*
обеспечим вам свободный доступ на предприятие /к технической документации/	Ihnen einen freien Zutritt *zum* in ~~den~~ Betrieb /zu technischen Unterlagen/ gewährleisten *Zugang*
Мы выделим для вас	Wir werden Ihnen ... zur Verfügung stellen.
гида	einen Führer
переводчика	einen Dolmetscher
автомашину	ein Auto *Fahrzeug*
секретаря	einen Sekretär
машинистку	eine Maschinenschreiberin *Schreibkraft*
машинистку-стенографистку	eine Stenotypistin
Мы предлагаем вам	Wir schlagen Ihnen vor, ...
организовать экскурсии в нашу страну /на наше предприятие/	Exkursionen in unser Land /in unseren Betrieb/ zu veranstalten *organisieren* *aufzulegen*
совершить деловые /туристские/ поездки по нашей стране	Geschäftsreisen /Touristenreisen/ in unserem Land zu unternehmen /durchzuführen/

ОБМЕН ИНФОРМАЦИОННЫМИ МАТЕРИАЛАМИ

Нам следует обсудить проблемы обмена информацией в области	Wir ~~haben~~ *müssen* die Probleme des Informationsumtausches auf dem Gebiet der ... ~~zu~~ besprechen.

Переводы, соглашения 52

политики
экономики
науки
культуры
образования
воспитания
здравоохранения
физкультуры и спорта

Politik
Ökonomie *Wirtschaft*
Wissenschaft
Kultur
Ausbildung *Bildung*
Erziehung
Gesundheitsfürsorge
Körperkultur und Sport

Мы хотели бы ознакомиться с перечнем продукции, выпускаемой вашей /вашим/ ... .

Wir möchten uns mit dem ~~Verzeichnis~~ *Liste* der Produktion /Erzeugnisse/ bekannt machen, die von ... hergestellt wird.

страной
отраслью промышленности
фирмой
предприятием
фабрикой
объединением

Ihrem Land
Ihrem Industriezweig
Ihrer Firma
Ihrem Betrieb
Ihrer Fabrik
Ihrer Vereinigung

Какие аудиовизуальные материалы вы имеете /издаёте/?
У нас есть различные ... .
Мы издаём различные ... .

Welche audiovisuellen Materialien haben Sie /geben Sie heraus/?
Wir haben verschiedene ...
Wir geben verschiedene ... heraus.

печатные материалы
проецируемые материалы
грампластинки
материалы на видеокассетах

Druckerzeugnisse
zu projezierende Materialien
Schallplatten
Materialien auf Videokassetten

У нас есть следующие печатные материалы: ... .

Wir haben folgende Druckerzeugnisse: ... .

газеты
журналы
проспекты
доклады
бюллетени
материалы конференций /совещаний/

Zeitungen
Zeitschriften
Prospekte
Vorträge
Bulletins
Materialien der Konferenzen /Beratungen/

Konferenz- /Besprechungsmaterial

Обмен информационными материалами

Есть у вас информационные материалы для проецирования?	Gibt es bei Ihnen Informationsmaterialien zum Projezieren?
Да, у нас есть много материалов для проецирования:	Ja, wir haben viele Materialien zum Projezieren: ...

кинофильмы · Filme
диафильмы · Diafilme
диапозитивы · Diapositive

Нас интересует аудиовизуальная информация по вопросам современных средств связи.	Uns interessiert Wir interessieren uns für die audiovisuelle Information, die moderne Fernmeldeanlagen betrifft.
По этим вопросам мы можем вам предложить	Für diese Thematik können wir ... anbieten.

грампластинки · Schallplatten
видеокассеты · Bildplatten /Viedeokassetten/

Мы можем организовать для вашей страны	Wir können für Ihr Land ... übertragen. organisieren

радиопередачи · Rundfunksendungen
телевизионные передачи · Fernsehsendungen

О чем говорится в ваших материалах?	Was steht in Ihren Materialien? /Worüber wird in Ihren Materialien berichtet?/ Unterlagen
Расскажите, пожалуйста, кратко о (об) ... изображенных / описанных / событиях.	Erzählen Sie bitte kurz über ... der dargestellten /beschriebenen/ Ereignisse.

времени · die Zeit
месте · den Handlungsort
действующих лицах · die handelnden Personen
основной идее · die Hauptidee

Кто ... этих материалов?	Wer ist ... dieser Materialien?

автор · Autor
составитель · Verfasser
издатель · Verleger /Herausgeber/
режиссер · Regisseur

Мы с удовольствием купили бы показанные материалы.	Wir würden gern die vorgewiesenen Materialien kaufen. uns stellen?

Переговоры, соглашения 54

Мы согласны ... все обговоренные аудиовизуальные материалы.	Wir sind einverstanden, die verabredeten audiovisuellen Materialien ... .
передать безвозмездно продать	unentgeltlich zu übergeben zu verkaufen
Каковы ваши предложения ...?	Wie sind Ihre Angebote, die ... betreffen?
по способам обмена аудиовизуальными материалами	die Umtauschmethoden der audiovisuellen Materialien
по способам доставки информационных материалов	die Beförderungsmethoden der Informationsmaterialien
по расчетам	die Verrechnungen
Мы предлагаем вам ... производить обмен информационными материалами.	Wir schlagen Ihnen vor, den Umtausch von Informationsmaterialien ... durchzuführen.
регулярно периодически ежемесячно	regelmäßig periodisch monatlich
Мы хотели бы регулярно получать все ваши новые издания по вопросам внедрения новейшей технологии.	Wir möchten gern alle Ihre Neuerscheinungen regelmäßig bekommen, die die Einführung der neusten /modernsten/ Technologie betreffen.

ФИНАНСОВЫЕ ОПЕРАЦИИ

КРЕДИТЫ

ОТКРЫТИЕ КРЕДИТА

Нам хотелось бы получить ... кредит.	Wir möchten einen ... Kredit erhalten. *bekommen.*
беспроцентный	zinslosen
долгосрочный	langfristigen
краткосрочный	kurzfristigen
целевой финансовый	gebundenen
Можете ли вы нам открыть ...?	Können Sie uns einen ... eröffnen /einräumen, gewähren/?
государственный кредит	Staatskredit
льготный кредит	Vorzugskredit
кредит под проценты	verzinslichen Kredit
кредит с рассрочкой	Teilzahlungskredit
Мы хотели бы взять кредит в вашем банке.	Wir möchten bei Ihrer Bank einen Kredit aufnehmen.
Мы могли бы предоставить вам кредит, но нам бы хотелось знать, для каких целей вы намерены его использовать.	Wir könnten Ihnen einen Kredit einräumen; wir möchten *allerdings* nur Ihre Verwendungszwecke kennen. *wissen wofür Sie ihn verwenden wollen.*
Нам нужны кредиты для закупки	Wir brauchen die Kredite für *den* Ankäufe von ... .
зерна	Getreide /Korn/
лекарств	Arzneimitteln
обуви	Schuhwerk
оборудования	Ausrüstung
одежды	Konfektion
приборов	Geräten
продовольствия	Lebensmitteln

Финансовые операции 56

промышленных товаров	Industriewaren
средств транспорта	Transportmitteln
средств связи	Fernmeldeanlagen
Мы используем кредиты для	Wir werden die Kredite für ... anwenden.
обновления медицинского оборудования в наших лечебных учреждениях	die Erneuerung *der* von medizinischer Ausrüstung in unseren Heilanstalten
стажировки наших специалистов в вашей стране	das Praktikum unserer Fachleute in Ihrem Land
строительства различных объектов /предприятий, комбинатов, учебных заведений/	den Bau von verschiedenen Objekten /Betrieben, Kombinaten, Lehranstalten/
реализации совместных научно-исследовательских программ.	die Durchführung *Verwirklichung* gemeinsamer Forschungsprogramme
улучшения физкультурно-оздоровительной работы в нашей стране	die Besserung *Verb* der Sport- und Genesungsarbeit in unserem Land
финансирования науки и культуры	die Finanzierung der Wissenschaft und Kultur
В счёт кредитов мы будем оплачивать	Zu Lasten der Kredite werden wir ... bezahlen.
поставки оборудования	die Lieferungen von Ausrüstungen
проведения проектно-изыскательских работ /пусконаладочных работ/	die Durchführung von wissenschaftlichen Forschungsarbeiten /Instandsetzung/. ✕
Мы хотели бы приобрести в кредит	Wir möchten auf Abzahlung /Kredit/ ... kaufen.
электронно-вычислительную технику	Elektronenrechentechnik
оргтехнику	Büromaschinen
новейшую технологию по переработке сельскохозяйственной продукции	die modernste Technologie für die Verarbeitung von landwirtschaftlicher Produktion

✕ *Anfahr- und Einrichtarbeiten*

УСЛОВИЯ ПРЕДОСТАВЛЕНИЯ КРЕДИТА

Давайте договоримся об условиях предоставления кредита.

Да, это необходимо.

Мы хотели бы быть всегда в курсе дел относительно использования кредитов, предоставляемых вам.

Что конкретно вы имеете в виду?

Нам хорошо известно назначение кредитов, но нам хотелось бы знать и о ходе реализации ваших планов.

Есть ли у вас дополнительные условия или пожелания по использованию кредитов?

Это скорее не условие, а пожелание. Мы хотели бы, хотя это и не обязательно, чтобы кредиты были использованы для закупки товаров в нашей стране.

Следовательно, после решения кредитных вопросов мы должны вернуться к нашим торговым отношениям и пересмотреть их в сторону увеличения.

Мы не рассмотрели еще вопроса процентных ставок за предоставляемые кредиты.

Я полагаю, что процентные ставки на кредиты должны соответствовать ценам мирового рынка.

Это так, но мы хотели бы получить кредиты на льготных условиях, самое большее — пять процентов годовых.

Wollen wir die Bedingungen für eine Krediteinräumung vereinbaren.

Ja, das ist erforderlich.

Wir möchten immer im Bilde sein hinsichtlich der Kredite, die Ihnen von uns gewährt werden.

Was konkret meinen Sie damit?

Wir kennen den Verwendungszwecke der Krediten sehr gut, wir möchten aber auch über die Verwirklichung Ihrer Pläne Bescheid wissen.

Haben Sie zusätzliche Bedingungen oder Wünsche zur Verwendung der Krediten?

Das ist wohl keine Bedingung, sondern ein Wunsch. Obwohl es nicht unbedingt nötig ist, möchten wir, daß die eingeräumten Kredite für Ankäufe von Waren in unserem Land verwendet werden.

Folglich müssen wir nach Erledigung der Lösung Kreditfragen zu unseren Handelsbeziehungen zurückkommen und sie in der Richtung Steigerung überprüfen.

Wir haben die Prozentsätze für die eingeräumten Kredite noch nicht erörtert.

Ich meine, daß die Prozentsätze für Kredite dem jeweiligen Stand des Weltmarktes entsprechen sollen.

Das stimmt. Wir möchten aber die Kredite zu Vorzugszinsen bekommen, höchstens zu fünf Prozent Jahreszinsen.

× Verwendung der

Да, мы положительно оцениваем тот факт, что вы используете кредиты в нашей стране.	Ja, wir schätzen die Tatsache sehr hoch ein, daß die Kredite in unserem Land verwendet werden.
Поэтому мы можем пойти вам на некоторые уступки.	Deswegen können wir Ihnen einige Zugeständnisse machen.

ПОГАШЕНИЕ КРЕДИТА

А сейчас давайте перейдем к вопросу о погашении кредитов.	Nun zur Tilgung /Begleichung/ von Krediten.
Хорошо. Я думаю, что нам следует обсудить график погашения кредитов.	Gut. Ich denke, daß wir den Zeitplan der Begleichung von Krediten beraten müssen.
Мы должны также поговорить о материальных ценностях, с помощью которых должен быть достигнут баланс в наших финансовых отношениях.	Wir müssen auch über die Wertsachen sprechen, mit denen die Bilanz in unseren finanziellen Beziehungen erzielt werden sollte.
Мы в состоянии погасить задолженность по кредитам в течение 5 /10/ лет.	Wir sind imstande, den Rückstand für Kredite im Laufe von fünf /zehn/ Jahren zu bezahlen.
Нас это устраивает.	Das ist uns recht.
А нас это не устраивает.	Das ist uns nicht recht.
Мы хотели бы сократить сроки платежей.	Wir möchten die Fristen der Begleichung von Krediten reduzieren.
В конце концов мы согласны.	Wir sind letzen Endes einverstanden.
Давайте конкретно договоримся о сроках платежей по кредитам.	Wollen wir die konkreten Zahlungstermine für Kredite beraten.
Вы должны принять во внимание наше тяжелое финансовое положение.	Sie müssen unsere schwere finanzielle Lage in Betracht ziehen.
У нас нет возражений.	Wir haben keine Einwände.
Поскольку срок уплаты по всем кредитам нами определен в 10 лет, то я предлагаю принять следующий порядок платежей.	Da die ganze Zahlungsfrist für alle Kredite von uns für 10 Jahre festgestellt ist, schlage ich Ihnen folgende Reihenfolge der Zahlungen vor.

Кредиты

В течение двух первых лет выплачивать по 5 % от всей суммы кредитов.

Im Laufe der ersten zwei Jahren sollen je 5 Prozent der Gesamtsumme Kreditsumme ausgezahlt werden.

В последующие 6 лет сумма взносов должна составлять 10 % общей суммы.

Während der nächsten 6 Jahre sollen die Einzahlungen je 10 Prozent der Gesamtsumme betragen.

В последние два года мы будем платить по 15 процентов, чтобы наверстать отставание по платежам.

In den 2 letzten 1 Jahren werden wir je 15 Prozent der Gesamtsumme zahlen, um den Rückstand nachzuholen.

Какова же ваша окончательная процентная ставка по долгосрочным кредитам?

Wie ist Ihr endgültiger Prozentsatz für die langfristigen Kredite?

Каков учетный процент в банке?

Wie ist der Diskontsatz bei der Bank?

Процентная ставка составляет ... .

Der Prozentsatz beträgt ... .

Нам кажется, что процентные ставки несколько завышены. Не могли бы вы их снизить?

Es scheint uns, daß die Prozentsätze etwas zu hoch festgesetzt sind. Können Sie sie etwas reduzieren?

В какой валюте будут осуществляться расчеты?

In welcher Währung werden die Verrechnungen durchgeführt?

Между нами все расчеты должны вестись только с помощью свободно конвертируемой валюты.

Unsere gegenseitigen Verrechnungen sollen nur in konvertierbarer Währung geleistet werden.

Свою задолженность по кредитам мы возместим частично поставками ... в вашу страну /на вашу фирму/.

Unsere Kreditrückstände werden wir teilweise durch Lieferungen von ... in Ihr Land /Ihre Firma/ bezahlen.

энергоносителей	Energieträgern
сырья	Rohstoffen
руды	Erz
пиломатериалов	Schnittholz
изделий наших промышленных предприятий	Erzeugnissen unserer Industriebetriebe

ПЛАТЕЖИ

ОБЩИЕ ВОПРОСЫ

Давайте перейдём к обсуждению порядка платежей.

Wollen wir nun zur Durchführung von Zahlungen übergehen.

Да, конечно. Нам следует обсудить общий объём платежей, графики по ним и другие вопросы.

Ja, natürlich. Wir müssen das Gesamtvolumen der Zahlungen, Zeitpläne für sie und andere Fragen beraten.

Нельзя забывать и другие важные вопросы: льготы, валютные вопросы, места и формы оплаты.

Man darf auch andere wichtige Fragen nicht vergessen: Ermäßigungen, Valuta, Zahlungsorte und Formen der Zahlungen.

При платежах первостепенное значение имеют объёмы.

Bei Bezahlungen sind die Volumen in erster Linie von großer Bedeutung.

Полная стоимость контракта включает в себя ... .

Der Gesamtwert des Vertrages umfaßt ... .

себестоимость продукции
накладные расходы

Produktionsselbstkosten
Spesen

Да, я согласен с вами, перейдём к нашему контракту.

Ja, ich bin mit Ihnen einverstanden, wollen wir zu unserem Vertrag übergehen.

Вы поставили нам ... на сумму 50 000 марок.

Sie haben uns ... im Werte von 50 000 Mark geliefert.

товары
канцтовары

Waren
Büroartikel

Все ... составляют около 150 000 марок.

Alle ... betragen etwa 150 000 Mark.

дополнительные расходы
командировочные расходы
накладные расходы

Mehrkosten
Reisekosten
Spesen

Исчисление ... мы произвели соответственно представленных документов.

Die Berechnung ... haben wir entsprechend den vorgelegten Dokumenten vorgenommen.

издержек
прибыли
процентов

Kostenberechnung
Gewinnberechnung
Zinsrechnung

Платежи

себестоимости	Selbstkosten*berechnung*
убытков	Verlustberechnung
цен	Preisberechnung

На ваш счет мы относим также расходы ... . | Zu Ihren Lasten schreiben wir auch die Aufwendungen für die ... zu.

за откомандирование специалистов	Entsendung der Spezialisten
на приглашение докладчиков	Einladung ~~von~~ *der* Referenten
за дополнительную проверку и наладку оборудования	Nachprüfung und ~~Instandsetzung~~ der Anlagen

Все цены указаны в прейскурантах и отражены в других согласованных документах. | Alle Preise stehen in den Preislisten und anderen Dokumenten, die vereinbart worden sind.

Мы выставляем вам счета на сумму 150 000 марок. | Wir stellen Ihnen die Rechnungen mit einer Summe von 150 000 Mark aus.

Вот, например, за этот товар вам выписан счёт на сумму 50 000 марок. | Hier ist zum Beispiel eine Rechnung, die auf 50 000 Mark ausgestellt ist.

А вот другие счета. | *Und* Hier sind die anderen Rechnungen.

Мы представили их вам к оплате за ... . | Wir haben sie zur Bezahlung für ... vorgelegt.

товары	die Waren
упаковку	die Verpackung
хранение	die Lagerung
доставку	den Transport *die Lieferung*
страхование	die Versicherung

Но мы никогда не применяем подобных расчетов. Мы считаем, что размеры месячных платежей должны определяться только объемом выполненных работ. | Wir wenden aber niemals ~~ähnliche~~ *derartige* Berechnungsmethoden an. Wir sind der Meinung, daß die ~~Volumen~~ monatlicher Zahlungen nur unter ~~Berücksichtigung~~ des Arbeitsaufwandes ~~festgestellt~~ werden sollten.

Ничего не поделаешь. За вычетом накладных расходов | Da ist nichts zu machen. Nach Abzug von Spesen beträgt der

Финансовые операции 62

общая стоимость контракта составляет 160 000 марок.	Gesamtpreis des Vertrages 160 000 Mark.
А контракт подписан вами, и мы должны его соблюдать.	Der Vertrag ist aber von Ihnen unterzeichnet und wir müssen ihn einhalten.
Какие формы расчёта вы практикуете?	Welche Verrechnungsformen gebrauchen Sie?
Как будет производиться оплата?	Wie wird die Bezahlung durchgeführt?
Будет ли производиться расчёт ...?	Erfolgt die Verrechnung ...?-

наличными — mit Bargeld
безналичным способом — durch den bargeldlosen Zahlungsverkehr

Мы хотели бы ... . — Wir möchten ... .

производить платежи через банк — die Zahlungen über eine Bank zahlen
выплачивать взносы частями — die Zahlungen in Raten zahlen
произвести банковский вклад (депозит) — ein Bankdepositum hinterlegen
уплатить наличными — mit Bargeld zahlen

Если вы располагаете наличными, а общая сумма платежа невелика, то вы можете уплатить в кассу фирмы. — Wenn Sie über genügende Summen von Bargeld verfügen, und die Gesamtsumme der Zahlungen nicht zu groß ist, so können Sie bei der Kasse der Firma zahlen.

В противном случае расчёт производится через банк безналичным способом. — Anderenfalls werden alle Verrechnungen nur über die Bank durch den bargeldlosen Zahlungsverkehr geleistet.

Мы предлагаем вам ... . — Wir schlagen Ihnen vor, ...

открыть счёт в банке — ein Konto auf der Bank zu eröffnen
оплату производить посредством переводов — die Bezahlung durch Überweisungen zu leisten
избрать инкассовую форму расчёта — eine Inkassoform für Verrechnungen zu wählen

Нас вполне устраивает оплата ... . — Es paßt uns, die Bezahlung ... zu leisten.

по аккредитиву	durch ~~ein~~ Akkreditiv /aus dem Akkreditiv/
по инкассо	per Inkasso
по клирингу	durch ~~den~~ Clearing~~verkehr~~
с кредитного счёта	aus dem Kreditkonto

В какой валюте будут осуществляться платежи? — In welcher Währung werden Zahlungen durchgeführt? *abgewickelt*

Мы практикуем оплату в ... . — Wir wenden die Zahlungen in ... an.

местной валюте	örtlicher Währung
конвертируемой валюте	konvertierbarer Währung
валюте клиринга	Clearingwährung

Производите ли вы расчёты со своими торговыми партнерами в ...? — Führen Sie die Verrechnungen mit Ihren Handelspartnern in ... durch?

долларах	Dollars
шиллингах	Schillingen
рублях	Rubel
марках	Mark
франках	Franken
экю	ECU

Особого рассмотрения требуют вопросы валютных колебаний. — Die Probleme der Valutaschwankungen sind besonders gründlich ~~zu untersuchen~~. *Währungs- ... Prüfung Währung*

Как вы будете учитывать колебания валютного курса? — Wie werden Sie Valutaschwankungen berücksichtigen?

Для предотвращения валютных потерь у нас есть различные оговорки. Познакомьтесь с этими документами. — Für die ~~Entschädigung~~ *Verhinderung* von Valutaverlusten haben wir verschiedene ~~Vorbehalte~~. Machen Sie sich mit diesen Dokumenten ~~bekannt~~. *Nehmer*

Позволяет ли ваше законодательство перевод валюты? — Erlaubt Ihre Gesetzgebung, ~~Valuta zu überweisen~~? *in ... bei uns*

У нас в этом отношении нет никаких ограничений. — In dieser Hinsicht haben wir keine Einschränkungen.

Каково золотое покрытие принятой вами валюты? — Wie ist die Golddeckung der Valuta, die von Ihnen gebraucht wird?

Золотое покрытие составляет ... . — Die Golddeckung beträgt ... .

× *einschränkende Bestimmungen*

Финансовые операции

ВРЕМЯ ПЛАТЕЖА

Давайте рассмотрим график платежей.	Wollen wir den Zahlungszeitplan untersuchen.
Согласно этого графика вы должны внести взнос уже в этом месяце.	Laut diesem Zahlungszeitplan müssen Sie die Zahlungen bereits in diesem Monate leisten.
Но срок платежа наступает только через месяц.	Die Zahlung wird aber erst nach einem Monat fällig.
Платёжный оборот у нас происходит в соответствии с согласованным графиком.	Der Zahlungsverkehr wird bei uns gemäß dem vereinbarten Zeitplan durchgeführt.
Первый платёж проводится в течение недели с момента завершения поставки.	Die erste Zahlung erfolgt im Laufe einer Woche nach Vollendung der Lieferung.
Да, в принципе мы с вами согласны.	Ja, wir sind mit Ihnen im Prinzip einverstanden.
Ваш счёт будет оплачен полностью и в срок.	Ihre Rechnung wird in voller Höhe und rechtzeitig bezahlt.
Но мы предлагаем перенести платёж на более поздний срок.	Wir schlagen Ihnen aber vor, die Zahlung für eine spätere Frist zu verlegen.
Наши бухгалтерские проводки свидетельствуют о	Unsere Buchungen zeugen für ... .
своевременной оплате	die rechtzeitigen Zahlungen
задержке в оплате	einen Zahlungsrückstand
просрочке в платежах	eine Zahlungsverzögerung
На этом основании вам следует ускорить оплату.	Aus diesem Grunde sollen Sie die Bezahlung beschleunigen.
График платежа — закон для нас.	Der Zahlungszeitplan ist für uns ein Gesetz.
Оплату мы произведём немедленно по получении счёта.	Nach Erhalt der Rechnung folgt unsere Sofortbezahlung.

ПЛАТЁЖНЫЕ ДОКУМЕНТЫ

Какие документы следует предъявлять к оплате?	Welche Dokumente muß man bei der Zahlung vorlegen?
Вы должны предъявить	Sie müssen ... vorlegen.
специфированные счета в 4-х экземплярах	Rechnungen, spezifiziert, 4fach

упаковочные листы в 3-х экземплярах	Packlisten, 3fach
После проверки документов вы можете произвести оплату товаров.	Nach der Prüfung der Zahlungsdokumente können Sie die Warenlieferungen bezahlen.
Сейчас посмотрим вашу платёжную документацию.	Jetzt werden wir Ihre Zahlungsdokumente prüfen.
По этим документам у нас нет критических замечаний.	Über diese Dokumente haben wir keine kritischen Bemerkungen.
Но чеки, тратты и аккредитивы должны иметь по две подписи, а у вас здесь лишь одна подпись.	Schecks, Tratten und Akkreditive sollen mit zwei Unterschriften unterzeichnet werden, hier steht nur eine Unterschrift.
Кроме того, на вашей тратте нет вашего индоссамента.	Auf Ihrer Tratte fehlt auch Ihr Indossament.
В переводе не указано наименование получателя.	In Ihrer Anweisung ist die Bezeichnung des Empfängers nicht angegeben.
Вы направляли нам кредитноту?	Haben Sie uns eine Kreditnota geschickt?
Да, мы направляли её еще два месяца назад.	Ja, wir haben sie bereits vor zwei Monaten versendet.
А как насчет котировки?	Wie steht es mit der Kotierung?
Прошло уже два месяца, как мы представили вам заключительную котировку.	Zwei Monate sind schon verlaufen, als wir Ihnen die abschließende Kotierung vorgelegt haben.
Ваши документы, представленные к платежу, находятся сейчас в полном порядке.	Ihre Dokumente, die Sie uns zur Bezahlung vorgelegt haben, sind jetzt ganz in Ordnung.

ОПЛАТА В БАНКЕ

А сейчас поговорим о месте оплаты.	Jetzt wollen wir über den Zahlungsort sprechen.
С одной стороны, вы должны в «Дойче банк» открыть аккредитив в пользу нашего объединения, с другой сторо-	Einerseits müssen Sie bei der „Deutschen Bank" ein Akkreditiv für unsere Vereinigung eröffnen, anderseits sollen Sie

ны, вам следует в своей стране открыть счёт на имя нашего банка. Посредством межбанковских расчётов мы смогли бы регулировать наши финансовые отношения.

in Ihrem Land ein Bankkonto nach der Bezeichnung unserer Bank eröffnen. Durch die Verrechnungen zwischen unseren Banken könnten wir unsere finanziellen Beziehungen regeln.

В вашем центральном банке у нас уже есть ... аккредитив.

Wir haben schon bei Ihrer Hauptbank ein ... Akkreditiv.

безотзывный	unwiderrufliches
делимый	teilbares
документарный	dokumentarisches
подтверждённый	bestätigtes
трансферабельный	übertragbares

В каком банке нам следует производить оплату?

Bei welcher Bank müssen wir zahlen?

Назовите, пожалуйста, банк для произведения расчётов.

Nennen Sie bitte eine Bank für unsere Zahlungen.

Это «Дойче Банк».

Das ist die „Deutsche Bank".

К кому я должен обратиться для произведения расчётов?

An wen muß ich mich wenden, um Zahlungen zu leisten?

Вам нужно обратиться к ... .

Sie müssen sich an ... wenden.

директору банка	den Bankdirektor
заместителю директора банка	den stellvertretenden Bankdirektor
заведующему отделом международных банковских операций	den Abteilungsleiter für internationale Bankgeschäfte
в кабинет № ...	das Amtszimmer Nr. ...

Я плательщик за товары, поставляемые вашей фирмой ... .

Ich bin Zahler für die Waren, die an unseren Betrieb von Ihrer Firma ... geliefert werden.

Какую фирму /страну/ вы представляете?

Welche Firma /Welches Land/ vertreten Sie?

Я представляю интересы ... .

Ich vertrete die Interessen ... .

минского автозавода	des Minsker Autowerkes

Платежи

минского тракторного завода	des Minsker Traktorenwerkes
объединения ...	der Vereinigung ...
Предъявите, пожалуйста, ваши полномочия и документы на торговые сделки.	Sie ~~müssen~~ *legen* bitte Ihre Vollmachten und die Dokumente für die Geschäfte vorweisen.
Мы хотели бы пользоваться услугами вашего банка.	Wir möchten ~~bei~~ Ihrer Bank einige Dienste in Anspruch nehmen.
Я здесь впервые и хотел бы открыть у вас счёт.	Ich bin hier zum ersten Mal, und ich möchte bei Ihnen ein Bankkonto eröffnen.
У нас уже есть счёт в вашем банке. Номер нашего расчётного счёта	Wir haben schon ein Konto bei Ihrer Bank. Unsere Kontonummer ist ... .
Какой ваш расчётный счёт?	Wie ist Ihr Verrechnungskonto?
Вначале мне хотелось бы выяснить некоторые вопросы соблюдения формальностей по оплате.	Vorerst möchte ich einige formale Fragen klären, die bei *der* Bezahlung erforderlich sind.
Посмотрим, какой суммой вы располагаете.	Jetzt wollen wir sehen, über welche Summe Sie verfügen /welche Summe auf Ihrem Konto steht/.
Этой суммы вполне достаточно для расчётов с нашими фирмами.	Diese Geldsumme reicht für *[die]* Verrechnungen mit unseren Firmen.
Ваших средств не хватает для расчётов.	Sie haben für die Verrechnungen zu wenig Geldmittel.
Сообщите вашему объединению о необходимости срочного перевода средств.	Benachrichtigen Sie bitte Ihre Vereinigung über die Notwendigkeit der schnellstmöglichen Überweisung von Geldmitteln.
Мне хотелось бы перевести некоторую сумму с нашего счёта на счёт фирмы	Ich möchte von unserem Konto auf das Konto der Firma ... eine Summe überweisen.
Ваш перевод оплачен.	Ihre Überweisung ist ~~bezahlt~~ *ausgeführt*.
Я хотел бы внести аванс в соответствии с представляемыми документами.	Entsprechend den vorgelegten Unterlagen /Dokumenten/ möchte ich einen Vorschuß zahlen *leisten*.

Финансовые операции 68

Аванс предназначен для оплаты предстоящих поставок и в то же время покрывает нашу задолженность по предыдущим расчётам.	Der Vorschuß ist für die Bezahlung bevorstehender Lieferungen bestimmt und deckt gleichzeitig unsere Verschuldung für die vorherigen Verrechnungen.
Дебетуйте, пожалуйста, этот счёт.	Stellen Sie bitte diese Rechnung in das Debet.
Ваш счёт будет своевременно дебетован.	Ihre Rechnung wird rechzeitig in das Debet gestellt werden.
Я просил вас произвести полный расчёт наших счетов.	Ich habe Sie gebeten, die vollständige Verrechnung unserer Konten durchzuführen.
К сожалению, мы не смогли произвести перерасчёта всех ваших денежных средств согласно текущему курсу валют.	Wir konnten leider nicht alle Verrechnungen Ihrer Geldmittel gemäß dem laufenden Verrechnungskurs leisten.
Мы выполним вашу просьбу и известим вас об этом.	Wir erfüllen Ihre Bitte und benachrichtigen Sie darüber.
Да, мы произвели	Ja, wir haben ... vorgenommen.
машинный расчёт	eine maschinelle Berechnung
окончательный расчёт	eine Schlußabrechnung
сравнительный расчёт	eine Vergleichsrechnung

ОПЛАТА В КАССЕ ФИРМЫ

Я хотел бы оплатить этот счёт	Ich möchte diese Rechnung ... bezahlen.
наличными	in Bargeld
чеком	mit einem Scheck
Вот сдача, пожалуйста.	Hier ist Ihr Restgeld, bitte.
Распишитесь, пожалуйста, ...	Unterschreiben /unterzeichnen/ Sie bitte ... .
здесь	hier
под этим документом	dieses Dokument
Прошу вас, выдайте мне квитанцию.	Ich bitte Sie, mir eine Quittung zu geben.
Пожалуйста, вот ваша квитанция.	Hier ist bitte Ihre Quittung.

ФИНАНСОВЫЕ ПРЕТЕНЗИИ

Я хотел бы предъявить вам некоторые претензии по платежам.

Ich möchte an Sie einige Ansprüche/Forderungen über Zahlungen stellen.

С нашей стороны есть к вам также претензии и объяснения, которые, вероятно, удовлетворят вас.

Unserseits haben wir zu Ihnen/an Sie auch Ansprüche und Erklärungen, die Sie vielleicht/wahrscheinlich befriedigen werden.

После тщательного анализа мы установили, что платёжный баланс сейчас в нашу пользу.

Nach sorgfältiger Analyse stellten wir fest, daß die heutige Zahlungsbilanz zu unseren Gunsten ausfällt.

У вас же, напротив, имеется значительная задолженность по платежам.

Im Gegenteil ist bei Ihnen eine bedeutende Verschuldung in Zahlungen entdeckt worden.

Скажите, пожалуйста, конкретно, в чем выражается наша задолженность.

Sagen Sie bitte konkret, woraus unsere Verschuldung besteht/ausgeht.

Вот, кстати, я покажу вам ваше официальное письмо, в котором вы ставите нас в известность об отказе от платежей. Но вы не можете отказаться от этих платежей.

Bei dieser Gelegenheit möchte ich Ihnen Ihr offizielles Schreiben vorweisen/zeigen, in dem Sie uns über Ihre Zahlungsverweigerung benachrichtigen. Sie dürfen aber die Zahlungen /unsere Forderungen über Zahlungen/ nicht ablehnen.

У нас к вам есть серьезные претензии относительно несвоевременной оплаты.

Wir stellen an Sie Ansprüche/Forderungen wegen nicht rechtzeitiger Zahlungen.

Срок платежей истёк еще в мае этого года.

Die Zahlungsfrist ist bereits im Mai dieses Jahres abgelaufen.

Эту задолженность вы должны погасить немедленно.

Diese rückständigen Zahlungen/Schulden sollen Sie unaufschiebbar ausgleichen.

Вы не оплатили счёта № ... .

Sie haben die Rechnungen Nr. ... nicht bezahlt.

Кроме того, вы задержали платежи за ..., что является грубым нарушением контракта.

Sie sind außerdem im Zahlungsverzug /Rückstand/ für ..., was eine grobe Vertragsverletzung ist.

Финансовые операции

гастроли наших артистов	Gastspiele unserer Schauspieler
поставки одежды	Konfektion

Целый ряд платёжных документов составлены у вас с нарушениями и отклонениями.
Eine ganze Reihe von Ihren Zahlungsdokumenten sind mit Abweichungen und Vertragsbrüchen aufgestellt. *abgefaßt.*

У вас к документам не приложена импортная /экспортная/ лицензия.
Sie haben keine Importlizenz /Exportlizenz/ beigelegt.

В связи с изменением срока платежа ваша тратта не акцептована.
Wegen der Veränderung der Zahlungstermine ist Ihre Tratte nicht akzeptiert.

По всем указанным претензиям у нас есть обоснованные объяснения.
Wir haben zu allen Ihren Ansprüchen begründete Erläuterungen. *Forde-rungen*

Во-первых, в ходе выполнения контракта произошли непредвиденные изменения в расходах.
Erstens, während der Vertragserfüllung entstanden unvorhergesehene Veränderungen in den Ausgaben. *kam es*

Изменения произошли по многим направлениям: ... .
Die Veränderungen entstanden in vielen Richtungen: ... . *kam es*

по статьям расходов	*bei* den Ausgabeposten
по суммам расходов	*in* den Summen von Ausgaben *der*

Во-вторых, вы должны принять во внимание, что все расходы по ... мы берём на себя.
Zweitens, müssen Sie in Betracht ziehen /berücksichtigen/, daß wir alle Ausgaben für ... übernehmen.

транспортировке	die Beförderung
упаковке	die Verpackung
хранению на конвенциональном складе	die Lagerung im Konventionallager

За наш счёт идут ... .
Zu unseren Lasten fallen ... .

расходы по страхованию	die Ausgaben für Versicherung
накладные расходы	~~Spesen~~ *Gemeinkosten*

Мы также надеемся на компенсацию убытков, понесённых нами по вашей вине из-за ... .
Wir hoffen auch auf die Entschädigung für die Verluste, die durch Ihre Schuld entstanden: wegen ... .

несвоевременной поставки

несвоевременного откомандирования специалистов

несвоевременной отправки платёжных документов (опозданий в высылке документов)

Поэтому мы снимаем с себя ответственность за ... .

несвоевременную оплату

несоблюдение договорных условий

Вот один пример.

В прошлом году мы получили несвоевременно уведомление о готовности к отгрузке.

Это задержало отправку и привело в конце концов к большим дополнительным затратам по транспортировке и хранению.

О подобных фактах мы неоднократно ставили вас в известность.

Следовательно, мы не можем нести полную ответственность за дополнительные расходы.

В-третьих, у нас есть к вам также ряд встречных претензий.

Платежи приостановлены в связи с ... .

задержкой в выполнении монтажных работ

задержками поставок

Нарушение сроков платежей произошло вследствии некомплектности поставок с вашей стороны.

---

nicht rechtzeitiger Lieferungen

nicht rechtzeitiger Entsendung von Fachleuten

verspäteter Sendung der Zahlungsdokumenten

Darum entledigen wir uns der Verantwortung für ... .

---

nicht rechtzeitige Zahlung

die Nichteinhaltung der Vertragsbedingungen

Ich nenne ein Beispiel.

Im vorigen Jahr haben wir Ihre Versandbereitschaftserklärung nicht rechtzeitig erhalten.

Das hat den Versandtermin hingehalten und brachte letzten Endes viele Mehrkosten für Transport und Lagerung.

Über ähnliche Fakten haben wir Sie etliche Male in Kenntnis gesetzt.

Folglich können wir nicht für die Mehrkosten die ganze Verantwortung tragen.

Drittens. Wir haben zu Ihnen auch eine ganze Reihe von Gegenansprüchen.

Die Zahlungen sind wegen .. eingestellt.

---

der Verzögerung von Montagearbeiten

verspäteter Lieferungen

Die Terminüberschreitung der Zahlungen entstand infolge Ihrer unkompletten Lieferungen.

Финансовые операции

Уже в этом году вы представили документы к оплате с опозданием на 2 месяца.	Bereits in diesem Jahr haben Sie uns erforderliche Dokumente zur Bezahlung mit 2 Monate Verspätung vorgelegt /geschickt/.
Были обнаружены несколько ошибок в расчётах.	In /einigen/ Rechnungen wurden Rechenfehler aufgefunden.
Вот, например, выписка из счёта. Она подтверждает правильность наших расчётов.	Hier ist zum Beispiel ein Rechnungsauszug. Er bestätigt die Korrektheit unserer Berechnungen.
Проверьте, пожалуйста, сами этот счёт.	Prüfen Sie bitte selbst diese Rechnung.
Вы не учли, что нами 2-го октября была ошибочно переведена вам сумма … .	Sie haben die Summe von … nicht einkalkuliert, die von uns für Sie am 2. Oktober versehentlich überwiesen wurde.
Давайте снова сверим наши расчёты.	Wollen wir von neuem zu unseren Berechnungen zurückkommen.
К каким же решениям по нашим взаимным претензиям мы придем?	Welche Entscheidungen treffen wir in bezug auf unsere gegenseitigen Ansprüche?
Эти вопросы мы обязательно рассмотрим вновь.	Diese Fragen werden wir von neuem unbedingt gründlich untersuchen.
Все недостатки по платежам мы устраним самое позднее через месяц.	Alle Mängel in den Zahlungen werden wir spätestens im Laufe von einem Monat beheben /abstellen/.
Платежи будут осуществляться … .	Die Zahlungen werden … vorgenommen.
по мере выполнения работ	je nach Abschluß der Arbeiten
по мере отгрузки оборудования	je nach Verladung von Ausrüstungen
после вручения полного комплекта погрузочных документов	nach der Übergabe des ganzen Satzes von Verladedokumenten
после подписания счёта	nach der Unterzeichnung der Rechnung

Платежи

В связи с известными вам событиями мы просим … .	Wegen der für Sie bekannten Ereignisse bitten wir Sie um … .
о льготах по некоторым платежам	Ermäßigungen ~~in~~ *bei* einigen Zahlungen
об отсрочках в платежах	eine Stundung
о пересмотре платёжных сумм	die ~~Revidierung von~~ *Herabsetzung des* Zahlungssummen *Rechnungsbetrag*
Все же вам следует уплатить … .	Sie müssen ~~doch~~ *dennoch* … bezahlen.
штраф за просрочку в уплате	Verzugszinsen
повышенный процент за предоставленный кредит	erhöhte Zinsen für den eingeräumten Kredit
Вы нам предъявили штраф за нарушение договора. Но уплату названных сумм мы произведём только в арбитражном порядке.	Sie haben uns eine Vertragsstrafe geltend gemacht. Die Bezahlung *der* ~~genannter~~ Summen *Betrag* werden wir nur im Arbitrageverfahren zahlen.
По-моему, вы недооцениваете серьезности ситуации.	Sie verharmlosen meiner Meinung nach die ~~ganze~~ Ernsthaftigkeit der entstandenen Situation.
В результате нарушений в платежах произойдут известные вам последствия, предусмотренные договором.	Wegen der Verletzungen ~~in~~ *bei* den Zahlungen ~~folgen~~ die Konsequenzen, die Ihnen ~~gut~~ bekannt ~~sind~~ und im Vertrag vorgesehen ~~wurden~~ *hinterziehung*.
Уклонение от уплаты налогов влечёт штраф в большом размере. *влечёт за собой*	Steuer~~flucht~~ hat eine Strafe in großer Höhe zur Folge.
Вследствие задержки в оплате мы приостанавливаем поставки.	*Wegen* ~~Aus dem Grunde~~ Ihrer Zahlungsverweigerung stellen wir die Lieferungen ein.
Мы просим вас также отослать нам назад товары, поставленные ранее и неоплаченные до сих пор.	Wir bitten Sie auch, uns die früher gelieferten Waren zurückzusenden, die bis jetzt nicht bezahlt worden sind.
Издержки в этом случае, естественно, пойдут за ваш счёт.	Die Beförderungskosten stellen wir in diesem Fall selbstverständlich in ~~Ihre~~ *Ihnen* Rechnung.

Финансовые операции 74

По результатам этой сделки мы оказались в убытке.

Поэтому мы вынуждены обратиться в суд.

Взыскание ваших долгов тогда произойдет в законном порядке.

Судебные издержки пойдут также за ваш счёт.

Наш договор будет расторгнут.

Мы предоставляем это дело на ваше усмотрение.

Infolge dieses Geschäftes sind wir benachteiligt.

Wir sind daher (deshalb) gezwungen, den Rechtsweg zu beschreiten.

Das Schuldbetreiben (eintreiben) erfolgt diesmal (dann) auf gesetzlichem Wege.

Die Gerichtskosten fallen (gehen) dann auch zu Ihren Lasten.

Unser Vertrag wird gekündigt /werden/.

Wie überlassen diese Sache Ihrer Einsicht (Ermessen).

2

ЭКОНОМИЧЕСКОЕ СОТРУДНИЧЕСТВО

Нам хотелось бы вести переговоры с руководством ... .

Wir möchten mit dem Management /Führung/ ... verhandeln.

министерства внешней торговли /иностранных дел, путей сообщения/

des Ministeriums für Außenhandel /für Auswärtige Angelegenheiten, für Verkehrswesen/

фирмы
головной компании
дочерней компании
предприятия
завода

der Firma
der Muttergesellschaft
der Tochtergesellschaft
des Betriebes
des Werkes

Мы хотели бы ... .

Wir möchten ... .

обсудить некоторые вопросы экономического сотрудничества

einige Fragen der wirtschaftlichen Zusammenarbeit beraten

устранить имеющиеся недостатки в товарообороте

die im Warenumsatz existierenden Mängel beseitigen /beheben/

проанализировать ход выполнения ранее заключенных договоров

den Verlauf der Erfüllung der vorher abgeschlossenen Verträge analysieren

сотрудничать с вами на долговременной основе

mit Ihnen in langjährige Kooperationsbeziehungen eingehen

Мы хотели бы изучить ваши возможности ... .

Wir möchten uns mit Ihren Möglichkeiten ... bekannt/vertraut/ machen.

инвестиций в нашу экономику

der Investitionen in unsere Wirtschaft

создания совместных предприятий в нашей стране

der Gründung von Gemeinschaftsunternehmen in unserem Land

| приобретения новейших технологий для нашей промышленности | der Anschaffung ~~der~~ modernsten Technologien für unsere Industrie |

С этой целью нам бы хотелось изучить ваши возможности по производству и продаже ... .

Zu diesem Zweck möchten wir Ihre Produktions- und Verkaufsmöglichkeiten ... studieren.

машин	im Maschinenbau
оборудования	in der Ausrüstung
приборов	in der Geräteproduktion
труб	in der Rohrproduktion
сельскохозяйственной продукции	in der landwirtschaftlichen Produktion

Мы хотели бы ознакомиться с вашими способами ... .

Wir möchten uns mit Ihren ... bekanntmachen.

производства продукции черной металлургии	Produktionsmethoden in der Eisen- und Stahlindustrie
производства красителей	Produktionsmethoden in der Farbstoffindustrie
хранения овощей и фруктов /молочных и мясных продуктов/	Lagerungsmethoden von Obst und Gemüse /von Molkerei- und Fleischprodukten/
расфасовки продуктов	Verfahren zur Verpackung der Produkte
транспортировки продуктов	Methoden zum Transport der Produkte /Produktion/

Поэтому мы хотели бы посетить несколько ... .

~~Darum~~ *Deshalb* möchten wir einige ... besuchen.

технических выставок	technische Ausstellungen
предприятий	Betriebe
фирм	Firmen
складов	Lagerhäuser
овощехранилищ	Lagerhallen für Obst und Gemüse

Вероятно было бы не лишним осмотреть несколько промышленных объектов, находящихся еще в стадии строительства.

Vielleicht wäre es nützlich, einige Industrieobjekte zu besichtigen, die noch im Bausta~~dium~~ sind.

ПОСЕЩЕНИЕ ФИРМЫ, ПРОМЫШЛЕННОГО ПРЕДПРИЯТИЯ

ВЫБОР ОБЪЕКТА

Какова структура экономики вашего (-ей) ...?	Wie ist die Wirtschaftsstruktur in ...?
города	Ihrer Stadt
местности	Ihrer Gegend
Имеются ли здесь предприятия ...?	Gibt es hier Betriebe ...?
легкой промышленности	der Leichtindustrie
металлообрабатывающей промышленности	der metallverarbeitenden Industrie
обрабатывающей промышленности	der verarbeitenden Industrie
пищевой промышленности	der Nahrungsmittelindustrie
тяжелой промышленности	der Schwerindustrie
химической промышленности	der chemischen Industrie
Есть ли здесь поблизости промышленное предприятие?	Gibt es hier in der Nähe einen Industriebetrieb?
Мы хотели бы посетить	Wir möchten ... besuchen.
тракторный завод	ein Traktorenwerk
автозавод	ein Autowerk
металлургический завод	ein Eisenhüttenwerk
судостроительный завод	eine Schiffswerft
пивоваренный завод	eine Bierbrauerei *Brauerei*
промышленное предприятие	einen Industriebetrieb

Посещение фирмы, промышленного предприятия

Кто владелец /совладелец/ ...?	Wer ist Besitzer /Teilhaber/ ... ?
фирмы	der Firma
объединения	der Vereinigung
предприятия	des Betriebes
Владельцем /совладельцем/ этой фирмы является	Der Besitzer /Mitbesitzer/ dieser Firma ist ... .
господин Н.	Herr N.
акционерное общество	die Aktiengesellschaft
государство	der Staat
Кто руководит ...?	Wer leitet ...?
фирмой	die Firma
предприятием	den Betrieb
заводом	das Werk
Фирмой /предприятием/ руководит	Die Firma /Den Betrieb/ leitet ... .
директор	der Direktor
генеральный директор	der Generaldirektor
господин Н.	der Herr N.
совет директоров	der Direktorenrat
Кто ... фирмы /предприятия/?	Wer ist ... der Firma /des Betriebs/?
президент	der Präsident
генеральный директор	der Generaldirektor
коммерческий директор	kaufmännischer Direktor
технический директор	technischer Direktor

ОРГАНИЗАЦИЯ ПРОИЗВОДСТВА

Мы хотели бы побеседовать с	Wir möchten ... sprechen.
господином директором	den Herrn Direktor
сотрудниками предприятия	die Mitarbeiter des Betriebes
рабочими	die Arbeiter
Господин директор! Имеются ли у вашей фирмы дочерние предприятия?	Herr Direktor! Hat Ihre Firma einige Tochterunternehmen?

Организация производства

Наши дочерние предприятия расположены не только в нашей стране, но и в других странах.	Unsere Tochterunternehmen liegen nicht nur in unserem Land, sondern auch in anderen Ländern.
Сколько человек занято у вас на прямом производстве?	Wieviel Arbeiter sind in der unmittelbaren Produktion tätig?
На нашем головном предприятии работает около 10 000 рабочих.	In unserem Hauptwerk arbeiten etwa 10 000 Arbeiter.
В наших филиалах занято на производстве более 50 000 рабочих.	Mehr als 50 000 Arbeiter sind außerdem in unseren Zweigstellen tätig.
Во сколько смен работает ваше предприятие?	In wieviel Schichten arbeitet Ihr Betrieb?
Работа на заводе идет в две смены.	Es wird im Werk in zwei Schichten gearbeitet.
Какова производственная мощность вашего завода /предприятия/?	Wie hoch ist die Produktionskapazität Ihres Werkes /Betriebes/?
Если считать объём нашей продукции в денежном выражении, то можно сказать, что мы выпускаем в год различных изделий на 10 миллионов марок.	Wenn man unser Produktionsvolumen im Geldäquivalent betrachtet, so kann man sagen, daß wir verschiedene Erzeugnisse zu zehn Millionen Mark produzieren.
Является ли ваше предприятие рентабельным?	Ist Ihr Betrieb rentabel?
Да, наше предприятие вполне рентабельно.	Ja, unser Betrieb ist ganz rentabel.
Получает ли ваше предприятие какие-либо государственные дотации?	Erhält Ihr Betrieb irgendwelche Staatszuwendungen?
Наше производство вполне окупает себя, и нам не требуется никаких дотаций.	Die Produktion deckt alle unsere Ausgaben ab, und wir brauchen keine Subventionen.
Расскажите, пожалуйста, немного о ваших программах капитальных вложений.	Erzählen Sie bitte etwas über Ihr Investitionsprogramm?
Наша программа капитальных вложений содержит расходы на	Unser Investitionsprogramm enthält die Ausgaben für ... .

реконструкцию производства	die Rekonstruktion der Produktion
обновление /модернизацию/ оборудования	die Erneuerung /Modernisierung/ der Ausrüstung
сооружение новых заводских корпусов	die Errichtung neuer Fabrikgebäude
сооружение объектов, которые строятся совместно с другими странами	die Errichtung von Objekten, die gemeinsam mit anderen Ländern gebaut werden
социальные нужды коллектива завода	die sozialen Bedürfnisse der Belegschaft des Werkes

Что производит ваша фирма /ваше предприятие/? — Was produziert Ihre Firma /Ihr Betrieb/? *Produkte sind*

Наша продукция известна во всём мире. — Unsere Produktion ist in der ganzen Welt bekannt.

Мы производим ... — Wir produzieren ... .

машины	Maschinen
химическое оборудование	chemische Ausrüstungen
потребительские товары	Konsumgüter
продовольственные товары	Nahrungsmittel
молочную продукцию	Molkereiprodukte

Какие новые модификации планируются к выпуску? — Welche neuen Abwandlungen /Modifikationen/ planen Sie?

Нас интересуют самые последние проекты фирмы. — Wir interessieren uns für die neusten Entwürfe der Firma.

С ними вас познакомит наш конструктор несколько позднее. — Darüber wird Sie unser Konstrukteur etwas später informieren.

Это наш секрет. — Das ist unser Geheimnis.

Как у вас организован контроль за качеством продукции? — Welche Gütekontrolle verwenden Sie in der Produktion? *organisiert?*

Какие меры вы предпринимаете для уменьшения брака? — Welche Maßnahmen treffen Sie zur Minderung der Ausschußerzeugnisse?

Каков процент бракованной продукции? — Wie ist die Ausschußquote Ihrer Produktion?

Процент брака у нас невелик. — Die Ausschußquote ist bei uns /sehr/ gering.

ТЕХНИКО-ЭКОНОМИЧЕСКИЕ ПОКАЗАТЕЛИ ОБОРУДОВАНИЯ

Назовите, пожалуйста, преимущества этой машины и расскажите немного о её технико-экономических показателях.

Nennen Sie bitte die Vorteile dieser Maschine, und erzählen Sie etwas über ihre technisch-ökonomischen Kennziffern.

Вам, вероятно, известны технические данные предыдущей модели.

Die technischen Kennziffern der vorigen Modelle sind Ihnen vielleicht bekannt.

По сравнению с прежней моделью можно видеть, что некоторые технико-экономические параметры последней модели улучшились, удвоилась и производительность машины.

Im Vergleich zu dem vorigen Typ ist ersichtlich, daß einige technische Parameter des letzten Modells verbessert wurden, außerdem verdoppelte sich die Arbeitsproduktivität.

Наша машина надёжна и работает без помех.

Unsere Maschine ist zuverlässig und funktioniert störungsfrei.

В этой машине применена автоматическая подача.

In dieser Maschine wird eine automatische Beschickung verwendet.

Благодаря автоматической подаче отпала необходимость в трех рабочих, которые были заняты раньше на этой операции.

Auf Grund der automatischen Beschickung werden drei Arbeitskräfte eingespart, die früher bei dieser Operation notwendig waren.

Расход энергии в машине типа Н сокращен более, чем на 30 %.

Der Energieverbrauch der Maschine des Typs N verringerte sich um mehr als 30 %.

Все это даёт большую экономическую выгоду.

Das alles ergibt einen großen ökonomischen Gewinn.

Каков гарантийный срок для этой машины?

Wie ist die Garantiefrist dieser Maschine?

Мы даём гарантию бесперебойной работы этой машины в течение двух лет.

Wir garantieren den störungsfreien Betrieb der Maschine für zwei Jahre.

Мне хотелось бы получить полную информацию о технических данных этой машины.

Ich möchte die vollständige Information über die technischen Daten dieser Maschine bekommen.

Посещение фирмы, промышленного предприятия 82

Об этом лучше всего вам расскажет ... .

   конструктор
   технолог
   инженер
   оператор

Он проинформирует вас о технических усовершенствованиях и технико-экономических параметрах нашей машины.

Для какой цели предназначен /-а, -о/ ...?

   эта машина
   этот аппарат
   это оборудование
   это устройство
   этот узел
   эта деталь

Это устройство обслуживается ... .

   одним оператором /рабочим/
   автоматически
   компьютером

Каков /-а/ ... этой машины /аппарата/?

   производительность
   максимальная производительность
   минимальная производительность
   номинальная производительность
   мощность
   производственная мощность
   параметры потребляемого тока

Am besten wird Sie darüber ... informieren.

   der Konstrukteur
   der Technologe
   der Ingenieur
   der Operator

Er wird Sie über die technische Weiterentwicklung und über die technisch-ökonomischen Parameter unserer Maschine informieren.

Für welche Zwecke ist ... bestimmt?

   diese Maschine
   dieser Apparat
   diese Ausrüstung
   diese Anlage
   diese Baugruppe
   dieses Werkstück

Diese Anlage wird ... bedient.

   von einem Operateur /Arbeiter/
   automatisch
   durch einen Computer

Wie ist ... dieser Maschine /dieses Apparats/?

   die Produktivität /Leistungsfähigkeit/
   die Höchstleistungsfähigkeit
   die Minimalproduktivität
   die Nominalproduktivität
   die Leistung /Kapazität/
   die Produktionskapazität
   die Parameter des Verbrauchsstroms

нагрузка	die Belastung
допустимая нагрузка	die zulässige Belastung
максимально допустимая нагрузка	die maximal zulässige Belastung
энергоёмкость	die Stromintensität
энергопотребление	der Energieverbrauch
скорость	die Geschwindigkeit
привод	der Antrieb
вес	das Gewicht
размер	~~das Ausmaß~~ *die Abmessungen*
цена	der Preis
На каком токе работает установка?	Welche Stromart wird bei der Anlage verwendet?
Установка работает на трёхфазном токе.	Die Anlage ~~funktioniert durch den~~ *arbeitet mit* Drehstrom.
Какова частота потребляемого тока?	Wie ist die Stromfrequenz des Verbrauchsstroms?
Частота потребляемого тока равна пятидесяти герцам.	Die Stromfrequenz ist fünfzig Hertz /gleich/.
Потребляемая мощность составляет пять киловатт.	Der Verbrauchsstrom beträgt fünf Kilowatt.
Номинальное напряжение равно трёмстам восьмидесяти вольтам.	Die Nominalspannung ist dreihundertachtzig Volt.
Какова грузоподъемность автомашины /крана/?	Wie ist die Ladefähigkeit des Kraftwagens /die Hebekraft des Krans/?
Каков радиус поворота стрелы этого крана?	Wie groß ist der Schwenkbereich dieses Kranauslegers?
Радиус поворота равен 360 градусам.	Der Schwenkbereich beträgt 360 Grad.
Что это за конструкция?	Was für eine Konstruktion ist das?
Это ... конструкция.	Das ist eine ... .
цельнометаллическая	Ganzstahlkonstruktion
облегченная	Leichtkonstruktion
Я хотел бы посмотреть	Ich möchte ... ansehen. *die*
инструкцию по эксплуатации	~~eine Gebrauchsanweisung~~
техническую документацию	technische Unterlagen

чертежи	Zeichnungen
эскизы	Aufrisse
планы	Pläne
схемы	Schemas /Schemata/

Пожалуйста, вот документы, которые вы хотели посмотреть.
Hier sind bitte die Dokumente, die Sie sich ansehen wollten.

Помогите разобраться в чертежах.
Helfen Sie mir bitte beim Verstehen der Zeichnungen.

Где изображён ...?
Wo ist ... (dargestellt)?

общий вид	die Totalansicht
вид спереди	die Vorderansicht
вид сзади	die Rückansicht
передний план	der Vorderplan
задний план	der Hintergrund
продольный разрез	der Längsschnitt
поперечный разрез	der Querschnitt

Что вы можете сказать относительно ...?
Was können Sie in bezug auf ... sagen?

прочности конструкции	die Festigkeit der Konstruktion
надёжности в работе	die Zuverlässigkeit im Betrieb
удобства в обслуживании	die Bequemlichkeiten während der Bedienung

Что касается дизайна машины, то, пожалуй, не стоит много говорить. Вы видите сами, что машина выглядит вполне современно.
Was das Design anbetrifft, so brauchen wir nicht viel zu reden. Sie sehen selbst, daß die Maschine ganz modern aussieht.

Прочность конструкции соответствует расчётным данным и превосходит наибольшую допустимую нагрузку в пять раз.
Die Festigkeit der Konstruktion entspricht den Berechnungsdaten und übersteigt die maximale zulässige Belastung auf das Fünffache.

Обратите внимание на планировку пульта управления. Расположение кнопок и рычагов управления очень удобно для работы.
Beachten Sie bitte die Disposition des Steuerpultes. Die Knöpfe und Hebel sind für die Benutzung sehr bequem eingerichtet.

Кожух машины легко снимается.
Das Gehäuse der Maschine ist leicht abnehmbar.

ИСПОЛЬЗОВАНИЕ ОБОРУДОВАНИЯ И ЕГО МОДЕРНИЗАЦИЯ

Для осмотра и ремонта машины имеется свободный доступ к её основным узлам.

Für Durchsicht und Reparatur ist ein leichter Zutritt zu den Baugruppen der Maschine vorhanden.

Насколько полно используется у вас станочный парк?

Inwieweit wird bei Ihnen der Werkzeugmaschinenpark ausgenutzt?

Процент использования станочного парка составляет примерно около 90 %.

Der Werkzeugmaschinenpark wird von etwa 90 % genutzt.

Как часто производится замена станочного оборудования?

Wie oft wird die Erneuerung der Werkzeugmaschinen durchgeführt?

Мы заменяем почти полностью свое оборудование в течение 5 лет.

Wir ersetzen unsere Ausrüstung fast vollständig in der Zeitperiode von 5 Jahren.

Производите ли вы монтаж нового оборудования без остановки производства?

Wird die Montage der neuen Ausrüstung durchgeführt, ohne die Produktion zum Stehen zu bringen?

Как правило, в этом случае мы свое производство не останавливаем.

In der Regel stellen wir unsere Produktion in diesem Fall nicht ein.

Когда намечено пустить в эксплуатацию ...?

Wann soll die Inbetriebnahme ... stattfinden?

новый цех

der neuen Werkhalle

дочернее предприятие

des Tochterunternehmens

Новый цех мы сдадим в эксплуатацию уже через два месяца.

Die neue Werkabteilung werden wir dem Betrieb bereits nach zwei Monaten übergeben.

Кто проводит монтажные работы?

Von wem werden die Montagearbeiten durchgeführt?

В монтажных работах принимают участие специалисты обеих наших стран.

An den Montagearbeiten nehmen die Fachkräfte unserer beiden Länder teil.

Какие усовершенствования используются в вашем производстве?

Welche Weiterentwicklungen werden in Ihrer Produktion eingesetzt?

Мы внедрили автоматизацию на всех основных участках производства.	Wir haben die vollständige Automatisierung in die wichtigsten Produktionsbereiche eingeführt. *automatisiert.*
Благодаря высокой степени автоматизации гарантируется экономия рабочей силы.	Durch den hohen Automatisierungsgrad wird eine Einsparung von Arbeitskräften gesichert. *gewährleistet.*

МАТЕРИАЛЬНОЕ ОБЕСПЕЧЕНИЕ ПРОИЗВОДСТВА

На каком сырье вы работаете?	Welchen Rohstoff verwenden Sie in der Produktion?
В основном, мы работаем на привозном сырье.	Rohstoff erhalten wir hauptsächlich auswärts. *fremdliefer...*
Удовлетворены ли вы поставками ...?	Sind Sie mit den Lieferungen von ... zufrieden?
сырья	Rohstoff
комплектующих деталей	komplettierenden Maschinenteilen
энергоносителей	Energieträgern
У нас иногда бывают трудности с поставками	Manchmal müssen wir die Lieferungsschwierigkeiten von ... überwinden. *kommt es z...*
руды	Erz
древесины	Holz
угля	Kohle
нефти	Öl
Откуда вы получаете ...?	Woher erhalten Sie die Lieferungen von ...?
руду	Erz
древесину	Holz
уголь	Kohle
нефтепродукты	Ölprodukten
сырьё	Rohstoff
комплектующие	komplettierenden Maschinenteilen
Комплектующие детали изготавливаются, в основном, в	Die komplettierenden Maschinenteile werden hauptsächlich in ... hergestellt.

нашей стране	unserem Land
вашей стране	Ihrem Land
Австрии	Österreich
Италии	Italien

Наши партнеры очень пунктуальны и никогда не подводят нас.

Unsere Partner sind immer pünktlich und bringen uns nie in Verlegenheit.

Кто ваш ...?

Wer ist Ihr ...?

заказчик	~~Auftraggeber~~ *Abnehmer*
покупатель	(Ein) Käufer
основной потребитель	Hauptbedarfsträger

В какие страны вы экспортируете свою продукцию?

In welche Länder exportieren Sie Ihre Erzeugnisse /Produktion/?

Наших клиентов очень много в различных странах мира.

Wir haben sehr viele Auslandskunden in verschiedenen Ländern der Welt.

Еще один вопрос.

Noch eine Frage.

Как у вас обстоит дело с обеспечением запасными частями к вашим машинам?

Wie steht es mit der Versorgung der Kunden von Ersatzteilen für Ihre Maschinen?

Мы поставляем машины с комплектом запасных частей.

Wir liefern die Maschinen mit einem Satz von Ersatzteilen.

Мы можем дополнительно поставить вам запасные части при условии заключения особого договора.

Wir können Ihnen zusätzlich eine Menge von Ersatzteilen liefern, wenn ein Zusatzvertrag abgeschlossen wird. *zusatzauftrag*

Можете ли вы выполнить специальный заказ?

Können Sie eine Sonderbestellung ausführen?

У нас преимущественно серийное производство, но мы можем выполнить и специальный заказ.

Wir führen hauptsächlich Serienanfertigung durch, aber wir können auch eine ~~Einzel~~ *Sonder*bestellung ausführen.

Штучное производство, естественно, обойдется вам значительно дороже.

Die Einzelanfertigung wird aber viel teurer werden.

Мы хотели бы заказать (купить/ ... .

Wir möchten ... bestellen /kaufen/.

машины	Maschinen
оборудование	~~die~~ Ausrüstung

лицензию на ...	eine Lizenz für ...
Не хотели бы вы стать ...?	Möchten Sie ... sein?
нашим партнером по торговле	unser Handelspartner
нашим партнером в совместном производстве ...	unser Partner in gemeinsamer Produktion
Мы предлагаем вам принять участие в сооружении	Wir schlagen Ihnen vor, an der Errichtung von ... teilzunehmen.
завода	einem Werk
фабрики	einer Fabrik
комбината	einem Kombinat
железной дороги	einer Eisenbahnlinie
газопровода	einer Gasleitung
Мы предлагаем вам поставки	Wir schlagen Ihnen die Lieferungen von ... vor.
нефти	Öl
газа	Gas
угля	Kohle
древесины	Holzstoff
тракторов	Traktoren
автомашин	Kraftwagen
оборудования	Ausrüstung
комплектующих деталей для ...	komplettierenden Maschinenteile für ...

ОПЛАТА ТРУДА
ПРОФСОЮЗЫ

Какова у вас система оплаты труда?	Wie ist bei Ihnen das System der Arbeitsentlohnung?
Мы на ... оплате труда.	Bei uns wird ... ausgezahlt.
повременной	der Zeitlohn
сдельной	der Leistungslohn
За какое время работы выдается зарплата?	Für welche Zeitspanne wird das Geld ausgezahlt?
У нас зарплата выдается	Bei uns wird das Geld ... ausgezahlt.

Оплата труда. Профсоюзы

еженедельно	wöchentlich
ежемесячно	monatlich
Какова месячная /недельная/ зарплата ...?	Wie hoch ist der monatliche /wöchentliche/ Arbeitslohn eines ...?
инженера	Ingenieurs
квалифицированного рабочего	gelernten Arbeiters
высококвалифицированного рабочего	hochqualifizierten Arbeiters
разнорабочего	Hilfsarbeiters
директора	Direktors
Месячная /недельная/ зарплата квалифицированного рабочего составляет ... марок.	Der monatliche /wöchentliche/ Arbeitslohn eines gelernten Arbeiters beträgt ... Mark.
Как оплачивается ...?	Wie werden ... bezahlt?
сверхурочная работа	Überstunden
работа в праздничные дни	die Arbeiten an den Feiertagen
Сверхурочная работа оплачивается в двойном размере.	Die Überstunden werden doppelt bezahlt.
Премируются ли у вас рабочие и инженеры и за что?	Werden bei Ihnen Arbeiter und Ingenieure prämiert und, wenn ja, wofür?
Есть ли на вашем предприятии профсоюзная организация?	Gibt es in Ihrem Betrieb eine Gewerkschaftsorganisation?
Большинство рабочих нашего предприятия /завода/ являются членами Объединения немецких профсоюзов. Они входят в соответствующую организацию на нашем предприятии.	Die meisten Arbeiter unseres Betriebs /Werkes/ sind Mitglieder des Deutschen Gewerkschaftsbundes. Sie gehören der jeweiligen Organisation in unserem Betrieb an.
Каким образом ваша профсоюзная организация добивается улучшения условий труда?	Auf welche Weise erzielt Ihre Gewerkschaftsorganisation eine Besserung von Arbeitsbedingungen.
Только путем переговоров.	Nur durch Verhandlungen.

К стачкам наши рабочие прибегают очень редко.	Zum Streik greifen unsere Arbeiter sehr selten.
Какие отношения между руководством завода и профсоюзными деятелями?	Wie sind die Verhältnisse zwischen der Werkleitung und den Gewerkschaftern?
Руководство завода и профсоюзные деятели понимают, что высоких экономических показателей можно достичь только в процессе слаженного взаимодействия обеих сторон.	Die Werkleitung und die Gewerkschafter begreifen, daß gute ökonomische Erfolge in der Produktion nur durch den gut abgestimmten Arbeitsablauf beider Seiten erzielt werden können.
Как организована охрана труда на вашем предприятии?	Wie wird der Arbeitsschutz in Ihrem Betrieb organisiert?
Трудно рассказать в нескольких словах. В этом отношении у нас существует целая система.	Es ist schwer, dieses in einigen Worten zu sagen. Zu jeweiligen Zwecken existiert bei uns ein ganzes System.
Сколько часов вы работаете в ...?	Wieviel Stunden arbeiten Sie ...?
смену	in einer Schicht
неделю	wöchentlich
Являетесь ли вы членом ...?	Gehören Sie ... an?
профсоюза	einer Gewerkschaftsorganisation
какой-либо партийной или массовой организации	irgendeiner Partei- oder Massenorganisation
Занимаете ли вы какую-нибудь руководящую должность в вашей организации?	Üben Sie in Ihrer Organisation eine führende Funktion aus?
Я только простой член профсоюза.	Ich bin nur ein einfaches Gewerkschaftsmitglied.
Я беспартийный.	Ich bin parteilos.

ПОСЕЩЕНИЕ СЕЛЬСКОХОЗЯЙСТВЕННОГО ПРЕДПРИЯТИЯ

ОБЩАЯ ХАРАКТЕРИСТИКА ХОЗЯЙСТВА

Мы хотели бы ознакомиться с вашим сельскохозяйственным предприятием /хозяйством/ и использовать ваш опыт, если вы не возражаете.

Wir möchten uns mit Ihrem landwirtschaftlichen Betrieb /Ihrer Landwirtschaft/ bekannt machen und Ihre Erfahrungen auswerten, wenn Sie nichts dagegen haben.

Да, пожалуйста. У нас от вас секретов нет.

Ja, bitte. Wir haben keine Geheimnisse von Ihnen.

Чтобы составить цельную картину о вашем хозяйстве /вашей ферме/, нам хотелось бы вначале поговорить об общих вопросах ведения хозяйства.

Um uns über Ihre Landwirtschaft /Ihren Bauernhof/ ein Gesamtbild zu machen, möchten wir anfangs über allgemeine Fragen Ihrer Wirtschaftsführung sprechen.

Я к вашим услугам.

Ich stehe zu Ihrer Verfügung.

Занимаетесь ли вы ...?

Betreiben Sie ...?

виноградарством	Weinbau
животноводством	Viehzucht
лесоводством	Forstwirtschaft
полеводством	Feldwirtschaft /Ackerbau/
овощеводством	Gemüseanbau
пчеловодством	Bienenzucht
рыбоводством	Fischzucht
садоводством	Gartenbau

Основное внимание мы уделяем полеводству и животноводству.

Die größte Aufmerksamkeit schenken wir dem Ackerbau und der Viehzucht.

В некоторой степени мы занимаемся и другими отраслями сельского хозяйства.	Bis zu einem gewissen Grad betreiben wir auch viele andere Zweige der Landwirtschaft.
Какие виды продукции вы производите?	Welche Produkte erzeugen /produzieren/ Sie?
В основном мы производим	Hauptsächlich produzieren wir ... .
зерно	Getreide /Korn/
мед	Honig
молочную продукцию	Molkereiprodukte
мясо	Fleisch
овощи	Gemüse
фрукты	Obst
Эти продукты поступают покупателю /в продовольственные магазины/ в свежем или переработанном виде.	Diese Produkte gelangen frisch oder in verarbeiteter Form an den Käufer /in die Lebensmittelgeschäfte/.
Какими материальными ресурсами вы располагаете?	Über welche materielle Ressourcen verfügen Sie?
У нас есть различные земельные угодья:	Wir haben verschiedene Grundstücke:
заливные луга (... га),	Überschwemmungswiesen (... ha),
лесные угодья (... га),	Waldungen /Forsten/ (... ha),
луга (... га),	Wiesen (... ha),
пастбищные луга (... га),	Weidewiesen (... ha),
пахотные земли (... га),	Ackerböden (... ha),
сенокосные угодья (... га).	Heuschläge (... ha).
Всего собственной земли у нас ... га.	Wir besitzen also ... ha Eigenland.
Кроме того мы арендуем ... гектаров различных сельскохозяйственных угодий.	Wir pachten außerdem ... ha landwirtschaftlicher Nutzfläche.
Есть у нас также:	Wir haben auch:
... голов скота,	... Stück Vieh,
различные сельскохозяйственные машины,	verschiedene Landmaschinen,
необходимый сельскохозяйственный инвентарь.	notwendiges Inventar für landwirtschaftliche Arbeiten

Мы располагаем достаточным количеством помещений для	Wir verfügen über eine genügende Menge von Räumen für ... .
содержания скота	Viehhaltung
хранения и переработки сельскохозяйственной продукции	die Aufbewahrung /Lagerung/ und Verarbeitung landwirtschaftlicher Produktion
Если можно, расскажите, пожалуйста, о финансовом состоянии вашего хозяйства.	Wenn möglich, erzählen Sie bitte über die finanzielle Lage Ihrer Wirtschaft.
Что конкретно вас интересует?	Wofür interessieren Sie sich konkret?
Расскажите, пожалуйста, об общей сумме	Erzählen Sie bitte über die Gesamtsumme ... .
вашего основного капитала	Ihres Grundkapitals
всех ваших оборотных средств	aller Ihrer Umlaufsmittel
Общая стоимость всех наших материальных средств составляет около 5 миллионов марок.	Der Gesamtwert unserer materiellen Mittel beträgt etwa 5 Millionen Mark
Расшифруйте, пожалуйста, ваши приходные и расходные статьи.	Dechifrieren Sie bitte Ihre Einkommens- und Abgangsposten.
Прошу прощения, но здесь вы вплотную подошли к тому, что не принято обсуждать в деловых кругах. Но, в виде исключения, в знак нашей дружбы я открою вам все мои секреты.	Ich bitte um Verzeihung, aber hier sind Sie sehr indiskret geworden, was in Geschäftskreisen nicht üblich ist. Nur ausnahmeweise, zum Zeichen unserer Freundschaft, werde ich Ihnen alle meine Geheimnisse aufdecken.
От сбыта нашей продукции мы получаем ежегодно около ... марок.	Vom Absatz unserer Produktion erhalten wir jährlich etwa ... Mark.
Но и расходы составляют значительную сумму. Она достигает в отдельные годы ... марок.	Die Ausgaben machen auch eine bedeutende Summe aus. Sie zählt in einigen Jahren ... Mark.
Ежегодно мы приобретаем	Alljährlich erwerben wir ... .

новые сельскохозяйственные машины	neue Landmaschinen
удобрения	Düngemittel,
породистый скот	Rassevieh /Zuchtvieh/
Мы несем расходы на	Wir tragen die Kosten /Ausgaben/ ...
оплату труда рабочим	als Lohn für Landarbeiter,
приобретение концентрированных кормов	für die Anschaffung vom Kraftfutter
Только за аренду земли мы выплачиваем ... марок ежегодно.	Nur als Pachtgeld zahlen wir alljährlich ... Mark.
Таким образом все расходные статьи нашего бюджета составляют ... марок.	Die Jahresausgabenposten unseres Budgets betragen also ... Mark.
Чистая прибыль составляет ... марок.	Der Reingewinn beträgt ... Mark.
У вас большое хозяйство, и вы, вероятно, не в состоянии вести его силами только своей семьи.	Sie haben eine Großwirtschaft im Besitz und sind vielleicht nicht imstande, alle Arbeiten mit Ihrer eigenen Familie zu erledigen.
Конечно, мы вынуждены нанимать рабочую силу.	Selbstverständlich sind wir gezwungen, andere Arbeitskräfte einzustellen.
Постоянно у нас работают только 10 человек.	Wir haben nur 10 Landarbeiter in Dauerstellung.
Кроме того мы нанимаем часто, особенно летом, 20—30 сезонных рабочих.	Außerdem dingen wir oft, besonders im Sommer, etwa 20—30 Saisonarbeiter.

ЗЕМЛЕДЕЛИЕ

Какие отрасли земледелия являются для вас основными?	Welche Zweige des Ackerbaus betreiben Sie hauptsächlich?
Основное внимание в земледелии мы уделяем	Wir schenken im Ackerbau ... die größte Aufmerksamkeit.
зерновым культурам	den Getreidekulturen
техническим культурам	den technischen Kulturen
Какие площади вы занимаете	Welche Bodenfläche belegen

под зерновое хозяйство /овощеводство/? | Sie für den Getreidebau /Gemüsebau/?

Мы распределяем все наши сельскохозяйственные полезные площади следующим образом: | Wir verteilen unsere landwirtschaftliche Nutzfläche folgendermaßen:

под рожь ... гектаров, | für Roggen ... Hektar,
под пшеницу ... гектаров, | für Weizen ... Hektar,
под ячмень ... гектаров. | für Gerste ... Hektar.

С учётом ведения севооборота эти цифры ежегодно несколько изменяются. | Unter Berücksichtigung der Verwendung von Saatfolge werden diese Ziffern alljährlich etwas geändert.

На этой карте вы можете увидеть распределение площадей под культуры. | Auf dieser Karte können Sie die Verteilung von Nutzflächen für die Kulturen sehen.

Охарактеризуйте, пожалуйста, ваши земли. | Charakterisieren Sie bitte Ihre Nutzfläche.

У нас преимущественно .... | Wir besitzen hauptsächlich

болотные земли | Sumpfböden
влажные земли | feuchte Böden
глинозем | Tonerde
песчаные земли | Sandböden
суглинистые земли | Tonböden
супесчаные земли | sandige Böden
сухие земли | trockene Böden
чернозем | Schwarzerde

Все ли площади пригодны для распашки? | Sind alle Ihre Böden ackerbaulich nutzbar?

Конечно, нет. Хотя мы стремимся к наиболее полному использованию земель, все равно какая то часть земли, особенно в период смены севооборота, выпадает из обращения и в последующем подлежит рекультивации. | Selbstverständlich nicht. Obwohl wir möglichst nach der vollständigen Ausnützung von Böden streben, entfällt ein Teil des Bodens, besonders in der Zeitperiode des Saatfolgewechsels, aus dem Umgang und unterliegt einer Rekultivierung.

Какие работы вы проводите для содержания ваших зе- | Welche Arbeiten werden von Ihnen durchgeführt, um Ihre

Посещение сельскохозяйственного предприятия

мель в состоянии, пригодном для использования?

Проводите ли вы систематически ...?

мелиоративные работы
орошение
осушение

Мы регулярно проводим все эти работы.

Вопросам подготовки земли к её окончательной обработке мы уделяем самое большое внимание, поскольку от её состояния зависят наши урожаи.

Какие сельскохозяйственные машины вы используете для ...?

бороновaния
внесения удобрений
культивации
окучивания картофеля
пахоты
посадки картофеля
рыхления земли
сева зерновых культур

сева /посадки/ технических культур
сева пропашных культур

Какие сельскохозяйственные машины есть ещё в вашем распоряжении?

У нас достаточно машин для ... .

копки картофеля
поливки растений

Bodenfläche in einem verwendbaren Zustand zu erhalten?

Werden bei Ihnen regelmäßig ... durchgeführt?

Meliorationsarbeiten
Bewässerungsarbeiten
Entwässerungsarbeiten

Wir leisten regelmäßig alle diese Arbeiten.

Der Vorbereitung des Bodens für seine endgültige Bestellung schenken wir die größte Aufmerksamkeit, da der Zustand des Bodens unsere Erträge bedingt.

Welche Landmaschinen verwenden Sie für ...?

das Eggen
die Düngergabe
die Kultivierung
das Häufeln der Kartoffeln
das Pflügen
das Kartoffellegen
das Auflockern des Bodens
die Aussaat der Getreidekulturen
die Aussaat /das Setzen/ der technischen Kulturen
die Aussaat der Hackkulturen

Welche Landmaschinen stehen noch zu Ihrer Verfügung?

Wir besitzen eine genügende Menge von Maschinen, um ... .

die Kartoffeln zu roden
Pflanzen zu begießen

уборки урожая
удаления сорняков

ухода за растениями

Есть у вас оросительные установки?

Мы используем для орошения установки типа ... .

Где /За какую цену/ вы приобретаете эти машины?

Давайте поговорим о подготовке к весенним полевым работам.

В какие сроки вы ...?

выращиваете рассаду

ремонтируете сельскохозяйственные машины и инвентарь

протравливаете семена

Выращивание рассады томатов /протравливание семян/ мы проводим с ... по ... .

Подготовку сельскохозяйственных машин к полевым работам мы проводим обычно в течение всего зимнего периода.

Хотелось бы услышать от вас кое-что о внесении химических /естественных/ удобрений. Какие машины вы применяете для этих целей?

Какие удобрения есть у вас?

Мы имеем различные минеральные и естественные удобрения в достаточном количестве.

В нашем распоряжении имеются различные типы азотных, калийных и фосфорных удобрений.

zu ernten

den Acker vom Unkraut zu säubern

Jungpflanzungen zu pflegen

Haben Sie Bewässerungsanlagen (im Besitz)?

Für die Bewässerung verwenden wir die Anlagen vom Typ ... .

Wo /Für welchen Preis/ erwerben Sie diese Maschinen?

Wollen wir über die Vorbereitung für die Frühjahrsfeldarbeiten sprechen.

In welcher Zeit ...?

bauen Sie Pflänzlinge an

reparieren Sie Ihre Landmaschinen und Inventar

beizen Sie Samen

Die Zucht von Tomatenpflanzen /Das Samenbeizen/ nehmen wir ab ... bis ... vor.

Die Landmaschinen für die Feldarbeiten bereiten wir in der Regel während des ganzen Winters vor.

Wir möchten von Ihnen etwas über das Düngerstreuen /Ausbreiten von Dünger/ hören. Welche Maschinen benutzen Sie für diese Zwecke?

Welche Dünger haben Sie?

Wir haben genügende Mengen von verschiedenen Mineral- und Gründüngern.

Zu unserer Verfügung stehen verschiedene Typen von Stickstoff-, Kali- und Phosphordüngern.

4 К. Зеленин

Есть и известь для известкования кислых почв.

Es ist auch Kalk für die Kalkdüngung saurer Böden vorhanden.

Как осуществляется выбор и дозировка удобрений?

Wie wird Auswahl und Dosierung der Dünger gewährleistet?

Все это происходит исключительно на основании результатов лабораторных исследований почвы.

Das alles geschieht ausschließlich aufgrund der Ergebnisse von Laboruntersuchungen des Bodens.

Как вы решаете проблему обеспечения навозом?

Wie lösen Sie das Problem der Mistversorgung?

В этом отношении у нас нет проблем. Наши животноводческие фермы поставляют нам достаточное количество навоза.

In dieser Hinsicht haben wir keine Probleme. Unsere Viehzuchtbetriebe liefern uns genügende Mengen von Mist.

Расскажите, пожалуйста, немного о технологии выращивания и уборки ... .

Erzählen Sie bitte etwas über Ihre Technologie der Zucht und Ernteeinbringung ... .

бобовых	von Hülsenfrüchten
капусты	von Kohl
картофеля	von Kartoffeln
лука	von Zwiebeln
моркови	von Mohrrüben
овощей	von Gemüse
овса	von Hafer
огурцов	von Gurken
озимых	von Wintergetreide
проса	von Hirse
пшеницы	von Weizen
свеклы	von Rüben
ржи	von Roggen
фруктов	von Obst
яровых	von Sommergetreide
ячменя	von Gerste

Как часто вы ...?

Wie oft ...?

подкармливаете растения

düngen Sie Ihre Pflanzen nach

	Земледелие
производите поверхностную подкормку	machen Sie Kopfdüngung
поливаете растения	(be)gießen Sie die Pflanzen
удаляете с полей /огородов/ сорняки	säubern Sie Ihre Äcker /Gemüsegärten/ von Unkraut
Что дополнительно вы могли бы нам рассказать о технологии … .	Was könnten Sie uns zusätzlich über die Technologie … erzählen?
внесения удобрений	der Düngergabe
выращивания рассады /зерновых, технических культур/	der Zucht von Pflänzlingen /von Getreide, technischen Kulturen/
окучивания картофеля	des Häufelns der Kartoffeln
пахоты и боронования	des Pflügens und Eggens
посадки и копки картофеля	des Legens und Rodens der Kartoffeln
прополки	des Jätens
протравливания семян	des Beizens der Samen
сева различных сельскохозяйственных культур	der Aussaat verschiedener landwirtschaftlicher Kulturen
уборки урожая и способов его сохранения	der Ernteeinbringung und der Lagerung
указанных выше работ	der obenerwähnten Arbeiten

Как у вас обстоят дела в борьбе с сорняками и вредителями?

Wie sieht Ihre Unkraut- und Schädlingsbekämpfung aus?

Точное соблюдение технологии проведения всех сельскохозяйственных работ положительно сказывается на чистоте посевов.

Die genaue Wahrung der Technologie aller landwirtschaftlichen Arbeiten bewirkt die Reinheit der Aussaat.

Это касается в первую очередь подготовки семян к посеву и тщательного ухода за растениями.

Das betrifft vor allem die Vorbereitung des Saatgutes für die Aussaat und eine sorgfältige Zucht /Pflege/ der Pflanzen.

Эту же цель преследуют и ряд мер, осуществляемых при уборке урожая и его складировании.

Das gleiche bezwecken auch eine ganze Reihe von Maßnahmen beim Ernteeinbringen und bei seiner Lagerung.

В некоторых сложных случаях для борьбы с сорняками и вредителями мы используем и пестициды, но каждый такой случай у нас является чрезвычайным происшествием, и такие меры мы применяем очень редко.

Какова у вас урожайность пшеницы с гектара?

Урожай пшеницы составляет у нас около ... центнеров с гектара.

Сколько вишни вы собираете ежегодно?

С нашего сада мы получаем около 15 центнеров яблок.

Сколько всего винограда /меда/ вы получили в этом году?

Когда вы убираете зерновые культуры?

Время уборки зерновых культур приходится обычно на июль — август.

Почти все полевые работы у нас механизированы. Ручной труд мы используем только на землях, не пригодных для обработки машинами.

In einigen schweren Fällen verwenden wir zur Unkraut- und Schädlingsbekämpfung auch Pestizide. Ein solcher Vorfall ist aber bei uns ein besonderes Vorkommnis, und wir ergreifen diese Maßnahmen sehr selten.

Wie sind Ihre Hektarerträge von Weizen?

Die Hektarerträge von Weizen betragen bei uns etwa ... Doppelzentner.

Welche Menge von Sauerkirschen ernten Sie alljährlich?

Wir ernten in unserem Obstgarten etwa 15 Doppelzentner Äpfel.

Wieviel Weinbeeren /Honig/ haben Sie in diesem Jahr bekommen?

Wann ist hier die Erntezeit für Getreidekulturen?

Die Erntezeit von Getreidekulturen fällt gewöhnlich auf Juli und August.

Fast alle Feldarbeiten sind bei uns mechanisiert. Manuelle Arbeit verwenden wir nur auf den Flächen, die mit Maschinen schwer zu bearbeiten sind.

ЖИВОТНОВОДСТВО

Как вы оцениваете животноводство по сравнению с другими отраслями сельского хозяйства?

Хотя содержание скота требует больших сил и затрат, в то же время оно является наиболее выгодным в экономическом отношении.

Wie schätzen Sie die Viehzucht im Vergleich zu anderen Zweigen der Landwirtschaft ein?

Obwohl die Viehaltung viel Arbeit und Kosten in Anspruch nimmt, ist sie gleichzeitig höchst wirtschaftlich.

Животноводство

Каким отраслям животноводства вы уделяете наибольшее внимание?	Welchen Viehzuchtzweigen schenken Sie die größte Aufmerksamkeit?
В животноводстве мы стремимся к специализации. В настоящее время мы занимаемся, в основном, ...	Bei der Viehzucht streben wir nach Spezialisierung. Zur Zeit betreiben wir ... . *hauptsächlich*
овцеводством	Schafzucht
птицеводством	Geflügelzucht
свиноводством	Schweinezucht
Самое большое внимание мы уделяем разведению	Die größte Aufmerksamkeit widmen wir der Zucht von ... .
крупного рогатого скота	Rindvieh
мелкого скота	Kleinvieh
молочного скота	Milchkühen ~vieh
мясного скота	Fleischvieh
Занимаетесь ли вы селекцией?	Beschäftigen Sie sich mit der Selektion?
Да, конечно. Для продажи и для собственных нужд мы разводим	Ja, natürlich. Für den Verkauf und den eigene Bedürfnisse züchten wir ... .
овец	Schafe
породистых лошадей	Vollblüter
породистый скот	Rassevieh
рабочий скот	Zugvieh
Сейчас весь наш скот породистый.	Zur Zeit ist unser Vieh reinrassig.
Продажа племенного скота является для нас не только самой значительной статьей дохода, но часто служит наилучшей рекламой нашей продукции.	Der Verkauf von Zuchtvieh ist für uns nicht nur der bedeutendste oft wichtige Einkommenposten, sondern auch die beste Werbung für unsere Produktion.
Как велико у вас поголовье ...?	Wie groß ist Ihr Bestand an ...?
крупного рогатого скота	Rinderbestand an
мелкого скота	Bestand an Kleinvieh
племенного скота	Bestand an Zuchtvieh
скота	Viehbestand

Посещение сельскохозяйственного предприятия

Сколько у вас ...?	Wieviel ... haben Sie?

коз — Ziegen
коров — Kühe
  дойных коров — Milchkühe
  телят — Kälber
  яловых коров — unfruchtbare Kühe
лошадей — Pferde
  беговых лошадей — Rennpferde
  упряжных лошадей — Wagenpferde /Zugpferde/
  чистокровных лошадей — Vollblüter
молодняка *(животных)* — Jungtiere
  (птицы) — Jungvögel
овец — Schafe
племенного крупного рогатого скота — Rasserinder
производителей — Rassezuchttiere /rassereine Vatertiere/
птицы (домашней) — Geflügel /Hausgeflügel/
  гусей — Gänse
  кур — Hühner
  уток — Enten
  цыплят — Küken
свиней — Schweine
  боровов — Keiler
  поросят — Ferkel
  свиноматок — Muttersäue

Покажите, пожалуйста, ваш /вашу/	Zeigen Sie bitte ... .

конюшню — Ihren Pferdestall
коровник — Ihren Kuhstall
молочную ферму — Ihre Milchfarm
овчарню — Ihre Schäferei *Schafstall*
птицеферму — Ihre Geflügelfarm
свинарник — Ihre Schweinefarm *Schweinestall*

Каким образом вы поддерживаете оптимальные ... животных? — Auf welche Weise erhalten Sie optimale ... von Tieren?

	Животноводство

нормы кормления

параметры воздуха при стойловом содержании

условия содержания

При разработке рациона кормления мы строго придерживаемся рекомендаций наших ученых.

Естественно, при этом мы вносим коррективы, учитывая состояние здоровья животных.

Условия содержания животных находятся под контролем соответствующей аппаратуры.

С помощью кондиционеров мы поддерживаем в хлеву требуемую температуру.

Мы контролируем также влажность воздуха в хлеву и принимаем соответствующие меры для поддержания требуемых параметров.

Все вышеуказанные меры мы применяем по отношению ко всем животным, но в первую очередь к молодняку и птице.

Какую температуру воздуха на птицеферме вы считаете оптимальной?

Соответственно имеющимся у нас рекомендациям (инструкциям) температура воздуха должна быть около 30 градусов.

Нам хотелось бы знать ваше мнение о содержании скота под открытым небом.

Normen der Fütterung

Parameter der Luft bei [der] Stallhaltung

Bedingungen der Haltung

Bei der Ausarbeitung der Fütterungsration befolgen wir genau die Empfehlungen unserer Wissenschaftler.

Selbstverständlich berichtigen wir diese Vorschläge, indem der Gesundheitszustand der Tiere in Betracht gezogen wird.

Die Bedingungen der Viehhaltung sind immer unter Kontrolle entsprechender Geräte und Apparate.

Mit Hilfe von Klimaanlagen erhalten wir im Stall die erforderliche Lufttemperatur.

Wir kontrollieren im Stall auch die Feuchtigkeit der Luft und ergreifen Maßnahmen, um nötige Parameter zu halten.

Alle obengenannten Maßnahmen treffen wir in bezug auf alle Tiere, in erster Linie aber auf Jungtiere und Geflügel.

Welche Lufttemperatur in der Geflügelfarm halten Sie für optimal?

Entsprechend den Vorschriften, die wir haben, soll die Lufttemperatur etwa 30 Grad betragen.

Wir möchten Ihre Meinung zur Haltung der Tiere unter freiem Himmel wissen.

Посещение сельскохозяйственного предприятия 104

Мы практикуем такой вид содержания скота и находим его достаточно эффективным. Закалка животных делает их устойчивыми к заболеваниям, продуктивность животных повышается.

Но при этом нужно строго придерживаться рекомендаций ветеринарной науки.

Механизирован /-о, -а/ ли у вас ...?

Wir praktizieren eine solche Art der Viehhaltung und finden sie ziemlich effektiv. Die Ertüchtigung der Tiere macht sie gegen Krankheiten widerstandsfähig, Ihre Produktivität steigt. Leistung

Man muß aber dabei die entsprechenden Empfehlungen der Tierheilkunde befolgen.

Ist bei Ihnen ... mechanisiert?

дойка коров
забой скота
кормление животных
стрижка овец
удаление навоза

das Melken der Kühe
das Viehschlachten
die Tierfütterung
die Schafschur
die Mistentfernung Entmistung

Содержание скота у нас почти полностью механизировано, как и переработка нашей продукции. Конечно, не всегда мы можем обойтись без ручного труда. Например, при кормлении скота кроме трактора нам нужны и рабочие руки.

Die Viehhaltung ist bei uns fast völlig mechanisiert. Gleichermaßen steht es mit der Verarbeitung unserer Produktion. Natürlich können wir nicht immer ohne manuelle Arbeit Tätigkeit auskommen. Zum Beispiel, bei der Viehfütterung brauchen wir außer Traktoren auch Arbeitshände. Kräfte

Каким образом вы обеспечиваете свой скот кормами?

Auf welche Weise versorgen Sie Ihr Vieh mit Futter?

У нас неплохая кормовая база. Для ее создания мы выращиваем различные кормовые культуры и травы, которые мы частично скармливаем скоту в виде подножного /сочного/ корма, а частично заготовляем на зимний период в виде сена, силоса и концентратов.

Wir haben eine gute Futterbasis. Für Ihre Schaffung bauen wir verschiedene Futterkulturen und -pflanzen an, die wir teilweise als Weidefutter /Saftfutter/ verfüttern und teilweise als Heu, Gärfutter /Silage/ und Kraftfutter für Winterzeit auf Vorrat anlegen.

Значительную часть весны и осени, а также всё лето наш скот находится на пастбище.

Den größten Teil der Frühlings- und Herbstzeit, ebenso auch den ganzen Sommer

Там он пасется, а кроме того весной и осенью в случае необходимости получает дополнительное количество кормов.	Bleibt das Vieh auf der Weide. Es grast hier und bekommt außerdem im Frühling und nötigenfalls im Herbst zusätzlich erforderliche Mengen Futter.
Хватает ли вам своих кормов для скота?	Reicht Ihr eigenes Futter für die Viehhaltung aus?
Вполне достаточно. Лишь изредка мы прибегаем к закупкам концентратов.	Das genügt vollauf. Nur selten greifen wir auf die Einkäufe von Kraftfutter zurück.
Каковы у вас среднегодовые удои на одну корову?	Wie hoch ist bei Ihnen der durchschnittliche Milchertrag einer Milchkuh in einem Jahr?
Назовите, пожалуйста, самый высокий удой одной коровы в день.	Nennen Sie bitte den höchsten Tagesertrag einer Kuh an Milch.
Среднегодовой удой на одну корову у нас составляет ... килограмм, а самый высокий дневной удой —... килограмм.	Der durchschnittliche Jahresmilchertrag einer Kuh beträgt bei uns ... Kilogramm, der höchste Tagesertrag beträgt ... Kilogramm.
Каковы у вас суточные привесы ...?	Wie hoch ist bei Ihnen die tägliche Gewichtszunahme der ...?
поросят	Ferkel
телят	Kälber
цыплят	Küken

ДРУГИЕ ОТРАСЛИ СЕЛЬСКОГО ХОЗЯЙСТВА

На вашем опыте по полеводству и животноводству можно многому научиться. Вероятно, вы можете нам рассказать кое-что и о других отраслях вашего хозяйства?	Aus Ihren Erfahrungen im Ackerbau und in der Viehzucht kann man viel lernen. Können Sie uns auch über andere Zweige Ihrer Wirtschaft etwas erzählen?
Хотя у нас специализированное хозяйство, мы не упускаем ни малейшей возможности использовать все, что дает нам природа.	Obwohl wir eine spezialisierte Wirtschaft führen, lassen wir für vollständige Ausnutzung der Naturschätze keine Möglichkeit außer acht.

Посещение сельскохозяйственного предприятия

Это видно с первого взгляда Когда мы ехали к вам, мы видели около вашей усадьбы небольшой лес. Я думаю, что вы его содержите не только в экологических целях.

Да, это так. Мы регулярно очищаем его от хвороста и перестоявших деревьев, и все это идет у нас в дело.

У нас есть небольшая лесопилка Здесь мы разделываем древесину, а отходы используем для изготовления древесно-стружечных плит

Отходы используются частично и для отопления

Какими другими отраслями хозяйства кроме лесоводства вы занимаетесь?

Трудно все перечислить.

Я хотел бы назвать лишь следующие отрасли хозяйства:
    виноградарство,
    овощеводство,
    пчеловодство,
    рыбоводство,
    садоводство.

Есть ли у вас фруктовый сад?

Да, у нас есть хороший фруктовый сад. В саду у нас есть различные фруктовые деревья
    абрикосы,
    виноград,
    вишни,
    груши,
    ежевика,

Das sieht man auf den ersten Blick Als wir zu Ihnen kamen, sahen wir unweit Ihres Gehöftes einen kleinen Wald. Ich glaube, daß Sie ihn nicht nur in ökologischen Zwecken halten.

Ja, das stimmt. Wir säubern ihn von Reisig und Überständern regelmäßig. Das alles setzen wir in die Tat um.

Wir besitzen eine kleine Sägemühle. Hier richten wir Holz her und verwenden restliche Abfälle zur Herstellung von Holzspannplatten.

Die Abfälle werden teilweise für das Heizen der Wohnstätten verwendet.

Welche Zweige der Wirtschaft außer Forstwirtschaft betreiben Sie noch?

Es ist schwer alles aufzuzählen.

Ich möchte nur folgende Wirtschaftszweige anführen:
    den Weinbau,
    die Schafzucht,
    die Bienenzucht,
    die Fischzucht,
    den Gartenbau.

Haben Sie einen Obstgarten?

Ja, wir haben einen guten Obstgarten Im Garten haben wir verschiedene Obstbäume·
    Aprikosen,
    Weintrauben,
    Sauerkirschbäume,
    Birnbäume,
    Brombeersträucher,

крыжовник,	Stachelbeersträucher,
малина,	Himbeersträucher,
облепиха,	Sanddorn,
персики,	Pfirsichbäume,
сливы,	Pflaumenbäume,
смородина,	Johannisbeersträucher,
яблоки.	Apfelbäume.

Занимаетесь ли вы рыбоводством?

Betreiben Sie ~~die~~ Fischzucht?

Да, конечно. У нас есть большой пруд. В нем мы выращиваем сомов /карпов/.

Ja, natürlich. Wir besitzen einen großen Teich. Darin züchten wir Welse /Karpfen/.

А как у вас обстоит дело с пчеловодством?

Wie steht /geht/ es bei Ihnen mit der Bienenzucht?

С этим делом обстоит пока неважно. Но у нас есть одна стационарная пасека. Кроме того, мы начали использовать и передвижные пасеки с небольшим количеством ульев. Но это только начало работы, и в этом отношении результатов у нас пока мало.

Damit steht ~~die Sache~~ bis jetzt ziemlich schlecht. Wir haben doch eine stationäre Imkerei /einen stationären Bienenstand/. Außerdem begannen ~~wir~~ Wanderbienenstände mit einer geringen Anzahl von Bienenkörben /Bienenstöcken/ ~~anzuwenden~~. Das ist aber nur der Anfang der Arbeit, und wir haben in bezug darauf wenig Erfolge.

ПЕРЕРАБОТКА, ХРАНЕНИЕ И РЕАЛИЗАЦИЯ ПРОДУКЦИИ

Расскажите, пожалуйста, немного о переработке и хранении вашей продукции.

Erzählen Sie uns bitte etwas über die Verarbeitung und Lagerung Ihrer Produktion.

Наше хозяйство /наш кооператив/ имеет небольшое предприятие для переработки ... .

Unsere Wirtschaft /Genossenschaft/ besitzt einen kleinen ... Betrieb.

молока	milchverarbeitenden
мяса	fleischverarbeitenden
овощей	gemüseverarbeitenden
рыбы	fischverarbeitenden
фруктов	obstverarbeitenden

В результате переработки мы получаем продукты длительного хранения. Это консервированные фрукты и овощи, колбасы, различные мясные и молочные продукты, рыбные консервы.

Современные зерносушилки позволяют нам закладывать зерно в элеваторы в хорошем состоянии.

У нас имеются современные хранилища для овощей и фруктов.

В хранилищах автоматически поддерживаются постоянные параметры воздуха: температура, влажность, химический состав.

Имеются ли у вас трудности в сбыте продукции?

В этом отношении у нас нет проблем. Свою продукцию мы поставляем нашим постоянным партнерам.

Если же намечаются какие-либо трудности в сбыте того или иного продукта, мы немедленно уменьшаем его производство.

Als Resultat der Verarbeitung erhalten wir die Lebensmittel, deren Lagerfrist sehr groß ist. Das sind konserviertes Obst und Gemüse, Würste, verschiedene Fleisch- und Molkereiprodukte, Fischkonserven.

Moderne Korndarren ermöglichen uns, das Korn in gutem Zustand in die Getreidespeicher einzulegen.

In unserem Besitz sind moderne Lagerhäuser für Gemüse und Früchte.

In den Lagern werden automatisch beständige Parameter der Luft unterhalten: die Temperatur, die Feuchtigkeit, die chemische Zusammensetzung.

Haben Sie Schwierigkeiten im Absatz der Produktion?

In dieser Hinsicht haben wir kein Problem. Unsere Produkte liefern wir an unsere beständigen Handelspartner.

Wenn im Absatz eines Produktes einige Schwierigkeiten festgestellt sind, so verringern wir sofort seine Produktion.

ТЕХНИЧЕСКАЯ ВЫСТАВКА

ОРГАНИЗАЦИОННЫЕ ВОПРОСЫ

Здравствуйте, господин ... . Я представитель Минского автозавода и приехал сюда, чтобы с вами уточнить вопросы, касающиеся участия нашего завода в международной выставке «Современное автомобилестроение».

Здравствуйте! Я член организационного бюро выставки и уполномочен вести переговоры по этим вопросам. Мы посылали вам «Условия участия» в выставке.

Да, мы их получили, как и бланк заявки на участие. Проинформируйте, пожалуйста, меня о некоторых основных вопросах организации выставки.

Эта выставка будет содействовать установлению контактов и расширению торговых связей между нашими странами. Тема выставки вам известна.

Кто организатор выставки?

Guten Tag, Herr ... . Ich bin Vertreter des Minsker Autowerkes. Ich bin hierher gekommen, um mit Ihnen einige Fragen zu präzisieren, die mit der Teilname unseres Werkes an der internationalen Ausstellung „Moderner Autobau" im Zusammenhang stehen.

Guten Tag! Ich bin Mitglied des Organisationsbüro und Beauftragter der Ausstellung, der über alle diese Fragen zu verhandeln hat. Wir haben Ihnen die „Teilnahmebedingungen" geschickt.

Ja, wir haben sie und ein Antragsformular für die Teilnahme erhalten. Informieren Sie mich bitte über einige Grundfragen in der Veranstaltung der Ausstellung. Diese Ausstellung wird der Herstellung und Erweiterung der Handelsbeziehungen zwischen unseren Ländern dienen. Das Thema der Ausstellung ist Ihnen bekannt.

Wer ist Ausstellungsveranstalter?

Техническая выставка

Организатором выставки является ассоциация производителей автомобильной техники.

Из представителей фирм образовано организационное бюро.

Сколько стран /Какие страны/ принимают участие в выставке?

Каково общее количество участников выставки?

В выставке принимают участие фирмы ... .

> Великобритании
>
> США /Соединенных Штатов Америки/
>
> Франции
>
> ФРГ /Федеративной Республики Германии/
>
> Японии

В выставке принимают участие ... фирм из ... стран мира?

На этот вопрос сейчас трудно ответить. Мы еще не получили заявок от всех потенциальных участников выставки.

Сейчас я хотел бы предложить вам определить круг вопросов, подлежащих обсуждению.

Согласен с вами.

Я думаю, что нам следует обсудить вопросы, касающиеся ... .

> документации
>
> экспонатов выставки

Der Veranstalter der Ausstellung ist die Assoziation /Vereinigung/ der Hersteller von Autotechnik.

Aus den Vertretern der Firmen wurde das Organisationsbüro gebildet.

Wieviel /Welche/ Länder nehmen an der Ausstellung teil?

Wie hoch ist die Gesamtzahl der Ausstellungsteilnehmer?

An der Ausstellung nehmen die Firmen ... teil.

> Großbritaniens
>
> der USA /der Vereinigten Staaten von Amerika/
>
> Frankreichs
>
> der BRD /der Bundesrepublik Deutschland/
>
> Japans

An der Ausstellung nehmen ... Firmen aus ... Ländern der Welt teil.

Derzeit ist diese Frage schwer zu beantworten. Wir haben noch nicht von allen potenziellen Ausstellungsteilnehmern die Anträge erhalten.

Jetzt möchte ich Ihnen vorschlagen, alle Themen und die zu besprechenden Fragen festzulegen.

Ich bin mit Ihnen einverstanden.

Ich denke, wir müssen die Fragen beraten, die im Zusammenhang mit ... stehen.

> der Dokumentation
>
> den Austellungsgegenständen /Exponaten/

оборудования вашего /нашего/ павильона и стендов	der Einrichtung Ihres /unseres/ Pavillons und der Stände
режим работы выставки	der Arbeitsweise der Ausstellung
обслуживания участников выставки	der Bedienung der Ausstellungsteilnehmer
взаимных расчётов	den gegenseitigen Verrechnungen
Я предлагаю начать с обсуждения необходимых документов.	Ich schlage vor, vorerst die Beratung über die notwendigen Dokumente zu beginnen.
Бланк заявки мы получили. Заявка уже готова. Вот она.	Einen Antragsformular haben wir erhalten. Der Antrag ist schon fertig. Hier ist er.
Передайте, пожалуйста, заявку дирекции выставки.	Übergeben Sie ihn bitte der Ausstellungsdirektion.
Хорошо, я это сделаю обязательно.	Gut, das werde ich unbedingt tun.
Ваш завод будет зарегистрирован в качестве экспонента.	Ihr Werk wird als Aussteller eingetragen.
Но это еще не все. Мы будем публиковать каталог выставки. В нем мы намерены помещать рекламные объявления.	Das ist aber noch nicht alles. Wir werden einen Ausstellungskatalog veröffentlichen. Wir beabsichtigen, darin Werbeanzeigen zu inserieren /annoncieren/.
На следующей неделе мы пришлем вам тексты для вашего каталога.	In der nächsten Woche werden wir Ihnen die Texte für Ihren Katalog übersenden.
Я хотел бы предложить вам список экспонатов нашего завода. Познакомьтесь с ним, пожалуйста.	Ich möchte Ihnen die Liste der Exponate unseres Werkes vorlegen. Machen Sie sich bitte damit bekannt.
Очень интересно. Подобные списки мы получили от многих фирм и предприятий. На выставке вы увидите также целый ряд новинок, которые безусловно вас заинтересуют.	Sehr interessant. Wir haben schon von vielen Firmen und Betrieben ähnliche Listen erhalten. Auf der Ausstellung werden Sie zahlreiche Neuheiten erblicken, die Sie zweifellos interessieren.
Вы увидите экспонаты	Sie werden die Exponate ... sehen.

Техническая выставка

машиностроения	des Maschinenbaus
металлообрабатывающей промышленности	der metallbearbeitenden Industrie
обувной промышленности	der Schuhindustrie
пищевой промышленности	der Nahrungsmittelindustrie
по промышленному производству	für die Industrieproduktion
по сельскому хозяйству	für die Landwirtschaft
по торговле	für den Handel
по транспорту	für den Verkehr / Transport
станкостроения	des Werkzeugmaschinenbaus
по технике связи	der Nachrichtentechnik
химической промышленности	der chemischen Industrie
швейной промышленности	der Konfektionsindustrie
электронно-вычислительной техники	der Elektronenrechentechnik
электрооборудования	der elektrischen Ausrüstung

Все ли экспонаты подлежат продаже?

Sind alle Ausstellungsgegenstände für den Verkauf bestimmt?

Нет, не все. В этом списке отмечены экспонаты, подлежащие продаже.

Nein, nicht alle. In dieser Liste sind die Exponate gekennzeichnet, die verkauft werden können.

Уточните, пожалуйста, ваш почтовый адрес и номер телефона.

Präzisieren Sie, bitte, Ihre Briefanschrift und Telefonnummer an.

Пожалуйста. Наш адрес следующий: Международная выставка автомобилестроения, Лейпциг, Мюнхенская улица 49, 0-8010, телефон (81037) 4956207.

Bitte. Unsere Briefanschrift lautet: Internationale Ausstellung für den Automobilbau, Leipzig, Münchener Straße 49, 0-8010, Telefon (81037) 4956207.

Назовите, пожалуйста, точные даты открытия и закрытия выставки.

Nennen Sie bitte die genauen Termine der Eröffnung und Schließung der Ausstellung.

Выставка проводится с 15 по 31 июля.

Die Ausstellung wird in der Zeit vom 15. bis 31. Juli stattfinden.

Я хотел бы, чтобы вы меня поставили в известность о режиме работы выставки. Во сколько часов она открывается /закрывается/?

Выставка работает ежедневно с 10 часов утра до 18 часов вечера без перерыва на обед.

В субботу и воскресенье выставка тоже открыта.

Выставка открыта ежедневно кроме субботы и воскресенья.

В качестве дополнительной информации могу вам сообщить кое-что об отборе образцов. Хотя это прямо вас не касается, поскольку все списки ваших экспонатов уже уточнены, вам, вероятно, будет интересно посетить это мероприятие.

Так вот, отбор образцов игрушек и музыкальных инструментов состоится в большом зале нашего главного корпуса с 15 по 31 июля. А открытие отбора образцов состоится 15 июня в 10 часов.

Можете ли вы сейчас нам сказать, какую, примерно, выставочную и складскую площадь вы намерены арендовать?

Точные цифры я не могу назвать. Я полагаю, что выставочная площадь будет составлять около ..., а складская площадь ... квадратных метров.

На какое время вы намерены арендовать эти площади?

Ich möchte, daß Sie mich über die Arbeitsweise der Ausstellung in Kenntnis setzen. Um wieviel Uhr macht die Ausstellung auf /zu/?

Die Ausstellung ist täglich von 10.00 bis 18.00 Uhr ohne Mittagspause geöffnet.

Sonnabends und sonntags ist die Ausstellung auch geöffnet.

Die Ausstellung ist täglich, außer sonnabends und sonntags, geöffnet.

Als eine zusätzliche Information kann ich Ihnen etwas über die Mustervorlage mitteilen. Obwohl das direkt auf Sie keinen Bezug hat, da alle Listen Ihrer Exponate schon präzisiert sind, würde es vielleicht von [großem] Interesse für Sie sein, diese Veranstaltung zu besuchen.

Die Mustervorlage von Spielwaren und Musikinstrumenten findet also im großen Saal unseres Hauptgebäudes in der Zeit[periode] vom 15. bis 31. Juli statt. Die Eröffnung der Mustervorlage findet am 15. Juni um 10 Uhr statt.

Können Sie uns jetzt sagen, welche Ausstellungs- und Lagerfläche Sie mieten möchten?

Die genauen Ziffern kann ich nicht angeben. Ich glaube, die Ausstellungsfläche sollte etwa ... und die Lagerfläche ... Quadratmeter betragen.

Für welche Zeitdauer beabsichtigen Sie, diese Flächen zu mieten?

Все будет известно после составления сметы. Но предварительно я могу сказать следующее. Мы намерены начать монтажные работы в нашем павильоне с 1 мая, а закончить демонтаж 1 августа. Таким образом мы исходим из срока аренды с 1 мая по 1 августа.

All das wird nach der Aufstellung des Kostenanschlages festgesetzt. Ich kann vorläufig nur folgendes sagen. Wir beabsichtigen, die Montage am 1. Mai zu beginnen und die Demontagearbeiten am 1. August zu beenden. Wir gehen also aus von einer Mietdauer vom 1. Mai bis zum 1. August..

ОБСЛУЖИВАНИЕ УЧАСТНИКОВ

Сейчас настало самое время обсудить условия проживания и работы участников выставки. Прежде всего поговорим о документах участников.

Jetzt ist es die höchste Zeit, die Wohn- und Arbeitsbedingungen der Ausstellungsteilnehmer zu beraten. Vorerst wollen wir über die Teilnehmerausweise sprechen.

Согласен. Кстати, я захватил с собой нужные документы. Вот, пожалуйста, список наших специалистов, которые примут участие в работах на выставке. Мы просим выдать документы участника нашим сотрудникам согласно этому списку.

Einverstanden. Nebenbei habe ich die nötige Dokumente mitgebracht. Hier ist bitte die Liste unserer Spezialisten, die sich an den Arbeiten in der Ausstellung beteiligen werden. Dieser Liste entsprechend, bitten wir Sie, an unsere Mitarbeiter die Teilnehmerausweise auszugeben.

Как только они прибудут, мы непременно подготовим и вручим эти документы.

Sobald Sie ankommen, werden wir unbedingt die Ausweise austellen und aushändigen.

Я думаю, что относительно места проживания для наших людей не будет затруднений.

Ich glaube, daß wir in bezug auf die Unterkunft unserer Leute keine Schwierigkeiten haben werden.

В нашем городе много прекрасных гостиниц. Кроме того, мы могли бы приспособить для проживания несколько свободных служебных помещений непосредственно в здании выставки.

In unserer Stadt gibt es viele schöne Hotels. Außerdem können wir für die Unterkunft einige freie Diensträume unmittelbar im Ausstellungsgebäude gebrauchsfertig machen.

Мы предпочитаем разместить своих специалистов в гостинице.

Скажите, пожалуйста, как будет организована доставка участников от гостиницы до выставки?

Гостиница находится поблизости от выставки и оттуда можно легко дойти сюда пешком.

От гостиницы до выставки … .

> недалеко
>
> можно проехать за 10 минут трамваем /автобусом, на метро/

От гостиницы до выставки ее участники будут доставляться специальным автобусом, рейсы которого организованы нашей дирекцией.

Скажите, пожалуйста, как будет организовано питание наших сотрудников на территории выставки?

Во время проведения монтажных работ весь обслуживающий персонал, в том числе и ваши сотрудники, будут питаться в близлежащей столовой. После открытия выставки начнет работать столовая непосредственно на территории выставки.

На выставке будет прочитан ряд лекций и докладов по научно-техническим новинкам. Будете ли вы принимать участие в чтении лекций для покупателей и специалистов?

Wir bevorzugen, unsere Fachleute in einem Hotel zu unterzubringen.

Sagen Sie bitte, wie wird der An- und Abtransport der Ausstellungsteilnehmer vom Hotel zur Ausstellung geregelt?

Das Hotel befindet sich unweit der Ausstellung, und man kann von drüben leicht hierher zu Fuß kommen.

Vom Hotel bis zur Ausstellung … .

> ist es nicht weit
>
> kann man mit der Straßenbahn /dem Bus, der U-Bahn/ in 10 Minuten kommen

Der An- und Abtransport der Ausstellungsteilnehmer vom Hotel bis zur Ausstellung wird von unserer Direktion durch einen Sonderautobus organisiert.

Sagen Sie bitte, wie wird die Verpflegung unserer Mitarbeiter auf dem Ausstellungsgelände geregelt werden?

Während der Montagearbeiten wird das ganze Bedienungspersonal, darunter auch Ihre Mitarbeiter, in einer nahgelegenen Kantine essen. Nach der Eröffnung der Ausstellung wird die Kantine unmittelbar auf dem Ausstellungsgelände funktionieren.

Auf der Ausstellung wird eine ganze Reihe von Vorträgen zu Neuheiten aus Wissenschaft und Technik gehalten. Werden Sie sich an dieser Vortragsreihe für Kunden und Spezialisten beteiligen?

Техническая выставка

Да, мы непременно примем участие в этом. Во время выставки наши специалисты прочитают пять лекций и прослушают доклады своих иностранных коллег.

Во время выставки будет постоянно функционировать пресс-центр, где будут проходить пресс-конференции для журналистов и участников выставки. Я думаю, что в них примут участие и ваши представители.

Я согласен с вами и предлагаю провести первую пресс-конференцию перед открытием выставки. Мы лишь просим оказать нам помощь в проведении этой пресс-конференции.

Какая же помощь потребуется от нас?

Помогите с подготовкой помещения и оповестите о пресс-конференции работников средств массовой информации.

Это мы сделаем.

Участники нашей выставки просят организовать для них посещение автозавода.

Это вполне возможно.

Мы хотели бы на автозаводе побеседовать с ... .

рабочими
инженерами
руководством завода

Ja, wir werden daran unbedingt teilnehmen. Während der Ausstellung werden unsere Fachleute fünf Vorlesungen halten und die Vorträge ihrer ausländischen Kollegen hören.

Während der Ausstellung wird ein Pressezentrum ~~immerfort~~ funktionieren, wo Pressekonferenzen für Journalisten und Ausstellungsteilnehmer stattfinden sollen. Ich glaube, daß daran Ihre Vertreter auch teilnehmen werden.

Ich bin mit Ihnen einverstanden und schlage vor, die erste Pressekonferenz vor der Eröffnung der Ausstellung durchzuführen. Wir bitten Sie nur, uns bei der Durchführung der Pressekonferenz zu unterstützen.

Was für eine Unterstützung brauchen Sie? *von uns?*

Helfen Sie bitte bei der Vorbereitung des Raumes und benachrichtigen Sie über die Pressekonferenz die Beschäftigten der Massenmedien.

Das werden wir tun.

Die Teilnehmer unserer Ausstellung bitten für sie die Besichtigung des Autowerkes zu organisieren.

Das ist möglich.

Wir möchten uns im Autowerk mit ... unterhalten.

den Arbeitern
den Ingenieuren
der ~~Verwaltung~~ *Leitung* des Werkes

Обслуживание участников

Всем участникам выставки будет предоставлена возможность поговорить с любым сотрудником и руководителем завода.

Allen Ausstellungsteilnehmer wird Gelegenheit ~~geboten~~ *gegeben*, mit jedem beliebigen Mitarbeiter und Leiter des Werkes zu sprechen.

Мы хотели бы получить информацию для наших сотрудников о выставках, проводимых в вашем городе и близлежащих городах.

Wir möchten für unsere Mitarbeiter Auskunft über ~~andere~~ *die* Ausstellungen erhalten, die in Ihrer Stadt und in anderen nahegelegenen Städten durchgeführt werden.

Разрешите проинформировать вас, что в нашем городе проводится ... .

Wir möchten Sie darüber informieren, daß in unserer Stadt ... durchgeführt wird.

выставка косметических товаров

eine Kosmetikausstellung

специализированная выставка фирмы ...

eine Fachausstellung der Firma ...

Можете ли вы нам сообщить, кто из ваших сотрудников желает поехать на выставку ...?

Können Sie uns mitteilen, wer von Ihren Mitarbeitern zur Ausstellung nach ... fahren will? *möchte?*

Нам хотелось бы знать, будет ли предоставлена возможность для заключения контрактов на выставке?

Wir möchten wissen, ob auf der Ausstellung Gelegenheit ~~geboten~~ *gegeben* wird, Verträge abzuschließen?

На выставке будут постоянно работать представители наших внешнеторговых предприятий и фирм, которые могут там же вести переговоры с вашими сотрудниками о заключении контрактов. Здесь вы сможете также обсудить вопросы о перспективах сбыта вашей продукции в нашей стране.

Auf der Ausstellung werden die Vertreter unserer Außenhandelsbetriebe und Firmen ständig anwesend sein, die dort mit Ihren Mitarbeitern Verhandlungen über die Abschlüsse von Verträgen führen können. Hier können Sie auch die Absatzperspektiven Ihrer Produktion in unserem Lande beraten.

Нам не обойтись без вашей помощи ... .

Wir können ohne Ihre Unterstützung bei der ... nicht auskommen.

в организации перевозок выставочных грузов по тер-

Organisation des Transportes der Ausstellungsgüter

Техническая выставка

ритории Германии /Австрии/	durch Deutschland / Österreich/
по найму обслуживающего персонала и обеспечению рабочей силой	Einstellung des Bedienungspersonales und den Arbeitskräften
В этом отношении мы можем вам помочь.	In dieser Hinsicht können wir Ihnen helfen.
Наш представитель будет заниматься приемом выставочных грузов и размещением их на складе. Дирекция выставки окажет вам помощь в решении всех вопросов.	Unser Vertreter wird sich mit der Übernahme und Lagerung der Ausstellungsgüter beschäftigen. Die Direktion der Ausstellung wird Ihnen bei der Lösung aller Fragen helfen.

МОНТАЖ ЭКСПОЗИЦИИ

У нас есть еще ряд вопросов, касающихся повседневной работы на выставке.	Wir haben noch einige Fragen zu erledigen, die unsere alltägliche Arbeit auf der Ausstellung betreffen.
Какие же это вопросы?	Was für Fragen sind das?
Эти вопросы касаются вашей помощи	Diese Fragen betreffen Ihre Hilfe /Unterstützung/ ... .
в строительстве нашего павильона	beim Bau unseres Pavillons
при проведении монтажных работ	bei den Montagearbeiten
в оборудовании наших стендов	bei der Installierung /Einrichtung/ unserer Ständer
в выделении рабочей силы	bei der Zuweisung von Arbeitskräften
в выдаче пропусков для наших служебных автомашин	beim Ausstellen von Ausweisen für unsere Dienstfahrzeuge
По всем вопросам, связанным с подготовкой, проведением и ликвидацией выставки, обращайтесь к директору выставки. Но если вы хотите срочно поговорить с нами, мы можем встретиться в любое	Mit allen Fragen, die mit der Vorbereitung, Durchführung und dem Abbau der Ausstellung im Zusammenhang stehen, wenden Sie sich an die Direktion der Ausstellung. Wenn Sie uns in einer drin-

удобное для вас время и обсудить все вопросы.	genden Angelegenheit sprechen möchten, können wir uns zu jeder Ihnen ~~angenehmen~~ *den passen-* Zeit treffen, um alle Fragen zu beraten.
Господин директор! Нам нужна ваша помощь и содействие в строительстве и оборудовании нашего павильона.	Herr Direktor! Wir brauchen Ihre Hilfe und Unterstützung beim Bau und bei der Einrichtung unseres Pavillons.
Я вас слушаю.	Ich bin ganz Ohr.
Нам нужно вначале согласовать проект строительства нашего павильона. К кому мне следует обратиться?	Wir müssen vorerst den Bau~~entwurf~~ *Entwurf für den* unseres Pavillons abstimmen. An wen soll ich mich wenden?
Обратитесь, пожалуйста, к господину Н., инженеру выставки. У него имеются все необходимые документы и чертежи.	Wenden Sie sich bitte an den Herrn N., den Ingenieur der Ausstellung. Er hat alle erforderlichen Unterlagen und Zeichnungen.
Кроме того, для строительства потребуются различные материалы. Вот, пожалуйста, список.	Außerdem brauchen wir für den Bau verschiedene Baumaterialien. Hier ist bitte die Liste.
Пришлите, пожалуйста, слесаря-сантехника для подключения воды.	Schicken Sie uns bitte einen Installateur für den Wasseranschluß.
Нам нужно установить на стенде несколько телефонов.	Wir brauchen an den Ständen einige Telefonanschlüsse.
Наш завод является участником коллективного стенда. Организуйте нам, пожалуйста, встречу с другими участниками этого стенда.	Unser Werk beteiligt sich an einem ~~Kollektivstand~~. Bitte helfen Sie uns ~~beim~~ Treffen mit anderen ~~Teilnehmern des Standes~~
Нам необходимо обсудить некоторые вопросы по транспорту	Wir müssen einige Transportfragen beraten.
На днях прибывают наши выставочные грузы, которые мы доставляем своим транспортом. Необходимо обеспечить разгрузку этих машин и раз-	In einigen Tagen kommen unsere Ausstellungsgüter, die wir mit unseren Fahrzeugen befördern. Wir müssen das Entladen dieser Fahrzeuge so-

мещение выставочных грузов на складе.

Нам нужен представитель дирекции выставки для руководства разгрузочными работами и пять грузчиков.

Просим оформить постоянный пропуск на территорию выставки для наших служебных автомашин.

Сколько у вас служебных автомашин?

Когда вы начнете монтажные работы в своем павильоне?

Монтаж нашего павильона мы начнем 1 мая, а демонтаж закончим 1 августа.

Все работы мы проведем собственными силами.

Мебель и художественное оформление мы привезём из своей страны. После окончания монтажа мы непременно пригласим вас для окончательного решения вопроса о художественном оформлении павильона. Вот тогда, вероятно, потребуется помощь вашего художника.

И еще несколько мелких вопросов.

Нам нужно договориться об уборке помещения и о вывозе мусора.

wie die Unterbringung der Ausstellungsgüter im Lager gewährleisten.

Wir brauchen einen Vertreter der Direktion der Ausstellung für die Leitung von Ausladearbeiten und fünf Transportarbeiter.

Wir bitten Sie, uns einen Dauerausweis für unsere Dienstfahrzeuge zum Befahren des Ausstellungsgeländes auszustellen.

Wieviele Dienstfahrzeuge haben Sie?

Wann beginnen Sie die Montagearbeiten in Ihrem Pavillon?

Die Montage unseres Pavillons fangen wir am 1. Mai an, und die Demontage beenden wir am 1. August.

Alle Arbeiten werden wir mit eigenen Arbeitskräften ausführen.

Die Büromöbel und die künstlerische Ausgestaltung werden wir aus unserem Land mitbringen. Nach der Beendigung der Montage werden wir Sie unbedingt einladen, um die Frage der künstlerischen Ausgestaltung endgültig zu entscheiden. Erst dann werden wir vielleicht die Hilfe Ihres Formgestalters brauchen.

Und noch einige Kleinigkeiten.

Wir müssen die Säuberung der Räume und den Abtransport des Mülls absprechen.

Об уборке помещения не беспокойтесь. У нас достаточно рабочей силы для уборки.

А сейчас о вывозе мусора. Сколько автомашин вам нужно?

Нам нужны две автомашины для вывоза тары и мусора со стендов.

Машины будут предоставлены в ваше распоряжение.

Wegen der Säuberung der Räume machen Sie sich bitte keine Sorgen. Wir haben genug Reinigungskräfte.

Jetzt zum Abtransport des Mülls. Wieviel Autos brauchen Sie?

Wir brauchen zum Abtransport des Verpackungsmaterials und des Mülls ~~von den~~ Ständen zwei Fahrzeuge. *Ihnen zur*
Die Fahrzeuge werden zu Ihrer Verfügung stehen. *gestellt.*

ФИНАНСОВЫЕ РАСЧЁТЫ

Сейчас нам хотелось бы решить некоторые финансовые вопросы.
Да, это необходимо сделать сейчас же.
Давайте поговорим о плате за ... .

Jetzt möchten wir einige finanzielle Fragen klären.
Ja, das müssen wir unbedingt jetzt tun. *gleich*
Wollen wir über die Zahlungen für ... sprechen.

аренду выставочных и складских помещений

охрану указанных помещений

рекламные объявления в каталоге выставки

ваш транспорт, используемый для перевозки наших выставочных грузов

непредвиденные расходы

Мы сейчас составляем смету на эту выставку.

На днях мы переведём вам аванс.

die Vermietung von Ausstellungs- und Lagerflächen

die Bewachung der genannten Räume

die Werbeanzeigen i~~m dem~~ Ausstellungskatalog

Ihre Fahrzeuge, die für die Beförderung unserer Ausstellungsgüter verwendet werden

unvorhergesehene Unkosten

Wir er~~rechnen~~ *stellen* (gerade) jetzt den Kostenanschlag für diese Ausstellung.

In einigen Tagen werden wir Ihnen eine Anzahlung überweisen.

Техническая выставка

По мере выполнения наших заявок вы нам представляете счета для оплаты.	Je nach Erfüllung unserer Anträge werden Sie uns Rechnungen für Zahlungen präsentieren.
Оплата счетов производится соответственно согласованных нами условий.	Die Bezahlung der Rechnungen erfolgt entsprechend unseren vereinbarten Bedingungen.
После закрытия выставки мы произведем сверку наших финансовых расчётов и достигнем баланса посредством переводов.	Nach der Schließung der Ausstellung werden wir unsere finanziellen Verrechnungen vergleichen und durch Überweisungen die Bilanz erzielen.
А сейчас я хочу пригласить вас и ваших сотрудников на открытие выставки. Дата и место открытия выставки у нас уже согласованы.	Jetzt möchte ich Sie und Ihre Mitarbeiter zur Eröffnung der Ausstellung einladen. Das Datum und der Eröffnungsort der Ausstellung sind von uns schon vereinbart.

ПОСЕЩЕНИЕ ВЫСТАВКИ

Как называется эта выставка /ярмарка/?	Wie heißt diese Ausstellung /Messe/?
С какого по какое время работает эта выставка?	Seit wann und bis wann funktioniert diese Ausstellung?
Сколько стоит входной билет /проспект, каталог выставки/?	Was /Wieviel/ kostet eine Eintrittskarte /ein Prospekt, ein Ausstellungskatalog/?
Проспект /каталог выставки, входной билет/ стоит ... марок.	Der Prospekt /der Ausstellungskatalog, die Eintrittskarte/ kostet ... Mark.
Сборный каталог всех машин, представленных на выставке, вы можете получить бесплатно.	Einen Sammelkatalog für alle Maschinen, die auf der Ausstellung gezeigt werden, können Sie hier unentgeltlich bekommen.
Есть здесь ...?	Gibt est hier ...?
Нам нужны ...	Wir brauchen ... .
гиды /экскурсоводы/ переводчики на русский язык	Ausstellungsführer Dolmetscher ins Russische

Скажите, пожалуйста, где находится ...?	Sagen Sie bitte, wo befindet sich ...?
бюро информации	das Informationsbüro
директор	der Herr Direktor
коммерческое бюро	das Handelsbüro
павильон...	der Pavillon /die Halle/ für...
помещение для заключения сделок	der Raum für Ausstellungsabschlüsse
пресс-центр	das Pressezentrum
Бюро информации находится	Das Informationsbüro befindet sich ....
в двадцатом кабинете	im Arbeitszimmer zwanzig
в конце коридора	am Ende des Korridors
в центре зала	im Zentrum der Halle
в этом /следующем/ здании	in diesem /nächsten/ Gebäude
за этим зданием /павильоном/	hinter diesem Gebäude /Pavillon/
Мы хотели бы осмотреть экспонаты по автомобилестроению.	Wir möchten die Exponate /Ausstellungsgegenstände/ für den Autobau besehen.
Где расположены экспонаты по сельскому хозяйству?	Wo sind die Exponate für die Landwirtschaft?
Экспонаты /схемы, чертежи/ находятся /лежат, стоят, висят/	Die Exponate /Schemen, Zeichnungen/ befinden sich /liegen, stehen, hängen/ ....
в павильоне	in der Halle /im Pavillon/
в противоположной стороне	an der gegenüberliegenden Seite
в углу павильона	in der Ecke des Pavillons
у противоположной стены	an der gegenüberliegenden Wand
на витрине	im Schaufenster
на подставке	auf dem Gestell
на стенде	am Stand
Где производится демонстрация ...?	Wo ist hier die Vorführung ...?
действующих моделей	der Funktionsmodelle

рекламных кинофильмов машин приборов	der Werbefilme der Maschinen der Geräte
Через пятнадцать минут в демонстрационном зале вы сможете посмотреть показ мод.	In fünfzehn Minuten können Sie im Vorführungssaal eine Modeschau sehen.
С какого павильона мы начнем обход?	Von welchem Pavillon beginnen wir den Rundgang?
В этом павильоне мы покажем вам ряд новинок, которые безусловно заинтересуют вас и ваших потребителей.	Wir werden Ihnen in dieser Halle zahlreiche Neuheiten vorstellen, die Sie selbst und Ihre Verbraucher zweifellos interessieren.
Каковы технические характеристики этой машины /этого прибора/?	Welche technischen Kennziffern besitzt diese Maschine /dieses Gerät/?
Сейчас мы пригласим конструктора этой машины, и он даст нам подробную информацию по всем интересующим вас вопросам.	Gleich werden wir den Konstrukteur dieser Maschine rufen, und er wird über alle Fragen, die für Sie von Interesse sind, eingehend informieren.
Наши опытные инженеры и конструкторы смогут дать вам исчерпывающую консультацию по всем вопросам.	Unsere erfahrenen Ingenieure und Konstrukteure können Ihnen ausführliche Konsultationen zu allen Fragen erteilen.
Это действующая модель крана, выполненная в масштабе один к пятидесяти.	Dieses Funktionsmodell eines Hebekranes ist im Maßstab eins zu fünfzig (1:50) angefertigt.
А сейчас мы хотели бы пройти в помещение для переговоров.	Jetzt möchten wir zum Verhandlungsraum gehen.
Пожалуйста, в этом здании находится нужное вам помещение.	Bitte schön. In diesem Gebäude befindet sich der Raum, den Sie brauchen.
Разрешите посмотреть список ваших экспонатов, подлежащих продаже.	Gestatten Sie, die Liste Ihrer Exponate anzusehen, die für den Verkauf bestimmt sind.
Вот список, где отмечены экспонаты, подлежащие продаже.	Hier ist die Liste, wo die zu verkaufenden Exponate bezeichnet sind.

Разрешите передать вам список экспонатов, которые входят в номенклатуру вашей фирмы.	Gestatten Sie, Ihnen die Liste der Exponate zu übergeben, die unter die Nomenklatur Ihrer Firma fallen.
Все это очень интересно. Но нам хотелось бы ознакомиться с проспектами этих машин.	Es ist sehr interessant. Wir möchten aber in die Prospekte dieser Maschinen Einsicht nehmen.
Вот эти проспекты.	Hier sind die Prospekte.
Нас заинтересовали эти машины /приборы/.	Wir sind für diese Maschinen /Geräte/ interessiert.
Давайте поговорим о цене.	Wollen wir über die Preise sprechen.
От имени своей фирмы /дирекции выставки/ мы хотели бы вручить вам небольшой сувенир на память о посещении нашего павильона /нашей выставки/.	Im Namen unserer Firma /der Direktion der Ausstellung/ möchten wir Ihnen zum Andenken an den Besuch unseres Pavillons /unserer Ausstellung/ ein kleines Souvenir überreichen.
Мы благодарим вас за посещение нашей выставки.	Wir danken Ihnen für den Besuch unserer Ausstellung.

ТОРГОВЛЯ

ТОВАРЫ

НОМЕНКЛАТУРА ТОВАРА

Мы узнали о номенклатуре ваших изделий из … .	Wir haben über die Nomenklatur Ihrer Erzeugnisse … erfahren.
рекламных объявлений	aus Werbeanzeigen
высланных нам документов	aus den an uns gesandten Unterlagen
Наши специалисты /потребители/ высоко оценивают вашу продукцию.	Unsere Spezialisten /Verbraucher, Abnehmer/ schätzen Ihre Produktion sehr hoch.
Поэтому мы хотели бы в соответствии с заключенным ранее межправительственным соглашением /договором, заключенным с вашей фирмой/ приобрести у вас … .	Darum möchten wir, dem vorher abgeschlossenen Regierungsabkommen /dem mit Ihrer Firma abgeschlossenen Vertrag/ entsprechend, bei Ihnen … anschaffen.
автомашины	Kraftfahrzeuge
телевизоры	Fernsehgeräte
телексы	Fernschreiber
ткани	Stoffe
транспортные средства	Verkehrsmittel
холодильники	Kühlschränke
электробытовые товары	Elektrobedarfsartikel
электронно-технические приборы	elektronentechnische Geräte
В связи с реконструкцией нашего предприятия мы заин-	Da unser Betrieb rekonstruiert wird, sind wir an der An-

тересованы в приобретении у вас … .	schaffung bei Ihnen von … interessiert.
установок для сжижения газов	Anlagen für die Verflüssigung von Gasen
технологических линий для производства пластмасс	technologischen Taktstraßen für die Produktion von Plasten
Мы хотели бы купить у вас … .	Wir möchten bei Ihnen … kaufen.
небольшой завод по переработке мясомолочной продукции	ein kleines Werk für die Verarbeitung von Fleisch- und Molkereiprodukten
небольшой пивоваренный завод	eine kleine Brauerei
небольшое предприятие по производству колбасы /цемента, кирпича/	einen kleinen Betrieb für die Produktion von Wurst /Zement, Ziegel/
Учитывая номенклатуру выпускаемой вами продукции, мы составили списки нужных нам товаров. Пожалуйста, посмотрите эти списки.	Mit Rücksicht auf die Nomenklatur Ihrer Produktion haben wir die Liste der für uns erforderlichen Waren zusammengestellt. Bitte sehen Sie sich diese Liste an.
А сейчас о количестве товара. Что вы думаете о количестве товара?	Jetzt zur Menge der Waren. Welche Vorstellungen haben Sie bezüglich der Menge der Waren?
Какое количество товара вам нужно?	Welche Menge der Waren möchten Sie haben?
Нам нужно приобрести … .	Wir möchten … anschaffen.
двадцать тонн полистирола	zwanzig Tonnen Polystyrol
десять комплектов доильных установок	zehn Sätze Melkanlagen
пятьдесят тысяч метров тканей	fünfzigtausend Meter Stoffe
сто ковров	einhundert Teppiche
три самоходных крана	drei Fahrzeugkrane
Мы хотели бы получить этот товар сверх количества, которое обговорено заранее /которое указано в контракте/.	Wir möchten gern diese Ware über die vorher abgesprochene /im Vertrag festgestellte/ Menge hinaus beziehen.

Чтобы ответить на ваш запрос о количестве товара, которое вы желаете получить, я должен посоветоваться с руководством фирмы. В ближайшем будущем вы получите ответ.	Um auf Ihre Anfrage bezüglich der gewünschten Menge der Ware eine Antwort zu geben, muß ich mit der Leitung der Firma beraten. In der nächsten Zeit erhalten Sie die Antwort.

КАЧЕСТВО ТОВАРА

Высокое качество ваших /наших/ товаров общеизвестно.	Eine hohe Qualität /Güte/ Ihrer /unserer/ Waren ist allgemeinbekannt.
С качеством ваших товаров мы знакомы по	Die Güte Ihrer Waren ist uns durch ... bekannt.
вашим проспектам	Ihre Prospekte
отзывам наших потребителей	Äußerungen unserer Verbraucher /Abnehmer/
вашим рекламным объявлениям	Ihre Werbeanzeigen
Мы и раньше покупали у вас эти /подобные/ товары и из своего собственного опыта знаем об их высоком качестве.	Wir haben bei Ihnen auch früher diese /ähnliche/ Waren gekauft und kennen aus unserer eigenen Erfahrung ihre hohe Qualität.
Ваши машины /приборы/ обладают	Ihre Maschinen /Geräte/ besitzen ... .
высокими технико-экономическими показателями	hohe technisch-ökonomische Kennziffern
высокой производительностью	eine hohe Produktivität
большой мощностью	ein hohes Leistungsvermögen
Они надежны в работе, удобны в эксплуатации и легко поддаются ремонту.	Sie sind zuverlässig im Betrieb und lassen sich leicht bedienen und reparieren.
Этот прибор высшего качества.	Das Gerät ist ein Spitzenerzeugnis.
Прибор хорошо показал себя во время многочисленных испытаний.	Das Gerät hat sich in vielfältigen Testen bewährt.
Прибор прост в эксплуатации	Das Gerät läßt sich problem-

и отличается высокой производительностью.

Ваше оборудование обеспечивает бесперебойную работу связанных с ним агрегатов.

Его внешнее оформление /дизайн/ выполнено в современном стиле.

Это недорогая высокопроизводительная установка.

Эти установки дают широкий диапазон новых показателей, новое решение проблем и отличаются повышенной экономичностью.

С помощью новой установки можно использовать все преимущества этой перспективной технологии.

Технические параметры установки приведены в представленной вам документации.

Электробытовые товары потребляют минимальное количество электроэнергии.

Производственные возможности электротехнических приборов разнообразны и широки.

Ко всем машинам и приборам мы поставим вам комплекты запасных и быстроизнашивающихся деталей.

Вы знакомы с прежней моделью этой машины, но мы ее значительно усовершенствовали.

Благодаря техническим усовершенствованиям заказчик получил большую экономическую выгоду. По сравнению

los mit hoher Produktivität verwenden.

Ihre Ausrüstung gewährleistet einen störungsfreien Betrieb aller mit ihr verbundenen Aggregate.

Ihre äußere Ausgestaltung /Design/ ist ganz modern ausgeführt.

Das ist eine preisgünstige hochproduktive Anlage.

Diese Anlagen haben ein breites Spektrum neuer Leistungsmerkmale, bringen neuartige Problemlösungen und sind noch ökonomischer.

Mit der Anlage können alle Vorzüge dieser zukunftsorientierten Technik sofort genutzt werden.

Die technischen Parameter der Anlage finden Sie in den Ihnen vorgelegten Unterlagen.

Der Energieverbrauch der Elektrobedarfsartikel ist minimal.

Die Leistungsfähigkeiten der elektrotechnischen Geräte sind mannigfaltig und umfassend.

Für alle Maschinen, Apparate und Geräte liefern wir Ihnen Sätze von Ersatz- und Verschleißteilen.

Sie kennen das alte Modell dieser Maschine. Wir haben sie bedeutend weiterentwikkelt.

Auf Grund der technischen Weiterentwicklung ergibt sich für den Auftragsgeber ein bedeutender ökonomischer Ge-

с прежней моделью изменились некоторые технические параметры. Производительность этой новой машины выросла на 25 %.	winn. Im Vergleich zum alten Modell wurden einige technische Parameter geändert. Die Produktivität dieses neuen Modells steigerte sich um 25 %.
Одежда и обувь прочны, элегантны и привлекательны.	Die Kleidungsstücke und das Schuhwerk sind vor Verschleiß sicher, elegant und anziehend.
Продукты питательны и вкусны.	Die Lebensmittel sind nahrhaft und wohlschmeckend.
Упаковка красочна и обеспечивает длительное хранение продуктов.	Die Verpackung ist farbenreich und sichert eine dauerhafte Lagerung der Produkte.
Мебель великолепна и очень удобна.	Das Möbelstück ist prachtvoll und sehr bequem.
Вы должны нам представить	Sie müssen uns ... zur Verfügung stellen.
Мы подготовили для вас	Wir haben für Sie ... angefertigt.
Мы передаём вам	Wir übergeben Ihnen ... .

документацию по ценам и проспектам	die Preis- und Prospektunterlagen
спецификацию на агрегат /на оборудование/	die Spezifikation für das Aggregat /die Ausrüstung/
техническую документацию	die technische Dokumentation

Поговорим о проверке качества.	Nun zur Gütekontrolle.
В зависимости от рода товара продавец обязан подвергнуть его	Je nach der Art der Ware muß der Verkäufer sie ... unterwerfen.

анализу	der Analyse
испытанию	dem Test
осмотру	der Besichtigung
проверке	der Prüfung
Проверку товара мы произведем	Die Prüfung der Ware werden wir ... vornehmen.

выборочно	auszugsweise
партиями	partienweise

А как обстоит дело с машинами, агрегатами, которые в дальнейшем будут работать в комплексе с другим оборудованием?	Wie verhält sich die Sache in bezug auf die Maschinen, Aggregate, die im weiteren nur im Komplex mit anderer Ausrüstung funktionieren werden?
Мы проверим их на месте использования.	Wir werden sie am Gebrauchsort prüfen.
Мы приглашаем вас принять участие в проверке товара.	Wir laden Sie ein, an der Prüfung der Ware teilzunehmen.
После проверки будет составлен	Nach der Prüfung wird ... zusammengestellt /ausgestellt/.
Мы вам передадим	Wir werden Ihnen ... übergeben.
протокол испытаний	das Prüfungsprotokoll
протокол экспертизы	die Expertise
Мы считаем действительными и другие документы, подтверждающие качество товара.	Wir halten auch die anderen Dokumente für gültig, die die Qualität der Ware bestätigen.

ГАРАНТИЙНЫЕ ОБЯЗАТЕЛЬСТВА

В контракте уже оговорены гарантийные сроки на	Im Vertrag sind schon Garantiefristen für ... abgesprochen.
комплектные заводы и установки	komplette Werke und Anlagen
суда	Schiffe
железнодорожный подвижной состав	rollendes Material für den Eisenbahnverkehr
кабельные изделия	Kabelerzeugnisse
консервы	Konserven
потребительские товары длительного пользования	langlebige Konsumgüter
В представленном вами дополнительном предложении имеется ряд оговорок в отношении гарантийных обязательств.	In dem von Ihnen vorgelegten zusätzlichen Angebot gibt es eine Reihe von Klauseln bezüglich der Garantieverpflichtungen.
Прошу обратить внимание на различные сроки для различных товаров.	Ich bitte Sie, auf verschiedene Fristen für verschiedenartige Waren Ihre Aufmerksamkeit zu richten.

Само собой разумеется.

Поговорим о продолжительности гарантийного срока.

По моему мнению, эти сроки должны быть следующими:

— на предметы точной механики, оптические изделия, измерительные приборы и инструменты 9 месяцев;

— на серийные машины, установки 12 месяцев.

Я согласен, но думаю, что нам необходимо прежде всего договориться о времени вступления в силу гарантийного срока.

С какого времени мы будем исчислять гарантийный срок?

Все будет зависеть от вида товара.

Я предлагаю день пуска в эксплуатацию крупных машин, установок и комплектных заводов считать первым днем гарантийного срока.

На все остальные товары гарантийный срок исчисляется с момента поставок.

Но если произойдет задержка пуска в эксплуатацию по вине продавца?

Когда же это может произойти?

Ну, например, когда продавец не представит вовремя чертежи, инструкции по эксплуатации или другие данные и услуги.

Das versteht sich von selbt.

Wollen wir zur Dauer der Garantiefrist kommen.

Meiner Meinung nach sollen diese Fristen folgende Dauer betragen:

— für Gegenstände der Feinmechanik, optische Erzeugnisse, Meßgeräte und -instrumente etwa neun Monate;

— für Serienmaschinen und Anlagen zwölf Monate.

Ich stimme Ihnen zu, aber ich meine, daß wir uns vorerst über die Zeit des Inkrafttretens der Garantiefrist einig werden müssen.

Wann beginnt die Garantie?

Alles wird von der Art der Ware abhängen.

Ich schlage vor, den Tag der Inbetriebnahme der großen Maschinen, Anlagen und kompletter Werke für den ersten Tag der Garantiefrist zu betrachten.

Für alle anderen Waren beginnt die Garantiefrist am Tage der Lieferung.

Wenn aber eine Verzögerung der Inbetriebnahme durch Verschulden des Käufers eintritt?

Wann kann das eintreten?

Nun, zum Beispiel dann, wenn der Verkäufer Zeichnungen, Gebrauchsanweisungen oder andere Angaben und Dienstleistungen nicht rechtzeitig zur Verfügung stellt.

В этом случае срок гарантии отодвигается на время задержки.

Какую ответственность несет продавец перед покупателем в период гарантийного срока?

По моему мнению, здесь есть только два выхода. Продавец должен устранить дефекты или снизить цену на товар. Но об этом мы поговорим тогда, когда будем обсуждать все претензии, связанные с нашей торговой сделкой.

О гарантийном свидетельстве.

Обычно свидетельства мы высылаем вместе с товаром.

In diesem Fall soll die Garantiefrist für die Zeitspanne der Verzögerung verschoben werden.

Welche Verantwortung dem Käufer gegenüber trägt der Verkäufer während der Garantiefrist?

Meiner Ansicht nach gibt es hier nur zwei Auswege aus solcher Situation. Der Verkäufer muß die Defekte beseitigen oder den Preis der Ware herabsetzen. Wir werden uns aber darüber etwas später unterhalten, wenn wir über alle Ansprüche sprechen werden, die mit unserem Geschäft im Zusammenhang stehen.

Nun zur Garantieurkunde.

In der Regel senden wir die Urkunden zusammen mit der Ware.

ПЕРЕГОВОРЫ ПО ЦЕНАМ

БАЗА ЦЕНЫ

Для переговоров по ценам нам нужно проверить соответствующую документацию.

У нас уже есть специальное соглашение о принципах ценообразования.

Цена должна быть подтверждена документами.

Прежде всего мы должны найти единую базу цены /основу для дальнейших переговоров/.

Вы должны были представить в наше распоряжение документацию по ценам.

Für die Preisverhandlungen müssen wir die entsprechende Dokumentation prüfen.

Wir haben bereits eine Vereinbarung über die Grundsätze der Preisbildung.

Der Preis muß durch Dokumente belegt werden.

Vorerst müssen wir eine einheitliche Preisbasis /eine Basis für weitere Preisverhandlungen/ finden.

Sie mußten die Preisunterlagen zu unserer Verfügung stellen.

Торговля	

Вы получили наши ... .

конкурентные материалы
прейскуранты
предварительные расчёты по ценам
проспекты
протоколы по ценам

Да, у нас всё получено.

Ряд документов мы тоже подготовили, а ваши материалы есть у нас. Мы их основательно изучили.

Надеюсь, что обе наши стороны приняли во внимание ... .

договорные цены
конкурентные материалы
протоколы по ценам
технические данные на новые машины
цены внутреннего /мирового/ рынка

Мы должны исходить из договорной /контрактной/ цены.

Цены были скалькулированы на основе согласованных протоколов по ценам.

Просим представить нам конкурентные материалы.

Цены определяются на основе конкурентных предложений фирм.

В подтверждение наших цен мы представим вам конкурентные материалы.

Конкурентные цены соответствуют предложениям, которые мы вам представили.

Haben Sie unsere ... erhalten?

Konkurrenzunterlagen
Preislisten
vorläufige Preisberechnungen
Prospekte
Preisprotokolle

Ja, wir haben alles erhalten.

Wir haben auch eine Reihe von Dokumenten vorbereitet. Ihre Unterlagen stehen uns auch zur Verfügung. Wir haben sie gründlich untersucht.

Ich hoffe, daß die beiden Seiten ... berücksichtigt haben.

die Vertragspreise
die Konkurrenzdokumente
die Preisprotokolle
technische Angaben für die neuen Maschinen
die Inlandspreise /die Weltmarktpreise/

Wir müssen vom Vertragspreis ausgehen.

Die Preiskalkulation erfolgte nach den abgestimmten Preisprotokollen.

Wir bitten Sie, uns die Konkurrenzdokumentation vorzulegen.

Die Ermittlung der Preise erfolgt auf der Basis der Konkurrenzangebote der Firmen.

Als Bestätigung unserer Preise legen wir Ihnen die Konkurrenzunterlagen vor.

Die Konkurrenzpreise entsprechen den Angeboten, die wir Ihnen vorgelegt haben.

Переговоры по ценам будут продолжены, как только вы представите нам конкурентные материалы.	Die Preisverhandlungen werden fortgesetzt, sobald Sie uns Konkurrenzunterlagen vorlegen.
Эти конкурентные материалы … .	Diese Konkurrenzunterlagen … .
подтверждают правильность наших цен	bestätigen die Korrektheit unserer Preise
не могут быть основанием для наших дальнейших переговоров	scheiden als Grundlage für unsere weiteren Verhandlungen aus
В ценообразовании мы учитываем прежде всего конкурентные цены и цены мирового рынка.	Bei der Preisbildung berücksichtigen wir in erster Linie die Konkurrenz- und die Weltmarktpreise.
Мы не можем исходить только из цен внутреннего рынка. Нам нужно опираться в основном на цены мирового рынка.	Wir können uns nicht nur auf die Inlandspreise stützen, sondern müssen hauptsächlich die Weltmarktpreise in Betracht ziehen.
Цены мирового рынка должны быть основанием наших переговоров.	Die Weltmarktpreise sollen als Grundlage unserer Preisverhandlungen dienen.
Необходимо произвести пересчёт цен мирового рынка в рубли.	Die Weltmarktpreise müssen in Rubel umgerechnet werden.
Для переговоров по ценам … .	Für die Preisverhandlungen … .
нам нужно знать технические параметры /новый диапазон/ мощности машины	müssen wir die technische Parameter /den neuen Leistungsbereich/ der Maschine kennen
нам требуется техническое заключение	benötigen wir ein technisches Gutachten
Поэтому в переговорах должны принять участие технические специалисты обеих сторон.	Deshalb müssen technische Spezialisten beider Seiten an den Verhandlungen teilnehmen.
Эта документация недостаточно обоснована.	Diese Dokumentation ist unzureichend begründet.
Эту документацию мы вынуждены отклонить.	Diese Dokumentation müssen wir ablehnen.

Таким образом у нас есть некоторые предварительные варианты расчёта, разработанные вами и нами и основанные на важных документах. Теперь мы можем продолжить переговоры по ценам.

Folglich haben wir bereits einige vorläufige Berechnungen, die beiderseits ausgestellt und durch wichtige Dokumente belegt sind. Jetzt können wir unsere Preisverhandlungen fortsetzen.

РАСЧЁТ ЦЕН

Объясните, пожалуйста, вашу методику расчёта цен.
Я хотел бы представить вам на рассмотрение наши расчёты по ценам.
Мы учитываем ...

Erklären Sie bitte Ihre Methode der Preisberechnung.
Ich möchte Ihnen unsere Preisberechnungen zur Einsicht vorlegen.
Wir berücksichtigen ... .

движение цен на главных мировых рынках
повышение мировых цен на сырье и химические полуфабрикаты

улучшение качества наших товаров /машин, приборов/
Я предлагаю обменяться документами и сравнить их на месте.

Вы можете передать нам ваши материалы?
Давайте обсудим групповые и позиционные цены, чтобы сравнить их с соответствующими нашими ценами.
Ваши групповые цены отличаются от наших.

Какова ваша ...?

die Preisentwicklung auf den Hauptweltmärkten
die Erhöhung der Weltmarktpreise für Rohstoffe und chemische Halbfabrikate
die Besserung der Qualität unserer Waren /Maschinen, Geräte/
Ich schlage vor, die Dokumentation auszutauschen, um sie hier an Ort und Stelle zu vergleichen.
Können Sie uns Ihre Unterlagen übergeben?
Wollen wir die Gruppen- und Postenpreise beraten, um sie mit unseren jeweiligen Preisen zu vergleichen.
Ihre Gruppenpreise unterscheiden sich von unseren Preisen.
Wie ist Ihr ...?

глобальная /общая/ цена
групповая цена
средневесовая цена

Gesamtpreis
Gruppenpreis
Durchschnittspreis

поштучная цена
Мы представим вам калькуляцию цен.
Мы проверим цены после того, как будут выслушаны аргументы обеих сторон.
Познакомьтесь, пожалуйста, с нашими прейскурантами. Со мной есть копии прейскурантов. Мы их вам также вышлем.
Вы получили прейскуранты?

Прейскуранты мы уже передали потребителям.

Кстати, вы знакомы с индексами цен?
Конечно! Мы ознакомились с индексом цен

Индекс цен у нас имеется.
Мы изучили индекс цен на ... .

готовые изделия
полуфабрикаты
продукцию машиностроения
сырьё

К обсуждению цен на эти товары нам следует привлечь специалистов.
Цена сложилась следующим образом.
В цену включается ... .

полная стоимость комплекта прибора
стоимость запчастей
страхование и стоимость перевозки
упаковка

Einzelpreis
Wir werden Ihnen die Preiskalkulation vorlegen.
Wir werden die Preise prüfen, nachdem die Argumente beider Seiten gehört werden.
Machen Sie sich bitte mit unseren Preislisten bekannt. Ich habe die Kopien der Preislisten mit. Wir werden sie Ihnen auch zuschicken.
Haben Sie die Preislisten bekommen?
Die Preislisten haben wir an unsere Abnehmer /Verbraucher/ übergeben.
Beiläufig gesagt, kennen Sie Preisindexe?
Selbstverständlich! Wir haben uns mit dem Preisindex bekannt gemacht.
Der Preisindex liegt vor
Wir haben die Preisindexe für ... geprüft.

Fertigerzeugnisse
Halbfabrikate
Maschinenbauerzeugnisse

Rohstoffe

Zur Preisverhandlung für diese Ware müssen wir Spezialisten hinzuziehen.
Der Preis ist folgendermaßen entstanden.
Der Preis umfaßt ..

den Vollwert des kompletten Gerätes
den Preis für Ersatzteile
die Versicherung und die Beförderungskosten
die Verpackung

В цену вошли также расходы на командировку и монтаж.	Reise- und Montagekosten sind auch im Preis vorhanden.
Это нужно учитывать при установлении цены.	Das muß man bei der Preisfestlegung berücksichtigen.
Назовите нам … .	Nennen Sie uns bitte … .
действующие в настоящее время цены на отдельные приборы	die zur Zeit gültigen Preise für einzelne Geräte
цены на станки вместе с упаковкой	die Preise für die Werkzeugmaschinen einschließlich der Verpackung
Названные цены включают упаковку, но исключают монтаж и другие услуги.	Die genannten Preise verstehen sich einschließlich Verpackung, jedoch ausschließlich der Kosten für Montage und sonstige Dienstleistungen.
Речь идет о дополнительных расходах, которые влияют на цену	Es geht um die Nebenkosten, die den Preis beeinflussen.
Цена на запчасти рассчитывается отдельно.	Der Preis für die Ersatzteile wird gesondert errechnet.
Все товары мы продаем по … .	Alle Waren verkaufen wir zu … .
договорным ценам	Vertragspreisen
биржевым ценам	Börsenpreisen
Цена на запчасти рассчитывается отдельно.	Der Preis für eine Anlage beträgt … Mark.

СОГЛАСОВАНИЕ ЦЕН

По этому вопросу выявляются различные точки зрения.	Es ergeben sich zu dieser Frage unterschiedliche Standpunkte.
Предложения не отвечают мировым ценам.	Die Angebote entsprechen nicht den Weltmarktpreisen.
Мы хотели бы сравнить ваши цены с ценами конкурентных предложений /с прошлогодними ценами/.	Wir möchten Ihre Preise mit den Konkurrenzangeboten /mit den Preisen des Vorjahres/ vergleichen.

По этим позициям нет материалов для сравнения.	Für diese Positionen liegen keine vergleichbaren Dokumente vor.
Мы просим произвести сравнительный расчёт.	Wir bitten um eine Vergleichsrechnung.
Ваши цены превышают цены мирового рынка на этот вид оборудования.	Ihre Preise übersteigen die Weltmarktpreise für diese Art der Ausrüstung.
Давайте поищем компромиссное решение. Может быть сойдемся на середине.	Lassen Sie uns einen gemeinsamen Kompromiß suchen. Vielleicht nehmen wir die Mitte.
Мы можем подтвердить наши цены конкурентными материалами, а вы?	Wir können unsere Preise durch Korkurrenzunterlagen bestätigen, und Sie?
У вас цена выше предложений партнеров.	Ihr Preis liegt über den Angeboten der Partner.
Мы просим пересмотреть затраты за	Wir bitten Sie, die Aufwendungen für ... zu überprüfen /nachzuprüfen/.

   доставку — die Beförderung
   материалы — die Stoffe
   монтаж — die Montage

Ваше обоснование следует признать неполным и неубедительным.	Ihre Beweisführung muß man als lückenhaft und nicht überzeugend bezeichnen.
Ваши цены превышают соответствующие мировые на пять процентов.	Ihre Preise übersteigen jeweilige Weltmarktpreise um fünf Prozent.
Назовите, пожалуйста, товары и услуги, на которые по вашему мнению цены завышены.	Nennen Sie bitte die Waren oder Leistungen, für die die Preise Ihrer Ansicht nach zu hoch festgelegt sind.
Цены за ... вами завышены.	Ihre Preise für ... sind überhöht.

   картины — Bilder /Gemälde/
   оборудование — Ausrüstungen
   услуги — Dienstleistungen

Какими материалами вы пользовались, когда устанавливали такие высокие цены?	Welche Materialien haben Sie bei der Preisbildung benutzt, wenn Sie so hohe Preise festgelegt haben?

Торговля

Вам известно изменившееся соотношение цен?	Sind Ihnen die veränderten Preisrelationen bekannt?
Да, цены очень выросли в последнее время.	Ja, die Preise sind in der letzten Zeit sehr gestiegen.
Как изменились цены по сравнению с прошлым годом?	Wie haben sich die Preise im Vergleich zum Vorjahr geändert?
Цены повысились на 10 %.	Die Preise wurden um zehn Prozent erhöht.
Каков годовой рост цен?	Wie hoch ist die Preissteigerungsrate?
Годовой рост цен составляет 7 %.	Die jährliche Preissteigerungsrate beträgt sieben Prozent.
Этот прибор работает по совершенно иному принципу, у него другая конструкция и мощность. Поэтому повысилась и цена.	Dieses Gerät hat ein völlig anderes Arbeitsprinzip, eine andere Konstruktion und eine andere Leistung. Deswegen ist der Preis erhöht worden.
Контрактные цены на эти группы изделий должны быть соответственно повышены.	Die Vertragspreise für diese Erzeugnisse müssen entsprechend erhöht werden.
Но повышение составляет ... процентов и распространяется на все виды оборудования.	Die Erhöhung beträgt aber ... Prozent und umfaßt alle Ausrüstungsarten.
Вот, например, цена на пылесосы увеличилась с 500 до 1000 марок, т. е. на 100 %.	Der Preis für Staubsauger erhöhte sich zum Beispiel von fünfhundert Mark auf eintausend Mark, das heißt um einhundert Prozent.
Это не совсем точно.	Das stimmt nicht genau.
На эту группу изделий цена поднялась незначительно.	Der Preis für diese Erzeugnisgruppe hat sich unbedeutend erhöht.
Я назвал вам только среднюю цену.	Ich habe Ihnen nur den Durchschnittspreis genannt.
Средняя цена составляет всего ... марок, и цены остались, в основном, прежними.	Der Durchschnittspreis beträgt insgesamt ... Mark. Die Preise sind hauptsächlich die gleichen geblieben.
Расхождение в цене составляет всего 10 %.	Die Verhandlungsspanne zum Preis beträgt zehn Prozent.

Я считаю, что цена должна быть лучше обоснована.	Ich halte es für notwendig, daß der Preis besser belegt wird.
Такие высокие цены создают значительные трудности в расширении наших ... связей.	Diese hohen Preise behindern die Erweiterung unserer .
торговых	Handelsbeziehungen
культурных	kulturellen Beziehungen
У нас нет возможности снизить цену, хотя вы считаете, что цены завышены.	Es gibt keine Möglichkeit zu einer Preisminderung, obwohl Sie den Preis als überhöht betrachten.
Все же мы просим вас пойти нам на некоторые уступки.	Wir bitten Sie dennoch, uns in dieser Angelegenheit einige Zugeständnisse zu machen.
Мы просим о снижении цен на	Wir bitten um die Preissenkung für ... .
товары	die Waren
услуги	die Dienstleistungen
Мы уже уступили вам в цене. Учитывая этот факт, нужно пересмотреть цены на новые машины.	Wir haben Ihnen bereits ein Preiszugeständnis gemacht. Unter Berücksichtigung dieser Tatsache muß man die Preise für die neuen Maschinen überprüfen.
Мы поднимаем вопрос о пересмотре цен.	Wir müssen die Frage der Preisüberprüfung anschneiden.
В связи с этим возникла необходимость изменения цен.	Dadurch wird eine Preisänderung erforderlich sein.
Хорошо, мы скорректируем цены с учетом ваших замечаний.	Gut, wir korrigieren die Preise unter Berücksichtigung Ihrer Bemerkungen.
Таким путем мы не придем к соглашению.	So können wir zu keiner Einigung kommen.
По-видимому, нам предстоят трудные переговоры по корректировке цен на машины.	Aller Wahrscheinlichkeit nach stehen uns noch schwierige Verhandlungen der Preiskorrektur für Maschinen bevor
Мы можем договориться о цене только путем взаимных уступок.	Wir können uns nur durch gegenseitige Zugeständnisse auf einen Preis einigen.

Из-за изменения валютного курса мы должны были сделать некоторые надбавки к цене.

Цены не могут быть изменены.

Мы не можем согласиться ... .

с вашей просьбой снизить цену

с повышением цены на ... процентов

Хотя техническое исполнение обеих машин одинаково, при установлении цены нужно учесть объем поставок.

Поэтому мы просим сделать десятипроцентную скидку с цены.

Если учесть все приведенные данные и факторы, мы можем согласиться на изменения цены на 10 %.

Мы согласны пересмотреть цены, но это касается только скидки на количество.

Отмечается сближение точек зрения.

Мы готовы пойти вам навстречу и представить разумную скидку. Мы должны сделать соответствующую корректировку цены.

Мы должны на эту модель установить новую цену.

Согласно имеющимся у нас данным мы можем согласиться на повышение цены не более девяти процентов.

Infolge einer Veränderung im Währungskurs müssen wir einige Preisaufschläge vornehmen.

Die Preise unterliegen keiner Änderung.

Wir können ... nicht zustimmen.

Ihrer Bitte um eine Preisminderung

der Preiserhöhung um ... Prozent

Obwohl die technische Ausführung beider Maschinen gleich ist, muß man bei der Preisbildung den Lieferumfang berücksichtigen.

Deswegen bitten wir Sie, uns zehn Prozent vom Preis zu erlassen.

Wenn man alle angeführten Angaben und Faktoren zusammenfaßt, können wir einer Preisänderung um zehn Prozent zustimmen.

Wir sind einverstanden, die Preise zu überprüfen. Das schließt aber nur die Gewährung von Mengenrabatt ein.

Die Standpunkte nähern sich bereits einander.

Wir erklären uns bereit, Ihnen entgegenzukommen und einen vernünftigen Preisnachlaß zu gewähren. Wir müssen entsprechende Preiskorrekturen vornehmen..

Wir müssen für dieses Modell einen neuen Preis festlegen.

Gemäß den bei uns vorhandenen Angaben können wir nur einer Preiserhöhung um neun Prozent zustimmen.

Мы не настаиваем на наших ценах.	Wir wollen nicht auf unseren Preisen bestehen.
Нам удалось добиться частичного снижения цены.	Es ist uns gelungen, eine Teilreduzierung vom Preis zu erreichen.
Разница между нашими ценами составляет 15 %.	Die Differenz zwischen unseren Preisen /Die Preisspanne/ beträgt 15 Prozent.
Разница в цене незначительна.	Die Preisspanne ist unbedeutend.
К сожалению, мы должны прервать переговоры, так как	Leider müssen wir die Preisverhandlungen unterbrechen, da ... .
у нас нет необходимых котировок /разбивки цен/	die notwendigen Notierungen /die Preisaufteilung/ fehlen
ваши предложения нам нужно согласовать с руководством фирмы	wir Ihre Preisangebote mit der Leitung der Firma abstimmen müssen
Переговоры по ценам будут возобновлены	Die Preisverhandlungen werden ... aufgenommen.
в начале июня	Anfang Juni
после того, как будут уточнены спецификации	nach der Präzisierung der Spezifikation
Мы готовы	Wir sind bereit, ...
вернуться к обсуждению ценообразования	auf die Frage der Preisfestlegung zurückzukommen
возобновить переговоры	die Verhandlungen wiederaufzunehmen
перейти к подробному обсуждению установления цен	auf die Frage der Preisfestlegung näher einzugehen
Мы можем заключить сделку при условии уплаты вперед.	Wir können den Vertrag gegen Vorauszahlung schließen.
На этих условиях мы согласны.	Zu diesen Bedingungen sind wir einverstanden.
После тщательной проверки была выведена новая цена.	Nach sorgfältiger Prüfung wurde der neue Preis festgestellt.
Цены были подробно обоснованы.	Die Preise wurden ausführlich begründet.

Предложенные вами цены находятся на уровне мировых цен.	Die von Ihnen vorgeschlagenen Preise entsprechen den Weltmarktpreisen.
Мы принимаем ваши цены.	Wir akzeptieren Ihre Preise.
Они нас устраивают.	Sie passen uns gut.
Наши точки зрения совпадают.	Unsere Stellungen fallen zusammen.
На переговорах по ценам оба партнера пришли к единому мнению.	In der Preisverhandlung kamen beide Seiten /Partner/ zu einem einheitlichen Standpunkt.
У нас единое мнение, что наши цены	Wir sind einer Meinung, daß unsere Preise ... sind.
конкурентноспособны	konkurrenzfähig
обоснованны	begründet
приемлемы	annehmbar
справедливы	gerechtfertig
умеренны	gemäßigt
Мы рады, что смогли урегулировать проблему цен.	Wir freuen uns, daß wir das Problem der Preisfestlegung regeln konnten.
Результаты наших переговоров мы должны представить на утверждение директора.	Die Ergebnisse unserer Verhandlungen müssen wir zur Bestätigung des Direktors vorlegen.

ПОСТАВКА ТОВАРА

Сейчас мы должны обсудить вопросы, связанные с поставками товаров.	Jetzt müssen wir die Fragen besprechen, die mit den Warenlieferungen im Zusammenhang stehen.
Есть ли у вас возможность поставить нам машины типа X?	Haben Sie eine Möglichkeit, uns die Maschinen vom Typ X zu liefern?
У нас есть возможность /нет возможности/ поставить вам нужные машины.	Wir haben die /keine/ Möglichkeit, Ihnen die benötigten Maschinen zu liefern.
Вначале мы должны согласовать вопросы о марках /сортах/ машин /товаров/.	Wir müssen aber vorerst die Marken /Sorten/ der Maschinen /Waren/ abstimmen.
О возможности поставок мы	Die Möglichkeiten einer Liefe-

вам сообщим в самое ближайшее время.	rung teilen wir Ihnen binnen künzester Zeit mit.
Нам следует обсудить условия поставок.	Wir müssen die Lieferbedingungen beraten.
Что вы понимаете под этим?	Was meinen Sie damit?
Я полагаю, что сюда относятся способы доставки товаров, а также распределение следующих прав и обязанностей во время доставки груза:	Ich meine, dazu gehören die Arten der Beförderung der Waren sowie die Verteilung folgender Rechte und Verpflichtungen während der Beförderung der Fracht:
— расходов за доставку,	— die Kosten für die Beförderung /Beförderungskosten/,
— прав на товары,	— die Rechte auf die Waren,
— риска за случайную утрату, и повреждение товара.	— das Risiko zufälliger Verluste und Beschädigungen der Waren.
Я предлагаю использовать для перевозки товара	Ich schlage vor, für die Warenbeförderung ... anzuwenden.

железнодорожный транспорт	den Eisenbahnverkehr
автомобильный транспорт	den Autoverkehr
водный транспорт	den Wasserverkehr
воздушный транспорт	den Luftverkehr
почтовые отправления	die Postsendungen
Продавец несет транспортные расходы при перевозке груза	Der Verkäufer trägt die Transportkosten bei der Beförderung der Fracht mit ....
по железной дороге до государственной границы своей страны	der Eisenbahn bis zur Staatsgrenze seines Landes
на грузовых автомашинах до места перегрузки товара на транспортные средства покупателя	Lastkraftwagen bis zur Stelle der Umladung auf die Transportmittel des Käufers
водным транспортом, поставках фоб, до момента погрузки товара на борт судна	einem Schiff, fob Lieferungen, bis zum Ort der Verschiffung der Ware

водным транспортом, поставках сиф или каф, до момента прибытия судна в порт выгрузки	einem Schiff, cif oder caf Lieferungen, bis zur Ankunft des Schiffes an den Entladehafen
воздушным транспортом до момента передачи товара для дальнейшего следования организации воздушного сообщения в стране продавца	einem Flugzeug bis zur Übergabe der Ware für die Weiterbeförderung an die Organisation des Luftverkehrs im Lande des Verkäufers
по почте до пункта назначения	per Post bis Bestimmungsort

Какая дата считается датой поставки?

Was für ein Datum gilt als Lieferdatum?

Датой поставки ... .

Als Lieferdatum ... .

на железнодорожном транспорте считается дата штемпеля на железнодорожной накладной	beim Eisenbahnverkehr gilt das Datum des Stempels auf dem Eisenbahnfrachtbrief
на автомобильном транспорте считается дата документа, подтверждающая принятие товара транспортными средствами покупателя	beim Autoverkehr gilt das Datum des Dokumentes, das die Annahme der Ware auf die Transportmittel des Käufers bestätigt
на водном транспорте считается дата коносамента /водной накладной/	beim Wasserverkehr gilt das Datum des Konosementes /Seefrachtbriefes/
на воздушном транспорте считается дата грузовой накладной воздушного сообщения	beim Luftverkehr gilt das Datum des Frachtbriefes des Luftverkehrs
при почтовых отправлениях считается дата почтовой квитанции	bei den Postsendungen gilt das Datum des Postlieferungsscheines

Когда переходит с продавца на покупателя право собственности, а также риск случайной утраты или повреждения товара?

Wann wechselt das Recht aufs Eigentum seinen Besitzer und wann übergeht das Risiko eines zufälligen Verlustes oder der Beschädigung der Ware vom Verkäufer auf den Käufer?

Эти изменения происходят в момент передачи товара от продавца покупателю. Передача товара от продавца покупателю происходит … .	Diese Veränderungen entstehen bei der Übergabe der Ware vom Verkäufer an den Käufer. Die Übergabe der Ware von dem Verkäufer an den Käufer erfolgt … .
при железнодорожных и воздушных перевозках при перегрузке товара с транспортных средств страны продавца на транспортные средства страны покупателя	bei dem Schienen- und Autotransport sowie beim Luftverkehr im Augenblick der Umladung der Ware von den Transportmitteln des Verkäuferlandes auf die Transportmittel des Käuferlandes
при водных перевозках в момент перегрузки товара через борт судна в порту отгрузки	bei dem Wasserverkehr während des Übergangs der Ware über die Bord des Schiffes im Versandhafen
при почтовых отправлениях с момента сдачи товара почтовому ведомству страны продавца	bei den Postsendungen im Moment der Übergabe der Ware an das Postamt des Verkäuferlandes.
Я согласен с вами, но нам следует обсудить и такие случаи, когда требуется освобождать покупателя и продавца от ответственности за частичное или полное неисполнение обязательств и, следовательно, за сохранность товара.	Ich bin mit Ihnen einverstanden. Wir müssen aber die Fälle beraten, wenn der Käufer und Verkäufer von der Verantwortung für partielle oder vollständige Nichterfüllung seiner Verpflichtungen und folglich für die Unversehrtheit der Ware befreit werden.
Как вы думаете, какие случаи могут быть отнесены сюда?	Was meinen Sie, welche Fälle dazu gehören können?
Я думаю, что эти случаи должны быть следствием обстоятельств непреодолимой силы.	Ich meine, diese Fälle sollen die Folgerungen der Force majere /der Höheren Gewalt/ sein.
Что мы будем понимать под понятием «непреодолимая сила»?	Was werden wir unter dem Begriff „Höhere Gewalt" verstehen?
Давайте договоримся, что под понятием «непреодолимая сила» мы будем пони-	Wollen wir uns darauf einigen, daß unter diesem Begriff außerordentliche Umstände

мать обстоятельства чрезвычайного характера, например, землетрясение, неожиданные резкие изменения погоды и явления, которые делают невозможным исполнение обязательств.

Мне кажется необходимым обсудить условия, при которых эти обстоятельства признаются обеими сторонами.

По моему мнению, здесь должны быть соблюдены два условия. Во-первых, сторона, для которой возникли эти обстоятельства, должна письменно оповестить другую сторону о начале и конце этих обстоятельств. Во-вторых, эти обстоятельства должны быть удостоверены торговой палатой или другим компетентным центральным органом страны.

zu verstehen sind, wie zum Beispiel das Erdbeben, unerwartete scharfe Witterungsumschläge oder Erscheinungen, die die Erfüllung der Verpflichtungen unmöglich machen.

Es scheint mir notwendig, die Bedingungen zu besprechen, bei denen diese Umstände von beiden Seiten anerkannt werden.

Hier sollen meiner Meinung nach zwei Bedingungen eingehalten werden. Erstens, die Seite, für die diese Umstände entstanden sind, muß über den Beginn und über das Ende dieser Umstände die andere Seite schriftlich benachrichtigen. Zweitens, diese Umstände sollen durch die Handelskammer oder durch eine andere zuständige Zentralbehörde des Landes bestätigt werden.

СРОКИ

Поговорим об основных принципах установления сроков поставок.

Отгрузка отдельных партий должна осуществляться по возможности равномерно.

Установки и заводы поставляются комплектно.

Датой поставки машины считается день поставки последней части машины.

Поставки скоропортящихся сельскохозяйственных продуктов производятся с учетом сезона, наличия их у продав-

Wollen wir über die Grundprinzipien der Festlegung der Lieferfristen sprechen.

Der Versandt einzelner Partien muß nach Möglichkeit gleichmäßig durchgeführt werden.

Die Anlagen und Werke werden komplett geliefert.

Als Lieferdatum gilt der Tag der Lieferung des letzten Maschinenteiles.

Die leichtverderblichen landwirtschaftlichen Produkte werden unter Berücksichtigung der Saison, des Vorhan-

ца и потребностей у покупателя.

С согласия покупателя продавец может осуществить досрочную поставку.

Продавец имеет право на отступную сумму или на перенос срока поставок, если возникнут какие-либо трудности в производстве или поставках, происшедшие по вине покупателя.

О переносе срока продавец обязан своевременно известить покупателя.

Мы хотели бы ... .

уточнить /конкретизировать, согласовать/ сроки поставок

произвести поставки в 1-м и 2-м кварталах

изменить сроки поставок

решить этот вопрос как можно скорее

Какие сроки поставок вы предлагаете?

Мы заинтересованы в срочной поставке товара.

Мы просим вас ... .

произвести поставки своевременно /в первом квартале этого года/

учесть, что мы передали вам наш заказ ещё в прошлом году

поставить это количество уже в этом году

denseins beim Verkäufer und der Bedürfnisse des Käufers geliefert.

Der Verkäufer kann erst nach der Zustimmung des Käufers eine vorfristige Lieferung vornehmen.

Der Verkäufer hat das Recht auf eine Entschädigungssumme oder auf eine Verschiebung der Liefertermine im Fall der Schwirigkeiten in der Produktion oder Lieferung, die durch Verschulden des Käufers entstanden sind.

Der Verkäufer muß über die Verschiebung der Liefertermine den Käufer rechtzeitig benachrichtigen.

Wir möchten ... .

die Lieferfristen präzisieren /konkretisieren, abstimmen/

die Lieferungen im 1. und im 2. Quartal vornehmen

die Liefertermine ändern

so schnell wie möglich diese Frage entscheiden

Welche Liefertermine schlagen Sie vor?

Wir sind an einer schnellen Warenlieferung interessiert.

Wir bitten Sie, ...

die Lieferungen rechtzeitig /im ersten Quartal dieses Jahres/ vorzunehmen

zu berücksichtigen, daß wir Ihnen diesen Antrag bereits im vorigen Jahr übergeben haben

diese Menge bereits in diesem Jahr zu liefern

изменить /перенести/ все сроки поставок соответственно на 3 месяца	um Ihr Einverständnis für die Änderung /Verschiebung/ aller Lieferfristen um jeweils 3 Monate
произвести последнюю поставку за 3-й квартал до конца августа	die letzte Lieferung für das 3. Quartal bis Ende August vorzunehmen
Этот вопрос я не могу решить.	Diese Frage kann ich nicht entscheiden.
Фирма поставит этот товар не ранее июня этого года.	Die Firma liefert diese Ware frühstens im Juni dieses Jahres.
Что касается сроков поставок, то мы можем	Was die Liefertermine betrifft, so können wir ... .
пойти вам навстречу	Ihnen entgegenkommen
подтвердить сроки поставок	die Liefertermine bestätigen
Остальное количество будет поставлено в следующем году.	Die restliche Menge wird im nächsten Jahr geliefert werden.
Вы ставите нас в трудное положение.	Sie bringen uns in eine schwierige Situation.
Трудность состоит в том, что мы, к сожалению, ...	Die Schwierigkeit besteht darin, daß wir leider ... .
не можем поставить вам ни одной партии товара в 1-м квартале	keine einzige Warenpartie im ersten Quartal liefern können
не можем согласиться с предложенными сроками поставок	die vorgeschlagenen Liefertermine nicht akzeptieren können
Мы считаем предложенные вами сроки поставок /не/ реальными.	Wir halten die von Ihnen vorgeschlagenen Liefertermine für /un/real.
Я хотел бы еще раз вернуться к срокам поставок. В какой кратчайший срок вы можете произвести поставки?	Ich möchte nochmals auf die Liefertermine zurückkommen. In welcher Frist können Sie am schnellsten liefern?
Поставки автоматических установок мы можем произвести в следующие сроки:	Die Lieferung der automatischen Anlagen können wir zu folgenden Fristen vornehmen: ... .

Очень жаль, так как заказанные установки нам срочно нужны, и мы просим вашего согласия на изменение всех сроков на два месяца.	Das ist bedauerlich, weil wir die bestellten Anlagen dringend benötigen, und wir bitten Sie um Ihr Einverständnis zur Änderung aller Termine um jeweils 2 Monate.
Вероятно, вы изыщете возможность пойти нам навстречу. Мы в этом очень заинтересованы.	Vielleicht finden Sie eine Möglichkeit, uns entgegenzukommen. Wir sind daran sehr interessiert.
Это, к сожалению, абсолютно невозможно, потому что у нас много заказов. В этом году наше предприятие полностью загружено. Мы можем начать поставки лишь с мая.	Das ist leider absolut unmöglich, weil wir sehr viele Aufträge haben. In diesem Jahr ist unser Betrieb völlig ausgelastet. Wir können mit den Lieferungen frühstens im Mai beginnen.
Я все же надеюсь, что мы сегодня решим последнюю нерешённую проблему.	Ich hoffe aber, daß wir heute das letzte offene Problem lösen werden.
Этот вопрос касается равномерности поставок.	Diese Frage betrifft die Gleichmäßigkeit der Lieferungen.
С этим я могу вполне согласиться, потому что такие поставки пойдут навстречу и нашим пожеланиям. Мы поставим вам все позиции равными частями.	Damit kann ich mich einverstanden erklären, weil diese Lieferungen auch unseren Wünschen entgegenkommen. Wir werden Ihnen alle Posten zu gleichen Teilen liefern.
Можете ли вы нам назвать возможные сроки поставок?	Können Sie uns die möglichen Liefertermine nennen?
Свыше пятидесяти процентов всего объема поставок вы уже получили. Остальное количество мы поставим вам равными частями в каждом квартале.	Über fünfzig Prozent des Lieferumfanges haben Sie bereits erhalten. Die restliche Menge werden wir in jedem Quartal zu gleichen Teilen liefern.
Просим вас уменьшить количество машин в первом квартале следующего года.	Wir bitten Sie aber die Anzahl der Maschinen für das erste Quartal des nächsten Jahres zu verringern.
Я понимаю вашу просьбу и готов принять ваше предложение.	Ich verstehe Ihre Bitte und bin bereit, Ihren Vorschlag zu akzeptieren.

Я очень благодарен вам за понимание.	Ich bin Ihnen sehr dankbar für Ihr Verständnis.
У меня к вам есть еще одна настоятельная просьба.	Ich habe noch ein Anliegen an Sie.
Информируйте нас, пожалуйста, об отгрузке товаров на судно.	Informieren Sie uns bitte über die Verschiffung der Waren.
В случае отрузки на корабль сообщите нам, пожалуйста, телексом	Im Falle der Verschiffung teilen Sie uns bitte per Telex ... mit.
название судна и дату его выхода	den Namen und das Auslaufsdatum des Schiffes
наименование порта отправления и порта назначения	die Bezeichnung des Abgangs- und Bestimmungshafens
номер коносамента	die Nummer des Konnossementes
При отгрузке по железной дороге /автомобильным транспортом/ сообщите	Bei der Beförderung mit der Eisenbahn /mit dem Kraftverkehr/ teilen Sie uns bitte ... mit.
пункт назначения	den Bestimmungsort
количество мест	die Anzahl der Kolli
вес брутто и нетто	das Brutto- und Nettogewicht

УПАКОВКА

Какой вид упаковки вы применяете?	Welche Art der Verpackung verwenden Sie?
Мы используем различные виды упаковок, которые обычно применяются в нашей стране для экспортных поставок.	Wir verwenden verschiedene Verpackungsarten, die in unserem Land bei Exportlieferungen traditionell gebraucht werden.
При упаковке учитываются возможные способы перегрузок, продолжительность и способы транспортировки.	Bei der Verpackung werden alle möglichen Arten des Umladens, die Dauer und die Transportarten berücksichtigt.
Как упаковываются машины и оборудование?	Wie werden Maschinen und Ausrüstungen verpackt?

Машины и оборудование, отправляемые в упаковке, должны быть обязательно смазаны.	Die Maschinen und Ausrüstungen müssen vor der Verpackung unbedingt geschmiert werden.
Какие документы прилагаются к грузу?	Welche Dokumente /Unterlagen/ werden der Fracht beigelegt?
В каждое грузовое место должен быть вложен упаковочный лист.	In jedes Kollo soll eine Verpackungsliste hineingelegt werden.
Один экземпляр упаковочного листа вкладывается вместе с оборудованием в ящик или прикрепляется к наружной стороне ящика.	Ein Exemplar der Verpackungsliste wird in die Kiste mit der Ausrüstung hineingelegt oder an eine Außenseite der Kiste befestigt.
А куда помещается упаковочный лист, если машина отправляется без упаковки?	Wohin legt man die Verpackungsliste, wenn die Ausrüstung oder die Maschine ohne Verpackung abgesandt wird?
В этом случае конверт с упаковочным листом покрывается жестяной пластинкой, привариваемой к металлическим частям машины.	In diesem Fall wird der Umschlag mit einer dünnen Blechplatte bedeckt, die an die aus Metall bestehenden Maschinenteile angeschweißt wird.
Мы хотели бы получать свой товар в морской упаковке.	Wir möchten unsere Ware in Seeverpackung erhalten.
В этом у нас имеются некоторые затруднения, так как мы не можем поставить вам товар в морской упаковке.	Hier gibt es für uns einige Schwierigkeiten, denn wir können Ihnen die Waren nicht in Seeverpackung liefern.
Мы хотели бы получать у вас товар в контейнерах. В этом случае доставка производится быстрее и надёжнее.	Wir möchten von Ihnen die Waren in Containern erhalten. Die Beförderung erfolgt in diesem Fall schneller und zuverlässiger.
Мы уже используем этот вид перевозок, но нам необходимо создать единую контейнерную транспортную систему.	Wir verwenden diese Art der Beförderung. Wir müssen aber ein einheitliches Containertransportsystem einführen.

Контейнерная транспортная система обеспечивает высокие технико-экономические показатели.	Das Containertransportsystem gewährleistet hohe technische und ökonomische Leistungen.
Какие требования предъявляются к маркировке?	Welche Anforderungen werden an die Markierung gestellt?
Маркировка должна отвечать требованиям инструкции.	Die Markierung muß den Bestimmungen entsprechen.
Маркировка наносится на языке страны-продавца.	Die Markierung erfolgt in der Sprache des Verkaufslandes.
Каждое место должно иметь маркировку, содержащую	Jedes Kollo muß folgende Markierung haben: ... .
номер контракта	die Nummer des Vertrages
номер заказа	die Nummer des Antrages
номер места	die Nummer des Kollos
название получателя	die Bezeichnung des Abnehmers
вес нетто и брутто	das Netto- und Bruttogewicht
Маркировка должна быть нанесена несмываемой краской.	Die Markierung soll mit einer Farbe aufgetragen werden, die nicht gelöscht werden kann.
На упаковку наносится специальная маркировка, если этого требует специфика товара.	Wenn es die Spezifik der Ware erfordert, so wird auf die Verpackung eine zusätzliche Spezialmarkierung aufgetragen.
Ящики и машины без упаковки маркируются с двух сторон.	Markierungen von Kisten und unverpackten Maschienen erfolgen von beiden Seiten.
Это правильная /неправильная/ маркировка.	Das ist die richtige /falsche/ Markierung.
Это неверный	Das ist die falsche ... .
номер места	Nummer des Kollos
номер заказа	Nummer des Auftrages

ОТГРУЗКА

Просим вас … .	Wir bitten Sie, … .
отгрузить машины уже в этом месяце	die Maschinen bereits in diesem Monat zu verladen
ускорить отгрузку товара	die Verladung der Ware zu beschleunigen

Сколько машин должно быть отгружено в этом квартале?	Wieviel Maschinen sind noch in diesem Quartal zu verladen?
Мы отгрузили вам все машины согласно контракту.	Wir haben Ihnen alle Maschinen laut Vertrag geschickt.
Мы сделаем все возможное, чтобы ускорить поставку машин.	Wir werden alles tun, um die Lieferung der Maschinen zu beschleunigen.
Кто должен провести страхование товара?	Wer muß die Ware versichern?
Страхование товара берет на себя получатель.	Die Versicherung der Ware übernimmt der Empfänger.
Застрахуйте, пожалуйста, товар за наш счет.	Versichern Sie bitte die Ware auf unseren Kosten.
Как обстоит дело с вагонами?	Wie steht es mit den Waggons?
В этом отношении у нас все в порядке.	In dieser Hinsicht ist bei uns alles in Ordnung.
В прошедшем квартале мы получили меньше вагонов, чем это было нам нужно. Сейчас дело обстоит совсем по-другому. Вагоны сейчас выделены так, что задержки теперь не будет.	Im vorigen Quartal haben wir Waggons in geringerer Menge erhalten, als wir brauchten. Jetzt ist es ganz anders. Die Waggons sind jetzt so bereitgestellt, daß es keine Verzögerung geben wird.

Просим вас … .	Wir bitten Sie, … .
срочно сообщить нам отгрузочные реквизиты	uns schnellstens die Versandinstruktionen mitzuteilen
дать общие сведения об отгрузке за шесть месяцев	Angaben über die gesamte Verladung für sechs Monate zu geben
дать извещение об отгрузке товара	uns über die Verladung /den Versandt/ zu unterrichten.

Отгрузочные реквизиты мы вам сообщим по телексу.	Wir teilen Ihnen die Versandtinstruktionen per Telex mit.
О возможности отгрузки мы вам сообщим в самое ближайшее время.	Die Möglichkeiten der Verladung teilen wir Ihnen binnen kürzester Zeit mit.
Запишите, пожалуйста, сведения об отгрузке за июнь месяц.	Notieren Sie bitte die Versanddaten für Juni.
Как только мы получим сведения об отгрузке, мы сразу же сообщим вам их по телефону /позвоним вам по телефону/.	Sobald wir die Mitteilung über den Versand erhalten werden, werden wir sie Ihnen sofort telefonisch mitteilen /rufen wir Sie sofort an/.
Мы до сих пор не получили данных /извещения/ об отгрузке товара.	Bis jetzt haben wir noch keinerlei Angaben /keine Mitteilung/ über die Verladung bekommen.

ТРАНСПОРТИРОВКА

Теперь перейдем к следующему вопросу, который касается пути перевозки грузов.	Jetzt besprechen wir die Frage, die den Transportweg der Güter betrifft.
Этот путь будет несколько отличаться от пути перевозки, согласованного в контракте.	Dieser Weg wird sich von dem im Vertrag vereinbarten Transportweg etwas unterscheiden.
Нам нужно выбрать такой путь, который бы имел наименьшее количество перевалочных пунктов.	Wir müssen so einen Weg auswählen, der die mindeste Anzahl von Umschlägen braucht.
Я вам объясню по карте такой путь, который будет иметь перевалку лишь на одном контейнерном терминале вместо перевалки на трех пограничных станциях.	Ich werde Ihnen an Hand einer Landkarte den Laufweg erläutern, wo für den Umschlag nur ein Container-Terminal gegenüber der Umschlagmöglichkeiten auf drei Grenzbahnhöfen in Frage kommt.
Мы вам сообщили уже по телефону	Wir haben Ihnen bereits ... telefonisch durchgegeben.
вес брутто и нетто	das Brutto- und Nettogewicht

вес груза	das Frachtgewicht
название судна	den Namen des Schiffes
наименование груза /багажа/	die Bezeichnung der Fracht /des Gepäcks/
порт назначения	den Bestimmungshafen
порт перегрузки	den Umschlaghafen
станцию выгрузки	die Ausladestation
станцию погрузки	die Verladestation
Просим подтвердить факсом	Wir bitten Sie, per Fax ... zu bestätigen.
дату отправления	das Abfahrtsdatum
количество мест /машин/	die Anzahl der Kollos /der Maschinen/
название пограничного пункта ФРГ	die Bezeichnung des Grenzüberganges der BRD
номер багажной квитанции	die Nummer des Gepäckscheins
отгрузочные реквизиты	die Versandtinstruktionen
регистрационный номер автомашины /прицепов, полуприцепов/	die Registrierungsnummer des Kraftwagens /der Anhänger, Sattelanhänger/
станцию отправления	die Abgangsstation
фамилии водителей	die Namen der Kraftfahrer
Просим вас сообщать нам регулярно сведения о переходе границы поездов с вашими /нашими/ грузами.	Wir bitten Sie, uns die Angaben über den Grenzübergang der Züge mit Ihren /unseren/ Gütern mitzuteilen.
У вас есть сведения о переходе границы по этому товару в октябре?	Haben Sie bereits Angaben über den Grenzübergang für diese Ware im Oktober?
Сведения о переходе границы мы вам уже сообщили по телеграфу /телексом/.	Die Angaben über den Grenzübergang haben wir Ihnen bereits per Telegraf /Telex/ mitgeteilt.
До сих пор отставание в поставках не было ликвидировано.	Bis jetzt wurde der Lieferrückstand noch nicht beseitigt.
Причинами задержки в поставках являются	Die Ursachen für die verspätete Lieferung sind ... .
сильные морозы	starke Fröste
трудности в производстве	Schwierigkeiten in der Produktion

Нехватка вагонов также сильно затрудняла поставки.	Der Mangel an Waggons verursachte bei den Lieferungen viele Schwierigkeiten.
Мы попросили нашу фирму ускорить отгрузку.	Wir haben unsere Firma ersucht, das Verladen zu beschleunigen.
Мы сделаем все возможное, чтобы ускорить поставку товара.	Wir werden alles tun, um die Lieferung zu beschleunigen.

МОНТАЖ ОБОРУДОВАНИЯ И ЕГО ТЕХНИЧЕСКОЕ ОБСЛУЖИВАНИЕ

Мы закупаем у вас большое количество машин и оборудования, которое требует квалифицированного монтажа и технического обслуживания.	Wir kaufen bei Ihnen eine große Menge von Maschinen und Ausrüstungen, die eine qualifizierte Montage und einen fachkundigen Kundendienst erfordern.
Для организации технического обслуживания покупатель должен оборудовать несколько стационарных и передвижных мастерских, а также базу технического обслуживания.	Für den Aufbau des Kundendienstes muß der Abnehmer unbedingt einige ständige und bewegliche Werkstätten und Kundendienststützpunkte einrichten.
Продавец должен взять на себя выполнение следующих работ по техническому обслуживанию машин и оборудования:	Im Rahmen des Kundendienstes muß der Verkäufer folgende Arbeiten für Maschinen und Ausrüstungen übernehmen:
1. Подготовка и ввод в эксплуатацию.	1. Einsatzvorbereitung und Inbetriebnahme.
2. Устранение возникших дефектов и замена дефектных деталей.	2. Beseitigung der entstandenen Fehler und Austausch defekter Teile.
3. Технические консультации для завода-потребителя /покупателя/ в период ввода в эксплуатацию в последующее время.	3. Technische Konsultationen für den Anwendungsbetrieb /Käufer/ bei Inbetriebnahme sowie in der Folgezeit.
4. Проведение профилактических осмотров.	4. Durchführung von Routinedurchsichten.
5. Проведение текущих и капитальных ремонтов.	5. Durchführung von laufenden und Generalreparaturen.

6. Снабжение запасными частями.	6. Versorgung mit Ersatzteilen.
А сейчас мы обсудим распределение расходов по проведению всех этих работ.	Jetzt wollen wir die Verteilung der Kosten für alle diese Arbeiten beraten.
Покупатель несет	Der Käufer trägt ....
расходы по аренде или строительству помещения для мастерских и баз технического обслуживания	die Miet- und Baukosten für Räumlichkeiten der Kundendienstwerkstätten und -stützpunkte
расходы по оснащению мастерских и баз технического обслуживания необходимым инвентарем и оборудованием, по содержанию и снабжению их запасными частями	die Kosten für die Ausstattung der Kundendienstwerkstätten und -stützpunkte mit dem notwendigen Inventar, für ihre Unterhaltung und Versorgung mit Ersatzteilen.
расходы по оплате обслуживающего персонала мастерских и за хранение запчастей	die Kosten für die Bezahlung des Kundendienstpersonals und für die Ersatzteillagerung
расходы по обучению специалистов организации технического обслуживания, если обучение проводится в его стране	die Kosten zur Ausbildung /Schulung/ von Kundendienstfachkräften, wenn die Ausbildung in seinem Lande durchgeführt wird.
Продавец несет расходы, которые связаны	Der Verkäufer trägt die Kosten, die mit der ... verbunden sind.
с передачей технической документации покупателю	Übergabe technischer Dokumentation an den Käufer
с командированием специалистов продавца в страну покупателя для консультаций по организации технического обслуживания	Entsendung der Fachkräfte des Verkäufers in das Land des Käufers für Beratung über die Organisierung des Kundendienstes
с обучением и переездами специалистов покупателя в стране продавца	Schulung und den Reisen der Fachkräfte des Käufers im Lande des Verkäufers

КОМАНДИРОВАНИЕ СПЕЦИАЛИСТОВ

Просим откомандировать специалистов /монтёров/ для ... .

    проведения монтажа оборудования

    проведения профилактического осмотра приборов

    устранения дефектов в установке

    проведения текущего /капитального/ ремонта машин

    проведения технических консультаций

Пришлите, пожалуйста, заявку, подтверждающую готовность к монтажу.

Как только мы получим официальную заявку, мы сразу же направим вам специалистов.

Предприятие командирует специалистов только после получения этой заявки о готовности.

Наши специалисты должны осуществить техническое руководство монтажом и пробный пуск установки. Они же должны подтвердить гарантийные параметры.

Заявку о готовности к монтажу мы вам уже выслали.

Какие условия труда будут у наших специалистов?

Где должны размещаться монтажники?

Монтажники будут размещаться ... .

Wir bitten Sie, Ihre Spezialisten /Monteure/ zu entsenden, um ... .

    die Montage der Ausrüstung durchzuführen

    die Routinedurchsicht der Geräte durchzuführen

    die Fehler /Defekte/ an den Anlagen zu beseitigen

    die laufende Reparatur /Generalreparatur/ der Maschinen durchzuführen

    technische Konsultationen zu erteilen

Schicken Sie uns bitte die Montagebereitschaftserklärung.

Nach Erhalt eines offiziellen Auftrages werden wir sobald wie möglich die Spezialisten schicken.

Der Betrieb schickt die Spezialisten erst nach Erhalt dieser Bereitschaftserklärung.

Die technische Leitung der Montage und den Probebetrieb der Anlage müssen in den Händen unserer Spezialisten liegen. Sie müssen auch die Garantiewerte bestätigen.

Die Montagebereitschaftserklärung haben wir Ihnen bereits geschickt.

Welche Arbeitsbedingungen werden unsere Fachkräfte haben?

Wo müssen die Monteure untergebracht werden?

Die Monteure werden ... untergebracht werden.

в гостинице	im Hotel
в комфортабельных домах	in komfortablen Wohnhäusern

Как обстоит дело относительно спецодежды?	Wie steht die Sache in bezug auf die Arbeitskleidung?
Мы обеспечим ваших специалистов соответствующей спецодеждой.	Wir werden Ihre Spezialisten mit entsprechender Arbeitskleidung versorgen.
Для транспортировки оборудования и его ремонта нам потребуются	Für die Beförderung und Reparatur der Ausrüstung benötigen wir ... .

инструменты	Werkzeuge
краны	Kräne
рабочие /такелажники/	Arbeitskräfte /Transportarbeiter/
транспортные средства	Transportmittel
В ваше распоряжение будут предоставлены соответствующие транспортные средства и инструменты, а также один кран и рабочие.	Wir stellen Ihnen entsprechende Transportmittel und Instrumente sowie einen Kran und Arbeitskräfte zur Verfügung.
Но у нас нет для ремонта запасных частей.	Wir haben aber für die Reparatur keine Ersatzteile.
Запасные части мы вам вышлем.	Die Ersatzteile werden wir Ihnen zuschicken.

МОНТАЖ

Просим произвести монтаж оборудования и его сдачу в эксплуатацию в соответствии с договором.	Wir bitten Sie, die Montage und Inbetriebnahme der gelieferten Geräte und Anlagen laut dem abgeschlossenen Vertrag vorzunehmen.
Нам нужно вначале договориться о начале и окончании монтажных работ.	Wir müssen vorerst über den Anfang und Abschluß der Montagearbeiten ein Übereinkommen treffen.
Мы можем провести шеф-монтаж, как запланировано.	Wir können die Chef-Montage wie geplant durchführen.
Вы знаете график монтажа?	Kennen Sie den Montageplan?

Продолжительность монтажа составляет 11 месяцев. 1 января и 1 декабря — это даты начала и окончания монтажных работ.	Die Montage dauert elf Monate. Der erste Januar und der erste Dezember sind die Daten des Anfangs und Abschlusses der Montagearbeiten.
Но в контракте предусмотрено проведение монтажа в течение десяти месяцев после поставки завода.	Im Vertrag ist aber vorgesehen, die Montage binnen zehn Monate nach Lieferung des Betriebs vorzunehmen.
Мы просим вас продлить срок монтажа в связи с задержкой строительных работ.	Infolge der Verzögerung der Bauarbeiten bitten wir Sie, die Montagefrist zu verlängern.
Требования к помещению, где будет работать установка, обусловлены производственной необходимостью.	Produktionsbedigt sind die Anforderungen an den Raum, wo die Anlage funktionieren wird.
Что это за требования?	Was für Anforderungen sind das?
Для монтажа этой установки необходимо помещение с ровным и твёрдым полом.	Für die Montage dieser Anlage muß der Fußboden des Raumes eben und fest sein.
Максимальная нагрузка на пол будет составлять 1000 кг/м^2.	Die maximale Belastung des Fußbodens wird 1000 kg/m^2 betragen.
В помещении должна поддерживаться температура 15—30°.	In dem Raum muß die Lufttemperatur zwischen 15 und 30 Grad betragen.
Влажность воздуха в помещении должна быть не более 80 %.	Die Luftfeuchtigkeit in dem Raum darf nicht mehr als 80 Prozent betragen.
В помещении должен быть	Der Raum muß mit ... ausgestattet sein.
подвод воды подвод света подвод электроэнергии	einem Wasseranschluß einem Lichtanschluß einem Kraftanschluß
Размеры помещения должны соответствовать плану в инструкции по эксплуатации.	Die Raummaße müssen mit dem Plan der Betriebsanweisung übereinstimmen.
У вас требованиям инструкции по эксплуатации не отвечают	... entsprechen bei Ihnen nicht den Anforderungen der Betriebsanweisung.

размеры помещения

климатические условия в помещении

Было бы очень желательно, чтобы при монтаже и во время проведения заключительного инструктажа присутствовали сотрудники, которые будут работать с прибором.

Вы произвели монтаж прибора самостоятельно, а это находится в противоречии с инструкцией по эксплуатации.

Этот ящик нельзя распаковывать без наших специалистов.

Прибор находился в очень плохом состоянии и монтаж пришлось прервать.

Создалось тревожное положение с монтажом прибора.

Die Maße der Räumlichkeiten

Die klimatischen Bedingungen im Raum

Es wäre gut, daß die Mitarbeiter, die mit dem Gerät arbeiten werden, bei der Montage und bei der abschließenden Anweisung anwesend sind.

Sie haben die Montage des Gerätes sellständig durchgeführt, das steht aber im Widerspruch zu der Bedienungsanweisung.

Diese Kiste darf nicht ohne unsere Spezialisten ausgepackt werden.

Das Gerät war in sehr schlechtem Zustand, die Montage mußte unterbrochen werden.

Bei der Montage des Gerätes ist eine schwierige Situation entstanden.

РЕМОНТ

Эта установка /машина/ не работает.

Просим срочно провести ремонт, так как эта установка простаивает уже два месяца

Во время пуска установка работала на паспортных режимах. Затем в начальный период эксплуатации выявились дефекты, которые не позволили использовать установку в соответствии с инструкцией по эксплуатации.

Diese Anlage /Maschine/ funktioniert nicht.

Wir bitten Sie, die Reparatur schnell durchzuführen, da die Anlage bereits zwei Monate stillsteht.

Während der Inbetriebnahme funktionierte die Anlage entsprechend dem Maschinenpaß. Erst später, im Laufe der Anfangsperiode des Betriebs, wurden Fehler festgestellt, die den weiteren Einsatz der Anlage entsprechend der Bedienungsvorschrift unmöglich machten.

Выявились дефекты в электрической части автомата.	Es wurden Fehler im elektrischen Teil des Automaten festgestellt.
По мнению наших специалистов прибор к дальнейшей эксплуатации непригоден.	Nach Meinung unserer Fachleute ist das Gerät für den weiteren Betrieb nicht geeignet.
Мы хотели бы просить вас о проведении гарантийного ремонта.	Wir möchten Sie um Reparatur im Rahmen der Garantieleistung bitten.
Уважаемые коллеги! Вы произвели ремонт самостоятельно и нарушили пломбы. При этом вы потеряли гарантию на прибор.	Verehrte Kollegen! Sie haben die Reparatur allein durchgeführt und die Plomben verletzt. Sie haben dabei die Garantie für das Gerät verloren.
Гарантийный срок истек уже два месяца назад.	Die Garantiefrist ist bereits vor zwei Monaten abgelaufen.
Все случаи гарантийного ремонта мы проверим.	Alle Garantiefälle werden von uns geprüft.
Замена дефектных узлов будет произведена в рамках гарантийного ремонта.	Der Austausch der defekten Baugruppen erfolgt im Rahmen der Garantiereparatur.
Просим представить сведения об использовании гарантийных комплектов запасных частей.	Wir bitten Sie um Hinweise über die benutzten Garantiesätze von Ersatzteilen.
Нам нужна письменная заявка на осмотр и демонтаж дефектной машины на заводе.	Wir brauchen einen schriftlichen Auftrag für Besichtigung und Demontage der schadenhaften Maschine im Betrieb.
Мы прибыли произвести	Wir sind gekommen, um ... durchzuführen.

капитальный ремонт	die Generalreparaturen
профилактический осмотр	die Routinedurchsicht
текущий ремонт	die laufenden Reparaturen
Профилактический осмотр и текущий ремонт производятся по графику	Die Routinedurchsicht und die laufenden Reparaturen werden ... gemäß dem Zeitplan durchgeführt.

гарантийного техобслуживания	im Rahmen der Garantieleistung

монтёрами нашего предприятия

Капитальный ремонт производится один раз в три года.

Покажите, пожалуйста, дефектную машину.

Покажите, пожалуйста, эту машину (в работе).

Дефектная машина была разобрана.

Какие дефекты имеет эта машина?

В машине неисправна ... часть.

механическая
электрическая
электронная

Реле не срабатывает.

В машине не надежны ... .

переключатели
платы
пускатели
электрические соединения
электродвигатели

Поскольку у вас есть гарантия на машину /прибор/, мы устраним неисправность или заменим дефектные узлы и детали.

Давайте выясним все вопросы, касающиеся запасных частей.

У нас нет запчастей. Мы должны запросить их у завода-поставщика.

В целях регулярной поставки запчастей вы должны бы-

von den Monteuren unseres Betriebs

Die Generalreparaturen werden jedes dritte Jahr durchgeführt.

Zeigen Sie bitte die defekte Maschine.

Führen Sie bitte diese Maschine vor.

Die defekte Maschine wurde auseinandergenommen.

Welche Fehler hat diese Maschine?

Die Maschine hat Defekte am ... Teil.

mechanischen
elektrischen
elektronischen

Das Relais spricht nicht an.

An der Maschine sind ... nicht zuverlässig.

Umschalter
Platten
Anlasser
elektrische Verbindungen
Elektromotoren

Da Sie die Garantie für diese Maschine /dieses Gerät/ haben, so werden wir Defekte beseitigen oder schadhafte Baugruppen und Maschinenteile austauschen.

Wollen wir jetzt alle Fragen klären, die mit den Ersatzteilen im Zusamenhang stehen.

Wir haben keine Ersatzteile und müssen sie von dem Herstellerwerk anfordern.

Zwecks regelmäßiger Lieferung von Ersatzteilen mußten

ли дать нам на них соответствующую заявку.	Sie entsprechende Anforderung an uns übergeben.
Мы уже передали вам списки /каталоги/ необходимых запчастей с указанием их количества и ассортимента.	Wir haben Ihnen die Listen /Kataloge/ erforderlicher Ersatzteile mit Angabe der Menge und Sortimente übergeben.
Мы просим прислать нам запчасти взамен выбывших из строя.	Wir bitten um eine Ersatzteillieferung ausgefallener Teile.
Поставки запчастей были произведены вовремя.	Die Ersatzteillieferung erfolgt rechtzeitig.
Посылки с запчастями уже находятся на заводе /на складе/.	Die Ersatzteilpakete sind bereits im Werk /im Lager/.
Все запчасти нами уже израсходованы.	Alle Ersatzteile haben wir bereits verbraucht.
Мы вынуждены изготовить запчасти на своем заводе.	Wir sind gezwungen, die Ersatzteile in unserem Werk anzufertigen.
В машины были внесены конструктивные изменения, вследствие которых запасные части потеряли взаимозаменяемость.	An den Maschinen wurden konstruktive Veränderungen vorgenommen, so daß die Ersatzteile nicht mehr austauschbar sind.
Мы просим вас своевременно информировать нас о всех технических изменениях, влияющих на техническое обслуживание.	Wir bitten Sie, uns rechtzeitig über alle technischen Veränderungen zu informieren, die Auswirkungen auf den Kundendienst haben.
Пришлите нам информационные материалы об изменениях в ваших изделиях.	Schicken Sie uns das Informationsmaterial über Veränderungen an Ihren Erzeugnissen.
Для предупреждения выхода из строя поставленных машин, происходящих от неквалифицированного обслуживания, нам нужны … .	Mit dem Ziel der Verhütung vor Ausfall gelieferter Maschinen, die wegen unsachmäßiger Wartung entstehen, brauchen wir … .
инструкции по эксплуатации	Bedienungsvorschriften
инструкции по ремонту	Reparaturanleitungen
технические консультации	technische Konsultationen
До сих пор мы не получили	Bis heute erhielten wir keine

комплекты технической документации

схемы машины и план автоматики

Инструкция по ремонту имеется на двух языках.

Просим передать нам пятьдесят экземпляров инструкции по эксплуатации.

Машина нуждается в тщательном уходе.

Машина вышла из строя из-за неправильного обслуживания.

Во избежание подобных случаев нам нужно договориться об организации обучения специалистов на вашем заводе.

Нам нужно организовать ... .

соответствующее обучение обслуживающего персонала

курсы и семинары для обучения специалистов мастерских

Просим провести инструктаж и дать нам техническую консультацию при вводе в действие отремонтированных машин.

Нужно признать, что имели место отдельные случаи халатности со стороны нашего обслуживающего персонала.

Это видно по тому, что ... .

некоторые детали еще находятся на складе, а они

komplette technische Dokumentation

genaue Schemen der Maschine und kein Schaltbild der Automatik

Die Reparaturanleitung liegt zweisprachig vor.

Wir bitten Sie, uns fünfzig Exemplare der Bedienungs- und Wartungsanleitung zu übergeben.

Die Maschine bedarf einer sorgfältigen Wartung.

Wegen unsachmäßiger Bedienung entstand der Ausfall der Maschine.

Um solche Fälle zu vermeiden, müssen wir absprechen, wie die Spezialisten in Ihrem Werk geschult werden sollen.

Wir müssen ... organisieren.

für das Bedienungspersonal entsprechende Schulung

für Ausbildung von Fachkräften der Kundendienstwerkstätten Lehrgänge und Seminare

Wir bitten, eine Anleitung durchzuführen und eine technische Konsultation bei der Inbetriebnahme der verbesserten Maschinen zu geben.

Man muß zugeben, daß sich einzelne Fälle der Nachlässigkeit von der Seite unseres Bedienungspersonals ereigneten.

Das sieht man auch daran, daß ... .

einige Teile noch im Lager liegen, sie müssen sich aber

должны быть уже в цехе ящики с узлами и деталями хранятся под открытым небом.

Вам же известно, что ящики должны храниться в помещении.

Установка /машина/ уже отремонтирована.

Прибор находится в рабочем состоянии.

Прибор опять работает безукоризненно.

Устранение повреждений займет много времени.

В этом случае необходим крупный ремонт.

Из-за нехватки запасных частей ремонт пришлось прервать.

В этой машине много дефектов, и ее невозможно отремонтировать.

Этот прибор необходимо подвергнуть всесторонней квалифицированной экспертизе.

Передайте нам акт экспертизы с описанием всех дефектов.

Просим произвести ремонт своими силами за наш счет.

in der Werkhalle befinden sich die Kisten mit Baugruppen und Maschinenteilen unter freiem Himmel befinden.

Ihnen ist schon bekannt, daß die Kisten in einem Raum gelagert werden müssen.

Die Anlage /die Machine/ ist bereits repariert worden.

Das Gerät ist einsatzfähig.

Das Garät funktioniert wieder einwandfrei.

Die Behebung des Schadens wird eine lange Zeit dauern.

In diesem Fall sind größere Reparaturen notwendig.

Infolge des Mangels an Ersatzteilen mußte die Reparatur unterbrochen werden.

Diese Maschine hat viele Fehler, und es ist unmöglich, sie zu reparieren.

Dieses Gerät ist einer qualifizierten Begutachtung zu unterziehen.

Geben Sie uns die Expertise mit der Beschreibung aller Fehler.

Wir bitten, die Reparaturen durch eigene Kräfte auf unseren Kosten vorzunehmen.

РЕКЛАМАЦИЯ

ПРЕДЪЯВЛЕНИЕ РЕКЛАМАЦИИ

Мы хотели бы поговорить с вами в отношении нашей рекламации.

Я уже знаю о ваших претензиях и немедленно займусь этим делом.

Wir möchten mit Ihnen über unsere Reklamation sprechen.

Ich kenne bereits Ihre Ansprüche und werde mich sofort mit dieser Angelegenheit beschäftigen.

Вы уже получили эти документы?	Haben Sie diese Dokumente erhalten?
Да, мы получили вашу рекламацию, но еще не рассмотрели ее.	Ja, wir haben Ihre Reklamation erhalten, aber noch nicht geprüft.
Мы уже обсудили вашу рекламацию.	Wir haben Ihre Reklamation bereits beraten.
Нам известно, что рекламация поступила к вам уже две недели назад. В рекламации указаны все данные, которые требуются в соответствии с условиями контракта.	Es ist uns bekannt, daß die Reklamation bei Ihnen bereits zwei Wochen vorliegt. Die Reklamation enthält alle Angaben, die gemäß den Vertragsbedingungen erforderlich sind /gefordert werden/.
Все, что вы нам сообщили, неприятно для нас и для завода-изготовителя.	Was Sie uns soeben erläutert haben, ist für uns und auch für das Herstellerwerk nicht angenehm.
Да, нам необходимо разобраться с неприятной проблемой.	Ja, es steht uns bevor, uns mit diesem unangenehmen Problem auseinanderzusetzen.
Мы настоятельно просим вас рассмотреть наши претензии и перевести на наш счёт ... рублей.	Wir bitten Sie nachdrücklich, unsere Reklamationsansprüche zu prüfen und die Summe von ... Rubel auf unser Konto zu überweisen.
Это серьезная проблема.	Das ist ein ernstes Problem.
Хорошо, мы рассмотрим ваши претензии и, если они справедливы, переведем на ваш счёт нужную сумму.	Gut, wir überprüfen Ihre Ansprüche und, wenn sie berechtigt sind, überweisen die erforderliche Summe auf Ihr Konto.
Мы надеемся, что вы примите все меры для быстрейшего удовлетворения нашей рекламации.	Wir hoffen, daß Sie alle Maßnahmen zur Erledigung unserer Reklamation ergreifen werden.
Рекламационные материалы	Die Reklamationsunterlagen ... .
мы уже направили в адрес завода-изготовителя	wurden von uns an das Herstellerwerk weitergeleitet
уже рассматриваются на заводе-изготовителе	werden jetzt im Herstellerwerk geprüft

Качество товара не отвечает техническим условиям.	Die Qualität der Ware entspricht nicht den technischen Bedingungen.
Товар находится в плохом состоянии.	Die Ware ist in einem schlechten Zustand.
Рекламационный товар не может быть продан.	Die reklamierte Ware ist unverkäuflich.
На ваш товар нет сертификата качества.	Bei Ihrer Ware fehlt das Qualitätszertifikat.
До сих пор товар поступал в хорошем состоянии, но	Bis jetzt ist die Ware stets in gutem Zustand eingetroffen, aber ... .
Я знаю, что товары были безупречны, но исключения могут быть всегда.	Ich weiß, daß die Waren bisher einwandfrei waren, aber Ausnahmen kann es immer geben.
Вы настаиваете на поставках рекламационного товара.	Sie beharren auf Lieferungen der reklamierten Ware.
Хорошо, мы примем его, но при условии, если вы снизите цену на 10 %.	Gut. Wir nehmen sie unter Bedingung an, wenn Sie den Preis für sie um 10 % senken.
Мы просим о снижении цены.	Wir bitten um eine Preisermäßigung.
На каком основании вы требуете такой высокой скидки?	Aus welchem Grund fordern Sie so einen hohen Nachlaß?
Причина состоит в том, что качество товара не соответствует согласованным нами требованиям.	Der Grund besteht darin, daß die Güte der Ware den von uns vereinbarten Bestimmungen nicht entspricht.
Поскольку срок гарантии еще не истек, ...	Da die Garantiefrist noch nicht abgelaufen ist, ...
мы просим о бесплатном устранении перечисленных неполадок	bitten wir Sie um eine kostenlose Behebung der angeführten Mängel
вы должны устранить дефекты в поставленных нам машинах	müssen Sie die Defekte an den an uns gelieferten Maschinen beseitigen
Все случаи гарантийного ремонта мы проверим.	Alle Garantiefälle werden wir prüfen.
Если вы настаиваете на гарантийном ремонте, то необходимо, чтобы наши специалисты дали заключение отно-	Wenn Sie auf Ihren Garantieansprüchen bezüglich der Reparatur bestehen, ist es erforderlich, daß die angegebenen

сительно указанной неисправности.

Срок гарантии еще не истек.

Наша фирма не может признать рекламацию, так как истек гарантийный срок.

Какие недостатки есть у установки?

При разборке машины специалисты обнаружили дефекты, которые возникли в процессе производства /в период доставки/.

Дефекты были обнаружены только после пуска машины.

Проверка приборов нашими специалистами показала, что они были в безупречном состоянии.

О недостатках машины наши специалисты подробнее расскажут непосредственно на заводе.

Я хочу предложить вам следующий путь удовлетворения этой рекламации. Завод-изготовитель откомандирует специалистов, которые проверят неисправные установки и решат вопрос о замене их. Затем завод-изготовитель вышлет вам исправные машины или запасные части для ремонта.

Мы пошлем монтажников, которые заменят дефектные детали или произведут монтаж новых машин.

Мы просим срочно прислать нам ваших специалистов.

Schäden von unseren Spezialisten begutachtet werden.

Die Garantiefrist ist noch nicht abgelaufen.

Unsere Firma kann die Reklamation nicht anerkennen, da die Garantiefrist abgelaufen ist.

Welche Mängel /Schäden/ sind an der Anlage?

Bei Durchsicht der Maschine haben die Spezialisten Fehler festgestellt, die produktionsbedingt sind /die während der Beförderung entstanden/.

Die Fehler wurden erst nach der Inbetriebnahme der Maschine festgestellt.

Die Überprüfung der Geräte durch unsere Spezialisten ergab, daß sich die Geräte in getem Zustand befanden.

Über Schäden der Maschine werden unsere Spezialisten unmittelbar im Werk viel ausführlicher berichten.

Ich möchte Ihnen folgenden Weg zur Erledigung dieser Reklamation vorschlagen Das Herstellerwerk entsendet die Fachleute, die die defekten Anlagen überprüfen und über Ihren Austausch entscheiden. Dann schickt das Hersteller werk unbeschädigte Anlagen oder Ersatzteile für die Reparatur.

Wir werden dann die Monteure schicken, die die defekten Teile austauschen oder neue Maschinen montieren.

Wir bitten, uns schnellstens Ihre Spezialisten zu entsenden

Торговля

Завод-поставщик направит вам специалистов /монтажника/.	Das Lieferwerk entsendet Fachleute /einen Monteur/.
Завод готов направить специалистов, чтобы	Das Werk erklärt sich bereit, die Spezialisten zu entsenden, um ... .
договориться об устранении дефектов	sich über die Beseitigung der Defekte zu verständigen
заменить дефектные детали	die defekten Teile auszutauschen
удовлетворить рекламацию	die Reklamation zu erledigen
проверить, действительно ли устранение неполадок должно быть произведено за наш счет	zu prüfen, ob die Beseitigung der Mängel tatsächlich zu unseren Lasten fällt
Для оформления командировки специалистов нам нужно некоторое время.	Für die Anforderung der Spezialisten benötigen wir etwas Zeit.
Нам необходимо заранее договориться о результатах проверки.	Wir müssen von vornherein über die Resultate der Prüfung einig werden.
Кто будет нести расходы, выяснится из заключительного протокола, который будет подписан нашими и вашими специалистами.	Die Frage der Kosten wird aus dem abschließenden Protokoll ersichtlich sein, das von unseren und Ihren Spezialisten unterzeichnet wird.
Покупатель /продавец/ несет все расходы, связанные с устранением поломки, если поломка произошла по его вине.	Der Käufer /Verkäufer/ trägt alle Kosten, die mit dem Beheben des Schadens verbunden sind, wenn der Ausfall der Maschine durch seine Schuld entstand.
Кто понесет расходы, если виновник поломки остается неизвестным?	Wer wird die Kosten tragen, wenn der Schuldige unbekannt bleibt?
Если виновник поломки неизвестен, то для консультации привлекаются соответствующие специалисты.	Wenn der Schuldige des Ausfalls unbekannt ist, so werden für Konsultationen entsprechende Spezialisten herangezogen.
Наши специалисты после исчерпывающей беседы с ваши-	Unsere Spezialisten können nach ausführlicher Absprache

ми специалистами смогут решить этот вопрос. — mit Ihren Fachleuten diese Frage entscheiden.

Мы хотели бы узнать о готовности фирмы заменить недоброкачественный товар. — Wir möchten wissen, ob die Firma bereit ist, die mangelhafte Ware zu ersetzen.

Как только завод-изготовитель получит рекламационный товар, он убедится в справедливости рекламации и тотчас поставит вас в известность. — Sobald das Herstellerwerk die reklamierte Ware erhalten hat, wird es sich über die Rechtmäßigkeit der Reklamation überzeugen und Sie sofort informieren.

Просим вас вернуть рекламационный товар. — Wir bitten Sie, die reklamierte Ware zurückzuschicken.

Продавец готов заменить всю партию недоброкачественного товара. — Der Verkäufer ist bereit, die gesamte Partie der mangelhafte Ware zu ersetzen.

Возмещение убытков будет произведено после получения возвращаемого товара. — Der Schaden wird nach Erhalt der Rückware ersetzt (werden).

Мы, само собой разумеется, готовы заменить всю партию товара. — Wir sind selbstverständlich bereit, die ganze Partie der Ware zu ersetzen.

Но вы должны выслать нам назад рекламационные товары. — Sie müssen uns aber die reklamierte Ware zurücksenden.

Чтобы покончить с этой рекламацией, мы поставим товары, не выставляя за него счёт. — Um diese Reklamation zu bereinigen, werden wir die Ware liefern, ohne sie in Rechnung zu stellen.

Речь идёт о замене других деталей. — Es geht um den Austausch anderer Teile.

Мы передадим вам разнарядки на возврат товара. — Wir geben Ihnen die Versandanschriften für die Rückware.

Просим вас принять меры ... . — Wir bitten Sie, ... Maßnahmen zu ergreifen.

для ускорения поставок — für die Beschleunigung der Lieferungen

для устранения этих недостатков — zur Beseitigung dieser Mängel

Мы передали вам рекламацию относительно недостачи ... . — Wir übergaben Ihnen die Reklamation bezüglich einer Fehlmenge von ... .

двух мест	zwei Kollos
десяти тонн продовольствия	zehn Tonnen Lebensmittel
пятнадцати ящиков с запчастями	fünfzehn Kisten Ersatzteile
пяти вагонов	fünf Waggons /Wagen/
Недостача … .	Die Fehlmenge … .

была обнаружена в ящике с неповрежденной упаковкой	wurde in einer Kiste mit einwandfreier /unbeschädigter/ Verpackung festgestellt
имеется почти во всех партиях товара	tritt fast in allen Warenpartien auf
Ответственность за недостачу должна нести ваша сторона.	Die Verantwortung für die Fehlmenge muß Ihre Seite tragen.
Эти факты мы должны проверить.	Diese Fakten /Tatsachen/ müssen geprüft werden.
Сообщите, пожалуйста, точные данные о недостающих товарах.	Teilen Sie bitte genaue Angaben über fehlenden Waren mit.
Сообщите, пожалуйста, дату отгрузки, номер вагона, номер накладной и номер ведомости передачи вагонов от одной железной дороги другой дороге.	Teilen Sie uns bitte das Versanddatum, die Nummer des Waggons, die Nummer des Frachtbriefes und die Nummer der Übergabeanweisung für die Waggons mit, die von einer Eisenbahn an eine andere Eisenbahn übergeben wurden.

ЭКСПЕРТИЗА

Этот товар мы направим на экспертизу.	Diese Ware wird an die Expertise geleitet.
К сожалению, в рекламационном акте указаны не все данные. Просим его дополнить.	Das Reklamationsprotokoll ist leider unvollständig. Ergänzen Sie bitte die fehlenden Angaben.
Проверка оборудования была проведена на месте его установки.	Die Prüfung der Ausrüstung war am Ort der Aufstellung /Montage/ durchgeführt.
После проверки мы вышлем вам акт экспертизы.	Nach der Prüfung übersenden wir Ihnen die Expertise.

Эта экспертная группа установила, что	Diese Expertengruppe hat festgestellt, daß ... .
установка /не/ пригодна к эксплуатации	die Anlage für Betrieb /nicht/ geeignet /verwendbar/ ist
товар некачественный	die Ware mangelhaft ist
товар соответствует требованиям (своему назначению)	die Waren den Bestimmungen entspricht
в сертификате качества следует указать более низкую сортность	die Qualitätseinstufung im Zertefikat gesenkt werden soll
Мы слишком поздно получили акт экспертизы.	Die Expertise ist zu spät bei uns eingegangen.
Экспертиза установила, что товар был испорчен не по вашей вине.	Die Expertise hat festgestellt, daß die Warenbeschädigung nicht durch Ihre Schuld entstand.
Мы рекомендуем обратиться в страховое общество.	Wir empfehlen Ihnen, sich an die Versicherung zu wenden.
За нарушение договорных обязательств вы должны уплатить штраф.	Wegen der Vertragsverletzungen müssen Sie Strafe bezahlen.
Если штраф не будет уплачен в течение одного месяца, мы будем вынуждены обратиться в арбитражную комиссию.	Wenn die Strafe binnen eines Monats nicht bezahlt wird, müssen wir uns an die Arbitrage wenden.
Мы считаем рекламацию закрытой.	Wir betrachten die Reklamation als erledigt.
Мы очень рады, что эта рекламация была так быстро рассмотрена.	Wir freuen uns, daß diese Reklamation so schnell bearbeitet wurde.
Отклонение рекламации было ошибкой с нашей стороны, и мы просим извинить нас за это.	Die Ablehnung der Reklamation von unserer Seite war ein Fehler, und wir bitten Sie, das zu entschuldigen.

НАУЧНО-ТЕХНИЧЕСКОЕ СОТРУДНИЧЕСТВО

ОСНОВНЫЕ НАПРАВЛЕНИЯ СОТРУДНИЧЕСТВА

Какие основные направления в научно-техническом сотрудничестве вы предлагаете?

Welche Hauptrichtungen der wissenschaftlich - technischen Zusammenarbeit schlagen Sie vor?

Мы предлагаем вам ... .

Wir schlagen Ihnen ... vor.

    обширную программу обмена научно-технической информации

    ein umfassendes Austauschprogramm von wissenschaftlich-technischer Information

    практическое осуществление совместных научно-технических программ

    die praktische Verwirklichung gemeinsamer wissenschaftlich-technischer Programme

Какие формы /виды/ обмена научно-технической информацией вы предлагаете?

Welche Formen /Arten/ des Austausches von wissenschaftlich-technischer Information schlagen Sie vor?

Мы хотели бы обсудить вопросы ... .

Wir möchten ... beraten.

    обмена научно-техническими достижениями и передовым опытом

    den Austausch wissenschaftlich-technischer Errungenschaften und fortschrittlicher Erfahrungen

    систематического проведения взаимных консультаций по основным направлениям научно-технической политики

    systematische gegenseitige Konsultationen zu Grundlagen der wissenschaftlich-technischen Politik

расширение сотрудничества при подготовке научных кадров	die Erweiterung der Zusammenarbeit bei der Ausbildung wissenschaftlicher Kader
углубление сотрудничества в области научно-технической информации	die Vertiefung der Zusammenarbeit in der wissenschaftlich-technischen Information
проведение научных и научно-технических конференций, совещаний и симпозиумов	die Durchführung wissenschaftlicher und wissenschaftlich-technischer Konferenzen, Beratungen und Symposien

Речь идет о … .   Es geht um …

подготовке научных кадров в крупных научно-исследовательских учреждениях и высших учебных заведениях	die Ausbildung wissenschaftlicher Kader in großen Forschungseinrichtungen und Hochschulen
сотрудничестве в подготовке научных кадров	die Zusammenarbeit bei der Heranbildung wissenschaftlicher Kader
повышении квалификации, специализированных курсах, семинарах, симпозиумах, коллоквиумах, научных конференциях и стажировках	die Weiterbildung, Fachlehrgänge, Seminare, Symposien, Kolloquien, wissenschaftliche Konferenzen und Praktika
взаимном командировании лекторов и преподавателей для чтения курсов лекций	die gegenseitige Entsendung von Lektoren und Dozenten für Vortragszyklen
систематическом обмене информационными материалами и опытом	den systemetischen Austausch von Informationsmaterialien und Erfahrungen

Обучение специалистов и консультации будут проводиться в соответствии с контрактом на немецком /русском/ языке.

Die Ausbildung der Spezialisten und Konsultationen werden laut Vertrag in der deutschen /russischen/ Sprache durchgeführt.

Речь идёт об обмене … .   Es geht um den Austausch … .

специалистами для совместной работы в институ-	von Spezialisten zur Zusammenarbeit in Instituten

тах и лабораториях наших стран	und Laboratorien unserer Länder
нормативными документами	von Normativdokumentationen
Нас особенно интересует обмен документацией.	Uns interessiert der Austausch technischer Dokumentation besonders.
Нам нужна новейшая информация и документация.	Wir benötigen die neusten Informationen und Dokumentationen.
Что могли бы вы сказать по поводу нашей совместной работы по реализации научно-технического сотрудничества?	Was können Sie uns zur Realisierung unserer wissenschaftlich-technischen Zusammenarbeit sagen?
Дополним договор разделом о	Ergänzen wir den Vertrag mit dem Abschnitt über ... .
кооперации /координации/ при проведении научно-технических исследований	die Kooperierung /Koordinierung/ wissenschaftlich-technischer Forschungen
разработке научно-технических прогнозов	die Ausarbeitung wissenschaftlich-technischer Prognose
сотрудничестве в области изобретательства и патентного дела	die Zusammenarbeit im Erfindungs- und Patentwesen
Давайте обсудим вопросы	Wollen wir ... erörten.
о долгосрочном развитии фундаментальных исследований	die langfristige Entwicklung der Grundlagenforschung
об участии в практическом применении наших совместных научных разработок при строительстве предприятий в наших странах	die Teilnahme bei der Nutzanwendung unserer gemeinsamen wissenschaftlichen Ausarbeitungen während des Baus der Betriebe in unseren Ländern
научно-исследовательских и конструкторских работ	die Forschungs- und Entwicklungsarbeiten
стандартизации и типизации	die Standardisierung und Typisierung
услуг	Dienstleistungen

Нам следует договориться	Wir müssen uns über ... vereinbaren.
о кооперации в области научных исследований	die Forschungskooperation
о совместном решении избранной научно-технической задачи	die gemeinsame Lösung einer ausgewählten wissenschaftlich-technischen Aufgabe
о совместном испытании новой машины	die gemeinsame Erprobung der neuen Maschine
о совместном проектировании новой установки	die gemeinsame Projektierung der neuen Anlage
об обмене опытом и передаче результатов научно-технического сотрудничества	den Erfahrungsaustausch und über die Übergabe von Ergebnissen der wissenschaftlich-technischen Zusammenarbeit
Мы будем специализироваться в области конструкторских и научно-исследовательских работ.	Wir werden uns auf dem Gebiet der Entwicklungs- und Forschungsarbeiten spezialisieren.
Ваша сторона будет специализироваться в области производства изделий	Ihre Seite wird sich auf dem Gebiet der Produktion der Erzeugnisse von ... spezialisieren.
При этом мы учли ваши предложения о специализации производства.	Wir haben dabei Ihre Vorschläge über die Spezialisierung der Produktion berücksichtigt.
Кроме того мы обращаем ваше внимание на тот факт, что у нас уже есть проект соглашения о специализации производства в области	Außerdem machen wir Sie darauf aufmerksam, daß wir einen Entwurf des Abkommens zur Spezialisierung der Produktion auf dem Gebiet ... bereits zur Verfügung haben.
Мы подошли к решению этой задачи, исходя из других возможностей.	Wir sind von anderen Möglichkeiten zur Lösung dieser Aufgabe ausgegangen.
Мы проработаем этот материал и выскажем свое мнение.	Wir werden das Material durcharbeiten und dazu Stellung nehmen.
Мы должны согласовать план технического сотрудничества в этой области.	Wir müssen den Plan technischer Zusammenarbeit auf diesem Gebiet abstimmen.

Научно-техническое сотрудничество

Мы предлагаем вам создать совместную научно-техническую базу на время, необходимое для решения поставленных задач.

Для заключения договора нам необходимы количественные и стоимостные контингенты.

Речь идёт о ... .

- согласовании сроков пребывания
- рабочей программе
- финансовых вопросах
- номенклатуре и объёме поставок на следующий год

В договоре о проведении научных работ определяются цели, методы и сроки.

Какой срок вы предусматриваете для этих работ?

Из проекта, который вы нам передали, вы можете видеть, что для решения поставленных задач предусматривается два года.

Период действия соглашения ... .

- продлится до 1997 года
- заканчивается в следующем году

Мы содействуем ... .

- обмену результатами научно-технических исследований
- организации обмена изделиями

Наше сотрудничество будет способствовать ... .

Wir schlagen Ihnen vor, die gemeinsame Forschungsbasis für den Zeitraum der Lösung der gestellten Aufgaben aufzubauen.

Für den Abschluß des Vertrages benötigen wir Mengen- und Wertkontingente.

Es geht um ... .

- die Abstimmung der Aufenthaltstermine
- das Arbeitsprogramm
- die Finanzfragen
- die Nomenklatur und den Umfang der Lieferungen für das nächste Jahr

Im Forschungsvertrag werden Ziele, Arbeitsweisen und Termine festgelegt.

Wieviel Zeit sehen Sie für diese Arbeiten vor?

Sie können aus dem von uns übergebenen Entwurf ersehen, daß wir für die Lösung der gestellten Aufgaben zwei Jahre vorgesehen haben.

Die Gültigkeit des Abkommens ... .

- erstreckt sich bis 1977
- endet im nächsten Jahr

Wir fordern ... .

- den Austausch wissenschaftlich-technischer Forschungsergebnisse
- die Durchführung von Maßnamen für den Austausch von Erzeugnissen

Unsere Zusammenarbeit wird ... fördern.

изучению естественных /точных, гуманитарных/ наук	Untersuchungen der Naturwissenschaften /exakten Wissenschaften, Gesellschaftswissenschaften/
изучению прикладных вопросов физики /химии/	Untersuchungen der angewandten physikalischen /chemischen/ Wissenschaften
исследованиям в области слабых токов	die Erforschungen von schwachen Strömen
комплексному использованию полезных ископаемых	komplexe Nutzung von Bodenschätzen
разработке мероприятий по внедрению новейшей технологии	die Ausarbeitung von Maßnahmen zur Einführung der neusten Technik
селекции и созданию новых сортов сельскохозяйственных культур	Auswahl und Entwicklung neuer Sorten und Arten landwirtschaftlicher Kulturen
синтезу новых пластмасс	die Syntese von neuen Kunststoffen
созданию новых машин /приборов/	die Entwicklung neuer Maschinen /Geräte/
созданию новых видов химической продукции	die Schaffung neuer Arten chemischer Erzeugnisse
внедрению прогрессивных методов труда	die Einführung von fortschrittlichen Arbeitsweisen

ПЛАНЫ СОТРУДНИЧЕСТВА И ИХ РЕАЛИЗАЦИЯ

В договоре /дополнении к договору/ о научно-техническом сотрудничестве мы уже предусмотрели основные направления.	Im Vertrag /In der Vertragsergänzung/ über die wissenschaftlich-technische Zusammenarbeit haben wir bereits die Hauptrichtungen vorgesehen.
Сейчас на основе договора нам необходимо составить конкретный план сотрудничества.	Jetzt müssen wir auf der Grundlage des Vertrages einen konkreten Plan der Zusammenarbeit aufstellen.
Мы ведем переговоры о прямых связях между института-	Wir verhandeln über direkte Beziehungen zwischen Insti-

ми, фирмами, предприятиями с целью достижения наивысшего научно-технического уровня нашего хозяйства.

Мы имеем в виду внедрение прогрессивных технологий и, в первую очередь, современных комплексных технологий.

Наша цель состоит в том, чтобы достичь высокого уровня производства изделий.

Нам необходимо внедрять типовую технологию, чтобы сократить долю штучного и мелкосерийного производства.

Что касается научной стороны, мы исходим здесь из двух вариантов сотрудничества:

1. Разделение труда между институтами и организациями обеих сторон в решении научно-исследовательских задач.

2. Командирование специалистов на определенный срок в институты партнера для совместной работы над определенными научно-исследовательскими темами.

В настоящее время было бы чрезвычайно важным наше сотрудничество при создании совместных предприятий по производству ... .

tuten, Firmen und Betrieben zwecks der Erreichung wissenschaftlich-technischen Höchststandes in unserer Wirtschaft.

Wir meinen damit die Einführung progressiver Technologien, in erster Linie, moderne komplexe Technologien.

Unser Ziel ist, ein hohes Niveau der Erzeugnisse in der Produktion zu erreichen.

Wir müssen Typentechnologie einführen, um den Anteil der Einzel- und Kleinserienfertigung zu verringern.

Was die wissenschaftliche Seite betrifft, gehen wir hier aus zwei Möglichkeiten der Zusammenarbeit:

1. Die Arbeitsteilung zwischen Instituten und Organisationen beider Seiten bei der Lösung der Forschungsaufgaben.

2. Die zeitweilige Delegierung von Spezialisten in die Institute des Partners zur gemeinsamen Arbeit an den einzelnen Forschungsthemen.

Zur Zeit wäre unsere Zusammenarbeit bei der Schaffung der Betriebe für die Produktion von ... außerordentlich wichtig.

продовольствия	Lebensmitteln
обуви	Schuhwerk
одежды	Kleidung
стройматериалов	Baumaterialien
труб	Rohren

высококачественных сталей	hochwertigen Stählen
При этом мы должны определить ... работы.	Dabei müssen wir ... der Arbeit bestimmen.
цель характер объем	das Ziel /den Zweck/ den Charakter den Umfang
В ходе подготовки договора я познакомился /мне нужно познакомиться/ с	Während der Vorbereitung des Vertrages habe ich mich mit ... vertraut gemacht /muß ich mich mit ... vertraut machen/.
планом научно-исследовательской работы вашего института	dem Plan der Forschungsarbeit Ihres Instituts
организацией /результатами/ лабораторных работ	der Organisation /den Resultaten/ der Laborarbeiten
документацией на новые технологические линии /малых предприятий/	den Unterlagen neuer technologischer Taktstraßen /der Kleinbetriebe/
тезисами доклада	den Thesen des Vortrages
Я прочитал вашу работу с большим интересом.	Ich habe Ihre Arbeit mit großem Interesse gelesen.
Нам нужна научно-техническая информация об изделиях и материалах для соответствующих исследований.	Wir brauchen wissenschaftlich-technische Information über Erzeugnisse und Stoffe für entsprechende Forschungen.
Прежде чем перейти к отдельным вопросам, было бы неплохо, чтобы наши научные работники познакомились с достигнутыми у вас результатами.	Bevor wir mit den Einzelfragen beginnen, wäre es günstiger, wenn sich unsere Wissenschaftler mit dem bei Ihnen erreichten Stand vertraut machen.
С нашей стороны возражений нет.	Von uns gibt es keine Einwände.
В этих целях мы всегда готовы принять ваших экспертов в наших учреждениях.	Wir sind immer bereit, Ihre Experten zu gleichen Zwecken in unseren Einrichtungen zu empfangen.
Мы проводим взаимные консультации по основным вопросам.	Wir führen gegenseitige Konsultationen zu Grundfragen durch.

Для подготовки отдельных вопросов нам необходимо привлечь экспертов.	Für die Vorbereitung einzelner Fragen müssen wir Experte einbeziehen.
Кто возглавляет экспертную группу?	Wer leitet die Expertengruppe?
Речь идет о … .	Es geht um … .
консультации экспертов	die Konsultation der Experten
проверке этого вопроса экспертами	eine Prüfung dieser Frage durch die Experten
Просим передать нам список экспертов, которые примут участие в совещании.	Geben Sie uns bitte die Liste der Experten, die an der Beratung teilnehmen werden.
Речь идет о подготовке и разработке научных проектов решений.	Es geht um die Vorbereitung und Ausarbeitung von wissenschaftlichen Lösungsvorschlägen.
Мы предлагаем включить в план … .	Wir schlagen vor, in den Plan … aufzunehmen.
создание совместных предприятий	die Gründung der Gemeinschaftsunternehmen
строительство предприятий вашими специалистами в нашей стране	den Bau der Betriebe durch Ihre Arbeitskräfte in unserem Land
Нам необходимо поговорить также о … .	Wir müssen auch über … sprechen.
перспективном и годовом планах исследований	den Perspektiv- und Jahresplan der Forschung
комплексной стандартизации важнейших изделий	die komplexe Standardisierung der wichtigsten Erzeugnisse
корректировке национальных стандартов	die Korrektur der nationalen Standards
нормах и стандартах по специализированной продукции	die Normen und Standards für spezialisierte Erzeugnisse
правовых основах стандартизации	die Rechtsfragen der Standardiesierung
разработке высокоэффективных и современных	die Entwicklung hocheffektiver und moderner

средств механизации и автоматизации	Mittel für Mechanisierung und Automatisierung
технических проектах	technische Entwürfe
Это вопрос развития комплексных систем машин и приборов.	Das ist eine Frage der Entwicklung komplexer Maschinen- und Gerätesysteme.
Мы имеем в виду разработку технико-экономических прогнозов.	Wir meinen die Ausarbeitung von technisch-wirtschaftlichen Prognosen.
Мы обсуждаем вопрос о /об/	Wir erörten /beraten über/ ... .
долгосрочном развитии фундаментальных исследований	die langfristige Entwicklung der Grundlagenforschung
сотрудничестве в области проектирования	die Zusammenarbeit auf dem Gebiete der Projektierung
разработке плана и выборе его вариантов	die Ausarbeitung und Auswahl von Planvarianten
разработке систем комплексной автоматизации	die Ausarbeitung komplexer Automatisierungssysteme
обучении и командировании специалистов	die Ausbildung und Delegierung der Spezialisten
Теперь о сокращении сроков разработки и внедрения в производство.	Nun zur Verkürzung der Termine für die Entwicklung und Überleitung in die Produktion.
Это касается технического содействия в проектировании.	Das betrifft die technische Unterstützung bei der Projektierung.
Нам нужно уточнить объем исследовательских работ.	Wir müssen den Umfang der technischen Forschungsvorhaben präzisieren.
Мы предлагаем обсудить эти вопросы в оперативном порядке.	Wir schlagen vor, diese Fragen von Fall zu Fall eingehend zu beraten.
Обсуждение плана ... закончено.	Die Diskussionen zum Plan ... sind abgeschlossen.
научной работы	wissenschaftlicher Arbeit
совместной работы	gemeinsamer Arbeit
исследовательской работы	der Forschungsarbeit
Для реализации планов сотрудничества нам требуется	Für die Planrealisierung der Zusammenarbeit brauchen

решить некоторые вопросы обучения специалистов.	wir, einige Fragen zur Ausbildung der Spezialisten zu klären.
Где вы намерены проводить обучение?	Wo beabsichtigen Sie, die Ausbildung durchzuführen?
Я предлагаю организовать обучение специалистов	Ich schlage vor, die Ausbildung der Spezialisten ... zu organisieren.

в обеих наших странах	in unseren beiden Ländern
в институтах	in Instituten
на предприятиях	in Betrieben

Обучение специалистов и консультации будут проводиться на русском /немецком/ языке.	Die Ausbildung der Fachleute wird in Russisch /Deutsch/ durchgeführt.
В каких формах вы предлагаете проводить обучение?	Wie schlagen Sie vor, die Ausbildung zu gestalten?
Мы проводим	Wir führen ... durch.

лекции	Vorlesungen
консультации	Konsultationen
семинары	Seminare
экскурсии	Exkursionen
практические занятия	Praktika

Нам необходимо обсудить вопросы командирования специалистов.	Wir müssen die Delegierung der Spezialisten beraten.
Каждая сторона командирует специалистов в институты и на предприятия другой страны.	Jede Seite entsendet die Spezialisten in Institute und Betriebe des anderen Landes.
Взаимный обмен специалистами будет проводиться в соответствии с графиком командирования.	Der gegenseitige Austausch der Spezialisten erfolgt entsprechend dem Delegierungsplan.
Специалисты будут подобраны в соответствии с планами сотрудничества.	Die Spezialisten werden entsprechend den Plänen für die Zusammenarbeit ausgewählt.
Расходы по командированию специалистов будет нести ваша /наша/ сторона.	Die Kosten für die Entsendung der Spezialisten trägt Ihre /unsere/ Seite.

Специалисты согласуют	Die Spezialisten werden ... abstimmen.
вопросы стандартизации	Standardisierungsfragen
важнейшие параметры установок	die wichtigsten Parameter der Anlagen
проекты	Projekte
технические характеристики оборудования	technische Charakteristiken der Ausrüstung
Мы еще не получили графика командирования специалистов.	Wir haben noch nicht den Delegierungsplan für die Spezialisten erhalten.
Мы его вам вышлем.	Wir werden ihn Ihnen zuschicken.
Прошу подтвердить дату выезда специалистов.	Bestätigen Sie bitte den Ausreisetermin der Spezialisten.
Назовите, пожалуйста, точную дату приезда специалистов	Sagen Sie uns bitte das genaue Anreisedatum der Spezialisten.
Просим продлить срок работы специалистов на месяц.	Wir bitten Sie, die Arbeitsdauer der Spezialisten um einen Monat zu verlängern.
Научно-техническое сотрудничество важно для обеих сторон и должно осуществляться по точному плану.	Die wissenschaftlich-technische Zusammenarbeit ist für beide Seiten bedeutsam und muß nach einem genauen Plan erfolgen.
Нам необходимо обсудить	Wir müssen ... beraten.
основные вопросы в этой области	Grundfragen auf diesem Gebiet
методологию работы	die Methodologie der Arbeit
основные направления научно-исследовательской работы	die Grundrichtungen der Forschungsarbeit
организацию испытаний опытных установок	die Durchführung der Erprobung von Versuchsanlagen
В данном случае речь идет о новых технологических способах производства	In diesem Fall geht es um neue technologische Verfahren in der Produktion.
Нам нужно выбрать другую методологию.	Wir sollten eine andere Methodologie auswählen.

У вас созданы предпосылки для разработки и применения экономико-математических моделей?	Bestehen bei Ihnen die Voraussetzungen für die Ausarbeitung und Anwendung ökonomisch-mathematischer Methoden und Modelle?
Готовы ли ваши лаборатории к работе?	Sind Ihre Laboratorien zur Arbeit bereit?
Мы занимаемся подготовкой работ в лаборатории.	Wir beschäftigen uns mit der Vorbereitung der Arbeiten im Laboratorium.
Кого вы привлекаете к работе в исследовательской группе?	Wen werden Sie in die Arbeit der Forschungsgruppe einbeziehen?
Кто примет участие в этой работе с вашей стороны?	Wer von Ihnen wird sich an dieser Arbeit beteiligen?
К работе над этим заданием /в исследовательской группе/ были привлечены	Zur Bearbeitung der Aufgabe /in die Arbeit der Forschungsgruppe/ wurden ... einbezogen /eingestellt/.
лучшие специалисты	die besten Fachleute
высококвалифицированные кадры молодых научных работников	hochqualifizierte Nachwuchskader
Господин Н. является руководителем исследовательской группы.	Herr N. ist der Leiter der Forschungsgruppe.
Какие критерии оценки исследовательских работ мы возьмём за основу?	Welche Kriterien für das Niveau der Forschungsarbeit werden wir als Basis nehmen?
Критериями оценки исследовательских работ являются:	Kriterien für das Niveau der Forschung sind:
— конкурентноспособность на мировом рынке,	— die Weltmarktfähigkeit,
— стоимость исследований,	— die Kosten der Forschungsarbeiten.
— сроки /темпы/ внедрения в производство.	— die Fristen /das Tempo/ der Überleitung in die Produktion.
Мы будем говорить о проектировании опытных установок для производства	Wir werden über die Projektierung von Versuchsanlagen für Produktion von ... sprechen.

В представленных проектах обнаружены некоторые недостатки.	In den vorgelegten Projekten wurden einige Unzulänglichkeiten entdeckt.
Мы устраним недостатки в проекте.	Wir werden die Unzulänglichkeiten des Projekts beseitigen.
Нам надо провести машинные расчеты по оптимизации параметров.	Wir müssen maschinelle Berechnungen vornehmen, um die optimalen Parameter zu finden.
Эти нормативы уже не отвечают новейшему научно-техническому уровню.	Diese Normativen entsprechen nicht mehr dem neusten wissenschaftlich-technischen Stand.
Мы ускорим темпы проведения работ и продолжим эксперименты.	Wir werden die Arbeit beschleunigen und das Experiment fortsetzen.
Мы должны во что бы то ни стало выдержать сроки пусковых испытаний агрегата X.	Wir müssen unbedingt den Termin der Funktionserprobung des Aggregats X einhalten.
Когда вы можете передать нам отчет об испытаниях установки X?	Wann können Sie uns den Bericht zu Untersuchungen der Anlage X übergeben?
Многие проблемы обсуждаются в различных исследовательских группах.	Viele Probleme werden in verschiedenen Forschungsgruppen beraten.
Совещание ... о результатах совместных исследований состоится завтра.	Die Beratung ... über die Resultate der gemeinsamen Forschungsarbeiten findet morgen statt.

экспертов	der Experten
экспертной группы	der Expertengruppe
специалистов	der Spezialisten
По некоторым темам у нас не достигнута договоренность.	Über einige Themen ist bei uns keine Übereinkunft erzielt worden.
Мы должны	Wir müssen ... .

согласовать темы исследовательских работ	die Themen der Forschungsarbeiten abstimmen
проверить и сравнить результаты работы	Arbeitsergebnisse prüfen und vergleichen

договориться о сроках и месте совещания	Ort und Ziel der Beratung feststellen
Нам нужно обсудить /согласовать/	Wir müssen ... erörten /abstimmen/.
важнейшие технические требования	die wichtigsten technischen Anforderungen
сроки окончания исследовательских работ	die Termine der Beendigung der Forschungsarbeiten
Мы обсуждаем вопрос о	Wir beraten über ... .
нормативах и стандартах для новых машин и приборов	Normative und Standards für neue Maschinen und Geräte
внедрении в производство новых научно-технических разработок	die Einführung wissenschaftlich-technischer Neuerungen in die Produktion
Анализ результатов исследований /испытания/ у нас имеется.	Die Analyse der Forschungsergebnisse /Versuchsproben/ liegt bereits vor.
Результаты исследований показали, что	Die Forschungsergebnisse haben gezeigt, daß ... .
мы достигли намеченных целей	wir die gestellten Zwecke erreicht haben
конструкции отвечают мировым стандартам	die Konstruktionen dem Weltniveau entsprechen
Протокол технического совещания специалистов /экспертов/ по проектированию опытных установок уже составлен.	Das Protokoll der technischen Beratung von Spezialisten /Experten/ zur Projektierung von Versuchsanlagen ist bereits fertiggestellt.
Мы должны обеспечить скорейшее внедрение результатов исследований в производство, потому что они окажут решающее влияние на рентабельность предприятий этой отрасли промышленности.	Wir müssen die Forschungsergebnisse schnellstmöglich in die Produktion überleiten, da sie einen entscheidenen Einfluß auf die Rentabilität der Betriebe dieses Industriezweigs ausüben werden.
Разработка и внедрение конструкций будут ускорены.	Die Entwicklung und Überleitung der Konstruktionen werden beschleunigt werden.
Мы хотели бы поговорить о	Wir möchten über ... sprechen.

расширении объёма производства	die Erweiterung des Produktionsvolumes
максимальном росте производства	die Frage der Steigerung der maximalen Produktivität
Как у вас обстоят дела относительно ...?	Wie steht es bei Ihnen mit ...?
улучшения технологии производства	der Besserung der Produktionstechnologie
экономии рабочей силы, материалов, энергии	der Einsparung von Arbeitskräften, Stoffen und Energie
рационального использования сырья	der rationalen Nunzung der Rohstoffe
Мы должны добиться повышения эффективности производства.	Wir müssen den ökonomischen Nutzeffekt der Produktion erhöhen
Особое внимание следует обратить на эффективное и рациональное использование энергии.	Besondere Aufmerksamkeit müssen wir der effektiven und wirtschaftlichen Nutzung von Energie schenken.
Наша программа предусматривает	Unser Programm sieht ... vor.

максимальное и комплексное использование сырьевых ресурсов	die maximale und komplexe Nutzung der Rohstoffressourcen
экономию рабочей силы, материалов, энергии	die Einsparung von Arbeitskräften, Materialien, Energie
Несколько вопросов о ходе выпуска заказанных изделий, производимых по новейшей технологии.	Einige Fragen zur Erzeugung der bestellten Erzeugnisse, die entsprechend der modernsten Technologie hergestellt werden.
Нас особенно интересует крупносерийное производство.	Uns interessiert besonders die Großserienfertigung.
Только при помощи крупносерийного производства можно удовлетворить спрос.	Nur durch Großserienproduktion kann der Bedarf gedeckt werden.
Само собой разумеется, в	Selbstverständlich haben wir

основном у нас крупносерийное производство.
Мы обсуждаем проблемы изготовления ... .

комплектующих деталей
комплектующих узлов и агрегатов

Мы рассматриваем вопрос о нулевой серии изделия.
Необходимо приступить к серийному производству нового изделия.
Как изменились ваши производственные показатели вследствие внедрения в производство результатов научно-исследовательских работ?
На нашем заводе около 10 % роста производительности труда связано с результатами научно-исследовательских работ.

hauptsächlich die Großserienfertigung.
Wir beraten die Probleme der Produktion von ... .

Komplettierungsteilen
Komplettierungsbaugruppen und -aggregaten

Wir beraten über die Nullserie des Erzeugnisses.
Man muß die Serienproduktion des neuen Erzeugnisses aufnehmen.
Wie veränderten sich Ihre Produktionsziffern infolge der Einführung der Forschungsergebnisse in die Produktion?
In unserem Werk resultieren etwa zehn Prozent des Anstiegs der Arbeitsproduktivität aus Forschungsergebnissen.

ГОСУДАРСТВЕННОЕ УСТРОЙСТВО

АДМИНИСТРАТИВНОЕ ДЕЛЕНИЕ

Я хотел бы познакомиться с государственным устройством вашей страны. Будьте добры, помогите мне в этом.

С удовольствием. В первую очередь нужно подчеркнуть, что у нас федеративное государство. Это значит, что наше государство состоит из земель, обладающих всеми атрибутами власти, включая право на решение внешнеполитических проблем.

Как называются земли?

Земли называются ... .

Не могли бы вы мне сообщить, какие немецкоязычные страны подразделяются на земли?

Земли имеются в Австрии и ФРГ.

Какое административное деление существует в ...?

Швейцарии
Люксембурге

Швейцария разделена на кантоны и полукантоны.

В государстве Люксембург имеется три округа, называемых дистриктами.

Ich möchte mich mit dem Staatswesen Ihres Landes bekannt machen. Seien Sie so gut, mir bei dieser Angelegenheit zu helfen.

Mit Vergnügen. In erster Linie muß man hervorheben, daß wir in einem föderativen Staat leben. Das heißt, daß unser Staat aus Bundesländern besteht, die alle Merkmale der Macht einschließlich Rechte zur Lösung außenpolitischer Probleme besitzen.

Wie heißen die Bundesländer?

Die Bundesländer heißen ... .

Könnten Sie mir bitte sagen, welche deutschsprachige Länder in Bundesländern eingeteilt sind?

Bundesländer gibt es in Österreich und in der BRD.

Welche administrative Einteilung gibt es in ...?

der Schweiz
Luxemburg

Die Schweiz ist in Kantone und Halbkantone eingeteilt.

In dem Staat Luxemburg gibt es drei sogenannte Distrikte.

Государственное устройство

Давайте все же продолжим разговор о ФРГ (Федеративной Республике Германии).	Wollen wir nun über den Staatsaufbau der BRD (Bundesrepublik Deutschland) weiter sprechen.
На какие административные единицы подразделяются земли ФРГ?	In welche administrativen Einheiten werden die Bundesländer der BRD eingeteilt?
Земли в ФРГ подразделяются на административные округа, районы и общины.	Die deutschen Bundesländer werden in Regierungsbezirke, Kreise und Gemeinden eingeteilt.
Общины имеются также в Австрии и Люксембурге.	Die Gemeinden gibt es auch in Östereich und Luxemburg.

ОРГАНЫ ВЛАСТИ

Расскажите немного о высших органах власти в ФРГ.	Erzählen Sie bitte etwas über die obersten Machtorgane der BRD.
Во главе государства у нас стоят президент, бундестаг и правительство. Правительство состоит из министров, и им руководит канцлер.	An der Spitze des Staates stehen bei uns Präsident, Bundestag, Bundesrat und Regierung. Die Regierung besteht aus Ministern und wird vom Bundeskanzler geleitet.
Мне в общих чертах известна роль президента. Но я плохо разбираюсь в работе бундестага и бундесрата.	In großen Zügen ist mir die Rolle des Präsidenten bekannt. Ich kenne mich aber in Funktionen des Bundestages und des Bundesrates schlecht aus.
Все очень просто. Депутаты бундестага являются народными представителями ФРГ (Федеративной Республики Германии).	Alles ist sehr einfach. Die Abgeordneten des Bundestages sind Volksvertreter der BRD (der Bundesrepublik Deutschlands).
Депутаты избираются на основе всеобщих, прямых, свободных, равных и тайных выборов.	Die Abgeordneten werden auf Grund allgemeiner, unmittelbarer, freier, gleicher und geheimer Wahl gewählt.
На какой срок избирается бундестаг?	Für welche Frist wird der Bundestag gewählt?
Бундестаг избирается на четыре года.	Der Bundestag wird für die Dauer vor vier Jahren gewählt.

Бундесрат состоит из представителей земель. Депутаты бундесрата назначаются и отзываются землями.	Der Bundesrat besteht aus den Vertretern der Bundesländer. Die Abgeordneten des Bundesrates werden von den Bundesländern bestellt und abberufen.
Через бундесрат земли оказывают влияние на законодательство и управление в ФРГ.	Durch den Bundesrat wirken die Bundesländer bei der Gesetzgebung und Verwaltung der BRD mit.
В бундестаге и бундесрате имеются комиссии (комитеты), занимающиеся подготовкой различных вопросов.	Im Bundestag sowie in Bundesrat gibt es Ausschüsse, die sich mit der Vorbereitung verschiedener Fragen beschäftigen.
Какие комиссии работают в бундестаге (бундесрате)?	Welche Ausschüsse funktionieren im Bundestag (Bundesrat)?
В бундестаге работают постоянные комиссии по .... — внутренним делам, — спорту, — транспорту, — правам и другие.	Im Bundestag funktionieren ständige Ausschüsse: — der Innenausschuß, — der Sportausschuß, — der Verkehrsausschuß, — der Rechtsausschuß und andere.
В бундесрате имеются комиссии: — комиссия труда и социальной политики — комиссия иностранных дел — комиссия по вопросам Европейского Сообщества и другие.	Im Bundesrat gibt es Ausschüsse: — den Ausschuß für Arbeit und Sozialpolitik, — den Ausschuß für Auswärtige Angelegenheiten, — den Ausschuß für Fragen der Europäischen Gemeinschaft und andere.
Президиум бундестага (бундесрата) руководит работой между сессиями.	Das Präsidium des Bundestages (Bundesrates) leitet zwischen den Tagungen die Arbeit.
Как решаются спорные вопросы, если между бундестагом и бундесратом возникают противоречия?	Wie werden Streitfragen gelöst, wenn zwischen dem Bundestag und dem Bundesrat einige Widersprüche entstehen?

Для этого существует согласительная комиссия, избираемая бундестагом и бундесратом.

А сейчас поговорим об органах власти земель, их парламентах и правительствах.

Какие высшие органы управления имеются в федеральных землях?

Высшими органами управления в землях являются: ландтаг во главе с президентом и правительство, руководимое премьер-министром.

Свои особенности в управлении имеют города Берлин, Бремен и Гамбург.

К руководству Берлином относятся: президент, палата депутатов, сенат (ведущий бургомистр, бургомистр, сенаторы по различным вопросам).

Примерно такие же органы власти имеются в ганзейском городе Бремене (городская управа — ландтаг, президент, сенат, сенаторы) и в ганзейском городе Гамбурге (городская управа, сенат, президент сената и первый бургомистр, второй бургомистр).

Какие органы власти имеются в районах и общинах?

Это крайстаги, гемайндераты и другие учреждения.

Dazu dient der Vermittlungsausschuß, der vom Bundestag und dem Bundesrat gewählt wird.

Nun jetzt zu den Behörden der Bundesländer mit Ihren Parlamenten und Regierungen.

Welche oberste Verwaltungsorgane gibt es in den Bundesländern?

Die oberste Macht in den Ländern gehört einem Landtag mit einem Präsidenten an der Spitze und einer Regierung geleitet von einem Ministerpräsidenten.

Ihre Besonderheiten haben die Städte: Berlin, Bremen und Hamburg.

Zur Verwaltung von Berlin gehören: der Präsident, das Abgeordnetenhaus, der Senat (regierender Bürgermeister, der Bürgermeister, Senatoren für verschiedene Angelegenheiten).

Ungefähr ähnliche Behörden gibt es in der Freien Hansestadt Bremen (die Bürgerschaft — Landtag, der Präsident, der Senat, Senatoren) und in der Freien Hansestadt Hamburg (die Bürgerschaft, der Senat, der Präsident des Senats und Erster Bürgermeister, Zweiter Bürgermeister).

Welche Behörden gibt es in Kreisen und Gemeinden?

Das sind Kreistage, Gemeinderäte und andere Behörden.

Кому подчиняется полиция?	Wem ist die örtliche Polizei unterstellt?
Местная полиция подчинена местным органам власти.	Die örtliche Polizei ist den örtlichen Verwaltungsorganen unterstellt (untergeordnet).

СУДЫ

Как у вас организовано судопроизводство?	Wie ist bei Ihnen das Gerichtsverfahren gestaltet?
У нас довольно сложная система судопроизводства.	Wir haben ein ziemlich kompliziertes Gerichtsverfahren.
К высшим органам судопроизводства относятся:	Zu den obersten Organen der Rechtssprechung gehören:
— конституционный суд федерации;	— das Bundesverfassungsgericht;
— суд федерации;	— der Bundesgerichtshof;
— административный суд федерации;	— das Bundesverwaltungsgericht;
— финансовый суд федерации;	— der Bundesfinanzhof;
— федеральный суд по вопросам труда;	— das Bundesarbeitsgericht;
— федеральный суд по социальным вопросам;	— das Bundessozialgericht;
— патентный суд федерации.	— das Bundespatentgericht.
Кроме того я хотел бы подчеркнуть, что в каждой из федеральных земель действует своя собственная система судопроизводства.	Außerdem möchte ich unterstreichen, daß jedes Bundesland sein eigenes Gerichtswesen hat.

ПАРТИИ, ОБЩЕСТВЕННЫЕ ОРГАНИЗАЦИИ, СОЮЗЫ

Мне хотелось бы кое-что узнать о деятельности партий и других общественных организаций.	Ich möchte etwas über die Tätigkeit der Parteien und anderer Massenorganisationen erfahren.
У нас функционируют множество общественных организаций и партий. Каждая из них обладает своими особен-	Bei uns funktionieren viele Massenorganisationen und Parteien. Jede von ihnen besitzt ihre eigenen Besonder-

ностями. В краткой беседе просто невозможно рассказать подробно хотя бы об одной из них.

Лишь одна особенность типична для всех: все они разрешены, поскольку их деятельность не противоречит конституции ФРГ.

Принимают ли ваши партии участие в работе бундестага?

Да, конечно.

На прошлых выборах партии получили следующее количество мандатов:

— Социал - демократическая партия Германии (СДПГ) ... ;

— Христианско - демократический союз Германии (ХДС) ... ;

— Свободная демократическая партия (СвДП) ... ;

— «зеленые» ... .

Назовите, пожалуйста, основные профессиональные союзы трудящихся.

Основными союзами трудящихся являются:

— Объединение немецких профсоюзов (ОНП);

— Немецкий профсоюз служащих;

— Немецкий профсоюз государственных служащих.

Имеются ли у вас объединения предпринимателей?

Да, у нас есть несколько объединений предпринимателей (работодателей). Вот они:

heiten. Es ist unmöglich, in einem kurzen Gespräch darüber zu berichten, wenn es nur über eine Organisation handelt.

Nur eins ist für alle typisch: sie sind alle erlaubt, da ihre Tätigkeit dem Grundgesetzt der BRD nicht widerspricht.

Nehmen Ihre Parteien an der Arbeit des Bundestages teil?

Ja, selbstverständlich.

In den vorigen Wahlen haben die Parteien folgende Anzahl von Abgeordnetermandaten erhalten:

— Sozialdemokratische Partei Deutschlands (SPD) ... ;

— Christlich - Demokratische Union Deutschlands (CDU) ...;

— Freie Demokratische Partei (FDP) ... ;

— die Grünen («Grüne») ... .

Nennen Sie bitte die wichtigen Verbände der Arbeitnehmer.

Die wichtigsten Verbände der Arbeitnehmer sind:

— Deutscher Gewerkschaftsbund (DGB);

— Deutsche Angestellten-Gewerkschaft (DAG);

— Deutscher Beamtenbund (DBB).

Gibt es bei Ihnen Verbände der Unternehmer?

Ja, wir haben einige Verbände der Arbeitgeber. Es sind folgende:

— Федеральное объединение союзов германских работодателей (БДА);

— Федеральный союз германской промышленности (БДИ);

-- Германский конгресс промышленности и торговли.

— die Bundesvereinigung der Deutschen Arbeitgeberverbände (BDA);

— Bundesverband der Deutschen Industrie (BDI);

— Deutscher Industrie- und Handelstag (DIHT).

ОБРАЗОВАНИЕ. НАУКА

ОБЩАЯ ЧАСТЬ

Расскажите, пожалуйста, о системе образования в вашей стране.

В нашей стране нет единой системы образования. В каждой земле (каждом кантоне, полукантоне) существует собственная система образования.

Наша школьная система подразделяется на общеобразовательные и профессиональные школы и на учреждения педагогического направления.

Какие учебные заведения имеются в вашей стране /земле, вашем кантоне, полукантоне/?

У нас функционируют ... .

    начальные школы
    основные школы
    профессиональные училища
    университеты
    институты
    специальные высшие учебные заведения

Erzählen Sie bitte über das Ausbildungssystem in Ihrem Lande.

In unserem Land gibt es kein einheitliches Ausbildungssystem. Jedes Bundesland /Jeder Kanton, Halbkanton/ hat sein eigenes Ausbildungssystem.

Unser Schulsystem gliedert sich in die allgemeinbildenden Schulen, die berufsbildenden Schulen und in die pädagogischen Anstalten.

Welche Lehranstalten gibt es in Ihrem Land /Bundesland, Kanton, Halbkanton/?

Bei uns gibt es ... .

    Grundschulen
    Hauptschulen
    Berufsschulen

    Universitäten
    Institute
    Fachhochschulen

Какие органы управления занимаются в вашей стране вопросами образования и науки?

Учебные заведения подчиняются ... .

   министерству образования и науки

   сенатору по вопросам образования и спорта

   управлению по делам школ, молодежи и профессионального обучения

Это частное учебное заведение.

Какие учебные заведения есть в вашем городе?

В нашем городе есть много различных учебных заведений.

Какую школу вы рекомендуете мне посетить?

Welche Verwaltungsorgane beschäftigen sich mit der Ausbildung und Wissenschaft in Ihrem Lande?

Die Lehranstalten unterstehen ... .

   dem Ministerium für Bildung und Wissenschaft

   dem Senator für Bildung und Sport

   den Behörden für Schulen, Jugend und Berufsbildung

Das ist eine Privatlehranstalt.

Welche Lehranstalten gibt es in Ihrer Stadt?

In unserer Stadt gibt es viele verschiedene Lehranstalten.

Welche Schule empfehlen Sie mir zu besuchen?

ШКОЛА

Какие основные задачи решает ваша школа?

Школа способствует развитию талантов и способностей учащихся.

Школа дает молодому поколению глубокие общеобразовательные знания.

Введено ли у вас всеобщее обязательное обучение детей?

У нас /В нашей стране/ обязательное восьмилетнее обучение.

Дети с семи лет обязаны учиться и посещают школу.

Welche Hauptaufgaben erfüllt Ihre Schule?

Die Schule fördert die Talente und Fähigkeiten der Schüler.

Die Schule vermittelt der jungen Generation eine hohe Allgemeinbildung.

Ist bei Ihnen die allgemeine Schulpflicht eingeführt?

Bei uns /In unserem Land/ gibt es allgemeine achtjährige Schulpflicht.

Die Kinder sind mit sieben Jahren schulpflichtig und werden in die Schule aufgenommen.

Образование, наука

Сколько лет учатся дети в вашей школе?	Wieviel Jahre lernen die Kinder ih Ihrer Schule?
Продолжительность учебы в школе составляет	Das Lernen dauert ... .
Какова у вас плата за учебу?	Wie hoch ist die Studiumsgebühr?
Плата за учебу составляет	Das Studiumsgebühr beträgt ... .
Обучение в нашей школе бесплатное.	Unsere Schule ist gebührenfrei.
Сколько классов в вашей школе?	Wieviel Klassen gibt es in Ihrer Schule?
В классе учатся примерно ... учащихся.	In einer Klasse gibt es etwa ... Schüler.
Сколько педагогов /учителей/ в вашем педколлективе?	Wieviel Pädagogen /Lehrer/ gehören zu Ihrem Lehrkörper?
Кто руководит вашей школой?	Wer leitet Ihre Schule?
Есть ли у вас ...?	Haben Sie ...?

 библиотека   eine Bibliothek
 плавательный бассейн   eine Schwimmhalle
 спортивный зал   eine Sporthalle
 спортивная площадка   einen Sportplatz
 учебные кабинеты   Fachzimmer

У нас довольно богатая библиотека. Она удовлетворяет все наши потребности.	Wir haben eine ziemlich große Bibliothek. Sie befriedigt alle unsere Bedürfnisse.
Как оборудованы ваши учебные кабинеты?	Wie sind Ihre Fachzimmer ausgerüstet /ausgestattet/?
Все кабинеты оборудованы современными средствами обучения.	Alle Fachzimmer sind mit modernsten Lehrmitteln ausgerüstet.
Как у вас вообще обстоят дела с материальным обеспечением?	Wie steht es bei Ihnen überhaupt mit der materiellen Versorgung?
В этом отношении у нас нет никаких проблем. Магистрат выделяет нам достаточно денежных средств. Их хватает на приобретение средств обучения, мебели, на поддержа-	In dieser Hinsicht haben wir kein Problem. Es werden uns genügende Mengen an finanziellen Mitteln vom Magistrat bereitgestellt. Sie reichen für die Anschaffung von Lehrmit-

ние оборудования в исправном состоянии и ремонт здания школы, на зарплату учителям и обслуживающему персоналу. Имея в достаточном количестве денежные средства, не трудно провести ремонт и поддерживать в исправном состоянии технические средства обучения и другое оборудование.

teln und Möbel, für die Instandhaltung der Ausrüstungen und für die Renovierung des Schulgebäudes, für das Gehalt der Lehrer und des Bedienungspersonals. Bei einer guten finanziellen Lage ist es nicht schwer, die Reparatur durchzuführen und die Instandhaltung technischer Lehrmittel sowie anderer Ausrüstung zu gewährleisten.

Как обеспечиваются учащиеся учебниками?
Wie werden die Schüler mit Lehrbüchern versorgt?

Учащиеся приобретают их в магазинах за свой счёт.
Die Schüler kaufen /besorgen/ sie in den Läden auf eigenen Kosten.

Кто в вашей школе ...?
Wer ist Ihr ...?

директор
заведующий учебной частью

Schulleiter
Leiter der Lehrabteilung /des Lehrkörpers/

Кто руководит преподавательским коллективом школы?
Wer leitet den Lehrkörper der Schule?

Какова нагрузка преподавателей ...?
Wie sind die Lehrer ... ausgelastet?

ежедневно
в неделю

täglich
pro Woche

Этот преподаватель имеет полную нагрузку.
Dieser Lehrer ist voll ausgelastet.

Эта учительница преподаёт ... .
Diese Lehrerin unterrichtet ... .

немецкий язык
математику
физику

Deutsch
Mathematik
Physik

Каким образом у вас проводится обмен опытом и повышение квалификации?
Auf welche Weise führen Sie den Erfahrungsaustausch und die Weiterbildung durch?

Наши учителя много работают над повышением своего
Unsere Lehrer arbeiten viel, um ihr Berufsniveau zu er-

профессионального уровня. Они хорошо информированы по многим новинкам методики преподавания.

Мы обсуждаем доклады своих коллег, в которых обобщен их педагогический опыт. Для повышения квалификации наших сотрудников у нас организованы курсы, лектории.

Методисты составляют для учителей пособия и разрабатывают новые методы обучения.

С целью обмена опытом преподаватели посещают уроки своих коллег.

Какова зарплата ...?

   учителей
   директора

В каком возрасте учитель может выйти на пенсию?

Какова пенсия учителя?

Пенсия зависит от ... .

   трудового стажа

   зарплаты

Какие предметы преподаются в ... классе?

Какие иностранные языки преподаются в вашей школе?

Сколько часов в неделю выделяется на преподавание физики /химии/?

Когда бывают у вас каникулы?

höhen. Sie sind in vielen Neuheiten der Unterrichtsmethodik gut informiert.

Wir diskutieren über Vorträge unserer Kollegen, in denen ihre pädagogischen Erfahrungen verallgemeinert sind. Zur Weiterbildung unserer Mitarbeiter werden bei uns Lehrgänge und Vorlesungszyklen organisiert.

Die Methodiker entwickeln für unseren Lehrkörper Lehrmittel und bauen neue Unterrichtsmethoden aus.

Um Erfahrungen auszutauschen, hospitieren die Lehrer bei ihren Kollegen in den Unterrichtsstunden.

Wie noch ist das Gehalt ...?

   der Lehrer
   des Direktors

In welchem Alter kann ein Lehrer in die Rente gehen /Rentner werden/?

Wie hoch ist die Rente eines Lehrers?

Die Rente hängt von ... ab.

   der Dauer der Berufstätigkeit

   dem Arbeitslohn

Welche Fächer werden in der ... Klasse unterrichtet?

Welche Fremdsprachen werden in Ihrer Schule unterrichtet?

Wieviel Stunden Physik /Chemie/ haben Sie pro Woche?

Wann haben Sie Ferien?

Что является наиболее типичным для ваших методов обучения?

Я хотел бы отметить следующее. Большое значение придается сейчас у нас самостоятельной работе учащихся и рациональному использованию технических средств обучения.

Материал прорабатывается основательно.

Какие технические средства обучения используются у вас в учебном процессе?

Наряду с наглядными пособиями типа картин, моделей, натуральных объектов мы используем звукозапись, диафильмы, диапозитивы и кинофильмы.

Какую аппаратуру вы используете для демонстрации вышеуказанных средств обучения?

В нашем распоряжении имеется самая современная аппаратура, легкая в управлении, надежная в работе и высокоэффективная.

Это киноаппараты, диапроекторы, эпидиаскопы и компьютеры.

Имеются ли у вас в учебных кабинетах все возможности для использования этой аппаратуры?

Что вы имеете в виду?

Я имею в виду затемнение кабинета, наличие нужного количества штепсельных розеток, пульта управления аппаратурой.

Welche Unterrichtsmethoden sind für die heutige Zeit besonders typisch?

Ich möchte folgendes hervorheben. Das Selbststudium der Schüler und die rationelle Anwendung von technischen Lehrmitteln hat zur Zeit bei uns eine große Bedeutung.

Der Lehrstoff wird gründlich durchgenommen.

Welche technischen Lehrmittel werden bei Ihnen während des Unterrichts angewandt?

Neben den Anschauungsmitteln, wie Bilder, Modelle und naturkundliche Gegenstände, verwenden wir Tonaufnahmen, Diafilme, Dias und Filme.

Welche Geräte verwenden Sie für die Vorführung der obengenannten Lehrmittel?

Uns stehen die modernsten Geräte, die leicht lenkbar, hocheffektiv und zuverlässig sind, zur Verfügung.

Das sind Filmapparate, Projektoren, Epidiaskope und Computer.

Haben Sie in den Fachzimmern Möglichkeiten zur Verwendung dieser Hilfsmittel?

Was meinen Sie damit?

Ich meine damit die Verdunkelung des Fachzimmers, eine nötige Anzahl von Stromanschlüssen /Steckdosen/ und ein Steuerpult der Geräte.

Вся аппаратура в кабинетах установлена стационарно.	Alle Geräte sind in den Fachzimmern stationär montiert.
Все это довольно сложно для человека, далекого от технических вопросов.	Das alles ist für einen technisch ungelernten Menschen ziemlich kompliziert.
У нас создана целая система, помогающая учителю овладеть навыками обращения с техническими средствами.	Wir haben ein System erarbeitet, das dem Lehrer die technischen Fertigkeiten beibringt.
Как вы оцениваете эффективность использования технических средств обучения?	Wie schätzen Sie die Nutzbarkeit technischer Lehrmittel ein?
Использование различных наглядных пособий и технических средств обучения способствует в значительной мере усвоению материала.	Die Verwendung verschiedener Anschauungs- und technischer Lehrmittel fördert in bedeutendem Maß die Erlernung des Lehrstoffs.
Как обстоят дела с успеваемостью учащихся?	Wie steht es mit den Leistungen der Schüler?
Успеваемость учащихся по английскому языку улучшилась /ухудшилась/.	Die Leistungen der Schüler im Fach Englisch haben sich verbessert /verschlechtert/.
Переводятся ли слабые учащиеся в следующий класс?	Werden die schwachen Schüler in die nächste Klasse versetzt?
Если у ученика плохие оценки по многим предметам, он не допускается к экзаменам и не переводится в следующий класс.	Wenn der Schüler in vielen Fächern schlechte Zensuren hat, wird er zur Prüfung nicht zugelassen und nicht in die nächste Klasse versetzt.
Как в вашей школе организовано питание школьников?	Wie ist in Ihrer Schule die Verpflegung der Schüler organisiert?
Где проживают учащиеся?	Wo wohnen die Schüler?
Пользуются ли учащиеся правом льготного проезда в городском транспорте?	Bekommen die Schüler Fahrpreisermäßigungen im Straßenverkehr?
Получают ли нуждающиеся учащиеся какую-либо материальную помощь?	Erhalten die bedürftigen Schüler irgendwelche materielle Unterstützung?
Расскажите, пожалуйста, о том, как учащиеся	Erzählen Sie bitte etwas darüber, wie die Schüler ... .

проводят свое свободное время (свои каникулы)	ihre freie Zeit /ihre Ferien/
отдыхают	sich erholen
занимаются спортом	Sport treiben
Наши ученики большие книголюбы. Они любят путешествовать, интересуются искусством, техникой и спортом.	Unsere Schüler sind große Bücherfreunde, sie reisen gern, sie interessieren sich für Kunst, Technik und Sport.
Многие из них состоят в организациях скаутов, чтобы стать смелыми, сильными, здоровыми и находчивыми.	Viele von Ihnen gehören der Scoutorganisationen an, um tapfer, kräftig, gesund und schlagfertig zu werden.
Ученики заканчивают школу сдачей экзаменов.	Die Schüler beenden Ihre Schullaufbahn mit dem Abitur.
После учебы в школе они получают документ об ее окончании.	Nach dem Besuch der Schule erwirbt man ein Abschlußzeugnis.
Выпускники школы могут поступать в вузы.	Die Absolventen der Schule erhalten die Hochschulreife.
Молодежи открыты разные пути для получения специальности.	Den jungen Menschen stehen viele Berufsmöglichkeiten /Berufswege/ offen.
Ученик сдал экзамены и подал заявление в университет.	Wenn der Schüler das Abitur gemacht hat, bewirbt er sich um einen Studienplatz an der Universität.

ВУЗ

Каких специалистов готовит ваше учебное заведение?	Welche Fachleute werden in Ihrer Lehranstalt ausgebildet?
Пединститут выпускает учителей.	Das pädagogische Institut bildet Lehrer aus.
Наше учебное заведение /институт/ готовит специалистов по следующим специальностям.	Unsere Lehranstalt /unser Institut/ bildet Fachleute in folgenden Fachrichtungen aus.
Какие факультеты имеются в вашем учебном заведении?	Welche Fakultäten gibt es in Ihrer Lehranstalt?
В университете имеются следующие факультеты:	Unsere Universität hat folgende Fakultäten:

Образование, наука

— медицинский,
— математический,
— естественно-научный,

— педагогический,
— юридический и другие.

Подготовка студентов ведётся по восьми специальностям.

Какие ограничения имеются при поступлении в ваш вуз?

У нас нет никаких ограничений.

Каждый гражданин, имеющий среднее образование, имеет право поступить в университет.

Много ли бывает поступающих в ваш вуз?

В этот вуз было принято в прошлом году сто студентов.

Много ли бывает поступающих на этот факультет?

На сто мест было ... заявлений от выпускников школ.

В этом году на нашем факультете был конкурс три человека на место.

На этом факультете недобор.

По этой специальности было всегда больше поступающих, чем мест.

Какие документы нужны для поступления в вуз?

Поступающий должен ... .

наряду с другими докумен-

— die medizinische,
— die mathematische,
— die naturwissenschaftliche,

— die pädagogische,
— die juristische und andere.

Die Studenten werden in acht Fachrichtungen ausgebildet.

Welche Beschränkungen gibt es für die Aufnahme an Ihrer Hochschule?

Wir haben keinerlei Beschränkungen.

Jeden Bürger, der das Abitur abgelegt /gemacht/ hat, hat das Recht auf einen Studienplatz.

Gibt es viele Bewerber an Ihrer Hochschule?

An dieser Hochschule wurden im vorigen Jahr hundert Studenten eingeschrieben /immatrikuliert/.

Gibt es viele Bewerber für diese Fakultät?

Um hundert Studienplätze haben sich ... Schulabsolventen beworben.

In diesem Jahr kamen drei Bewerber an unserer Fakultät auf einen Platz.

Diese Fakultät konnte nicht alle Plätze besetzen.

Für diese Fachrichtung gab es immer mehr Bewerber, als Plätze vorhanden sind.

Welche Unterlagen sind für die Aufnahme an der Hochschule erforderlich?

Der Bewerber muß ... .

neben anderen Unterlagen

тами приложить свидетельство об окончании средней школы	das Abiturzeugnis beilegen
сдавать вступительные экзамены	Aufnahmeprüfungen ablegen
Он подал заявление о приеме в университет.	Er bewirbt sich an der Universität. /Er beantragt seine Annahme an der Universität/.
Он зачислен (в учебное заведение).	Er wurde immatrikuliert.
После сдачи экзаменов абитуриентов вносят в списки, и они получают студенческие удостоверения.	Nach bestandenen Prüfungen werden die Studienbewerber immatrikuliert /in die Akte eingetragen/, und sie erhalten Studentenausweise.
В этом году он начал учиться в университете.	In diesem Jahr hat er sein Studium an der Universität begonnen.
Студенты распределены по группам.	Die Studenten sind in /nach/ Studiengruppen eingeteilt.
Сколько студентов обучается ...?	Wieviel Studenten studieren ...?
в университете в вашей группе на вашем факультете по этой (узкой) специальности.	an der Universität in Ihrer Gruppe an Ihrer Fakultät in dieser Fachrichtung
В учебной группе десять человек.	Die Studiengruppe setzt sich aus zehn Studenten zusammen.
Кто руководит вашим учебным заведением?	Wer leitet Ihre Lehranstalt?
Наш педагогический институт подчиняется министерству образования.	Unser pädagogisches Institut untersteht dem Ministerium für Ausbildung.
Университетом руководят ректор и сенат.	Die Universität wird vom Rektor und Senat geleitet.
Один из профессоров выбирается через каждые два года ректором.	Alle zwei Jahre wird einer der Professoren zum Rektor gewählt.
При введениии в должность	Bei der Investur des neuen

(инвеституру) нового ректора присутствует профессорско-преподавательский состав.	Rektors ist der Lehrkörper anwesend.
У профессора есть кафедра.	Der Professor hat einen Lehrstuhl.
Есть ли в вашем университете /институте/ ученый совет?	Gibt es an Ihrer Universität /in Ihrem Institut/ einen wissenschaftlichen Rat?
Кто входит в состав ученого совета?	Wer gehört zum wissenschaftlichen Rat?
В состав ученого совета входят лучшие (выдающиеся) преподаватели вузов и научные работники.	Zum wissenschaftlichen Rat gehören hervorragende Hochschäftigt sich der wissenliche Mitarbeiter.
Какие вопросы решает ученый совет?	Mit welchen Problemen beschäftigt sich der wissenschaftliche Rat?
На коллегиях обсуждаются основные вопросы развития науки и исследовательских работ, вопросы образования и повышения квалификации.	In den Gremien werden grundlegende Fragen der Wiessenschaftsentwicklung und Forschung, die Gestaltung von Aus- und Weiterbildung erörtert.
На коллегиях рассматриваются предложения о назначении преподавателей вузов на должность профессоров и доцентов.	In den Gremien werden die Vorschläge zur Berufung von Hochschullehrern zu Professoren und Dozenten beraten.
Ученый совет решает вопросы присуждения учёных степеней и присуждает их.	Der wissenschaftliche Rat entscheidet über das Promotionsverfahren sowie über die Verleihung der akademischen Grade.
Доценты назначаются по предложениям факультетов и институтов.	Dozente werden auf Vorschläge der Fakultäten und Institute berufen.
Каков профессорско-преподавательский состав вузов?	Wie ist der Lehrkörper der Hochschulen?
К профессорско-преподавательскому составу относятся профессора, доценты, преподаватели и ассистенты.	Zum Lehrkörper gehören Professoren, Dozenten, Lektoren, Lehrer im Hochschuldienst und Assistenten.

Каждые пять лет на кафедрах проходят конкурсы на замещение вакантных должностей.	Alle fünf Jahre werden die Lehrstühle durch Wahlen besetzt.
Кто заведует кафедрой ...?	Wer ist Lehrstuhlleiter für ...?
химии биологии	Chemie Biologie
Этот профессор заведует кафедрой	Dieser Professor hat den Lehrstuhl für ... inne.
Имеются различные пути для получения учёной степени.	Es gibt verschiedene Wege, um die Promotion zu erlangen /zur Promotion zu kommen/.
Профессор Н. является научным руководителем этого аспиранта.	Professor N. ist wissenschaftlicher Betreuer dieses Aspiranten.
Он писал диссертацию у профессора Н.	Er hat bei Professor N. promoviert /den Doktor gemacht/.
Он защитил диссертацию.	Er hat promoviert /dissertiert/.
Какова учебная нагрузка преподавателей?	Wie sind Lehrer im Hochschuldienst ausgelastet?
У этого доцента полная нагрузка. Госпожа Н. работает в университете на почасовой оплате.	Dieser Dozent ist voll ausgelastet. Frau N. arbeitet freiberuflich an der Universität.
Этот преподаватель работает в двух группах.	Dieser Lektor ist in zwei Gruppen tätig.
Какова зарплата ...?	Wie hoch ist das Gehalt ...?
преподавателей доцентов профессоров	der Lehrer in Hochschuldienst der Dozenten der Professoren
Зарплата профессорско-преподавательского состава зависит от ученой степени и должности.	Das Gehalt des Lehrkörpers hängt von dem akademischen Grad und der Dienststelle ab.
Зарплата доцента составляет ... марок.	Das Gehalt des Dozenten beträgt ... Mark.

Образование, наука

Познакомьте меня, пожалуйста, с вашим учебным планом.	Machen Sie mich bitte mit Ihrer Stundentafel bekannt.
Какие предметы преподаются на 2-м курсе этого факультета?	Welche Fächer werden im zweiten Studienjahr dieser Fakultät unterrichtet?
Сколько часов на изучение точных наук предусмотрено учебным планом?	Wieviel Stunden für exakte Wissenschaften sind im Lehrplan vorgesehen?
Какие формы обучения вы применяете?	Welche Formen verwenden Sie im Unterricht?
Традиционными формами вузовского преподавания являются	Die herkömmlichen Formen des Hochschulunterrichts sind
— лекции, — семинары, — практические занятия.	— Vorlesungen, — Seminare, — Übungen.
Профессора и доценты читают лекции и проводят семинары.	Professoren und Dozenten halten Vorlesungen und leiten Seminare.
Преподаватели проводят практические занятия.	Die Lektoren und Lehrer im Hochschuldienst führen Übungen durch.
Материал основательно прорабатывается.	Der Lehrstoff wird gründlich durchgenommen.
На каком курсе начинается специализация?	In welchem Studienjahr beginnt das Fachstudium?
Специализация начинается на третьем курсе.	Das Fachstudium beginnt im dritten Studienjahr.
Имеется ли у вас факультативное обучение?	Gibt es bei Ihnen ein wahlfreies Studium?
Да, у нас имеется факультативное и обязательное обучение.	Ja, es gibt bei uns eine fakultative und obligatorische Ausbildung.
Физкультура является для студентов обязательным предметом.	Die Körpererziehung ist ein Pflichtfach für die Studenten.
Он учится	Er studiert ... .
на дневном /вечернем/ отделении заочно	im Direktstudium /im Abendstudium/ im Fernstudium

в институте иностранных языков на английском отделении	an einer Hochschule für Fremdsprachen in der Fachrichtung Englisch
Он учится на третьем курсе.	Er studiert im dritten Studienjahr.
Он студент-заочник.	Er ist Fernstudent.
Студенты посещают лекции	Die Studenten besuchen Vorlesungen /nehmen an Vorlesungen teil/.
Лекции продолжаются с восьми до девятнадцати часов.	Die Vorlesungen sind /liegen/ in der Zeit von acht bis neunzehn Uhr.
У нас в неделю бывает ... часов английского языка.	Wir haben für den Englischunterricht ... Stunden pro Woche.
Кто у вас преподает физику?	Bei wem haben Sie Physik?
Этот преподаватель преподает латинский (язык).	Dieser Lektor gibt Latein.
Профессор Н. читает лексикологию.	Professor N. lehrt /liest/ Lexikologie.
Сегодня семинар не состоялся. Он перенесён на среду.	Heute ist das Seminar ausgefallen. Es ist auf Mittwoch verlegt worden.
На каком курсе начинается производственная практика?	In welchem Studienjahr beginnt das berufliche Praktikum?
В сентябре студенты идут на практику.	Im September gehen die Studenten ins Praktikum.
Помимо лекций и семинаров студенты неоднократно проходят практику.	Neben Vorlesungen und Seminare absolvieren die Studenten zahlreiche Praktika.
Где студенты проходят практику?	Wo leisten die Studenten Praktika ab?
Студенты пединститута были два месяца на производственной практике в школе.	Die Studenten des pädagogischen Instituts waren zwei Monate zum Praktikum in der Schule /im Schulpraktikum/.
Учёба в университете продолжается в среднем шесть лет.	Das Studium an der Universität dauert im Durchschnitt sechs Jahre.
Когда начинается первый /осенний/ семестр в вашем вузе?	Wann beginnt der erste Studienabschnitt /das Herbstsemester/?

Первый семестр начинается в сентябре, второй в конце января.	Der erste Studienabschnitt beginnt im September, der zweite Studienabschnitt beginnt Ende Januar.
Продолжительность семестра составляет около четырех месяцев.	Ein Semester dauert etwa vier Monate.
После второго семестра в вузе начинаются каникулы.	An das Frühjahrssemester schließen sich die Hochschulferien an.
По каким предметам будут экзамены?	Welche Fächer werden geprüft?
В зимнюю сессию у них будут два экзамена, в весеннюю пять.	Im Winterabschnitt haben sie zwei Prüfungen, und im Sommerabschnitt fünf.
В этом семестре на экзамен выносятся три предмета.	In diesem Semester werden zwei Fächer geprüft.
По предметам, которые не выносятся на экзамены, проводятся зачёты.	In den Fächern, die während des Prüfungsabschnitts nicht geprüft werden, führt man Testate durch.
Сколько времени длится экзаменационная сессия?	Wie lange dauert der Prüfungsabschnitt /die Prüfungszeit/?
Экзаменационная сессия продолжается с ... по	Der Prüfungsabschnitt /die Prüfungszeit/ dauert von ... bis ... .
На экзаменах проверяется, что знает студент по этому предмету, в чем его сильные и слабые стороны.	Während der Prüfungen prüft man, wie weit der Student in diesem Fach ist, worin seine Stärke und seine Schwäche liegen.
В вузе выставляются следующие оценки	An der Hochschule gibt man folgende Noten /Zensuren/ ... .
Доцент-экзаменатор поставил за ответ удовлетворительную оценку.	Der prüfende Dozent hat die Antwort mit Drei bewertet /hat dem Studenten die Note drei gegeben/.
Студент провалился на экзамене.	Der Student ist in der Prüfung durchgefallen.
На последнем году обучения пишут дипломную работу.	Im letzten Studienjahr wird die Hausarbeit /die Staatsexamenarbeit/ geschrieben.

Эта работа — основа для сдачи госэкзаменов.	Diese Hausarbeit ist die Grundlage für die Staatsexamen.
Обучение завершается защитой диплома и сдачей госэкзаменов.	Das Studium endet /schließt/ mit Diplom und Staatsexamen.
В 1985 году он закончил институт.	1985 hat er sein Studium an der Hochschule abgeschlossen /sein Hochschulstudium absolviert/.
Расскажите, пожалуйста, об условиях жизни студентов.	Erzählen Sie bitte über die Lebensbedingungen der Studenten.
Где проживают студенты?	Wo wohnen die Studenten?
Некоторые из них живут вместе с родителями.	Einige von ihnen wohnen zuzammen mit den Eltern.
Некоторые студенты снимают частные квартиры.	Einige Studenten wohnen zu Untermiete.
Университет располагает студенческим общежитием.	Die Universität besitzt ein Studentenwohnheim.
Получают ли нуждающиеся студенты материальную помощь?	Erhalten bedürftige Studenten irgendeine materielle Unterstützung?
Почти все студенты нашей группы получают стипендию.	Fast alle Studenten unserer Gruppe erhalten ein Stipendium.
Какие условия для отдыха есть у студентов?	Welche Möglichkeiten zur Erholung haben die Studenten?
Поскольку многие студенты интересуются спортом, для них созданы все условия: у нас есть несколько спортзалов, оборудованных различным спортивным снаряжением, стадион, плавательный бассейн.	Da sich viele Studenten für Sport interessieren, sind für sie dazu alle Möglichkeiten geschaffen: wir haben einige Sporthallen, die mit verschiedener Sportausrüstung ausgestattet sind, ein Stadion, eine Schwimmhalle.
Как проводят студенты своё свободное время?	Wie verbringen die Studenten ihre Freizeit?
Многие из них читают, для этого у нас есть богатая библиотека. Они любят туризм и много путешествуют во время каникул.	Viele von ihnen lesen, wir haben dazu eine reiche Bibliothek Sie betreiben gern Touristik und reisen viel während der Ferien.

Образование, наука

Интересы студентов разнообразны. Некоторые из них интересуются новинками техники, другие искусством, третьи заняты общественной работой.	Die Interessen der Studenten sind vielseitig. Einige von ihnen interessieren sich für Neuheiten in Technik, die anderen für Kunst, die dritten beschäftigen sich mit gesellschaftlicher Arbeit.
Какие юношеские общественные организации функционируют в вашем университете?	Welche gesellschaftlichen Jungendorganisationen funktionieren bei Ihrer Universität?
Студенты нашего университета состоят в различных юношеских организациях, например в организации «Немецкие бурши», «Молодые демократы», в «Союзе Молодежи Германии», в партии «зелёные».	Die Studenten unserer Universität gehören verschiedenen Jugendorganisationen an, z. B. der „Deutschen Burschenschaft", den „Deutschen Jungdemokraten", der „Jungen Union Deutschland", den Grünen.
Сейчас поговорим о научно-исследовательской работе вашего университета /института/.	Nun zur Forschungsarbeit Ihrer Universität /Ihres Instituts/.
Какими направлениями в научной работе заняты ваши учёные?	Mit welchen wissenschaftlichen Richtungen sind Ihre Wissenschafter beschäftigt?
Мы занимаемся развитием науки /техники/ в области	Wir beschäftigen uns mit der Entwicklung der Wissenschaft /Technik/ auf dem Gebiete ... .
Имеется ли у вас для этого необходимое количество ...?	Haben Sie dazu erforderliche Anzahl /Menge/ von ...?
научных работников	Wissenschaftlern
оборудования	Ausrüstungen
Сколько человек входят в исследовательскую группу?	Wieviel Personen gehören der Forschungsgruppe an?
Кто руководит исследовательской группой?	Wer ist Leiter der Forschungsgruppe?
Занимаются ли студенты научно-исследовательской работой?	Sind die Studenten forschend tätig?
На каждом этапе обучения студент должен заниматься учебной и научно-исследовательской работой.	Auf jeder Stufe des Studiums muß der Student lernend und forschend tätig sein.

Каковы результаты вашей исследовательской работы?	Wie sind die Erfolge Ihrer Forschungsarbeit?
Имеются ли у вас сведения о результатах внедрения вашей работы в производство?	Haben Sie Mitteilungen über die Resultate der Einführung Ihrer Arbeit in die Produktion.
Давайте определим основные направления нашего сотрудничества.	Wollen wir die Hauptrichtungen unserer Zusammenarbeit bestimmen.
Согласен. Я предлагаю выделить здесь два основных направления:	Einverstanden. Ich schlage vor, hier zwei Hauptrichtungen zu wählen:
— сотрудничество в области науки;	— die Zuzammenarbeit auf dem Gebiete der Wissenschaft;
— личные контакты наших студентов и учащихся.	— die persönlichen Verbindungen zwischen unseren und Ihren Schülern und Studenten.
Что вы думаете относительно углубления и расширения связей между молодыми людьми обеих стран?	Was meinen Sie zur Vertiefung und Ausweitung der Beziehungen zwischen den Kindern und Jugendlichen beider Länder?
Во время каникул наши дети и молодые люди могли бы посещать друг друга, совершать совместные путешествия.	In der Ferienzeit könnten unsere Kinder und Jugendlichen einander besuchen und gemeinsame Reisen unternehmen.
Во время взаимных визитов они могли бы усовершенствовать свои знания иностранных языков и лучше узнать друг друга.	Während der gegenseitigen Besuche könnten sie ihre Kenntnisse der Fremdsprachen vervollkommnen und einander besser kennenlernen.
Что касается научного сотрудничества, мы хотели бы выслушать ваши предложения.	Was die wissenschaftliche Zusammenarbeit betrifft, möchten wir Ihre Voschläge entgegennehmen.

КОНФЕРЕНЦИИ. СИМПОЗИУМЫ. СОВЕЩАНИЯ

ОРГАНИЗАЦИОННЫЕ ВОПРОСЫ

Где находится ...?
Когда работает ...?

Wo befinder sich ...?
Wann ist ... geöffnet?

бюро регистрации
машинописное бюро
пресс-центр
секретариат оргкомитета

служба переводов
служба размножения документов

das Registrierungsbüro
das Schreibmaschinenbüro
das Pressezentrum
das Sekretäriat des Organisationskomitees

der Dolmetscherdienst
der Dienst für die Vervielfältigung der Dokumente

Я перевёл /-а/ регистрационный взнос по почте /по телеграфу/.
Вот моя квитанция.
Дайте мне, пожалуйста, квитанцию.
Могу я сделать взнос непосредственно здесь?
Я освобожден от уплаты регистрационного взноса.
У меня нет ... .

Ich habe per Post /telegrafisch/ meinen Registrierungsbeitrag überwiesen.
Hier ist meine Quittung.
Geben sie mir bitte die Quittung.
Kann ich unmittelbar hier den Beitrag entrichten?
Mir ist der Registrierungsbeitrag erlassen worden.
Ich habe kein /-e, -en/ ... .

окончательной программы

трудов конференции
тезисов докладов
списка участников
значка делегата

endgültiges Programm

Werke der Konferenz
Thesen der Vorträge
Liste der Teilnehmer
Abzeichen des Delegierten

талона на экскурсию	Talon für die Exkursion
талона на получение наушников	Talon für die Kopfhörer
талонов на питание	Talone für die Verpflegung
приглашения на концерт /прием/	Einladung zum Konzert /Empfang/
Где я могу получить ...?	Wo kann ich ... bekommen?
программу	das Programm
тезисы докладов	die Thesen der Vorträge
наушники	die Kopfhörer
сведения о делегатах /участниках/ конференции	die Angaben über die Delegierten /Teilnehmer/ der Konferenz
Когда /где/ будет проходить ...?	Wann /Wo/ wird ... stattfinden?
церемония открытия /закрытия/	die Eröffnungszeremonie /die Abschlußzeremonie/
пленарное заседание	die Plenarsitzung
утреннее заседание	die Morgensitzung
вечернее заседание	die Abendsitzung
дискуссия /обсуждение докладов/	die Diskussion /die Besprechung der Vorträge/
прием	der Empfang
экскурсия	die Exkursion /die Führung/
Когда /Где/ будет проводиться заседание ...?	Wann /Wo/ wird die Sitzung ... abgehalten?
технического комитета	des technischen Komitees
подкомитета	des Subkomitees
рабочей группы	der Arbeitsgruppe
отраслевой группы	der Fachgruppe
специального комитета	des Sonderkomitees
редакционной коллегии	des Redaktionskollegiums
Какова культурная программа конференции?	Wie ist das Kulturprogramm der Konferenz?
Сколько делегатов участвуют в конференции?	Wieviele Delegierte nehmen an der Konferenz teil?
Из каких стран прибыли делегаты?	Aus welchen Ländern sind die Delegierten gekommen?

Есть ли делегаты из ...?	Gibt es Delegierte aus ...?
Азии	Asien
Африки	Afrika
Австрии	Österreich
Чьи интересы вы представляете?	Wessen Interessen vertreten Sie?
Я представляю интересы	Ich vertrete die Interessen ...?
завода /предприятия/	des Werkes /des Betrieb(e)s/
комбината	des Kombinats
комитета	des Komitees
кооператива	der Genossenschaft
министерства	des Ministeriums
государства	des Staates
общества	der Gesellschaft
объединения	des Vereins /des Verbandes/
организации	der Organisation
фирмы	der Firma
Я хотел /-а/ бы отпечатать этот документ в пяти экземплярах.	Ich möchte dieses Dokument in fünf Examplaren mit der Schreibmaschine schreiben lassen.
Распространён ли этот документ до начала заседания?	Wurde dieses Dokument vor der Sitzung verbreitet?
Мы /не/ получили этот документ.	Wir haben dieses Dokument /nicht/ erhalten.
Я хотел /-а/ бы передать текст своего доклада /речи/ в кабинет переводчиков.	Ich möchte den Text meines Vortrages /meiner Rede/ ins Dolmetscherkabinett übergeben.
У вас есть переводчики ...?	Haben Sie Dolmetscher ins ...?
на русский язык	Russische
на английский язык	Englische
К сожалению, у нас нет переводчиков.	Wir haben leider keine Dolmetscher.
Будет ли организован синхронный перевод на русский язык?	Wird das Simultandolmetschen ins Russische eingerichtet?

Какой канал ...?	Welcher Kanal ist ...?

русский	russisch
немецкий	deutsch
английский	englisch
Я буду делать доклад на русском языке.	Ich werde meinen Vortrag auf Russisch halten.

ПРОЦЕДУРНЫЕ ВОПРОСЫ

По этому комплексу проблем мы хотели бы обменяться	Zu dieser Problematik möchten wir ... durchführen.

опытом	einen Erfahrungsaustausch
мнениями	einen Gedankenaustausch
По окончанию сегодняшнего совещания у нас будет еще возможность обменяться мнениями в частном порядке.	Nach Beendigung der heutigen Beratung haben wir noch eine Gelegenheit zu einem individuellen Meinungsaustausch.
Каков регламент заседания?	Wie ist das Sitzungsreglement?
Сколько времени продлится ...?	Wie lange wird ... dauern?

доклад	der Vortrag
дискуссия	die Diskussion
конференция	die Konferenz
Время выступления ограничено тридцатью минутами.	Die Redezeit wird auf eine halbe Stunde beschränkt.
Когда будет перерыв?	Wann ist die Pause?
Следует ли вопросы задавать ...?	Soll man ... Fragen stellen?

устно	mündliche
письменно	schriftliche
Мы должны уточнить повестку дня.	Wir müssen die Tagesordnung präzisieren.
Что нового в повестке дня?	Was gibt es Neues in der Tagesordnung?
Прежняя ли повестка дня?	Ist es eine alte Tegesordnung?
Что сегодня на повестке дня?	Was steht heute auf der Tagesordnung?

Речь пойдет о развитии производства и применении современных электронно-вычислительных машин.	Es geht um die Entwicklung der Produktion und um die Anwendung moderner elektronischer Datenverarbeitungsanlagen.
Я предлагаю	Ich schlage vor, ...
пересмотреть повестку дня	die Tagesordnung zu revidieren
утвердить повестку дня	die Tagesordnung zu bestätigen
исключить из повестки дня вопросы о	aus der Tagesordnung die Fragen über ... auszuschließen
Я предлагаю решить этот вопрос	Ich schlage vor, über diese Frage ... einen Beschluß zu fassen.
после заключения экспертов	nach dem Sachverständigengutachten
на следующем заседании	in der nächsten Sitzung
на заседаниях секций	während der Sektionssitzungen
путем переписки	durch schriftliche Meinungsaustausche
предусмотренным порядком	im geordneten Ablauf
в соответствующих организациях	in den entsprechenden Organisationen
Кто ...?	Wer ist ...?
председатель	der Vorsitzende
основной докладчик	der Hauptvortragende
выступает первым /последним/	der erste /letzte/ Vortragende
следующий докладчик	der nächste Vortragende
Какова процедура голосования?	Wie ist die Abstimmungsprozedur?
Голосование будет ...?	Soll die Abstimmung ... sein?
тайным	geheim
открытым	offen
поимённым	namentlich
по всему документу	über das ganze Dokument

| по отдельным пунктам документа | über einzelne Punkte des Dokumentes |

ДОКЛАД

Мы рассматриваем эту встречу как первый обмен мнениями по этому вопросу.	Wir betrachten diese Zusammenkunft als den ersten Meinungsaustausch zu dieser Frage.
В настоящее время мы занимаемся разработкой научно-технической концепции производства наиболее важных изделий в нашей отрасли промышленности.	Zur Zeit beschäftigen wir uns mit der Ausarbeitung wissenschaftlich-technischer Konzeption und Verfahren für die Produktion der wichtigsten Erzeugnisse in unserem Industriezweig.
Это вопросы изменения структуры материального производства.	Das sind die Fragen der Strukturveränderung der materiellen Produktion.
В своем докладе я хотел бы обобщить лучший опыт.	In meinem Vortrag möchte ich die besten Erfahrungen verallgemeinern.
Мы обсудим вопрос координации планов на длительную перспективу.	Wir werden die Koordinierung der Pläne für eine längere Perspektive beraten.
Мы сегодня будем говорить о координации	Wir sprechen heute über die Koordinierung ... .

перспективных планов	der Pläne für den Perspektivzeitraum
научно-исследовательских и проектноконструкторских работ	der Forschungs und Entwicklungsarbeiten
совместных капиталовложений	gemeinsamer Investitionen
Тема сегодняшнего совещания —	Das Thema unserer Beratung ist ... .

| разработка, согласование и утверждение материалов по координации планов технического сотрудничества | Ausarbeitung, Abstimmung und Bestätigung der Materialien zur Plankoordinierung auf dem Gebiet der technischen Zusammenarbeit |
| внедрение типовой технологии по производству ... | die Einführung der Typentechnologie zur Produktion von ... |

Мы предлагаем вам тему исследований, над которой мы будем вместе работать.	Wir schlagen Ihnen eine Forschungsarbeit vor, an der wir gemeinsam arbeiten werden.
Мы обсудим вопрос о методах научно-технических расчётов, показателях и стандартах.	Wir sprechen über wissenschaftlich-technische Berechnungsvorschriften, Kennziffern und Standards.
Я хотел бы изложить основы этой концепции.	Ich möchte die Grundlagen dieser Konzeption darlegen.
Решение этой задачи требует большого опыта /больших усилий/.	Die Lösung dieser Aufgabe verlangt große Erfahrung /viel Mühe/.
Мы докажем правильность этого тезиса.	Wir beweisen die Richtigkeit dieser These.
Мы применяем методы научной подготовки принятия решений, системные решения.	Wir wenden die Methoden der wissenschaftlichen Entscheidungsfindung, Systemlösungen an.
Мы хотели бы теоретически обосновать нашу точку зрения /выводы, тезисы/.	Wir wollen unsere Ansichten /Schlußfolgerungen, Thesen/ theoretisch begründen.
В своей работе мы исходим из	Während unserer Arbeit gehen wir von ... aus.

статистических данных	statistischen Kennziffern
результатов исследований	Forschungsergebnissen
данных специальной литературы	Angaben der Fachliteratur

Я назову вам необходимую специальную литературу.	Ich werde Ihnen die erforderliche Fachliteratur nennen.
При разработке наших предложений мы учитываем	Während der Ausarbeitung unserer Vorschläge berücksichtigen wir ... .

специфические условия	spezifische Bedingungen
перспективы дальнейшего развития	Perspektiven weiterer Entwicklung
требования партнера	die Forderungen des Partners

В указанной статье дается описание отдельных рабочих операций новой технологии.	Im genannten Artikel werden einzelne Arbeitsgänge neuer Technologie beschrieben.
Мы считаем, что результаты исследований представляют большой интерес.	Wir meinen, daß es sich um ein sehr interessantes Forschungsergebnis handelt.

Результаты исследований позволяют сделать вывод, что наша концепция верна.
Из имеющихся результатов исследований следует, что ... .
Многообразие объектов ... еще раз подтверждает корректность нашей концепции.

Aus den Forschungsergebnissen kann man ableiten, daß unsere Konzeption richtig ist.
Aus den vorliegenden Forschungsergebnissen geht hervor, daß ... .
Die Vielfalt der ... bestätigt noch einmal die Korrektheit unserer Konzeption.

 исследований
 явлений
 примеров
 фактов

 Forschungsgegenstände
 Erscheinungen
 Beispiele
 Tatsachen

Опыт показывает, что работы прикладного исследования занимают важное место в нашем научно-исследовательском комплексе.
Этой исследовательской работе придается особенное значение.
Это результаты многолетней совместной исследовательской работы.
Доказательством служат результаты последних исследований, факты и экспериментальные данные.
В этом случае речь идет о сравнении обоих вариантов и выборе рекомендаций.
Это моя принципиальная точка зрения по этому вопросу.
С учетом ... мы сделали вышеназванные выводы.

Die Erfahrung zeigt, daß die Arbeiten der angewandten Forschung einen wichtigen Platz in unseren Forschungsvorhaben einnehmen.
Dieser Forschungsarbeit wird besondere Bedeutung beigemessen.
Das sind die Resultate einer mehrjährigen gemeinsamen Forschungsarbeit.
Als Beweis dienen die Resultate der letzten Untersuchungen, Fakten und die experimentellen Werte.
In diesem Fall geht es um den Vergleich beider Varianten und um die Auswahl der Empfehlungen.
Das ist mein grundsätzlicher Standpunkt zu dieser Frage.
Unter Berücksichtigung ... haben wir die obengenannten Schlußfolgerungen gezogen.

 существующих обстоятельств
 того факта

 der gegebenen Umstände
 der Tatsache

Я исхожу из такой точки зрения, что ... .

Ich gehe von dem Standpunkt aus, daß ... .

Отсюда можно сделать вывод, что … .	Hieraus kann man schlußfolgern, daß … .
Мы пришли к выводу, что … .	Wir kamen zu der Schlußfolgerung, daß … .
Это технические и экономические показатели, отвечающие мировым стандартам.	Das sind die technischen und ökonomischen Kennziffern, die dem Weltstand entsprechen.
Я надеюсь, что господа выскажут свое мнение по этому вопросу.	Ich hoffe, daß die Herren zu dieser Frage Stellung nehmen.

ДИСКУССИЯ

Разрешите мне задать несколько вопросов по вашему выступлению.	Gestatten Sie mir bitte einige Fragen zu Ihren Ausführungen.
Как вы объясните …?	Wie erklären Sie …?
Что вы думаете по поводу …?	Was meinen Sie zu …?
Почему вы считаете, что …?	Warum denken /meinen/ Sie, daß …?
Когда вы намерены … .	Wann beabsichtigen Sie …?
На чем основывается ваше утверждение, что … .	Womit begründen Sie Ihre Behauptung, daß …?
Я прошу вас высказать свою точку зрения по этому важному вопросу.	Ich bitte Sie, Ihre Meinung zu diesem wichtigen Problem zu äußern.
Каково ваше мнение по этому вопросу?	Welche Meinung vertreten Sie zu dieser Frage?
Какие мнения имеются …?	Welche Auffassungen gibt es zu …?

о концепции докладчика	der Konzeption des Vortragenden
об опытных установках и их использовании	den Versuchsanlagen und deren Verwendung
об основных идеях доклада	den Hauptideen des Vortrages
Мы тщательно рассмотрим все приведенные аргументы.	Wir werden alle angeführten Argumente genau prüfen.
Докладчик изложил свою научную точку зрения.	Der Vortragende legte seinen wissenschaftlichen Standpunkt zu diesem Problem dar.

Предыдущий оратор подчеркнул сложность этой проблемы.	Der Vorredner unterstrich die Kompliziertheit dieses Problems.
Его выступление нашло полную поддержку аудитории.	Sein Vortrag fand die volle Zustimmung des Auditoriums.
Он высказал свою точку зрения по этому предложению.	Er nahm zu diesem Vorschlag Stellung.
В своем выступлении он исчерпывающе осветил эту проблему.	Seine Äußerungen haben dieses Problem ausreichend behandelt.
Создалось мнение, что оратор прекрасно знает тему.	Es bildete sich die Meinung, daß der Redner das Thema gut kennt.
Он высказал свое мнение по этому вопросу.	Er hat seine Meinung zu dieser Frage bereits geäußert.
Его аргументы убедительны и точны.	Seine Argumente sind überzeugend und präzise.
Он стоит на такой точке зрения, что	Er steht auf dem Standpunkt, daß ... .
Он придерживается такой точки зрения.	Er vertritt folgenden Standpunkt.
Это научно обоснованное высказывание.	Das sind wissenschaftlich gesicherte Aussagen.
Это очень распространенное мнение.	Diese Meinung ist sehr verbreitet.
В этом мы видим доказательство тому, что	Wir sehen darin einen Beweis dafür, daß ... .
По этому вопросу не было никаких принципиальных возражений /разногласий/.	Zu dieser Frage gab es keine grundsätzlichen Einwände /Meinungsverschiedenheiten/
Все зависит от точки зрения.	Das kommt auf dem Standpunkt an.
Я согласен с	Ich bin mit ... einverstanden.
мнением предыдущего оратора	der Meinung des vorigen Redners
предложением господина Н.	dem Vorschlag des Herrn N.
замечанием делегата	der Bemerkung des Delegierten
дополнением представителя	der Ergänzung des Vertreters

возражением оппонента	dem Einwand des Opponenten
доводами председателя	den Argumenten des Vorsitzenden
такой точкой зрения	solchem Standpunkt /Gesichtspunkt/
такой постановкой вопроса	solcher Fragestellung
такой редакцией документа	solcher Formulierung des Dokumentes
предложенной процедурой	der vorgeschlagenen Prozedur

Я полностью /частично/ согласен с вашим мнением. — Ich stimme völlig /teilweise/ mit Ihrer Meinung überein.
В таком случае я присоединяюсь к вашему мнению. — In diesem Fall schließe ich mich Ihrer Meinung an.
Я откровенно высказал свое мнение по этому вопросу. — Ich habe zu diesem Problem offen meine Meinung gesagt.
Я разделяю вашу точку зрения. — Ich teile Ihren Standpunkt.
Я изменил свое мнение по этому вопросу. — Ich habe meine Meinung zu dieser Frage geändert.
Мы согласимся с вашим предложением. — Wir werden auf Ihren Vorschlag eingehen.
У меня нет никаких /есть несколько/ ... . — Ich habe keine /einige/ ... .

замечаний	Bemerkungen
возражений	Einwände
предложений	Vorschläge
дополнений	Ergänzungen

Я рассматриваю эту проблему с другой точки зрения. — Ich betrachte dieses Problem von einem anderen Standpunkt.
В этом случае я не разделяю вашего мнения. — Ich kann in diesem Fall Ihre Meinung nicht teilen.
Я не согласен с вами. — Ich bin mit Ihnen nicht einverstanden.
В этом случае я должен, к сожалению, возразить. — In diesem Fall muß ich leider widersprechen.
У вас существует неправильное мнение, что ... . — Bei Ihnen herrscht die falsche Meinung, daß ... .
Ваше предложение неприемлемо. — Ihr Vorschlag ist unannehmbar.

Эта теория мне кажется недостаточно обоснованной.	Diese Theorie scheint mir nicht genügend begründet.
Это обоснование неубедительно.	Diese Begründung ist nicht überzeugend.
По этому вопросу наши мнения расходятся.	In diesem Standpunkt gehen unsere Meinungen auseinander.
Он запутался в противоречиях.	Er verwickelte sich in Widersprüche.
Его высказывания противоречат моей точке зрения.	Seine Äußerung steht im Widerspruch zu meiner Meinung.
Против его концепции выдвигаются следующие веские аргументы.	Gegen seine Konzeption werden folgende schwerwiegende Argumente erhoben.
Докладчик придерживается другой точки зрения.	Der Redner /Vortragende/ vertritt einen anderen Standpunkt.
Эта точка зрения давно устарела.	Dieser Standpunkt ist längst überholt.
Итак, вы остаетесь при своем мнении.	So bleiben Sie bei Ihrer Meinung.
Мы должны обязательно найти возможность /время/, чтобы еще раз более подробно обсудить эту проблему.	Wir müssen unbedingt eine Möglichkeit /einen Termin/ finden, um dieses Problem noch einmal eingehender zu besprechen.
Прошу мое предложение занести в протокол.	Ich bitte, meinen Vorschlag zu Protokoll zu geben.
Я прошу огласить резолюцию /решение/.	Ich bitte die Resolution /Entscheidung/ zu verkünden.
В соответствии с соглашением начатый обмен опытом будет проводиться и дальше.	Der begonnene Erfahrungsaustausch wird entsprechend der Vereinbarung systematisch fortgesetzt.
Мы будем чаще устраивать такие коллоквиумы /совещания, конференции/, чтобы постоянно обеспечивать обмен информацией и опытом.	Wir werden solche Kolloquein /Beratungen, Konferenzen/ öfter veranstalten, um eine umfassende Information und ständigen Erfahrungsaustausch zu sichern.
Эта конференция послужит важным стимулом для нашей дальнейшей исследовательской работы.	Diese Konferenz wird uns wertvolle Anregung für unsere weitere Forschungsarbeit vermitteln.

Мы обсудим эти проблемы в личных беседах.	Wir werden diese Probleme auch in persönlichen Gesprächen beraten.

ЧАСТНАЯ БЕСЕДА

Вы выступаете с докладом?	Werden Sie einen Vortrag halten?
Когда вы будете делать доклад?	Wann werden Sie Ihren Vortrag halten?
На каком заседании вы будете делать доклад?	In welcher Sitzung halten Sie Ihren Vortrag?
Я буду делать доклад	Ich werde ... meinen Vortrag halten
на утреннем заседании	in der Morgensitzung
на вечернем заседании	in der Abendsitzung
на пленарном заседании	in der Plenarsitzung
сегодня	heute
завтра	morgen
на следующей конференции	während der nächsten Konferenz
На каком языке вы будете делать доклад?	In welcher Sprache werden Sie Ihren Vortrag halten?
Я буду делать доклад на английском языке.	Ich werde meinen Vortrag auf Englisch halten.
Какова тема вашего доклада?	Was ist das Thema Ihres Vortrages?
Тема моего доклада посвящена исследованиям в области	Das Thema meines Vortrages ist den Forschungen auf dem Gebiet ... gewidmet.
Будете ли вы выступать в прениях?	Werden Sie sich an den Diskussionen beteiligen?
Я обязательно приму участие в последующей дискуссии.	Ich werde mich unbedingt an der anschließenden Diskussion beteiligen.
Участвовали ли вы в предыдущей конференции по этой тематике?	Haben Sie sich an der vorigen Konferenz zu dieser Problematik beteiligt?
Я выступал с докладом на подобном конгрессе в прошлом году.	Im vorigen Jahr habe ich in einem ähnlichen Kongreß einen Vortrag gehalten.

Частная беседа

Кто был председателем на конференции?	Wer führte den Vorsitz auf der Konferenz?
Профессор Н. был председателем на конференции.	Professor N. führte den Vorsitz auf der Konferenz.
Каковы ваши впечатления от ...?	Wie sind Ihre Eindrücke von ...?
доклада	dem Vortrag
дискуссии	der Diskussion
хода конференции	dem Verlauf der Konferenz
После окончания заседания я вам изложу свою точку зрения по этому вопросу.	Nach dem Abschluß der Sitzung werde ich Ihnen meine Ansicht zu diesem Problem darlegen.
На этой конференции состоялся	Während der Konferenz fand ... statt.
полезный обмен опытом на международном уровне	ein nützlicher Erfahrungsaustausch auf internationaler Ebene
обмен мнениями по ряду важных научных проблем	ein Meinungsaustausch zu einer Reihe wichtiger wissenschaftlicher Probleme.
Этот обмен опытом был для нас исключительно ценным и конструктивным.	Dieser Erfahrungsaustausch war für uns außerordentlich wertvoll und konstruktiv.
Доклад вызвал оживленную дискуссию.	Der Vortrag ergab eine lebhafte Diskussion.
Дискуссия была очень оживленной и длилась четыре часа.	Die Diskussion war sehr lebhaft und dauerte vier Stunden.
Совещание прошло в деловой обстановке.	Die Sitzung /Beratung/ verlief in einer sachlichen Atmosphäre.
По всем темам была достигнута согласованность.	Über alle Themen wurde Übereinkunft erzielt.
Решение было принято на основе принципа единогласия.	Die Beschlüsse wurden nach dem Prinzip der Einstimmigkeit gefaßt.
Докладчик убедительно обосновал своё предложение.	Der Redner hat seinen Vorschlag überzeugend begründet.
Его доклад был очень интересным и содержательным.	Sein Vortrag war sehr interessant und informativ.

Прения были прекращены и продолжены на следующий день.

Оргкомитет конференции проделал колоссальную работу.

Делегаты высказали противоречивые мнения по этому вопросу.

По этим данным /вопросам/ он сделал следующие замечания: ... .

К докладу было сделано множество критических замечаний.

Что является основным предметом вашей научной работы /ваших исследований?/

Я занимаюсь вопросами ... .

Я хотел бы доложить на международном конгрессе о результатах своей научной работы.

Я знаком с вашим последними публикациями. Я с большим интересом следил за ними.

За последнее время появилось много публикаций по этим актуальным проблемам.

Но ваши работы исключительно ценны.

Вашу последнюю статью нужно обязательно перевести на многие языки и обсудить.

Мы уже ознакомились с переводом вашего доклада /вашей статьи/.

Сейчас у нас есть переводы ваших научных трудов.

Я прошу вас подготовить для меня список ваших последних

Die Diskussion wurde abgebrochen und am nächsten Tag fortgesetzt.

Das Organisationkomitee der Konferenz leistete hervorragende Arbeit.

Die Delegierten äußerten widersprechende Meinungen zu dieser Frage.

Zu diesen Werten /Problemen/ machte er folgende Bemerkungen: ... .

Zum Vortrag gab es viele kritische Bemerkungen.

Was ist das Hauptfach Ihrer wissenschaftlichen Arbeit /Forschungsarbeit/?

Ich beschäftige mich mit ... .

Ich möchte auf dem internationalen Kongreß über die Ergebnisse meiner Forschungsarbeit sprechen.

Ich kenne Ihre letzten Veröffentlichungen. Ich verfolgte sie mit großem Interesse.

In letzter Zeit gab es zu diesen aktuellen Problemen zahlreiche Veröffentlichungen.

Ihre Werke sind aber außerordentlich wertvoll.

Ihren letzten Artikel muß man unbedingt in viele Sprachen übersetzen und auswerten.

Wir haben uns mit der Übersetzung Ihres Vortrages /Artikels/ bereits vertraut gemacht.

Jetzt liegen bei uns die Übersetzungen Ihrer wissenschaftlichen Werke vor.

Würden Sie bitte für mich ein Verzeichnis Ihrer letzten

публикаций. Я буду вам за это премного благодарен.

Вы примете участие в следующей международной конференции на эту же тему?

Да, конечно. Наша делегация приняла приглашение оргкомитета.

Мы также будем участвовать в этой конференции. Там мы и встретимся ещё раз.

Veröffentlichungen anfertigen. Ich wäre Ihnen sehr dankbar.

Werden Sie sich an der nächsten internationalen Konferenz zu demselben Thema beteiligen?

Ja, selbstverständlich. Unsere Delegation folgte der Einladung des Organisationskomitees.

Wir werden auch an der Konferenz teilnehmen. Dort treffen wir uns nochmals.

МЕДИЦИНСКОЕ ОБСЛУЖИВАНИЕ

МЕДИЦИНСКИЕ УЧРЕЖДЕНИЯ

Дайте, пожалуйста, свою оценку состояния здравоохранения в вашей стране.

Я считаю, что состояние здравоохранения у нас хорошее. Вся система здравоохранения удовлетворяет потребностям населения. Она доступна и отвечает всем требованиям современной медицины. Наряду с частными медицинскими учреждениями у нас довольно развита и государственная система здравоохранения.

Имеются ли в вашей стране /земле/ центральные органы, ведающие вопросами здравоохранения?

Да, у нас этими вопросами ведает министерство здравоохранения.

Кому подчиняются медицинские учреждения?

Государственные медицинские учреждения подчиняются министерству здравоохранения и местным властям.

Geben Sie bitte Ihre eigene Einschätzung des Gesundheitswesens in Ihrem Land.

Ich betrachte den Zustand des Gesundheitswesens bei uns als ganz gut. Das ganze System des Gesundheitswesens befriedigt die Bedürfnisse der Bevölkerung. Es ist zugänglich und entspricht allen Anforderungen moderner Medizin. Neben den privaten Einrichtungen ist bei uns das staatliche System des Gesundheitswesen stark entwickelt.

Gibt es in Ihrem Land / Bundesland/ zentrale Organe, die für das Gesundheitswesen zuständig sind?

Ja, für diese Fragen ist das Ministerium für das Gesundheitswesen zuständig.

Wem sind medizinische Einrichtungen unterstellt?

Die staatlichen medizinischen Einrichtungen sind dem Ministerium für das Gesundheitswesen bzw. den örtlichen Organen der Staatsmacht unterstellt.

Что вы можете сказать о подчиненности частных врачей, практикующих дома?	Was können Sie über die Unterstellung der Ärzte sagen, die in eigener Niederlassung tätig sind?
Врачи, практикующие частным образом, непосредственно не подчинены государственным органам.	Die Ärzte, die eine eigene Praxis betreiben, sind den staatlichen Organen nicht unmittelbar unterstellt.
Какие функции выполняет министерство здравоохранения?	Welche Funktionen übt das Ministerium für Gesundheitswesen aus?
Министерство зравоохранения несет ответственность прежде всего за	Das Ministerium für Gesundheitswesen ist vor allem verantwortlich für
— осуществление задач по развитию медицинского обслуживания, медицинских исследований и гигиену,	— die Verwirklichung der Aufgaben zur Entwicklung der medizinischen Betreuung, der medizinischen Forschung und der Hygiene,
— внедрение новейших научных достижений в медицине,	— die Einführung der neusten wissenschaftlichen Erkenntnisse der Medizin,
— определение потребностей в медикаментах, медицинской технике и других важных изделиях, необходимых для медицинского обслуживания.	— die Bedarfsermittlung an Arzneimitteln, Medizintechnik und an anderen, für die medizinische Betreuung wichtigen, Erzeugnissen.
Какие основные направления задействованы в осуществлении медицинского обслуживания населения?	Welche Fachrichtungen beteiligen sich an der Durchführung der medizinischen Grundbetreuung der Bevölkerung?
Это все направления амбулаторного и стационарного секторов. Кроме этого у нас хорошо развито медицинское обслуживание на предприятиях, имеются медицинские учреждения для матери и ребенка.	Das sind alle Fachrichtungen sowohl im ambulanten als auch stationären Sektor. Außerdem ist bei uns Betriebsgesundheitswesen stark entwickelt, es gibt medizinische Einrichtungen für Mutter und Kind.

АМБУЛАТОРНОЕ ЛЕЧЕНИЕ

Назовите, пожалуйста, амбулаторные учреждения, которые функционируют в вашей стране /земле/.	Nennen Sie bitte die ambulanten medizinischen Einrichtungen, die in Ihrem Land /Bundesland/ funktionieren.
К амбулаториям относятся:	Zu den ambulanten Einrichtungen gehören:
— поликлиники,	— Polikliniken,
— амбулатории,	— Ambulatorien,
— городские и сельские амбулатории (медпункты).	— Stadt- und Landambulatorien.
Амбулаторным лечением занимаются также	Die ambulante Betreuung betreiben auch
— практикующие врачи,	— Arztpraxen,
— врачи, имеющие собственное рабочее место,	— Ärzte in eigener Niederlassung,
— частные зубные врачи,	— Zahnärzte in eigener Niederlassungen,
— медпункты общин, обслуживаемые медсёстрами.	— Gemeindeschwesterstationen.
Расскажите, пожалуйста, немного подробнее о всех вышеназванных амбулаторных медицинских учреждениях.	Erzählen Sie bitte etwas eingehender über alle obengenannten ambulanten medizinischen Eingichtungen.
Прежде всего следует рассказать о поликлиниках. Поликлиники являются центрами амбулаторного обслуживания, которые располагают	Vorerst muß man über die Polikliniken berichten. Die Polikliniken sind die Zentren der ambulanten Betreuung, die über ... verfügen.
общеврачебным отделением	eine allgemeinärztliche Abteilung
отделением врачей-специалистов, например, по внутренним болезням, хирургии, гинекологии, детским болезням, стоматологии и другим.	Abteilungen für Fachärzte, wie z. B. für innere Medizin, Chirurgie, Gynäkologie, Kinderheilkunde, Stomatologie usw.
рентгеновскими установками	Röntgeneinrichtungen
диагностическими лабораториями	diagnostische Laboratorien

физиотерапевтическим отделением

Что представляют собой амбулатории?

Амбулатории это государственные амбулаторные учреждения, в которых имеется не менее четырех специальных отделений.

Имеется ли какая-либо связь между сельскими /городскими/ амбулаториями и другими медицинскими учреждениями?

Да, конечно. Городские и сельские амбулатории (медпункты) — это амбулаторные учреждения, которые работают совместно с другими учреждениями, и где регулярно проводится приём пациентов.

Какую работу выполняют медпункты общин, обслуживаемые медсестрами?

Медсестры общин оказывают врачам значительную помощь. Они заботятся о больных, проводят назначенные врачом процедуры, лечат людей, пострадавших в результате несчастного случая.

eine physiotherapeutische Abteilung

Was sind Ambulatorien?

Die Ambulatorien sind ambulante staatliche Einrichtungen mit mindestens vier Fachabteilungen.

Gibt es irgendwelche Verbindung zwischen den Land- und Stadtambulanzen und anderen medizinischen Einrichtungen?

Ja, selbstverständlich. Die Stadt- und Landambulatorien sind ambulante Einrichtungen, die an anderen Einrichtungen angeschlossen sind, und in denen regelmäßige Sprechstunden stattfinden.

Welche Funktionen üben die Gemeindeschwesterstationen aus?

Die Gemeindeschwestern leisten den Ärzten eine wesentliche Hilfe. Sie betreuen die Kranken, führen ärztlich angeordnete Heilverfahren durch und behandeln die Unfallverletzten.

СТАЦИОНАРНОЕ МЕДИЦИНСКОЕ ОБСЛУЖИВАНИЕ

Расскажите, пожалуйста, немного о стационарном обслуживании пациентов в вашей стране.

Пожалуйста. Больницы являются центрами квалифицированного медицинского обслуживания.

Erzählen Sie bitte ein wenig über die stationäre medizinische Betreuung in Ihrem Lande.

Bitte schön. Die Krankenhäuser sind die Zentren qualifizierter medizischer Betreuung.

Стационарное и амбулаторное медицинское обслуживание в больницах включает осуществление профилактических, диагностических, терапевтических и реабилитационных мероприятий.

Сколько стационарных медицинских учреждений имеется в распоряжении жителей этого города?

У нас в городе имеются две крупных больницы, один туберкулезный диспансер и один центр по лечению сердечно-сосудистых заболеваний. В соседнем городе есть также несколько диспансеров.

Сколько пациентов обслуживается стационарно?

В наших больницах ... мест /коек/. Это составляет ... койко-мест на ... жителей.

В настоящее время они заняты на 75 %.

Die stationäre und ambulante medizinische Betreuung in den Krankenhäusern umfaßt prophylaktische, diagnostische, therapeutische und rehabilitische Maßnahmen.

Wieviel stationäre medizinische Einrichtungen stehen der Bevölkerung dieser Stadt zur Verfügung?

Wir haben in der Stadt zwei große Krankenhäuser, eine Tuberkulösefürsorgestelle, ein Kreislaufzentrum. In der Nebenstadt gibt es auch einige Dispensaires.

Wieviel Patienten werden stationär behandelt?

Unsere Krankenhäuser verfügen über ... Betten. Das entspricht einer Häufigkeit von ... Krankenhausbetten auf ... Einwohner.

Zur Zeit sind sie auf 75 Prozent besetzt.

МЕДИЦИНСКОЕ ОБСЛУЖИВАНИЕ НА ПРЕДПРИЯТИИ

Кто отвечает за осуществление мероприятий здравоохранения на предприятиях?

Ответственность за это возложена на владельцев и руководителей предприятий.

Каков процент работающих охвачен медицинским обслуживанием предприятия?

Почти все сотрудники охвачены медицинским обслуживанием на предприятии.

Bei wem liegt die Verantwortung für die Verwirklichung der Maßnahmen für das Betriebsgesundheitswesen?

Die Verantwortung dafür liegt bei Betriebsinhabern und -leitern.

Wieviel Prozent der Berufstätigen werden berufsärztlich betreut?

Fast alle Mitarbeiter werden berufsärztlich betreut.

Как часто на вашем предприятии происходят несчастные случаи?	Wie groß ist die Häufigkeit von Arbeitsunfällen in Ihrem Betrieb?
Несчастные случаи на нашем предприятии очень редки.	Arbeitsunfälle in unserem Betrieb sind sehr selten.

СКОРАЯ МЕДИЦИНСКАЯ ПОМОЩЬ

Какие медицинские учреждения оказывают помощь при травмах и острых заболеваниях непосредственно на месте происшествия?	Welche medizinische Einrichtungen erweisen Hilfeleistungen bei Verletzungen und akuten Krankheiten unmittelbar am Ereignisort?
Для этого у нас существует скорая медицинская помощь /первая помощь/.	Dazu dient bei uns die Schnelle Medizinische Hilfe /die Erste Hilfe/.
Какие задачи выполняет еще скорая медицинская помощь /первая помощь/.	Welche Aufgaben erfüllt die Schnelle Medizinische Hilfe /die Erste Hilfe/ noch?
Она оказывает помощь при транспортировке больного до его приема в стационарное учреждение здравоохранения.	Sie erweist dem Erkrankten Hilfeleistungen während des Transports bis zur Aufnahme in eine stationäre Einrichtung des Gesundheitswesens.
Сколько пунктов скорой медицинской помощи имеется в вашем городе?	Wieviel Unfallstationen gibt es in Ihrer Stadt?
На каждые сто тысяч населения у нас есть один пункт скорой медицинской помощи.	Für je hunderttausend Einwohner gibt es bei uns eine Unfallstation.
Как обеспечена скорая медицинская помощь ...?	Wie ist die Schnelle Medizinische Hilfe mit ... versorgt?
медицинскими кадрами	medizinischen Kadern
транспортными средствами	Transportmitteln
медицинским оборудованием /приборами/	medizinischer Ausrüstung /medizinischen Geräten/
У нас полная обеспеченность.	Wir sind voll ausgerüstet.
Нам нужны	Wir brauchen ....
высококвалифицированные врачи	hochqualifizierte Ärzte
лекарства	Arzneimittel
новейшее оборудование	die modernste Ausrüstung

Медицинское обслуживание

ПОСЕЩЕНИЕ ЛЕЧЕБНОГО УЧРЕЖДЕНИЯ

Какие отделения есть в ...?	Welche Stationen /Abteilungen/ gibt es in ...?
вашей больнице	Ihrem Krankenhaus
вашем диспансере	Ihrem Dispensaire
вашем лечебном учреждении	Ihrer Heilanstalt

У нас есть ... отделение.	Wir haben eine ... Station /Abteilung/.
венерологическое	venerologische
гастроэнтерическое	gastroenterische
гинекологическое	gynäkologische
инфекционное	infektiöse
кардиологическое	kardiologische
неврологическое	neurologische
онкологическое	onkologische
ортопедическое	orthopädische
офтальмологическое	ophthalmologische
пульмонологическое	pulmonale
терапевтическое	innere /therapeutische/
урологическое	urologische
физиотерапевтическое	physiotherapeutische
хирургическое	chirurgische

У нас есть ...	Wir haben ... .
кожное отделение	eine Hautstation
отделение уха-горла-носа	eine Station /Abteilung/ für Hals-Nasen-Ohren-Heilkunde
приёмная (врача)	ein Sprechzimmer
рентгенографический кабинет	ein Röntgenographiezimmer
рентгеноскопический кабинет	ein Röntgendurchleuchtungszimmer
родильное отделение	eine Entbindungsstation

Достаточно ли у вас ...?	Haben Sie genügend ...?
врачей-окулистов	Augenärzte
врачей по внутренним болезням	Fachärzte für innere Krankheiten

врачей рентгенологов	Röntgenärzte
детских врачей	Kinderärzte
зубных врачей	Zahnärzte
У нас есть врачи по всем специальностям.	Wir haben Fachärzte in allen Fachrichtungen.
Где врачи повышают свою квалификацию?	Wo wird die Weiterbildung der Ärzte durchgeführt?
Повышение квалификации врачей происходит в	Die Weiterbildung der Ärzte erfolgt in ... .
больницах	Krankenhäusern
диспансерах	Dispensaires
центрах по лечению сердечно-сосудистых заболеваний	Kreislaufzentren
Расскажите, пожалуйста, о системе обеспечения вашего лечебного учреждения	Erzählen Sie bitte über das Versorgungssystem Ihrer Heilanstalt mit ... .
медикаментами	Arzneimitteln
медицинским оборудованием	medizinischer Ausrüstung
Сколько случаев заболеваний в год регистрируется в вашей больнице?	Wieviel Behandlungsfälle werden in Ihrem Krankenhaus jährlich registriert?
В прошлом году было зарегистрировано ... заболеваний.	Im vorigen Jahr wurden ... Erkrankungen registriert.
Какие заболевания у вас встречаются наиболее часто?	Welche Erkrankungen sind bei Ihnen am häufigsten?
Наибольшее число заболеваний падает на	Das Hauptgewicht der Erkrankungen liegt in den Fachrichtungen:
— внутренние болезни,	— innere Medizin
— хирургию,	— Chirurgie
— гинекологию и	— Gynäkologie und
— педиатрию.	— Kinderheilkunde.
На первом месте по частоте следуют болезни пищеварительного тракта.	In der Reihenfolge der Häufigkeit stehen die Krankheiten des Verdauungsystems an erster Stelle.
У мужчин следуют затем заболевания дыхательных путей, травмы, болезни сердечно-сосудистой и мочеполовой систем.	Es folgen dann bei den männlichen Personen die Krankheiten des Atmungssystems, die Unfälle, die Krankheiten des Kreislauf- und Urogenitalsystems.

У женщин следуют затем болезни мочеполовой системы, заболевания сердечно-сосудистой системы. Нередко встречается гипертрофия миндалевидной железы, воспаление слепой кишки.

Что вы считаете самым важным в работе врача?

Профилактика — это основа в деятельности каждого врача. Она осуществляется, в основном, посредством раннего обследования и медицинского контроля за пациентами.

Сердечно-сосудистые заболевания

Как часто у вас диагностируются сердечно-сосудистые заболевания?

Эти заболевания относятся к наиболее часто встречающимся.

Какие методы вы используете для постановки диагноза?

Для постановки диагноза наряду с другими методами используются специальные рентгеновские снимки коронарных артерий и обследования с помощью катетера.

Сколько операций проводится у вас ежегодно?

Злокачественные опухоли

Как вы оцениваете серьезность заболеваний злокачественными опухолями?

По причинам смертельных исходов злокачественные опухоли стоят на втором месте.

Bei den weiblichen Personen folgen die Krankheiten des Urogenitalsystems, die Krankheiten des Kreislaufsystems. Nicht selten sind Hypertrophie der Gaummandeln sowie Blinddarmentzündung.

Was halten Sie für das wichtigste in der Arbeit eines Arztes?

Die Prophylaxe ist Grundlage der Tätigkeit eines jeden Arztes. Sie wird hauptsächlich durch frühzeitige Erfassung und medizinische Überwachung der Patienten verwirklicht.

Herz-Kreislauf -Krankheiten

Wie oft werden bei Ihnen die Herz - Kreislauf - Krankheiten festgestellt?

Diese Krankheiten gehören zu den häufigsten.

Welche diagnostische Methoden verwenden Sie?

Zu den diagnostischen Methoden neben den anderen gehören auch spezielle Röntgendarstellungen den Koronararterien und Katheteruntersuchungen.

Wieviel Operationen werden bei Ihnen jährlich durchgeführt?

Bösartige Geschwülste

Wie schätzen Sie die Ernsthaftigkeit der Erkrankungen an bösartigen Geschwülsten?

Bösartige Geschwülste stehen an der zweiten Stelle der Todesursachen.

Какие меры вы используете в борьбе против злокачественных опухолей?

Трудно все перечислить. Наши успехи по борьбе против злокачественных опухолей следует в первую очередь приписать своевременной диагностике. Поэтому мы уделяем самое большое внимание раннему распознаванию и операциям.

В целях борьбы с опухолями у нас поощряется строительство современных центров лучевой терапии и лабораторий.

Welche Maßnahmen greifen Sie zur Bekämpfung bösartiger Geschwülste.

Es ist schwer, alles aufzuzählen. Unsere Erfolge der bösartigen Geschwülstbekämpfung sind in erster Linie der rechtzeitigen Diagnostik zuzuschreiben. Darum schenken wir der Früherkennung und Frühoperation die größte Bedeutung.

Zur Geschwülstbekämpfung wird bei uns der Aufbau moderner Strahlentherapiezentren und Laboratorien gefördert.

Инфекционные заболевания

Как обстоит у вас дело с инфекционными заболеваниями?

Количество этих заболеваний, против которых имеются эффективные иммунизирующие средства, значительно сократилось.

Наиболее часто встречающимися инфекционными заболеваниями являются сейчас вирусные заболевания дыхательных путей.

Целям борьбы с инфекционными заболеваниями служит контроль за производством и торговлей продовольствием, повышение уровня образования населения в отношении соблюдения правил гигиены.

Infektionskrankheiten

Wie steht bei Ihnen die Sache in bezug auf die Infektionskrankheiten?

Die Anzahl der Krankheiten, gegen die wirksame Immunisierungsmöglichkeiten bestehen, wurde stark vermindert.

Die häufigsten Infektionskrankheiten sind jetzt Virusinfektionen der Atemwege.

Zur Bekämpfung der Infektionskrankheiten dienen die Überwachung der Lebensmittelherstellung und des Lebensmittelhandels, die Hebung des Bildungsniveau der Bevölkerung hinsichtlich der Beachtung von hygienischen Verhaltensweisen.

Заболевания почек

Какие больные с заболеванием почек наиболее часто

Nierenkrankheiten

Welche Patienten mit Nierenkrankheiten werden bei Ihnen

у вас подвергаются стационарному лечению?

Пациенты с инфекционными заболеваниями почек составляют у нас большую часть стационарно обслуживаемых больных.

Какую роль в вашей медицинской практике играет использование искусственной почки?

Искусственная почка стала составной частью нашего реанимационного центра. В тяжелых случаях (заболеваний) мы применяем ее довольно часто.

Как часто вы применяете операции по пересадке донорской почки?

Эту меру мы применяем всегда при острой почечной недостаточности и при наличии соответствующей донорской почки.

stationär am häufigsten behandelt?

Die Patienten mit Nierenkrankheiten betragen bei uns den größten Anteil der stationär behandelten Kranken.

Welche Rolle in Ihrer medizinischen Praxis spielt die Verwendung der künstlichen Niere?

Die künstliche Niere ist zum Bestandteil unseres Reanimationszentrum geworden. In schweren Fällen verwenden wir sie ziemlich, oft.

Wie oft verwenden Sie das Einpflanzen einer Spenderniere?

Diese Maßnahme ergreifen wir immer bei akuter Niereninsuffizienz und wenn eine entsprechende Spenderniere vorhanden ist.

Травмы

Какие виды травматизма у вас наблюдаются чаще всего?

Чаще всего мы имеем дело с уличным травматизмом.

Какие трудности вы видите при оказании помощи этим пациентам?

Этим пациентам для переливаний часто нужна кровь. Кровь дорогая, и мы покупаем её в недостаточном количестве.

Сколько переливаний крови вы провели в прошлом месяце?

Verletzungen

Welche Arten der Verletzungen werden bei Ihnen am häufigsten beobachtet?

Am häufigsten haben wir mit Verkehrsunfällen zu tun.

Welche Schwierigkeiten sehen Sie bei Hilfeleistungen für diese Patienten?

Diese Patienten brauchen für die Transfusion oft viel Blut. Das Blut ist teuer, und wir kaufen es in ungenügenden Mengen.

Wieviel Bluttransfusionen haben Sie im vorigen Monat durchgeführt.

В прошлом месяце мы провели при операциях ... переливаний крови.	Im vorigen Monat haben wir bei Operationen ... Transfusionen durchgeführt.
Каков процент смертности при несчастных случаях?	Wie hoch ist die Prozentzahl der Sterblichkeit bei Unfällen?
Смертность составляет примерно ... процентов.	Die Sterblichkeit beträgt ungefähr ... Prozent.
Как обстоят у вас дела с платой за медицинское обслуживание?	Wie sieht es bei Ihnen mit der Bezahlung für medizinische Betreuung aus?
В медицинских учреждениях этот вопрос решается по разному, поскольку у нас наряду с государственными медицинскими учреждениями функционируют и частные, где плата за лечение различна.	In medizinischen Einrichtungen wird diese Frage verschiedenartig gelöst, da neben staatlichen Einrichtungen bei uns auch private Einrichtungen funktionieren, wo die Betreuungskosten von verschiedener Höhe sind.
В этом отношении у нас страхование на случай болезни играет большую роль. Страхованием на случай болезни у нас охвачен почти каждый гражданин. Соответствующее учреждение страхования выдаёт удостоверение о страховании. Когда больной идет к врачу, он должен предъявить это удостоверение. Это удостоверение часто служит документом для значительного снижения стоимости медицинского обслуживания.	In dieser Hinsicht spielt die Krankenversicherung bei uns eine große Rolle. Fast jeder Bürger ist bei uns von der Krankenversicherung erfaßt. Die zuständige Stelle der Versicherung stellt den Versicherungsausweis aus. Wenn der Kranke zum Arzt geht, muß er diesen Ausweis vorlegen. Dieser Ausweis gilt oft als Dokument für eine bedeutende Ermäßigung der Betreuungskosten.
Как вы приобретаете лекарства?	Wie erwerben Sie Arzneimittel?
При покупке лекарства нужно предъявить страховку и рецепт.	Wenn man eine Arznei haben möchte, so legt man seinen Versicherungsausweis und ein Rezept vor.
В этом случае за лекарство нужно заплатить две марки, независимо от его стоимости.	In diesem Fall muß man unabhängig vom Preis der Arznei zwei Mark bezahlen.

Можно ли купить лекарство без рецепта?	Kann man die Arznei ohne Rezept kaufen?
Да, но в этом случае его можно купить лишь за полную стоимость.	Ja, man kann sie aber in diesem Fall nur für den vollen Preis kaufen.

СОТРУДНИЧЕСТВО В ОБЛАСТИ МЕДИЦИНЫ

Мы хотели бы обсудить с вами вопросы сотрудничества в области медицины и фармакологии.	Wir möchten mit Ihnen die Zusammenarbeit auf dem Gebiete der Medizin und Pharmakologie besprechen.
Да, мы согласны. Давайте вначале определим основные направления работы.	Ja, wir sind einverstanden. Lassen Sie uns zuerst die Hauptrichtungen der Arbeit bestimmen.
Я предлагаю обсудить следующие вопросы:	Ich schlage vor, folgende Fragen zu erörtern:
— совместная разработка лекарственных средств и медицинского оборудования, способы их взаимообмена между нашими странами;	— die gemeinsame Entwicklung der Arzneimittel und der medizinischen Ausrüstung, ihre Austauschmöglichkeiten zwischen unseren Ländern;
— проведение стажировки ваших специалистов в нашей стране и наших специалистов в ваших лечебных учреждениях.	— das Praktikum Ihrer Spezialisten in unserem Land und die Arbeit unserer Fachleute in Ihren Heilanstalten.
Мы предлагаем проводить в нашей стране лечение и оздоровление ваших больных, в первую очередь детей, пострадавших в результате Чернобыльской катастрофы.	Wir schlagen Ihnen vor, in unserem Land die Heilung und Genesung Ihrer Kranken durchzuführen. Das betrifft in erster Linie die Kinder, die von der Tschernobylkatastrophe betroffen sind.
Для обеспечения нормального хода совместной работы по разработке новых лекарственных средств и медицинского оборудования нам нужно	Um eine normale Zusammenarbeit in der Entwicklung neuer Arzneimittel und medizinischer Ausrüstung sicherzustellen, müssen wir ... .

определить основные направления работы	die Hauptrichtungen der Arbeit bestimmen (feststellen)
обсудить способы обмена информацией и опытными образцами	die Austauschmöglichkeiten von Informationen und Versuchsmustern besprechen
обсудить финансовые вопросы	die Finanzfragen beraten
Для обмена медицинской продукцией (лекарственными средствами и медицинским оборудованием) мы готовы обсудить	Wir sind zum Austausch von medizinischen Fertigerzeugnissen (Arzneimitteln und Ausrüstung) bereit, um
— номенклатуру, объём,	— die Nomenklatur, den Umfang,
— цену и сроки поставок.	— den Preis und die Liefertermine zu beraten.
Какие темы, касающиеся стажировки медицинских работников, вы предлагаете к обсуждению?	Welche Themen, die mit dem Praktikum medizinischen Mitarbeiter im Zusammenhang stehen, schlagen Sie vor, zu besprechen?
Мы предлагаем обсудить целую программу. В нее, по нашему мнению, должны войти следующие вопросы:	Wir schlagen vor, ein ganzes Programm zu besprechen. Es muß unserer Ansicht nach folgende Fragen umfaßen:
— количество и специальности врачей, выезжающих на стажировку;	— die Zahl und die Fachrichtungen der zum Praktikum ausreisenden Ärzte;
— место и условия проведения стажировки;	— den Ort und die Bedingungen des Praktikums;
— финансовые вопросы.	— Finanzfragen.
Насколько нам известно, вы хотели бы оказать нам помощь в лечении и оздоровлении больных.	Soweit wir wissen, möchten Sie uns bei der Heilbehandlung und Gesundung der Kranken helfen.
Помощь касается в первую очередь детей, пострадавших от Чернобыльской катастрофы.	Die Hilfe betrifft in erster Linie die Kinder, die von der Tschernobylkatastrophe betroffen sind.
Да, у нас есть такое желание. Мы хотели бы поэтому	Ja, wir wünschen das. Wir möchten darum eine Reihe von

Медицинское обслуживание

обсудить ряд вопросов, касающихся этой темы.

Но для их обсуждения вам вероятно потребуются какие-то сведения.

Да, для составления программы нам необходимы сведения о больных, видах и тяжести заболевания. Кроме того, нам нужно изучить и наши возможности и определить место лечения.

Сведения о наших потребностях мы вам представим в течение месяца. Тогда, вероятно, будут готовы и ваши материалы для разработки программы.

Fragen erörtern, die mit diesem Thema im Zusammenhang stehen.

Dafür brauchen Sie vielleicht einige Angaben.

Zur Programmausarbeitung brauchen wir Angaben über die Kranken, über die Arten und Schwere der Krankheiten. Außerdem müssen wir unsere Möglickeiten überprüfen und den Ort der Heilbehandlung bestimmen.

Die Angaben über unsere Bedürfnisse werden wir Ihnen binnen eines Monats vorlegen. Dann sind Ihre Materialien zur Programmausarbeitung vielleicht auch fertig.

КУЛЬТУРА. ИСКУССТВО. СПОРТ

Мне хотелось бы познакомиться с культурной жизнью и искусством в вашей стране.

Ich möchte das kulturelle Leben und die Kunst in Ihrem Lande kennenlernen.

Я готов предоставить вам всю необходимую информацию. Что конкретно вы хотели бы узнать?

Ich bin bereit, Ihnen diese Information zu geben. Was möchten Sie konkret wissen?

Прежде всего мне хотелось бы познакомиться с ... в вашей стране.

Ich möchte mich vorerst mit ... in Ihrem Lande vertraut machen.

изданием книг
библиотечным делом
киностудиями
музеями
работой театров и цирков

системой образования в области культуры и искусства

dem Verlagswesen
dem Bibliothekswesen
den Filmstudios
den Museen
der Tätigkeit der Theater und Zirkusse

dem Ausbildungssystem für Kultur und Kunst

В общих чертах я мог бы охарактеризовать работу наших культурных учреждений.

In den Hauptzügen könnte ich die Arbeit unserer kulturellen Einrichtungen umreißen.

Прежде всего меня интересуют вопросы подчиненности и принадлежности ваших культурных учреждений.

Mich interessieren vorerst die Unterstellung und Angehörigkeit Ihrer kulturellen Einrichtungen.

В каждой из земель существуют учреждения /управления/ культуры и искусства.

In jedem Bundesland gibt es Behörden für Kunst und Kultur.

Культура, искусство, спорт

Система принадлежности учреждений культуры однако довольно разнообразна.	Das System der Zugehörigkeit der kulturellen Einrichtungen ist aber ziemlich mannigfaltig.
Наши культурные учреждения подразделяются на … .	Unsere kulturellen Einrichtungen werden in … eingeteilt.

акционерные	Aktieneinrichtungen
государственные	Staatseinrichtungen
общественные	gesellschaftliche Einrichtungen
частные	private Einrichtungen

Все культурные учреждения имеют свои особенности, и мне довольно трудно их охарактеризовать.	Alle kulturellen Einrichtungen besitzen ihre eigenen Besonderheiten. Für mich ist es schwer, sie zu charakterisieren.
Я посоветовал бы вам посетить несколько … .	Ich empfehle Ihnen einige … zu besichtigen.

библиотек	Bibliotheken
киностудий	Filmstudios
издательств	Verlage
музеев	Museen
театров	Theater
учебных заведений	Lehranstalten
цирков	Zirkusse

В каждом культурном учреждении вы могли бы познакомиться с … .	In jeder kulturellen Einrichtung könnten Sie mit … vertraut machen.

культурными фондами хранилищ	den kulturellen Beständen der Aufbewahrungsorte
материально-технической базой	der materiell-technischen Basis
обеспеченностью квалифицированными кадрами	der Versorgung mit qualifizierten Kadern
другими проблемами	anderen Problemen

Порекомендуйте мне, пожалуйста, несколько учреждений культуры для посещения.	Empfehlen Sie mir bitte zur Besichtigung einige kulturelle Einrichtungen.

КНИГОИЗДАНИЕ

Какие издательства есть в вашем городе?	Welche Verlage gibt es in Ihrer Stadt?
Где находятся эти издательства?	Wo befinden sich diese Verlage?
Каков профиль вашего издательства?	Wie ist die Fachrichtung Ihres Verlags?
Мы выпускаем литературу по	Wir geben Literatur für ... heraus.

    архитектуре — Architektur
    библиотечному делу — Bibliothekwesen
    изобразительному искусству — bildende /darstellende/ Kunst
    искусству — Kunst
    истории — Geschichte
    киноискусству — Filmkunst
    краеведению — Heimatkunde
    музыке — Musik
    народному искусству — Volkskunst
    прикладному искусству — angewandte Kunst
    сценическому искусству — Bühnenkunst
    цирковому искусству — Zirkuskunst
    эстрадному искусству — Unterhaltungskunst

Основной профиль нашего издательства — художественная литература.	Die Grundfachrichtung unseres Verlags ist die schön(geistig)e Literatur.
Какой полиграфической базой вы располагаете?	Über welche polyraphische Basis verfügen Sie?
У нас заключен долгосрочный контракт	Wir haben einen langfristigen Vertrag mit ... abgeschlossen.

    с полиграфическим комбинатом — einem polyraphischen Kombinat
    с типографией — einer Druckerei

Имеются ли у вас проблемы с обеспечением ...?	Haben Sie Probleme mit der Versorgung von ...?

    бумагой — Papier
    кадрами — Kadern

издательскими материалами	Materialien für Veröffentlichungen
Все эти проблемы существуют. Но их решение не представляет для нас больших трудностей.	Ja, wir haben alle diese Probleme. Ihre Lösung bereitet uns aber keine große Mühe.
Бумагу мы получаем по умеренным ценам от поставщиков нашей страны и из-за рубежа.	Das Papier erhalten wir zu günstigen Preisen von Lieferanten aus dem In- und Ausland.
Мы получаем много предложений от наших авторов.	Wir bekommen viele Vorschläge von unseren Autoren.
Какую литературу из нашей страны вы выпускаете?	Welche Werke aus unserem Land geben sie heraus?
Кстати, именно сейчас готовится к печати одна из книг вашего автора.	Gerade jetzt bereiten wir die Veröffentlichung eines der Werke Ihres Schriftstellers vor.
Что бы вы хотели издать из произведений наших писателей?	Welche Werke unserer Schriftsteller möchten Sie noch herausgeben?
Нам хотелось бы опубликовать что-нибудь о современной жизни вашей страны.	Wir möchten etwas vom gegenwärtigen Leben Ihres Landes veröffentlichen.
Какие произведения ваших писателей вы считаете наиболее ценными для переиздания в нашей стране?	Welche Werke Ihrer Schriftsteller halten Sie für die Veröffentlihung in unserem Land für besonders wertvoll?
Я порекомендовал бы вам	Ich möchte Ihnen ... raten.
Учитывая наши взаимные интересы нам нужно заключить соответствующий контракт.	Unter Berücksichtigung unserer gemeinsamen Interessen müssen wir einen entsprechenden Vertrag abschließen.

БИБЛИОТЕКИ

Какие библиотеки есть в вашем городе?	Welche Bibliotheken gibt es in Ihrer Stadt?
У нас есть библиотеки для	Wir haben Bibliotheken für ... .
детей	Kinder
населения	Bevölkerung

специалистов разного профиля	Fachleute verschiedener Fachrichtungen
юношества	Jugendliche

Каков книжный фонд вашей библиотеки? — Wie groß ist der Bücherbestand Ihrer Bibliothek?
Наша библиотека насчитывает свыше ... томов. — Unsere Bibliothek zählt über ... Bände.
Многие книги имеются в нескольких экземплярах. — Viele Bücher sind in mehreren Exemplaren vorhanden.
Какие залы функционируют в вашей библиотеке? — Welche Säle gibt es in Ihrer Bibliothek?
У нас работают — Bei uns gibt es ... .

зал абонемента	einen Saal für Ausleihe
зал естественно-научной литературы	einen Saal für naturwissenschaftliche Literatur
зал исторической литературы	einen Saal für historische Literatur
зал литературы по точным наукам	einen Saal für exakte Wissenschaften
зал медицинской литературы	einen Saal für medizinische Literatur
зал межбиблиотечного абонемента	einen Saal für Fernleihe
зал специальной литературы	einen Saal für Fachliteratur
зал филологии	einen Saal für Philologie
зал художественной литературы	einen Saal für schöngeistige Literatur
справочный зал	einen Auskunftssaal
читальный зал	einen Lesesaal

Как используется в вашей работе компьютерная техника? — Wie wird bei Ihrer Arbeit die Computertechnik angewandt?
В память компьютеров заложены данные о всех книгах. — Im Computersspeicherwerk sind Daten über alle Bücher eingespeichert.
Эти данные помогают пользователям и работникам библиотеки в поисках нужной литературы. — Diese Angaben helfen den Benutzern und Mitarbeitern der Bibliothek bei der Suche der erforderlichen Literatur.
Как у вас организовано хранение книжного фонда? — Wie ist bei Ihnen die Lagerung Ihres Bücherbestandes gestaltet?

У нас есть неплохие помещения для хранения книг, где поддерживаются оптимальные условия.

Книги строго классифицированы, что облегчает доставку их читателям из книгохранилища.

Какие книги пользуются наибольшим спросом?

У нас большой спрос на книги ... .

Wir besitzen gute Räume für die Bücherlagerung, wo optimale Bedingungen eingehalten werden.

Die Bücher sind streng klassifiziert. Das erleichtert Ihre Suche und Beförderung für die Leser.

Nach welchen Büchern herrscht die größte Nachfrage?

Besonders gefragt sind die Bücher ... .

ТЕАТР. ЦИРК

Какие театры есть в вашем городе?

Работает ли в вашем /соседнем/ городе цирк?

У нас есть хороший цирк.

У нас есть также ... .

Welche Theater gibt es in Ihrer Stadt?

Gibt es einen Zirkus in Ihrer /benachbarter/ Stadt?

Wir haben einen guten Zirkus.

Wir haben auch ... .

драматический театр
народный театр
несколько театров под открытым небом
кукольный театр
оперный театр
театр для детей
театр оперетты
театр с собственной группой
юношеский театр

ein Schauspielhaus
ein Volkstheater
einige Naturtheater /Freilichttheater/
ein Puppentheater
ein Opernhaus
ein Kindertheater
ein Operettentheater
ein Theater mit eigenem Ensemble
ein Jugendtheater

Каков репертуар вашего театра на этот месяц?

Кто играет главные роли?

Вот, пожалуйста, репертуар нашего театра. Из него вы можете узнать распределение ролей.

Какие произведения вы ставите чаще всего?

Was steht im Spielplan Ihres Theaters für diesen Monat?

Wer spielt die Hauptrollen?

Bitte, hier ist der Spielplan unseres Theaters. Daraus können Sie die Rollenbesetzung entnehmen.

Welche Werke führen Sie am öftesten auf?

Наши зрители очень любят	Unsere Zuschauer haben ... gern.
балет	Ballett
классику	Klassik
оперетту	Operette
оперу	Oper
представления народного искусства	Aufführungen der Volkskunst
Мы хотели бы заключить с вами контракт о взаимных гастролях.	Wir möchten mit Ihnen einen Vertrag über gegenseitige Gastspiele abschließen.
Кого вы хотели бы пригласить?	Wen möchten Sie einladen?
Мы хотели бы пригласить на гастроли	Wir möchten zu Gastspielen ... einladen.
актеров драматического /оперного/ театра	die Schauspieler des Schauspielhauses /Opernhauses/
актеров цирка	Artisten des Zirkus
исполнителей музыкальных произведений	ausübende Musiker
основной состав актеров вашего театра	die Hauptbesetzung Ihres Theaters
На каких условиях будут осуществляться гастроли?	Zu welchen Bedingungen werden Gastspiele durchgeführt?
Все условия будут оговорены в контракте.	Alle Bedingungen werden im Vertrag abgesprochen.
В договоре нам необходимо предусмотреть	Im Vertrag müssen wir ... vorausplanen.
репертуар	das Repertoire
состав исполнителей	die Besetzung der Stücke
финансовые вопросы	Finanzfragen

МУЗЕЙ. КАРТИННАЯ ГАЛЕРЕЯ

Мы хотели бы посетить	Wir möchten ... besuchen.
естественно-научный музей	ein naturwissenschaftliches Museum
исторический музей	ein historisches Museum
картинную галерею	eine Gemäldegalerie

краеведческий музей	ein Museum für Landeskunde
музей абстрактного искусства	ein Museum für abstrakte Kunst
музей изобразительного искусства	ein Museum der bildenden Künste
музей по истории литературы и музыки	ein Museum für Geschichte der Literatur und Musik
технический музей	ein technisches Museum
этнографический музей	ein Völkerkundemuseum
Какие залы есть в вашем музее?	Welche Säle gibt es in Ihrem Museum?
Какие коллекции представлены в этом зале?	Welche Sammlungen gibt es in dieser Halle?
Какие материалы имеются у вас кроме выставленных здесь экспонатов?	Welche Materialien haben Sie außer der hier ausgestellten Exponaten?
В наших хранилищах есть много материалов для смены выставляемых экспонатов.	In unseren Aufbewahrungsorten gibt es viele Materialien für Ersatz ausgestellter Exponate.
Производится ли обмен экспонатами с другими музеями?	Wird der Austausch von Ausstellungsgegenständen mit anderen Museen durchgeführt?
Мы поддерживаем тесные связи с другими музеями нашего профиля и организуем выставки друг у друга.	Wir haben enge Beziehungen zu den Museen unserer Fachrichtung und veranstalten gegenseitige Ausstellungen.
Мы хотели бы организовать подобный обмен с нашими музеями.	Wir möchten so einen Austausch mit unseren Museen veranstalten.
Следовательно речь пойдёт о заключении соответствующего договора.	Folglich geht es um einen entsprechenden Vertragsabschluß.
Да, это верно.	Ja, das stimmt.

КИНОИСКУССТВО

Какие крупные киностудии имеются в вашей стране?	Welche große Filmstudios gibt es in Ihrem Lande?
Какие фильмы снимаются в вашей студии?	Welche Filme werden in Ihrem Studio gedreht?

Мы снимаем ..	Wir produzieren
документальные фильмы	Dokumentarfilme
мультипликационные фильмы	Zeichenfilme
научно-популярные фильмы	populärwissenschaftliche Filme
приключенческие фильмы	Abenteuerfilme
художественные фильмы	Spielfilme
Кто из известных /иностранных/ актеров снимается в ваших фильмах?	Welche bekannte /ausländische/ Schauspieler werden in Ihren Filmen besetzt?
Кто участвует в съемках фильмов?	Wer nimmt an den Filmaufnahmen teil?
В создании фильмов участвуют .	An der Schaffung der Filme nehmen ... teil.
звукооператоры	Tonregisseure
композиторы	Komponisten
операторы	Kameraleute
осветители	Beleuchter
помощники режиссера	Hilfsregisseure
режиссеры	Regisseure
сценаристы	Drehbuchautoren
Назовите последние ваши фильмы.	Nennen Sie bitte Ihre letzten Filme.
Нам хотелось бы завязать тесные контакты с вашей студией.	Wir möchten enge Kontakte mit Ihrem Studio anknüpfen.
Какие формы сотрудничества вы предлагаете?	Welche Arten der Zusammenarbeit schlagen Sie vor?
Мы предложили бы ..	Wir möchten ... vorschlagen.
заключение контрактов с вашими киноактерами	Vertragsabschlüsse mit Ihren Filmschauspielern
обмен кинофильмами	einen Austausch von Filmen
производство совместных фильмов	eine Coproduktion gemeinsamer Filme
участие в кинофестивалях	die Beteiligung an den Filmfestspielen

Культура, искусство, спорт

СПОРТИВНОЕ ДВИЖЕНИЕ

Высокие достижения ваших спортсменов общеизвестны.

Как в личных, так и в командных первенствах ваши спортсмены всегда занимают призовые места.

Поэтому нам хотелось бы познакомиться с ... .

Hohe Leistungen Ihrer Sportler sind allgemeinbekannt.

Wie im Einzelkampf, so auch im Mannschaftskampf erringen Ihre Sportler immer Medallenplätze.

Darum möchten wir uns mit ... bekannt machen.

некоторыми приемами работы ваших тренеров

общей системой физического воспитания детей и юношества в вашей стране

секретами ваших успехов

einigen Arbeitsmethoden Ihrer Trainer

dem ganzen System der Körpererziehung der Kinder und Jugendlichen in Ihrem Lande

den Geheimnissen Ihrer Erfolge

Я не стану отрицать ваших утверждений.

Секретов у нас никаких нет.

Все дело в системе.

Большое внимание спорту и физической культуре у нас уделяется во всех учебных заведениях.

Физкультура здесь является обязательным предметом.

Здесь созданы все условия для занятий спортом.

В нашем городе для населения имеются ... .

Ich werde Ihre Behauptungen nicht abstreiten.

Wir haben keine Geheimnisse.

Alles hängt vom System ab.

In allen Lehranstalten wird dem Sport und der körperlichen Erziehung eine große Aufmerksamkeit geschenkt.

Die Körpererziehung ist hier ein Pflichtfach.

Hier sind alle Voraussetzungen für den Sport geschaffen.

In unserer Stadt gibt es für die Bevölkerung ... .

плавательные бассейны

спортивный комплекс

спортивные площадки

стадионы

различные спортивные клубы и общества

теннисные корты

Schwimmhallen

ein Sportforum

Sportplätze

Stadien

verschiedene Sportklubs und Sportvereine

Tennisplätze

Все эти спортивные сооружения вполне доступны для на-

Alle diese Sporteinrichtungen sind für die Bevölkerung zu-

селения, так как цены за их пользование невысоки.	gänglich, da die Preise für ihre Benutzung nicht zu hoch sind.
Другая важная сторона этого вопроса состоит в оплате труда тренеров.	Eine andere wichtige Seite dieser Frage ist das Gehalt der Trainer.
Их труд ценится очень высоко.	Ihre Arbeit wird sehr noch geschätzt.
За высокие достижения в спортивных соревнованиях наши спортсмены получают неплохое материальное вознаграждение.	Für hohe Sportleistungen in den Wettkämpfen erhalten unsere Sportler eine gute materielle Belohnung.
Все это обуславливает большую популярность спорта в нашей стране.	Hierdurch erfreut sich der Sport in unserem Lande einer großen Beliebtheit.

СПОРТИВНОЕ ОБЩЕСТВО

Мне хотелось бы поговорить с руководством вашего спортивного общества.	Ich möchte mit der Leitung Ihres Sportvereins sprechen.
Расскажите мне, пожалуйста, о ... вашего общества.	Erzählen Sie mir bitte über ... Ihres Sportvereins.
материальной базе	die materielle Basis
секциях	die Sektionen
тренерском составе	den Trainerkörper
финансовом состоянии	die finanzielle Lage
В нашем обществе работают секции	In unserem Verein gibt es Abteilungen für
баскетбола	Basketball
бокса	Boxen
водного поло	Wasserball
волейбола	Volleyball
гандбола	Handball
гимнастики	Gymnastik
дзюдо	Judo
лёгкой атлетики	Leichtathletik
плавания	Schwimmen
стрелкового спорта	Schießsport
тяжёлой атлетики	Schwerathletik

фехтования	Fechten
фигурного катания	Eiskunstlauf
футбола	Fußball
хоккея	Hockey
шахмат	Schachspiel
Среди спортсменов /тренеров/ имеются	Unter den Sportlern gibt es ... .
мастера спорта	Meister des Sports
чемпионы мира	Weltmeister
чемпионы страны	Landesmeister
По всем видам спорта мы располагаем хорошей материальной базой.	Für alle Sportarten verfügen wir über eine gute materielle Basis.
Для каждой секции у нас есть помещения со всем необходимым инвентарем /спортивным снаряжением/.	Für jede Abteilung besitzen wir Räume mit notwendigem Inventar /erforderlichen Sportausrüstungen/.
В решении финансовых вопросов у нас также нет затруднений.	In den finanziellen Fragen haben wir auch keine Schwierigkeiten.
За спортивные успехи мы получаем премии от наших спонсоров.	Für Sportleistungen erhalten wir von unseren Sponsoren Prämien.
Мы получаем также регулярно государственные дотации.	Wir erhalten auch regelmäßige Staatszuwendungen.

РУССКО-НЕМЕЦКИЙ СЛОВАРЬ

А

абажур Lampenschirm *m*

абонент *(напр. телефонной сети)* Abonnent *m*; ~ *(подписчик)* Bezieher *m*; ~ **телетайпной сети** Fernschreiberteilnehmer *m*

абрикос *(плод)* Aprikose *f*; ~ *(дерево)* Aprikosenbaum *m*

абсолютно absolut

абстракционизм abstrackte Kunst

аванс (задаток) Vorschuß *m*, Vorauszahlung *f*, Anzahlung *f*, Angeld *n*; △ **банковский** ~ Bankvorschuß *m*; **денежный** ~ Barvorschuß *m*; **достаточный** ~ ausreichender Vorschuß; **недостаточный** ~ ungenügender Vorschuß; ■ **внести** ~ Vorschuß zahlen, vorschießen, vorstrecken; Anzahlung /Vorschuß/ geben; **переводить** ~ Anzahlung überweisen; **покрывать** ~ Vorschuß decken; **превышать** ~ Anzahlung übersteigen; **предусматривать** ~ Anzahlung voraussehen

авансировать vorschießen, vorstrecken

авария Havarie *f*; △ **транспортная** ~ Verkehrsunfall *m*; ● ~ **на производстве** Störung *f*; ■ **потерпеть** ~ю havarieren; **потерпеть** ~ю **на автомашине** eine Panne haben; **потерпеть** ~ю **на самолете** Bruch machen

авиаагентство Luftverkehrsbüro *n*

авиабилет Luftkarte *f*, Flugschein *m*, Flugticket *n*

авиагруз Luftfracht *f*; **накладная на** ~ Luftfrachtschein *m*

авиазавод Flugzeugwerk *n*

авиакомпания Luftverkehrsgesellschaft *f*, Luftgesellschaft *f*

авиаконверт Luftumschlag *m*

авиалайнер (großes) Verkehrsflugzeug *n*

авиалиния Fluglinie *f*

авиамотор Flugzeugtriebwerk *n*

авиаотправление Flugsendung *f*

авиапассажир Fluggast *m*

авиапосылка Luft(post)paket *n*

авиапочта Luftpost *f*

авиапромышленность Flugzeugindustrie *f*

авиасообщение Luftverkehr *m*

авизо Avis *m*, *n* Aviso *n*, Avisbrief *m*; △ **дебетовое** ~ Debetaviso *n*; **кредитовое** ~ Kreditaviso *n*

автобус Omnibus *m*, Autobus *m*, Bus *m*, Kraftomnibus *m*; ~ **доставляющий пассажиров куда-л.** Zugbringerbus *m*

автогрейдер Motorstraßenhobel *m*

автозавод Autowerk *n*

автозаправочная станция Tankstelle *f*

автокамера Autoschlauch *m*

автокран Kranwagen *m*

автомагистраль Fernverkehrsstraße *f*

автомат 1. Automat *m*; △ **билетный** ~ Fahrkartenautomat *m*; **вычислительный** ~ Rechenautomat *m*; **токарный** ~ Drehautomat *m*; ● ~ **для приёма заказных писем** Automat für Einschreibebriefe; ~ **для продажи газет** Zeitungsautomat *m*; ~ **для продажи почтовых марок** Briefmarkenautomat *m*; ~ **с программным управлением** programmgesteuerter Automat; **2.** *(вид оружия)* Maschinenpistole *f*; **3. телефон-** Münzfernsprecher *m*

автоматизация Automatisierung *f*; △ **комплексная** ~ komplexe Automatisierung; **полная** ~ Vollautomatisierung *f* **частичная** ~ Teilautomatisierung *f*; ● ~ **программирования** automatische Programmfertigung

автоматика Automatik *f*; △ **защитная** ~ Schutzautomatik *f*; **промышленная** ~ industrielle Automatik; ● ~ **управления** Steuerautomatik *f*

автомашина см **автомобиль**

автомобиль Auto *n*, Automobil *n*; Kraftwagen *m*;, Kraftfahrzeug *m*, Wagen *m*; △ **гоночный** ~ Rennauto *n*; **грузовой** ~ Lastkraftwagen *m*; **грузопассажирский** ~ Kombiwagen *m*; **легковой** ~ Personenkraftwagen *m*; **малолитражный** ~ Kleinwagen *m*; **служебный** ~ Dienstfahrzeug *n*; ● ~ **большой грузоподъёмности** Schwerlastkraftwagen *m*

автомобильный: ~**ая авария** Autounfall *m*; ~**ая стоянка** Parkplatz *m*; ~ **сервис** Autosepvice *n*

автопогрузчик Hubstapler *m*

автопоезд Lastzug *m*; ~ **дальнего следования** Fernlastzug *m*

автоприцеп Autoanhänger *m*

автор Autor *m*

авторучка Füllfederhalter *m*

автослесарь Autoschlosser *m*

автострада Autobahn *f*

автотранспорт Autoverkehr *m*, Kraftverkehr *m*; **при отправке грузов** ~**ом** bei der Beförderung der Fracht mit Lastkraftwagen

автофургон Lieferwagen *m*

автошина Reifen *m*

агроном Agronom *m*

адаптер *(звукосниматель)* Tonabnehmer *m*

адвокат Anwalt *m*

администратор Verwalter *m*, Geschäftsführer *m*, Empfangschef *m* *(в гостинице)*

адрес Adresse *f*, Anschrift *f*; *(письменное приветствие)* Glückwunschschreiben *n*; **приветственный** ~ Begrüßungsschreiben *n*

адресат Empfänger *m*; ~ **выбыл** *(пометка на письме)* Empfänger verzogen; ~ **не разыскан** Empfänger nicht zu ermitteln

академия Akademie *f*

акварель Aquarell *n*

аккомпанемент Begleitung *f*

аккомпаниатор Begleiter *m*

акробат Akrobat *m*

аккредитив Akkreditiv *n*, Kreditbrief *m*, Bankanweisung *f*; △ **безотзывной** ~ unwiderrufliches Akkreditiv; **делимый** ~ teilbares Akkreditiv; **подтверждённый** ~ bestätigtes Akkreditiv; ■ **открывать** ~ Akkreditiv eröffnen; **платить по** ~**у** Akkreditiv auszahlen; **платеж по** ~**у** Zahlung durch ein Akkreditiv; ◆ **посредством** ~**а** durch ein Akkreditiv, mittels Akkreditiv

аккумулятор Batterie *f*, Akkumulator *m*, Sammler *m*

аксельратор Gashebel *m*

акт Akte *f*, Akt *m*, Urkunde *f*;
● ~ **испытания** Prüf(ungs)protokoll *n*; ~ **об уступке** Abtretungsurkunde *f*; ~ **о несчастном случае** Unfallprotokoll *n*; ~ **экспертизы** Expertise *f*, Expertiseakte *f*; △ **рекламационный** ~ Reklamationsakt *m*, Reklamationsprotokoll *n*
акустика Akustik *f*
акцепт Akzept *n*; Annahme *f*; △ **безусловный** ~ unbedingtes Akzept; **неполный** ~ unvölliges Akzept; ● **инкассо с последующим** ~**ом** Inkasso mit Nachakzept; **отказ в** ~**е** Annahmeverweigerung *f*; ■ **получать** ~ Akzept erhalten
акцептант Akzeptant *m*
акционерный Aktions-; ~**ое общество** Aktiengesellschaft *f*
алый purpurrot, hochrot
альбом Album *n*
амортизатор Stoßdämpfer *m*
ампула Ampulle *f*
ампутация Amputation *f*
ампутировать amputieren
анализ Analyse *f*; △ **химический** ~ chemische Analyse; **сравнительный экономический** ~ vergleichende ökonomische Analyse; ● ~ **крови** Blutprobe *f*; **проведение технико-экономических** ~**ов** die Anfertigung technisch-wirtschaftlicher Analysen; ✦ ~ **уже готов** die Analyse liegt bereits vor
анкета Fragebogen *m*
аннулировать annullieren, aufheben; ■ ~ **заказ** eine Bestellung rückgängig machen; stornieren (*бухгалтерскую операцию*)
анонс Annonce *f*
ансамбль Ensemble *f*
антенна Antenne *f*
антифриз Frostschutzmittel *n*
антракт Pause *f*, Zwischenpause *f*

апельсин Apfelsine *f*
аплодировать applaudieren, Beifall klatschen
аппарат Apparat *m*, Gerät *n*; **летательный** ~ Flugkörper *m* **сварочный** ~ Schweißapparat *m*
аппаратура Apparatur *f*
арбитр Schiedsrichter *m*
арбитраж 1. (*суд*) Arbitrage *f*; 2. (*решение*) Schiedsspruch *m*; ● **производство дела в** ~**е** Schiedsgerichtverfahren; ■ **обратиться в** ~ sich an das Schiedsgericht wenden; **передать в** ~ an das Schiedsgericht übergeben; **подлежать решению в** ~**е** der Entscheidung der Arbitrage unterliegen; **решать в** ~**е** durch die Arbitrage entscheiden; ✦ **в** ~**ном порядке** im Arbitrageverfahren
аргумент Argument *n*, Beweis *m*; ■ **выдвигать веские** ~**ы** schwerwiegende Argumente /Beweise/ vorbringen /erbringen/; **выслушивать** ~**ы** Argumente /Beweise/ hören; **приводить** ~**ы** Beweise beibringen; **рассматривать** ~**ы** Argumente prüfen
аргументировать argumentieren
аренда Pacht *f*; (*договор*) Pachtvertrag *m*; ● **заявление на** ~**у** Mietantrag *m*; ■ **взять в** ~**у** pachten, in Pacht nehmen; **сдать в** ~**у** verpachten, in Pacht geben; verfrachten (*судно*); vermieten (*помещение*)
арендовать mieten (*помещение*), pachten (*земельный участок*)
артист Schauspieler *m*
аспирин Aspirin *n*
ассортимент Sortiment *n*; Auswahl *f*; △ **богатый** ~ reichhaltiges Sortiment; **широкий** ~ breites Sortiment; ● ~ **изготовляемой продукции** Fertigungssortiment *n*; ✦ ~, **отвечающий спросу** bedarfsgerechtes Sortiment; **в наилуч-**

шем ~е bestsortiert
атлас Atlas *m*; ~**автомобильных дорог** Autoatlas *m*
атлетика Athletik *f*; **лёгкая** ~ Leichtathletik *f*; **тяжелая** ~ Schwerathletik *f*
аукцион Auktion *f*, Versteigerung *f*; △ **международный** ~ internationale Auktion; ■ **покупать на** ~е ersteigern; **продавать с** ~а (ver)auktionieren

аэропорт Flughafen *m*, Flugplatz *m*; ~ **отправления** Abgangsflughafen *m*

аэрофотоснимок Luftbild *n*

Б

багаж Gepäck *n* **выдача** ~а Gepäckausgabe *f*; ~, **провозимый бесплатно** Freigepäck *n*
багажник (*автомобиля*) Kofferraum *m*
багажный Gepäck-; ~**ая квитанция** Gepäckschein *m*; ~**ое место** Gepäckstück *n*
бадминтон Federball *m*
база 1. (*основа, основание*) Basis *f*; **научно-исследовательская** ~ Forschungsbasis *f*; ~ **цены** Preisbasis *f*; **на** ~е(*чего-л.*) auf Grund, auf der Grundlage (*G*); **найти единую** ~**у цены** eine einheitliche Preisbasis finden; **подвести** ~**у подо что-л.** etw (*D*) eine feste Grundlage geben; 2. (*склад*) Materiallager *n*, Zentrallager *n*; **оптовая** ~ Großhandelsniederlassung *f*; **продовольственная** ~ Lebensmittellager *n*; **ремонтная** ~ Reparaturstützpunkt *m*; 3. (*морская*) **плавучая** ~ Mutterschiff *n*, Transport- und Verarbeitungsschiff *n*
базис Basis *f*; ~ **поставки** Lieferbasis *f*
базисный Basis-; ~**ая цена** Basispreis *m*
баланс Bilanz *f*; **активный** ~ aktive Bilanz; **годовой** ~ Jahresbilanz *f*; **заключительный** ~ Rechnungsabschluß *m*; **пассивный** ~ passive Bilanz; **платежный** ~ Zahlungsbilanz *f*; **торговый** ~ Handelsbilanz *f*

балерина Ballerina *f*, Balletttänzerin *f*
балет Ballett *n*
балетмейстер Ballettmeister *m*
балка Balken *m*; **несущая** ~ Träger *m*; **поперечная** ~ Querbalken *m*; **потолочная** ~ Deckenbalken *m*
балкон 1. Balkon *m* 2. (*в театре*) Rang *n*
бампер Stoßstange *f*
бандероль Päckchen *n*
банк Bank *f*; △ **внешнеторговый** ~ Außenhandelsbank *f*; **государственный** ~ Staatsbank *f*; **инвестиционный** ~ Investitionsbank *f*; **клиринговый** ~ Verrechnungsbank *f*; **коммерческий** ~ Handelsbank *f*; **международный** ~ internationale Bank; **Международный** ~ **реконструкции и развития** Internationale Bank für Wiederaufbau und Entwicklung; **национальный** ~ Nationalbank *f*; **резервный** ~ Reservebank *f*; **центральный** ~ Zentralbank *f*; **эмиссионный** ~ Notenbank *f*; ● ~ **акцептанта** Bank des Akzeptanen; ~ **импортера** Bank des Importers; ~ **третьей страны** Bank des dritten Landes; ~ **финансирования развития** Bank für Finanzierung der Entwicklung; ■ **вести дела с** ~**ом** mit der Bank Geschäfte haben; **иметь счет в** ~е ein Bankkonto haben; **назначить**

~ die Benennung der Bank bestimmen; **пользоваться услугами** ~а Dienstleistungen bei der Bank in Anspruch nehmen; **поручать /давать поручение/** ~у Auftrag der Bank geben /die Bank beauftragen/; ◆ **в** ~**е** bei /auf/ der Bank; **один из крупнейших** ~**ов** eine der Großbanken; **через** ~ über die Bank

банка 1. Glas *n*; Dose *f*, Büchse *f*; 2. **медицинская** ~ Schröpfkopf *m*; **ставить** ~**и** Schröpfköpfe setzen

банкнота Banknote *f*

банковский Bank-; ~ **аккредитив** Bankanweisung *f*; ~**ие операции** Bankgeschäfte *pl*; ~ **перевод** Banküberweisung *f*; ~**чек** Bankscheck *m*

банкротство Bankrott *m*

бар Bar *f*

баран Schafbock *m*, Widder *m*; ~-**производитель** Zuchtwidder *m*, Sprungbock *m*; **откормленный** ~ Fetthammel *m*

баранина Hammelfleisch *n*

баржа Schleppkahn *m*, Lastkahn *m*

баритон Bariton *m*

бас Baß *m*

баскетбол Basketball *m*

батон längliches Weißbrot

башня Turm *m*

бег Lauf *m*; ● ~ **на длинные дистанции** Langstreckenlauf *m*; ~ **на короткие дистанции** Kurzstreckenlauf *m*; ~ **на 100 метров** Hundertmeterlauf *m*; ~ **с барьерами** Hürdenlauf *m*; △ **эстафетный** ~ Staffellauf *m*

бегун Läufer *m*; ~ **на длинные дистанции** Langstreckenläufer *m*, Langstreckler *m*; ~ **на короткие дистанции** Kurzstreckenläufer *m*, Kurzstreckler *m*, ~ **на средние дистанции** Mittelstreckenläufer *m*, Mittelstreckler *m*

безвкусный geschmacklos

безнадежно hoffnungslos, desolat, aussichtslos

безоговорочно vorbehaltlos

безопасность Sicherheit *f*

безотказно (*о машине*) ohne zu versagen; **работать** ~ störungslos arbeiten

безотходный (*с небольшим количеством отходов*) abfallarm

безупречно einwandfrei, tadellos

белый weiß

белье Wäsche *f*

бельэтаж erster Rang

бенефис Benefizvorstellung *f*

бензин Benzin *n*

бензобак Benzintank *m*

берег Küste *f*, Ufer *n*

бережный behutsam, (*осторожно*) vorsichtig

беседа Gespräch *n*, Aussprache *f*, Unterhaltung *f*; **двусторонняя** ~ zweiseitige Aussprache; **личная** ~ persönliches Gespräch

бесперебойно ununterbrochen, (*о работе машины*) störungsfrei, störungslos

бесплатно gebührenfrei; kostenlos

беспокоить (*кого-л.*) j-m Sorgen machen

беспошлинно zollfrei, unverzollt

беспрепятственно ungehindert, ~**ый доступ** ungehinderter Zugang

беспрерывно ununterbrochen

бетон Beton *m*

биатлон Biathlon *n*

библиотека Bibliothek *f*

билет 1. (*проездной*) Fahrkarte *f*, Fahrschein *m*, Ticket *n*; **бесплатный** ~ Freikarte *f* **обратный** ~ Rückkarte *f*; ~ **на самолет** Flugkarte *f*, Flug-

schein *m*, Flugticket *n*; 2. *(входной)* ~ Eintrittskarte *f*
бинокль Fernglas *n*; **полевой** ~ Feldstecher *m*; **театральный** ~ Opernglas *n*
бинт Binde *f*
биолог Biologe *m*
биржа Börse *f*
благодарить *(кого-л. за что-л.)* danken (*D* für *A*), sich bedanken (bei *D* für *A*)
благодарность 1. *(чувство)* Dankbarkeit *f*, Erkenntlichkeit *f*; 2. *(изъявление* ~*и)* Dank *m*; **Не стоит** ~**и!** Keine Ursache! Gern geschehen.
благоприятный günstig; ~**ые условия** günstige Bedingungen
бланк Formular *n*; ● ~ **делового письма** Geschäftsbriefbogen *m*; ~ **заказа** Bestellschein *m*; ~ **заявки** Antragsformular *n*; ~ **на посылку** Paketkarte *f*; △ **телеграфный** ~ Telegrammformular *n*; **фирменный** ~ Firmenbriefbogen *m*; ▇ **заполнять** ~ ein Formular ausfüllen
ближайший (der) nächste; **в** ~**ее время** in nächster Zeit
блокнот Notizblock *m*
блузка Bluse *f*
блюдо Gericht *n*, Speise *f*; **ваше фирменное** ~ die Späzialität Ihres Hauses; **второе** ~ Hauptgericht *n*; **национальное** ~ Nationalgericht *n*
бобы Bohnen *pl*
бойня Schlachthof *m*, Schlachthaus *n*
бокал Weinglas *n*
бокс Boxen *n*, Boxkampf *m*; ~ **в легком весе** Boxen im Leichtgewicht; ~ **в наилегчайшем весе** Boxen im Fliegengewicht; ~ **в полулегком весе** Boxen im Federgewicht; ~ **в полутяжелом весе** Boxen im Halbschwergewicht; ~ **в тяжелом весе** Boxen im Schwergewicht
боксер Boxer *m*
болельщик Fan *m*
болезнь Krankheit *f*; **инфекционная** ~ Infektionskrankheit *f*
болт Bolzen *m*, Schraube *f*; **анкерный** ~ Verankerungsbolzen *m*; **крепежный** ~ Befestigungsschraube *f*; **фундаментный** ~ Ankerschraube *f*; **соединение** ~**ами** Verbolzung *f*
боль Schmerz *m*
больница Krankenhaus *n*
борона Egge *f*
бороновать eggen
борт 1. *(судна)* Bord *m*; **левый** ~ Backbord *m*; **правый** ~ Steuerbord *m*; **на** ~**у** an Bord; **с доставкой на** ~ **судна** frei an Bord; 2. *(стенка кузова автомобиля)* Seitenwand *f*
бортовой Bord-; ~ **коносамент** Anbordkonnossement *n*
борьба Ringen *n*, Ringkampf *m*; △ **вольная** ~ Freistilringen *n*; **классическая** ~ klassischer Kampf; ● ~ **за командное первенство** Meisterschaftskampf *m*; ~ **за личное первенство** Einzelkampf *m*
бочка Faß *m*; Tonne *f*
брак *(производственный)* Ausschuß *m*, Ausschußware *f*; Murks *m*; **процент** ~**а** Ausschußquote *f*
бракованный Ausschuß-; ~ **товар** Ausschußware *f*
браслет Armband *n*; ● ~ **для часов** Uhrenarmband *n*; ~ **с драгоценными камнями** Armband mit Edelsteinen
брать nehmen; ~ **с собой** mitnehmen, mitbringen; **Вы можете это взять на себя.** Das können Sie übernehmen.
браться *(за что-л.)* herangehen

(an A); in Angriff nehmen (A); *(начинать что-л.)* beginnen

бритва Rasiermesser *n*; Rasierer *m*; **безопасная** ~ Rasierapparat *m*; **электрическая** ~ elektrischer Rasierapparat *m*, Elektrorasierer *m*

брить rasieren

бровь Augenbraue *f*

бронировать reservieren

бросать werfen; *(прекращать)* aufgeben; *(оставлять)* verlassen; ~ **в беде** im Stich lassen

брошюра Broschüre *f*

будильник Wecker *m*

будить wecken

будка Bude *f*; Häuschen *n*; △ **железнодорожная** ~ Bahnwärterhäuschen *n*; **сторожевая** ~ Wächterhäuschen *n*; **телефонная** ~ Telefonzelle *f*; **трансформаторная** ~ Transformatorhäuschen *n*; ● ~ **крановщика** Kranführerhaus *n*

будущий (zu)künftig; nächst

буква Buchstabe *m*

буксир *(авто)* Abschleppfahrzeug *n*; **брать на** ~ ins Schlepptau nehmen

булавка Stecknadel *f*

булка Brötchen *n*

бумага Papier *n*; **копировальная** ~ Kohlepapier *n*; **пергаментная** ~ Pergamentpapier *n*; **писчая** ~ Schreibpapier *n*; **почтовая** ~ Briefpapier *n*; **тонкая** *(для копий)* ~ Durchschlagpapier *n*; **упаковочная** ~ Packpapier *n*

бумагообрабатывающий papierverarbeitend

бумажник Brieftasche *f*

бусы Halskette *f*; ~ **из янтаря** Halskette aus Bernstein

бутылка Flasche *f*

бухгалтерия Buchhaltung *f*, Buchführung *f*

быстрый schnell, rasch; rapid

бьющийся zerbrechlich

бюджет Haushalt *m*

бюро Büro *n*; △ **выставочное** ~ Ausstellungsamt *m*, Ausstellungsbüro *n*; **машинописное** ~ Schreibbüro *n*; **проектное** ~ Entwicklungsbüro *n*; Projektierungsbüro *n*; **справочное** ~ Auskunftsbüro *n*; **центральное справочное** ~ Zentralauskunft *f*; **чертежное** ~ Zeichenbüro *n*; ● ~ **находок** Fundstelle *f*; ~ **по выдаче пропусков** Ausweisstelle *f*; ~ **по квартирному устройству** Quartiernachweis *m*; ~ **путешествий** Reisebüro *n*; ~ **регистрации** Anmeldestelle *f*; ~ **установления контактов** Kontaktstelle *f*

бязь *(ткань)* Nessel *f*, Nesselstoff *m*

В

вагон Wagen *m*, Waggon *m*; △ **багажный** ~ Packwagen *m*, Gepäckwagen *m*; **большегрузный** ~ großraumgüterwagen *m*; Schwerlastwagen *m*; **груженый** ~ Vollwagen *m*; **грузовой** ~ см. **товарный**; **изотермический** ~ *(рефрижератор)* Tiefkühlwagen *m*; **иностранный** ~ Fremdwagen *m*; **крытый** ~ gedeckter Wagen; **нефтеналивной** ~ Tankwagen *m*; **открытый** ~ O-Wagen *m*; **порожний** ~ Leerwagen *m*; **почтовый** ~ Postwagen *m*; **сборный** ~ Sammelwagen *m*; **спальный** ~ Schlafwagen *m*; **товарный** ~ Güterwagen *m*; ● ~ **для перевозки скота** Viehwagen *m*; ~ **прямого сообщения** Kurswagen m; ~ с местами для лежания Liegewagen m; ~-цистерна Kesselwagen m; полу~ offener Güterwagen m; франко-~ заводская станция frei Wagen Werkstation

важный wichtig

вазелин Vaseline f

валюта Währung f, Valuta f; △ иностранная ~ Devisen pl; неустойчивая ~ weiche Währung; свободно конвертируемая ~ frei konvertierbare Währung; устойчивая ~ stabile Währung; ● перевод ~ы Devisentransfer m; перерасчет ~ы Umrechnug der Währung; соотношение ~ы Umrechnungsverhältnis der Währung

валютный Währungs-, Valuta-, Devisen-; ~ курс Wechselkurs m; ~ое поступление Deviseneingang m; разница ~го курса Währungsdifferenz f; приносящий ~ые поступления devisenbringend

ваниль Vanille f

ванна Bad n; воздушная ~ Luftbad n; грязевая ~ Moorbad n; ножная ~ Fußbad n; солнечная ~ Sonnenbad n

вариант Variante f; исправленный ~ (изложения, формулировки) verbesserte Fassung; два ~а (две возможности для) сотрудничества zwei Möglichkeiten der Zusammenarbeit; разработка ~ов плана Ausarbeitung von Planvarianten

вата Watte f; стеклянная ~ Glaswatte f; пальто на ~е wattierter Mantel

введение Einführung f, Einleitung f

ввод в эксплуатацию Inbetriebnahme f

вводить: ~ в строй in Dienst stellen; ~ в эксплуатацию in Betrieb nehmen /setzen, einsetzen/

ввоз Einfuhr f, Import m; предмет ~а Einfuhrartikel m

ввозить einführen, importieren

ведомость Verzeichnis n, Liste f; дефектная ~ Schadensliste f; отчетная ~ Berichtsheft n; платежная ~ Lohn(auszahlungs)liste f; погрузочная ~ Ladeliste f; сводная ~ Sammelnachweis m; требовательная ~ Bestelliste f; экзаменационная ~ Prüfungsliste f

ведомство Behörde f, Amt n; ~ печати Presseamt n; ~ ценообразования и контроля за ценами Preisamt n

ведущий führend

векселедержатель Wechselaussteller m, Wechselinhaber m

вексель Wechsel m

великолепно wunderbar, prachtvoll, großartig

величина Größe f; средней ~ы mittelgroß

велодром Radrennbahn f

велосипед Fahrrad n

вентилятор Ventilator m, Ventilationsanlage f

вентиляция Beluftung f; вытяжная ~ Luftabsaugvorrichtung f

вернуть см. возвратить

вернуться zurückkehren, zurückkommen; ~ домой nach Hause zurückkommen; heimkehren

вероятно wahrscheinlich

вероятность Wahrscheinlichkeit f; по всей ~и aller Wahrscheinlichkeit nach

вертолет Hubschrauber m

верфь Werft f

вес Gewicht n; △ избыточный ~ Mehrgewicht n; излишний ~ багажа Übergepäck n; недостающий ~ Mindergewicht n, Manko n; поштучный ~

~ Stückgewicht n; **предельный** ~ Gewichtsgrenze f; **средний** ~ Durchschnittsgewicht n; **фактический** ~ tatsächliches Gewicht; ● ~ **брутто** Bruttogewicht n; **единица** ~а Gewichtseinheit f; ~ **нетто** Nettogewicht n; ~ **по коносаменту** Konnossementgewicht n; ~ **порожняка** Leergewicht n; ~ **поставки** Liefergewicht n; ~ **тары** Taragewicht n; ~ **упаковки** Verpackungsgewicht n; ■ **увеличиваться в** ~е an Gewicht gewinnen

вести 1. *(машину)* fahren, führen, lenken *(управлять машиной)*; 2. *(переговоры)* verhandeln, Verhandlungen führen; 3. ~ **мяч дриблингом** dribbeln

вестибюль Vorhalle f, Vorraum m, Vestibül n

весы Waage f

ветер Wind m

ветеринар Tierarzt m

ветчина Schinken m; ~ **вареная** gekochter Schinken; ~ **копченая** geräuchter Schinken

вешать aufhängen

вещество Stoff m; **чистое** ~ Reinstoff m

веялка Kornschwinge f, Windfege, f, Getreideschwinge f

взаимный beiderseitig, gegenseitig; ~**ые товарные поставки** gegenseitige Warenlieferungen

взаимозаменяемость Austauschbarkeit f

взаимозаменяемый austauschbar

взвешивание Wiegen n, Abwiegen n; **повторное** ~ Nachwiegen n; **путем** ~**я** mittels Abwiegen

взвешивать wiegen, verwiegen, abwiegen

взимать *(плату)* kassieren

взлет *(старт)* Start m

взнос 1. *(внесение платы)* Zahlung f; Einzahlung f; △ **денежный** ~ Geldanzahlung f; **ежегодный** ~ jährliche Einzahlung; **ежемесячный** ~ monatliche Einzahlung; **очередной** ~ fällige Einzahlung; **первоначальный** ~ ursprüngliche Zahlung; **полугодовой** ~ Halbjahrsrate f; **равные** ~**ы** gleiche Raten; ● ~**а оплата** ~**а** Beitragszahlung f; **выплачивать** ~**ами** den Beitrag in Raten zahlen; **делать** ~ den Beitrag entrichten; ◆ ~ **в размере ... процентов** die Einzahlung in Höhe von ... Prozent; ~ **в рассрочку** Ratenzahlung f; **погашать кредит** ~**ами** den Kredit mit Zahlungen begleichen; 2. *(сумма взноса)* Beitrag m; **вступительный** ~ Beitrittsgeld n, Eintrittsgeld n; **регистрационный** ~ Registrierungsbeitrag m; **страховой** ~ Versicherungsbeitrag m

взыскивать 1. *(требовать)* verlangen, fordern; einziehen, betreiben; ~ **налоги** Gebühren erheben; ~ **по инкассо** auf dem Inkassowege einziehen; 2. *(наказывать)* (be)strafen

вид 1. (род, сорт) Akt f, Sorte f, Gattung f; ~ **производства** Produktionsart f; **в** ~**е пробной партии** als Probenpartie; 2. *(в чертежах и т. п.)* **внешний** ~ Außenansicht f; **общий** ~ Gesamtansicht f; **продольный** ~ **(разрез)** Längsansicht f; ~ **сбоку** Seitenansicht f; ~ **сверху** Draufsicht f; ~ **сзади** Rücksicht f; ~ **спереди** Vorderansicht f; 3. *(иметь в виду, учитывать)* in Ansicht haben; im Sinne haben.

видимость Sichtbarkeit f, Sicht f

видимый sichtbar

виза Visum n; △ **въездная** ~ Einreisevisum n; **транзитная** ~ Transitvisum n; ● ~ **на выезд в ...** Visum zur Ausreise *(nach D)*; **выдача** ~ы Visumerteilung *f*; **заявление на** ~у Visumantrag *m*; **формальности при получении** ~ы Visumformalitäten *pl*

визит Besuch *m*; **ответный** ~ Gegenbesuch *m*; **прощальный** ~ Abschiedsbesuch *m*; **нанести** ~ einen Besuch abstatten

вилка Gabel *f*

вина Schuld *f*, Verschulden *n*; **по** ~е durch das Verschulden; **по вашей** ~е durch Ihr Versäumnis; **по нашей** ~е durch unsere Schuld; **по** ~е **покупателя** durch Verschulden des Käufers

вино Wein *m*; **белое сухое** ~ Weißwein *m*; **крепкое** ~ starker Tafelwein; **фруктовое** ~ Obstwein *m*

виноград 1. *(лоза)* Weinrebe *f*, Weinstock *m*; 2. *(плоды)* Weinbeeren *pl*, Weintrauben *pl*; **сбор** ~а Weinlese *f*

виноградарство Weinbau *m*, Winzerei *f*

виноградарь Weinbauer *m*

виноградный Wein-; ~ая **кисть** Weintraube *f*; ~ **сезон** Weintraubenzeit *f*; ~**сок** Traubensaft *f*

винодел Spezialist für Weinbereitung

винт Schraube *f*; Spindel *f*; **зажимной** ~ Klemmschraube *f*

виртуоз Virtuose *m*

висок Schläfe *f*

витамин Vitamin *n*

витрина Schaufenster *n*; **освещенная** ~ Leuchtkasten *m*

вишня Sauerkirsche *f*

вклад *(депозит)* hinterlegter Beitrag; Einlage *f*, Depositum *n*; △ **банковский** ~ Bankdepositum *n*; **бессрочный** ~ Dauerdepositum *n*; **краткосрочный** ~ kurzfristiges Depositum; **auf** kurze Frist hergelegtes Depositum; **срочный** ~ befristetes Depositum; ■ **вносить деньги на** ~ deponieren, hinterlegen; **выплачивать деньги по** ~у Geld auf Depositum auszahlen

вкладчик Deponent *m*

включать einschalten *(напр. свет, станок)*; ~ **в документ** ins Dokument einschließen; ~ **в калькуляцию** einkalkulieren; ~ **в программу** in das Programm aufnehmen

вкус Geschmack *m*

владелец Inhaber *m*; ~ **счета** Kontoinhaber *m*

владение Besitz *m*; **находиться во** ~и im Besitz sein

владеть *(иметь собственностью)* besitzen; ~ **языком** die Sprache beherrschen

властвовать herrschen; die Macht ausüben

власти Behörden *pl*; **городские** ~ städtische Behörden, Stadtbehörden *pl*; **местные** ~ örtliche Behörden

влияние Einfluß *m*; Auswirkung *f*; ~ **погоды** Witterungseinfluß *m*; **оказать** ~ Einfluß haben /ausüben/

вместе zusammen; gemeinsam; *(включительно)* einschließlich

вмешиваться sich einmischen

внедрение Einführung *f*; Überleitung *f*; ~ **новых технических разработок** Einführung technischer Neuerungen; ~ **технологии (в производство)** Überleitung von Technologien (in die Produktion)

внесение *(данных, сведений)* Aufnahme *f*

внести *см.* **вносить**

внимание Achtung *f*; Aufmerksamkeit *f*; **обратить** ~ **на что-л.** Aufmerksamkeit auf *(A)* lenken; **принять во** ~ in Betracht ziehen, berücksichtigen; **прини-**

мая во ~ unter Berücksichtigung, von /mit/ Rücksicht

вновь erneut

вносить: ~ **(в схему, в план)** einzeichnen; ~ **(деньги)** einzahlen (Geld); ~ **(что-л. в документ)** (etwas ins Dokument) eintragen; ~ **предложение** einen Vorschlag einbringen /machen/

внутренний Innen-, Binnen-; ~**яя сторона** Innenseite *f*; ~ **размер** Innenabmessung *f*

внутри innen; ~ **страны** im Inland

вода Wasser *n*; △ **горячая** ~ heißes Wasser; **дистиллированная** ~ destilliertes Wasser; **минеральная** ~ Mineralwasser *n*; **питьевая** ~ Trinkwasser *n*; **холодная** ~ kaltes Wasser; ■ ~ **для охлаждения двигателя** Kühlwasser *n*; ~**-кипяток** kochendes Wasser; **сток** ~**ы** Ablauf des Wassers

водитель Fahrer *m*, Kraftfahrer *m*

водка Schnaps *m*, Wodka *m*

водопровод Wasserleitung *f*; **комната с** ~**ом** Zimmer mit fließendem Wasser

возврат Rückkehr *m*; Rückgabe *f*, Rückerstattung *f*; ~ *(денег)* Rückzahlung *f*; ~ *(товара)* Rücklieferung *f*, Rücksendung *f*; **подготовить товар к** ~**у** Ware zur Rücklieferung bereitstellen

возвратить abgeben, zurückgeben, zurücksenden *(отослать назад)*, zurückerstatten

воздух Luft *f*; **доступ свежего** ~**a** Frischluftzufuhr *f*; **сжатый** ~ Druckluft *f*, Preßluft *f*

воздуходувка Gebläse *n*

воздухомер Luftmesser *m*

воздухонагнетательный насос Luftpumpe *f*

воздухонагреватель Lufterhitzer *m*

воздушный Luft-; ~**ая компания** Luftfahrtgesellschaft *f*; ~**ое пассажирское сообщение** Flugdienst *m*, Flugverkehr *m*

возместить ersetzen, entschädigen, wettmachen; ~ **расходы** Spesen ersetzen; ~ **ущерб, убыток** einen Verlust ausgleichen, den Schaden ersetzen; Schadenersatz leisten

возмещение Ersatz *m*; ~ **убытков** Schadenersatz; **притязание на** ~ **убытков** Entschädigungsanspruch *m*

возможно möglich

возможность Möglichkeit *f*, Gelegenheit *f*; △ ~ **перевалки** Umschlagmöglichkeit *f*; ~ **поставки** Liefermöglichkeit *f*; ~ **сбыта** Absatzmöglichkeit *f*; **экспортные** ~**и** Exportmöglichkeiten *pl*; **давать** ~ ermöglichen; **отыскивать** ~ Möglichkeit ermitteln; **рассматривать** ~ Möglichkeit prüfen; ◆ **по** ~**и** nach Möglichkeit; **выяснение дополнительных** ~**ей** Erschließung der Möglichkeiten

возникать entstehen, aufkommen, auftreten

возникновение Entstehung *f*

возобновление Erneuerung *f*; ~ **договора** Erneuerung des Vertrags; ~ **переговоров** Wiederaufnahme der Verhandlungen

возобновлять erneuern

возражать widersprechen

возражение Einwand *m*, Einwendung *f* Einwurf *m* *(замечание)*, Widerspruch *m* *(противоречие)*

возрастать steigen, zunehmen

вокзал Bahnhof *m*; **транзитный железнодорожный** ~ Übergangsbahnhof *m*

волейбол Volleyball *m*

волна Welle *f*; **дециметровые** ~ы Dezimeterwellen *pl*; **длинные** ~ы Langwellen *pl*; **короткие** ~ы Kurzwellen *pl*; **средние** ~ы Mittelwellen *pl*; **ультракороткие** ~ы Ultrakurzwellen *pl*

волос Haar *n*

вообще überhaupt, im allgemeinen

вопрос *(дело, обстоятельство, проблема)* Frage *f*; *(дело; обстоятельство)* Angelegenheit *f*, Sache *f*, ; *(проблема)* Problem *n*; △ **важный** ~ wichtige Angelegenheit; **встречный** ~ Gegenfrage *f*; **личный** ~ persönliche Angelegenheit; **нерешённый** ~ ungelöste /offene/ Frage; **отдельный** ~ Einzelfrage *f*; **транспортный** ~ Transportfrage *f*; **финансовый** ~ Finanzfrage *f*; ● ~ **об оплате** *(о стоимости)* Kostenfrage *f*; ~ **платёжных операций** Zahlungsfrage *f*; ■ **вернуться к** ~у auf die Frage zurückkommen; **выяснить** ~ die Frage klären; **затронуть** ~ eine Frage aufwerfen /berühren/; **обойти** ~ um die Frage herumkommen; **обратиться с** ~ом к кому-л. jemandem eine Frage stellen /eine Frage an jemanden richten/; **обсудить** ~ Frage beraten

ворота Tor *n*, Pforte *f*

воротник Kragen *m*

ворошить сено das Heu wenden

воспитание Erziehung *f*

воспроизведение *(напр. магнитной записи)* Wiedergabe *f*

воспроизводить vorspielen

восстановить wiederherstellen

восток Osten *m*

востребование Anforderung *f*; до ~я postlagernd

впечатление Eindruck *m*

впечатляющий eindrucksvoll

вполне völlig

впредь künftig, in Zukunft; ~ **до дальнейшего распоряжения** bis auf weitere Verordnung

впуск Einlaß *m*

вратарь Torwart *m*

врач Arzt *m*; **главный** ~ Chefarzt *m*; **заместитель главного** ~а stellvertretender Chefarzt

временный zeitweilig

время Zeit *f*; *(момент)* Zeitpunkt *m*, Termin *m*; *(отрезок времени)* Zeitraum *m*, Zeitabschnitt *m*; △ **длительное** ~ eine längere Zeit; **лучшее** ~ *(в спорте)* Bestzeit *f*; ● ~ **переговоров** der Termin der Verhandlungen; ~ **поездки** Reisetermin *m*; ~ **работы** *(учреждения)* Öffungszeit *f*, ■ **занимать** ~ die Zeit in Anspruch nehmen; ✦ **в настоящее** ~ gegenwärtig, zur Zeit; ~ **не терпит отлагательства** die Angelegenheit eilt; **в самое ближайшее** ~ binen kürzester /in allernächster/ Zeit /Frist/; **в течение** ~ени im Zeitraum; **до сего** ~ени bis jetzt; **на какое** ~ auf welchen Zeitraum; **сколько** ~ени wie lange; **тем** ~енем inzwischen, zwischenzeitlich

вскрытие Öffnen *n*; **разрешение на** ~ **ящиков** Erlaubnis zum Öffnen der Kisten

вскрыть öffnen

вследствие infolge *(G)*; ~ **этого** infolgedessen

вставлять einsetzen

встретить *(кого-л.)* begegnen *(D)*, treffen *(A)*

встреча Treffen *n*, Begegnung *f*; *(приём)* Empfang *m*; **до скорой встречи** auf baldiges Wiedersehen

встречный Gegen-; ~ое предло-

жение Gegenvorschlag *m*, Gegenangebot *n*
вступление в силу Inkrafttreten *n*
вуз Hochschule *f*
вход Eingang *m*, Eintritt *m*
выбор Wahl *f*, Auswahl *f*; **по ~у** nach Wahl; **по ~у продавца** nach Verkäufers Wahl
вывеска Schild *n*; **~ фирмы** Firmenschild *n*
вывод Schlußfolgerung *f*; **придти к ~у** zu der Erkenntnis kommen; zum Schluß kommen; **сделать ~** schlußfolgern, eine Schlußfolgerung ziehen
вывоз Ausfuhr *f*, Export *m*, Abtransport *m*; **запрет на ~** Ausfuhrverbot *n*; **разрешение на ~** Ausfuhrgenehmigung *f*
вывозить ausführen
выглядеть aussehen
выгода Gewinn *m*; *(преимущество)* Vorteil *m*; *(польза)* Nutzen *m*; *(прибыль)* Profit *m*; **взаимная ~** gegenseitiger Vorteil; **извлекать из чего-л. ~у aus etwas** *(D)* Vorteil /Nutzen, Gewinn/ ziehen
выгодный vorteilhaft, günstig; **на ~ых условиях** zu günstigen Bedingungen
выгружать ausladen; *(судно)* löschen
выгрузка Ausladung *f*, Abladen *n*, Entladung *f*; *(судна)* Löschen; **порт ~и** Löschhafen *m*
выдавать ausgeben
выдача Ausgabe *f*, Erteilung *f*; **~ заказа** Auftragserteilung *f*; **~ корреспонденции «до востребования»** die Ausgabe postlagernder Sendungen; **~ посылок** Paketausgabe *f*; **два месяца со дня ~и заказа** zwei Monate nach Auftragserteilung

выдвигать vorrücken; hervorziehen; **~ аргументы** Argumente vorbringen; **~ вопросы** Fragen aufwerfen; **~ в кандидаты** als Kandidaten aufstellen
выдержать aushalten, bestehen, **~ испытание** eine Probe /eine Prüfung/ bestehen; *(проработать)* **гарантийный срок** die Garantiezeit aushalten
вызвать *(быть причиной)* hervorrufen. bewirken
вызов *(приглашение)* Einladung *f*; **~** *(призыв)* Aufforderung *f*
выезд Abfahrt *f*; Ausreise *f*; **дата** *(время)* **~a** Ausreisetermin *m*
выйти из строя *(о машине)* ausfallen
выключатель Schalter *m*; **автоматический ~ двигателя** Motorschutzschalter *m*, **перекидной ~** Kippschalter *m*
выписка Auszug *m*; **~ из счета** Rechnungsauszug *m*
выписывать *(документ)* ausstellen, ausschreiben
выплатить auszahlen
выполнение Ausführung *f*
выполнить erfüllen; *(напр. поручение)* ausrichten; **~ять функции** Funktionen ausüben
выпуск продукции Produktionsausstoß *m*, Herstellung der Produktion /der Erzeugnisse/
выпускать *(продукцию)* produzieren, erzeugen, herstellen; *(издавать)* herausgeben, verlegen
выражать ausdrücken, ausprägen, zum Ausdruck bringen; **~ согласие** *(с чем-л.)* Zustimmung *(zu etwas D)* geben, zustimmen *(D)*
выручка Erlös *m*
высказать aussprechen, ausdrücken, äußern; **~ свое мнение** seine Meinung äußern

высококачественный hochwertig
высококвалифицированный hochgualifiziert
высокопроизводительный hochproduktiv
высокоэффективный hocheffektiv
высота Höhe f; ~ звука Tonhöhe f
выставка Ausstellung f; △ международная ~ internationale Ausstellung; сельскохозяйственная ~ Landwirtschaftsausstellung f; специализированная ~ Fachausstellung f; ● бюро ~и Ausstellungsbüro n; ~косметических товаров Kosmetikausstellung f; площадь ~и Ausstellungsfläche f; территория ~и Ausstellungsgelände n; участник ~и Ausstellungsteilnehmer m; на ~е auf der Ausstellung
выступать (публично) (öffentlich) auftreten
вытекать 1. (о жидкости) auslaufen, (heraus)fließen; 2. (происходить) sich ergeben, folgen; из этого ~ет daraus ergibt sich /daraus folgt/
выход 1. Ausgang m; ~из положения Ausgang aus der Lage 2. (отход судна) Auslauf m; 3. (из строя) Ausfall m
выходить (о судне) auslaufen
вычеркивать streichen
вычет Abzug m; за ~ом nach Abzug (G), abzüglich (G); за ~ом накладных расходов nach Abzug der Unkosten
вычисление (расчет) Berechnung f
вычислять berechnen, ausrechnen
вычитать (удерживать из чего-л.) abziehen (von etwas D), (etwas A) in Abzug bringen
вышеназванный (вышеупомянутый) obengenannt, obenerwähnt
выявить (установить) feststellen, entdecken
выявиться sich herausstellen, sich zeigen, zum Vorschein kommen
выяснение Klärung f, Klarstellung f; ~ всех подробностей Klarstellung aller Einzelheiten
выяснить klären, aufklären; ~ вопрос прибытия специалистов die Anreise der Spezialisten klären
выясниться sich herausstellen

Г

габардин Gabardine f
габарит Durchfahrtsprofil n, Ladeprofil n; (размер) Ausmaß n, Abmessungen pl
габаритные огни (автомобиля) Standlicht n
гавань Hafen m; незамерзающая ~ eisfreier Hafen; войти в ~ in einen Hafen einlaufen, (на короткое время) in einen Hafen anlaufen
газ Gas n; природный ~ Erdgas n
газгольдер Gasbehälter m

газета Zeitung f
газовый Gas-; ~ая горелка Gasbrenner m; ~ двигатель Gasmotor m; ~ завод Gaswerk n; ~ая колонка Gasdurchlauferhitzer m; ~ое месторождение Gasvorkommen n; ~ая отопительная печь Gasheizer m; ~ое отопление Gasheizung f; ~ая плита Gasherd m
газонокосилка Rasenmähmaschine f
газопровод Gasleitung f

гайка Mutter f, Schraubenmutter f
галерея Galerie f; **картинная** ~ Gemäldegalerie f, Bildergalerie f
галстук Krawatte f, Schlips m
гандбол Handball m
гараж Garage f
гарант Garant m, Bürge m
гарантийный: △ ~ое письмо Garantiebrief m, Garantieschreiben n; ~ое свидетельство Garantieschein m; срок Garantiezeit f, Garantiefrist f; ■ выдавать ~ое письмо den Garantiebrief aushändigen; выдержать *(проработать)* ~ срок die Garantiezeit aushalten; ~ срок возобновляется die Garantiefrist läuft von neuem; настаивать на ~ом ремонте auf dem Garantieanspruch bestehen

гарантировать garantieren, gewährleisten, die Garantie /Gewähr/ bieten; ~ высокое качество продукции die Gewähr für hohe Qualität der Erzeugnisse bieten

гарантия Garantie f; Gewährleistung f; **подтверждение** ~и Bestätigung der Garantie, **в рамках** ~и im Rahmen der Garantie; **давать** ~ю garantieren

гардероб Garderobe f
гардина Gardine f
гвоздика Nelke f
гвоздь Nagel m
генератор Generator m; *(автомашины)* Lichtmaschine f; ~ **переменного тока** Wechselstromgenerator m; ~ **постоянного тока** Gleichstromgenerator m
геолог Geologe m
гибкий flexibel
гид Führer m; ~ **в музее** Museumsführer m; **на выставке** Ausstellungsführer m; ~, **сопровождающий туристов во время путешествия** Reiseleiter m

гидрант Hydrant m
гидросамолет Wasserflugzeug n
гимнастика Gymnastik f
гинеколог Frauenarzt m
главный Haupt-; Chef-; ~ **архитектор** Chefarchitekt m; ~ **вход** Haupteingang m; ~ **въезд** Haupteinfahrt f; ~ **выход** Hauptausgang m; ~ **конструктор** Chefkonstrukteur m; ~ **сектор** Hauptabschnitt m
гладить bügeln
глаз Auge n
глицерин Glyzerin n
гноиться eitern
говорить sprechen, sagen
говядина Rindfleisch n
год Jahr n; **будущий** ~ das nächste Jahr; **отчетный** ~ Rechnungsjahr n; **прошлый** ~ das vorige Jahr; **текущий** ~ das laufende Jahr
годиться sich eignen, passen
годовой Jahres-; ~ **арендный договор** Jahresmietvertrag m; ~ **баланс** Jahresbilanz f
голова Kopf m
голос Stimme f
голосование Abstimmung f
голосовать (ab)stimmen
горло Hals m
горничная Zimmermädchen n
город Stadt f; ~-**побратим** Partnerstadt f; **центр** ~а Innenstadt f
горох Erbse f; **зеленый** ~ grüne Erbse; **полевой** ~ Felderbse f· **посевной** ~ Zuckererbse f; **стручок** ~а Erbsenhülse f, Erbsenschote f
горчица Senf f
горький bitter

горючее Brennstoff *m*, Treibstoff *m*, Kraftstoff *m*
господин Herr *m*
гостиная Salon *n*, Besuchszimmer *n*
гостиница Hotel *n*
гость Gast *m*
государственный staatlich, Staats-
государство Staat *m*
готовальня Reißzeug *n*
готовность Bereitschaft *f*; ~ **к отправке** Versandbereitschaft *f*; ~ **к проведению монтажа** Montagebereitschaft *f*
готовый fertig
гравировка Gravierung *f*
гравюра Gravüre *f*, Stich *m*
гражданин Bürger *m*
гражданство Staatsbürgerschaft *f*, Staatsangehörigkeit *f*
грандиозный grandiös, großartig
граница Grenze *f*; **государственная** ~ Staatsgrenze *f*; **франко** ~ frei Grenze *f*; **франко-вагон** ~ franko Waggon Grenze; **пересечь** ~**y** die Grenze passieren
грань Kante *f*; **наружная** ~ Außenkante *f*
график Zeitplan *m*; ● ~ **движения поездов** Fahrplan *m*; ~ **командировок** Delegierungsplan *m*; ~ **монтажа** Montageplan *m*; ~ **платежей** Zahlungszeitplan *m*; ~ **поставок** Lieferplan *m*; ~ **строительства** Bauablaufplan *m*; ■ **согласовать** ~ **платежей** den Zahlungszeitplan abstimmen; **утвердить** ~ **платежей** den Zahlungszeitplan bestätigen
графика Grafik *f*
гребля Rudern *n*; ~ **на байдарке** Rudern im Kajak; ~ **на каноэ** Rudern im Kanu
грелка Wärmflasche *f*; **электрическая** ~ elektrisches Heizkissen
гречиха Buchweizen *m*
гриб Pilz *m*; **маринованный** ~ eingelegter Pilz
грог Grog *m*
грудь Brust *f*
груз Ladung *f*, Gut *n*, Fracht *f*; △ **внешнеторговый** ~ Außenhandelsgut *n*; **выставочный** ~ Ausstellungsgut *n*; **железнодорожный** ~ Eisenbahnfracht *f*; **импортный** ~ Importgut *n*; **массовый, насыпной** ~ Massenschüttgut *n*; **навалочный** ~ Freiladegut *n*; **наливной** ~ flüssiges Gut; **насыпной** ~ Schüttgut *n*; **невостребованный** ~ nicht abgeholtes Gut; **негабаритный** ~ das Gut, das Lademaß überschreitet; **охлаждаемый** ~ Kühlgut *n*; **перевалочный** ~ Transportgut *n*; **почтовый** ~ Postgut *n*; **прибывающий** ~ auflaufendes Gut; **сборный** ~ Sammelgut *n*; **скоропортящийся** ~ leichtverderbliches Gut; **штучный** ~ Stückgut *n*; ● **выдача** ~**ов** Güterausgabe *f*; ~ **большой скорости** Eilgut *n*, Expreßgut *n*, Eilfracht *f*; ~ **в мешках** abgesackter Gut; ~ **малой скорости** Frachtgut *n*; ~ **особой скорости** Expreßgut *n*; **отправка** ~**ов** Güterablieferung *f*; **путь следования** ~**ов** der Transportweg der Güter; ■ **устанавливать путь следования** ~**ов** den Transportweg der Güter festlegen
грузить laden, beladen, (*в трюм*) verstauen, stauen
грузоотправитель Absender *m*, Frachtabsender *m*
грузоподъемность Tragfähigkeit *f*, Ladefähigkeit *f*, Ladekapazität *f*
грузчик Verladearbeiter *m*
грунт Grund *m*, Boden *m*
группа Gruppe *f*; ~ **изделий** Erzeugnisgruppe *f*; **исследова-**

тельская ~ Forschungsgruppe f; туристская ~ Touristengruppe f

груша Birne f
гумно (рига) Dreschscheune f
гусь Gans f

Д

давать geben, bieten (предоставлять)
давление Druck m; высокое ~ Hochdruck m; кровяное ~ Blutdruck m
далеко fern, weit
данные (сведения) Angaben pl; Daten pl, Kennwerte pl; △ анкетные ~ Personalien pl; дополнительные ~ zusätzliche Angaben; необходимые ~ notwendige Angaben; подробные ~ nähere Angaben; проектные ~ Entwurfsdaten pl; статистические ~ statistische Kennziffern; экспериментальные ~ experimentelle Werte; ● ~ для разработки плана Planunterlagen pl; ■ приводить ~ Angaben anführen /aufführen/, angeben; сообщать ~ Angaben machen; ✦ по предварительным ~м nach vorläufigen Angaben

данный (представленный, имеющийся) vorliegend; ~ договор vorliegender Vortrag
дата Datum n; ~ выезда Ausreisetermin m; ~ выхода судна das Auslaufdatum des Schiffes; ~отгрузки Verladedatum n; ~ отправки Versanddatum n; Abfahrtsdatum n (отъезда); Abgangsdatum n (отхода); поставки Lieferdatum n; ~ приезда Anreisedatum n; точная ~ das genaue Datum
датировать datieren
дверь Tür f
двигатель (мотор) Motor m, Kraftmaschine f; ~ внутреннего сгорания Verbrennungsmotor m; трехфазный ~ Drehstrommotor m; турбовинтовой ~ Turboproptriebwerk n; турбореактивный ~ Turbinentriebwerk n

движение Bewegung f; Gang m; Verkehr m; ~ цен Preisbewegung f
дворец Palast m
дворник Hausmeister m, Hauswart m
двухполюсный zweipolig
двухсменный zweischichtig
двухсторонний zweiseitig, bilateral; ~ договор bilateraler Vertrag
дебет Debet n, Soll n; ● извещение о ~e Lastschrift f; ~ и кредит Soll und Haben; ■ заносить в ~ счета (сумму) das Konto mit (Summe) belasten; ✦ в наш ~ zu unseren Lasten
дебет-нота Debetnote f
дебитор Schuldner m
девушка Fräulein n, Mädchen n
дезинфекция Desinfektion f
дезинфицировать desinfizieren
действие Handlung f; Tätigkeit f, Akt m; (влияние) Wirkung f, Einfluß m; срок ~я Gültigkeitsdauer f; привести машину в ~ eine Maschine in Gang setzen
действительность (документа) Gültigkeit f (des Dokumentes)
действовать handeln, verfahren
делать machen, tun
делегат Delegierte m
делегация Delegation f

деликатес Feinkost *f*
дело 1. Sache *f (юр.)* ◾ **приступить к** ~**у** zur Sache kommen; **уладить** ~**а** Sachen erledigen; *2. (обстоятельство)* Angelegenheit *f*; **3.** *(отрасль, система)* Wesen *n*; **банковское** ~ Bankwesen *n*; **патентное** ~ Patentwesen *n*; **финансовое** ~ *(система)* Finanzwesen *n*; **4.** *(торговая сделка)* Geschäft *n*

деловой sachlich; geschäftlich; ~**ая активность** Geschäftsaktivität *f*; ~**ые отношения** Geschäftsbeziehungen *pl*

делянка *(участок земли)* Parzelle *f*, Schlag *m*, Grundstück *n*

демонстрация *(показ)* Vorführung *f*; ~ **фильма** Filmveranstaltung *f*

демонстрировать *(показывать)* vorführen; ~ **машину в действии** eine Maschine in Funktiona vorführen

демонтаж Demontage *f*; Abbau *m*

демонтировать abbauen

день Tag *m*; **рабочий** ~ Werktag *m*; **по истечении 5 дней** nach Ablauf von 5 Tagen; **со дня отгрузки** vom Tage der Verladung

деньги Geld *n*; **бумажные** ~ Papiergeld *n*; **мелкие** ~ Kleingeld *n*; **металлические** ~ Metallgeld *n*; **крупные** ~ großes Geld; **наличные** ~ Bargeld *n*

дипозитный Depositen-; Hinterlegungs-; ~ **банк** Depositenbank *f*; ~**ая квитанция** Hinterlegungsschein *m*

деревня Dorf *n*

дерматолог Dermatologe *m*, Hautarzt *m*

десерт Dessert *n*, Nachtisch *m*

десятиборье Zehnkampf *m*

деталь Teil *n*; Detail *n*; Einzelteil *n*; △ **быстроизнашивающаяся** ~ Verschleißteil *n*; **взаимозаменяемые** ~**и** Austauschteile *pl*; **готовая** ~ Fertigteil *n*; **дефектная** ~ defektes Teil; **комплектующие** ~**и** Komplettierungsteile *pl*; **обрабатываемая** ~ Werkstück *n*; **сборная** ~ Montagebauteil *n*; **электро**~ Elektroteil *n*, Elektroeinzelteil *n*; ◾ ~**и машин** Maschinenteile *pl*; **производство строительных** ~**ей** die Produktion von Bauelementen

детальный detailliert; *(точный)* genau

дефект Fehler *m*, Defekt *m*, Mangel *m*, Schaden *m* *(повреждение)*

дефектный mangelhaft; defekt, fehlerhaft

дефицит 1. *(убыток)* Defizit *n*, Fehlbetrag *m*; Fehlmenge *f*; **2.** *(нехватка)* Mangel *m*, Lücke *f*

дешевый *(о товаре)* billig; *(о ценах)* niedrig

деятельность Tätigkeit *f*; **коммерческая** ~ kommerzielle Tätigkeit

джем Marmelade *f*

дзюдо Judo *n*

диагноз Diagnose *f*

диаметр Durchmesser *m*

диапазон Umfang *m*; Ausmaß *n*; Bereich *m*; ~ **мощности установки** der Leistungsbereich der Anlage; ~ **работы** Arbeitsbereich *m*; **широкий** ~ breites Spektrum

диапозитив Dia(positiv) *n*; **цветной** ~ Farbdiapositiv *n*

диафильм Diafilm *m*

диафрагма *(фотоаппарата)* Blende *f*

диета Diät *f*; **соблюдать** ~**у** Diät halten

диктор Ansager *m*

диктофон Diktiergerät *n*
диоптрия Dioptrie *f*
дипломатический diplomatisch
директор Direktor *m*, Leiter *m*; △ **генеральный** ~ Generaldirektor *m*; **коммерческий** ~ kaufmännischer Direktor; ● ~ **завода** Werkdirektor *m*, Werkleiter *m*; ~ **конторы** Kontordirektor *m*
дирекция Direktion *f*
дирижер Dirigent *m*
дирижировать dirigieren
диск Diskus *m*
дискуссия Diskussion *f*
диспетчер Dispatcher *m* ~ **на транспорте** Fahrdienstleiter *m*
дистанция Strecke *f*
дичь Wild *f*
длина Länge *f*; **единица** ~ы Längeneinheit *f*; **мера** ~ы Längenmaß *n*
длительный dauernd; anhaltend; △ ~ое **время** eine längere Zeit; ~ое **хранение** *(на складе)* dauernde Lagerung; ● **товары** ~ого **пользования** Dauerwaren *pl*
длиться dauern
добавить hinzufügen, hinzusetzen; ~ **что-л. к этому** dazu sagen, *(дополнить)* ergänzen
добавление Ergänzung *f*
добиться erreichen, erringen
доброкачественный von guter Qualität
добыча Gewinnung *f*, Förderung *f* ~ **минеральных масел** Mineralölgewinnung *f*
доверенность Vollmacht *f*, Ermächtigung *f*; ● ~**на ведение переговоров** Verhandlungsvollmacht *f*; ▨ **выдать** ~ eine Vollmacht ausstellen; **представлять** ~ eine Vollmacht vorlegen; ✦ **по** ~**и** in [laut] Vollmacht

доверенный bevollmächtigt
доверитель Vollmachtgeber *m*, Auftraggeber *m*
договор Vertrag *m*; Abkommen *n (соглашение)*; Kontrakt *m (контракт)*; △ **арендный** ~ Pachtvertrag *m*; **долгосрочный** ~ langfristiger Vertrag; **дополнительный** ~ Zusatzvertrag *m*; **торговый** ~ Handelsabkommen *n*; **трудовой** ~ Arbeitsvertrag *m*; ● **выполнение** ~а Vertragsrealisierung *f*; ~ **купли-продажи** Kaufvertrag *m*; ~ **на техническое обслуживание** Kundendienstvertrag *m*; ~**об импорте** Importvertrag *m*; ~ **об экспорте** Exportvertrag *m*, Ausfuhrvertrag *m*; ~ **о перевозках** Transportvertrag *m*; ~ **о поставках** Liefervertrag *m*; ~ **о сокращении вооружений** Vertrag über die Begrenzung der Rüstung; **дополнение к** ~у Vertragsergänzung *f*; **заключение** ~а Abschluß des Vertrags; **изменение** ~а Vertragsänderung *f*; **истечение** ~а Erlöschen des Vertrags; **нарушение** ~а Vertragsverletzung *f*; **проект** ~а Vertragsentwurf *m*; **расторжение** ~а Vertragslösung *f*, Vertragskündigung *f*; **рекламация по** ~у Mängelanzeige zum Vertrag; **срок** ~а Vertragsdauer *f*; **сторона в** ~е Vertragspartner *m*; **условия** ~а Vertragsbedingungen *pl*; ▨ **аннулировать** ~ einen Vertrag annulieren /kündigen/; **включить в** ~ in den Vertrag aufnehmen; **заключать** ~ einen Vertrag (ab)schließen; **нарушать** ~ einen Vertrag verletzen; **оговорить в** ~е im Vertrag ausbedingen; **отказаться от** ~а vom Vertrag zurücktreten, vom Vertrag Abstand nehmen; **подписывать** ~ einen Vertrag unterzeichnen; **расторгнуть** ~ *см.*

аннулировать ~; соблюдать ~ einen Vertrag einhalten; соблюдать обязательства по ~у den Verpflichtungen aus dem Vertrag nachkommen; составлять ~ einen Vertrag abfassen; ✦ по ~у /согласно ~у/ laut Vertrag; vertragsmäßig

договорённость Vereinbarung f, Verabredung f, Absprache f; предварительная ~ vorläufige Vereinbarung; достичь ~и Vereinbarung treffen; согласно ~и laut Vereinbarung

договориться (о чём-л.) verabreden (A), sich vereinbaren (A); sich einigen (über A); übereinkommen (über etwas A); (достичь согласованности) Übereinstimmung f (über etwas A) erzielen; ~ о встрече (о времени встречи) einen Termin der Zusammenkunft festlegen

договорный vertragsgemäß; vertraglich; Vertrags-; ~ые обязательства vertragliche Verpflichtungen; ~ые отношения vertragliche Beziehungen; ~ые условия Vertragsbedingungen pl; работа на ~ых началах die Arbeit auf vertraglichen Grundlagen

доза Dosis f

дозвониться (по телефону к кому-л.) erreichen (jemanden A)

доильный Melk-; ~ аппарат Melkmaschine f; ~ аппарат на пастбище Weidemelkstand m; ~ станок Melkstand m; ~ая установка Melkstand m

доить melken

доиться Milch geben, milchen

дойка Melken n

дойный melkbar; ~ая корова Milchkuh f

доказательство Beweis m; Nachweis m; неопровержимое ~ unumstößlicher Beweis; представить ~ den Beweis erbringen /liefern/, einen Nachweis führen

доказать beweisen, nachweisen, (подтверждать чем-л.) belegen (mit D)

доклад Vortrag m; Bericht m; делать ~ einen Vortrag halten

докладчик Vortragende m

документ Dokument n; Unterlage f; бухгалтерский ~ Buchungsbeleg m; личные ~ы Papiere pl, Ausweispapiere pl; недостающий ~ fehlendes Dokument; необходимый ~ notwendiges Dokument; нормативный ~ Normativdokument n; основополагающий ~ Gründungsdokument n; отгрузочный ~ Verladedokument n, Versandpapier n; отгрузочный (на судно) ~ Verschiffungsdokument n; платёжный ~ Zahlungsdokument n; подлинный ~ Originalurkunde f, Urschrift f, расчётный ~ Verrechnungsdokument n; сопроводительный ~ Begleitpapiere pl; таможенный ~ Zollbegleitschein m

документальный urkundlich

документация Dokumentation f; △ бухгалтерская ~ Belege pl; комплексная ~ komplette Dokumentation; конструкторская ~ Konstruktiondokumentation f; переработанная ~ revidierte Dokumentation; проектная ~ Projektierungsdokumentation f, Projektdokumentation f; рабочая ~ Arbeitsunterlagen pl; техническая ~ technische Dokumentation; ● ~ по монтажу die Dokumentation für Montage; ~ по обслуживанию и эксплуатации die Dokumentation für Bedienung und Betrieb; ~ по ценам Preisunterlagen pl; ■ составлять ~ю die Dokumentation anfertigen

долг Schuld f; △ внешний ~ Außenschuld f; долгосрочный

~ Dauerschuld *f*; **краткосрочный** ~ kurzfristige Schuld; **непогашенный** ~ unbeglichene Schuld; ■ **аннулировать** ~ die Schuld annullieren; **взыскивать** ~ die Außenstände einziehen /eintreiben/; **погашать** ~ die Schuld tilgen /begleichen, löschen/; ● **взыскание** ~**ов** Schuldbetreibung *f*

долговременный: *(постоянный)* ständig; *(долголетний)* langjährig; mehrjährig

долгосрочный langfristig, mehrjährig

должник Schuldner *m*; **несостоятельный** ~ zahlungsunfähiger Schuldner

должность Funktion *f*; Amt *n*; Posten *m*; Stelle *f*, Dienststelle *f*; **вступить в** ~ ein Amt antreten; **занимать** ~ eine Funktion ausüben

дом Haus *n*

домкрат Wagenheber *m*; Wagenwinde *f*, Winde *f*

донор Blutspender *m*

дооборудование Nachrüstung *f*

доплата Zuschlag *m*, Nachzahlung *f* ~ **почтовых сборов** Strafporto *n*

дополнение Ergänzung *f*; Nachtrag *m*, Zusatz *m*; **в** ~ (*к чему-л.*) in Ergänzung /als Nachtrag/ (*zu etwas D*); ~ **к контракту** Ergänzung /Nachtrag/ zum Vertrag

дополнительно nachträglich, zusätzlich

дополнять ergänzen *(durch A)*

допоставка Nachlieferung *f*

допуск 1. (*куда-л.*) Zutritt *m*; Zugang *m*; 2. (*в изготовлении деталей*) Toleranz *f*

допускать zulassen; ~ **ошибку** Fehler begehen /zulassen/

допустимый zulässig

дорога Weg *m*; **железная** ~ Eisenbahn *f*; **объездная** ~ Umgehungsstraße *f*; **подъездная** ~ Anfahrtsstraße *f*; **скоростная** ~ Schnellverkehrsstraße *f*

доска Tafel *f*; **мемориальная** ~ Gedenktafel *f*; ~ **для объявлений** Anschlagtafel *f*; das Schwarze Brett

досмотр Kontrolle *f*; **пограничный** ~ Grenzkontrolle *f*; **таможенный** ~ Zollkontrolle *f*; Zollabfertigung *f*; ~ **грузов** Frachtkontrolle *f*; **подвергнуть таможенному** ~**у** der Zollkontrolle unterwerfen

досрочно vorfristig

доставка Lieferung *f*, Beförderung *f*; Zustellung *f*; Antransport *m*; ~ (*отправка*) **в рулонах** Rollenversandt *m*; ~ **собственными средствами** Selbstabholung *f*; ~ **товаров** Warenlieferung *f*

доставлять liefern, zustellen, bringen

достаточно genug, genügend; **вполне** ~ vollauf genügend

достигать erreichen

достижение Erfolg *m*, Leistung *f*, Errungenschaft *f*; Erreichung *f*; **высшее** ~ (*в спорте*) Höchstleistung *f*, Spitzenleistung *f*; ~ **наивысшего научно-технического уровня** die Erreichung des wissenschaftlich-technischen Höchststandes

достопримечательность Sehenswürdigkeit *f*

доступ Zugang *m*, Zutritt *m*, Einlaß *m*

доход Einkommen *n*; Einkünfte *pl*; **национальный** ~ Nationaleinkommen *n*; **чистый** ~ Reingewinn *m*

драма Drama *n*

драматург Dramatiker *m*

драп Drap *m*

древесина Holz *n*

дубликат Duplikat n, Doppel n; ~ железнодорожной накладной Eisenbahnfrachtduplikat n
духи Parfüm n
душ Dusche f
душно schwül
дуэт Duett n
дыня Zuckermelone f
дыра Loch n

Е

еда Essen n; *(кушанье)* Speise f
единица Einheit f; ~ измерения Maßeinheit f; **расчетная** ~ Verrechnungseinheit f
единичный einzeln
единогласно einhellig, einstimmig
единый Einheits-; ~ая цена Einheitspreis m
ёмкость Geräumigkeit f; Fassungsvermögen n

Ж

жакет Jacke f
жалоба Klage f; Beschwerde f; **обратиться к кому-л. с** ~ой на кого-л. sich bei *(D)* über *(A)* beschweren; **подавать на кого-л.** ~у eine Beschwerde gegen *(A)* erheben
жаловаться *(на что-л.)* sich beklagen /beschweren/ *(über A)*
жанр Genre f
жар *(высокая температура у человека)* Fieber n
жареный gebraten
жатва Ernte ; **обильная** ~ reiche /reichliche, ausgiebige/ Ernte; **время** ~ы Erntezeit f
жатка Getreidemähmaschine f; ~-сноповязалка Mähbinder m
жать 1. *(выжимать)* pressen; ~ **зерно** Korn schneiden; 2. *(убирать урожай)* ernten, schneiden
желание Wunsch m; **заявлять о своем** ~и seinen Wunsch äußern; **удовлетворять** *(исполнять)* ~я Wünsche erfüllen
железо Eisen n; **полосовое** ~ Bandeisen n
желтый gelb
жёлоб Rille f
желудок Magen m
живописный malerisch
живопись Malerei f; **декоративная** ~ dekorative Malerei; **жанровая** ~ Genremalerei f; **пейзажная** ~ Landschaftsmalerei f; **портретная** ~ Porträtmalerei f
живот Bauch m
животновод Viehzüchter m, Viehpfleger n
животноводство Viehzucht f, Tierzucht f, Viehhaltung f; **молочное** ~ Milchviehzucht f; **мясное** ~ Mastviehzucht f, **продуктивность** ~a Leistungen der Viehwirtschaft; **продукты** ~a tierische Erzeugnisse
животноводческий Viehzucht-
животное Tier n; **годовалое** ~ Jährling m; **откормочное** ~ Masttier n; **племенное** ~ Zuchttier n; **рабочее** ~ Zugtier n
жидкость Flüssigkeit f; ~ **для бритья** Rasierwasser n; ~ **для снятия лака с ногтей** Nagellackentferner m
жилец *(квартиросъемщик)* Mieter m
жонглер Jongleur m

журнал Zeitschrift *f*; иллюстрированный ~ Illustrierte *f*; специальный ~ Fachzeitschrift *f*

журналист Journalist *m*
жюри Jury *f*

З

заблудиться sich verirren, sich verlaufen; *(сбиться с пути на транспорте)* sich verfahren
заведующий Verwalter *m*; Leiter *m*; Chef *m*; ~ **кафедрой** Lehrstuhlleiter *m*; ~**магазином** Verkaufsstellenleiter *m*; ~ **отделом** Abteilungsleiter *m*; ~ **отделом сбыта** Absatzleiter *m*; ~ **производством** Produktionsleiter *m*; ~ **складом** Lagerverwalter *m*; ~ **учебной частью** Leiter der Studienabteilung *(в вузе)*; ~ **хозяйством** Wirtschaftsleiter *m*
заверенный *(о документе)* beglaubigt, bescheinigt
завершать vollenden; beenden, schließen
завершение Abschluß *m*
зависеть abhängen, *(от кого-л.)* abhängig sein *(von D)*
завод Werk *n*; Betrieb *m*; △ **автомобильный** ~ Autowerk *n*; **винокуренный** ~ Brennerei *f*, Spiritusbrennerei *f*; ● ~**-изготовитель** Herstellerwerk *n*; ~**-поставщик** Lieferwerk *n*; ■ **останавливать** ~ das Werk stillegen; **пустить** ~ **в эксплуатацию** das Werk in Betrieb setzen
заводить aufdrehen *(привести в движение)*; ~ **мотор** den Motor anlassen; ~ **часы** die Uhr aufziehen
завтрак Frühstück *n*
завтракать frühstücken
завязать **деловые связи** Geschäftsverbindungen anknüpfen
загораживать versperren; verstellen
загружать auslasten, belasten, beladen; ~ **вагоны** Waggons auslasten; **завод загружен заказами полностью** das Werk ist mit Anträgen völlig ausgelastet

загрузка Auslastung *f*
задание Aufgabe *f*; **строительное** *(проектное)* ~ Bauaufgabe *f*
задаток Anzahlung *f*
задача Aufgabe *f*; Problem *n*; △ **данная** ~ genannte Aufgabe; **довольно нелегкая** *(трудная)* ~ eine recht schwierige Aufgabe; **научно-исследовательская** ~ Forschungsaufgabe *f*; **поставленная** ~ gestellte Aufgabe; ■ **ставить** ~у eine Aufgabe stellen; **разрешить** /**выполнить**/ ~у eine Aufgabe lösen /erfüllen/; ♦ **перед нами встала** ~ uns ist die Aufgabe erwachsen; **объем задач увеличивается** Aufgaben werden umfangreicher
задержать aufhalten; zurückhalten, *(отложить)* verzögern; ~ **поставку** die Lieferung verzögern
задержка Verzögerung *f*, Verzug *m*; ~ **в передаче** die Verzögerung bei der Übergabe; ~ **в производстве** Verzögerung in der Produktion; ~ **в сбыте** Absatzstockung *f*; ~ **поставок** Lieferverzug *m*; **без** ~ **и ohne** Verzug, ohne Verzögerung
задолженность Verschuldung *f*; Schulden *pl*; △ **внешняя** ~ Auslandsverschuldung *f*; **дебиторская** ~ Außenstände *pl*; **общая** ~ Gesamtverschuldung *f*; **текущая** ~ gegenwärtige Verschuldung; **чистая** ~ Reinverschuldung *f*; **чрезмер-**

ная ~ übermäßige Verschuldung; ● ~ **по клирингу** Verrechnungsrückstände *pl*; ~ **по платежам** rückständige Zahlungen; ~ **по поставкам** Lieferungsrückstände *pl*; **иметь** ~ in Rückstand sein; **погасить** ~ Schulden tilgen, Rückstände bezahlen; ✦ **у вас** ~ **по** ... Sie sind mit *(D)* im Rückstand ..

заем *(ссуда)* Anleihe *f*, Darlehen *n*; △ **беспроцентный** ~ unverzinsliche /zinslose/ Anleihe; **государственный** ~ Staatsanleihe *f*; **денежный** ~ Geldanleihe *f*; **несрочный** ~ unkündbare Anleihe; **процентный** ~ verzinsliche Anleihe; ■ **гарантировать** ~ Anleihe garantieren; **давать** *(представлять)* ~ Anleihe gewähren; **заключать соглашение о займе** Abkommen über eine Anleine abschließen; **сделать** ~ Anleihe machen ● **долг по займу** Anleiheschuld *f*; **погашение займа** Tilgung der Anleihe /Anleihetilgung/; **покрытие займа** Anleihedeckung *f*; **срок погашения займа** Termin der Anleihetilgung; **установленная сумма займа** Auflage der Anleihe /der festgesetzte Betrag/

заемный Leih-; ~**ые деньги** geliehenes Geld; ~**ое письмо** Schuldbrief *m*

зажигание *(автомобиля)* Zündung *f*

зажим Halter *m*, Klemme *f*

заземление Erdung *f*; **провод** ~**я** Erdleitung *f*

заземленный geerdet; ~ **нулевой провод** geerdeter Nulleiter

заинтересованность Interessiertheit *f*

заинтересованный interessiert *(an D)*

займодержатель Anleihebesitzer *m*

заказ Auftrag *m*; Bestellung *f*; △ **дополнительный** ~ Nachbestellung *f*; **крупный** ~ Großauftrag *m*; **настоящий** *(предлагаемый к рассмотрению)* ~ vorliegender Auftrag; **предварительный** ~ Vorbestellung *f*; **экспортный** ~ Exportauftrag *m*; ● **бланк** ~**а** Bestellformular *n*; **выдача** ~**а** Auftragserteilung *f*; ~ **выставочной площади** Platzanmeldung *f*; ~ **мест в квартирном бюро** Quartieranmeldung *f*; ~ **на машины** der Auftrag für Maschinen; ~ **на телефонный разговор** die Anmeldung des Telefongesprächs; **отмена** ~**а** die Abbestellung des Auftrags, **подтверждение** ~**а** Auftragsbestätigung *f*; **портфель** ~**ов** Auftragsbestand *m*; **принятие** ~**а** die Annahme der Bestellung ■ **аннулировать** ~ den Auftrag rückgängig machen, den Auftrag zurückziehen; **выдавать** ~ den Auftrag erteilen; **выполнять** ~ den Auftrag ausführen; **отменять** ~ den Auftrag abbestellen; **подтверждать** ~ den Auftrag bestätigen; **размещать** ~ den Auftrag unterbringen; ✦ **по вопросу выдачи** ~**а** wegen einer Auftragserteilung

заказать bestellen; einen Auftrag geben; ~ **дополнительно** nachbestellen; ~ **предварительно** vorausbestellen

заказчик Auftraggeber *m*; *(получатель заказа)* Abnehmer *m*

заключать (ab)schließen; ~ **договор** /**контракт**/ einen Vertrag /ein Abkommen/ abschließen; ~ **сделку** ein Geschäft abschließen

заключение 1. *(экспертов)* Gutachten *n*, Sachverständigengutachten *n*, Expertise *f* *(акт экспертизы)*; Begutachtung *f*; **техническое** ~ technisches Gutachten; **передать на** ~ *(экспертизу)* begutachten lassen; *(проводить экспертизу)* begutachten; **2.** *(соглашения, договора)* Abschluß *m*; ~ **сделки на закупку** Kaufabschluß *m*; **успешное** ~ erfolgreicher Abschluß; **3.** *(вывод)* Schlußfolgerung *f*; **сделать** ~ Schluß ziehen, zusammenfassen *(обобщить)*; **4.** *(окончание)* Schluß *m*; **в** ~ zum Schluß; **сказать в** ~ abschließend sagen

закон Gesetz *n*

законность Rechtsgültigkeit *f*; Gesetzlichkeit *f*, Rechtsordnung *f*

законный gesetzlich, gesetzmäßig; berechtigt

законченный abgeschlossen, vollendet

закончить beenden, abschließen; vollenden

закончиться zu Ende sein /gehen/

закрывать schließen; (ver)decken

закрытие Schluß *m*; Schließung *f*; ~ **выставки** Schluß der Ausstellung

закрыто geschlossen

закупать einkaufen

закупка (Ein)Kauf *m*; Bezug *m*; **воздержаться от** ~**и** vom Kauf Abstand nehmen

закуска Imbiß *m*; **холодная** ~ kalte Vorspeise

закусочная Imbißstube *f*, Imbißraum *m*

зал Halle *f*, Saal *m*; △ **выставочный** ~ Ausstellungssaal *m*; **кассовый** ~ Schalterraum *m*; **концертный** ~ Konzerthale *f*; **операционный** ~ Operationssaal *m*, **читальный** ~ Lesesaal *m*; ● ~ **заседаний** Sitzungssaal *m*, ~ **ожидания** Wartesaal *m*

залог Pfand *n*; Versatz *m*

замедлять verzögern

замена 1. *(действие)* Ersatz *m*; Ersetzung *f*; Austausch *m*; **2.** *(заменитель)* Ersatz *m*; **служить -ой** als Ersatz dienen; **в** ~**у** zum /als/ Ersatz

заменимый ersetzbar

заменять *(чем-л.)* ersetzen *(durch A)*; auswechseln *(durch A)*; ~ **дефектные детали** defekte Teile auswechseln

замер Vermessung *f*

заметить bemerken; wahrnehmen; **разрешите мне** ~ darf ich bemerken

замечание Bemerkung *f*; **критическое** ~ kritische Bemerkung; *(указание)* Hinweis *m*

за́мок Burg *f*, Schloß *n*

замо́к Schloß *n*

занавес Vorhang *m*

занимать besetzen; ~ **место** eine Fläche besetzen; ~ **место** *(в спорте)* Platz belegen

заниматься *(чем-л.)* sich mit etwas *(D)* beschäftigen /befassen/

заострять zuspitzen

запас 1. *(чего-л.)* Vorrat *m (an D)*; ~**ы сырья** Rohstoffvorräte *pl*; **приобретать в** ~ Vorrat anschaffen; sich versorgen *(mit D)* **2.** *(наличное состояние)* Bestand *m*; **аварийный** ~ Notbestand *m*, Notvorrat *m*; ~**ы исчерпаны** *(использованы)* Bestände sind verbraucht

запасный *(для замены)* Ersatz-; Reserve-; ~**е части** Ersatzteile *pl*

записать *(бухг.)* eintragen, (ver)buchen; ~ **в приход** als Einnahme buchen, dem Konto gutschreiben; ~ **в расход** als Ausgabe buchen, das Konto belagen

записаться sich anmelden

записка Zettel *m*

записная книжка Notizbuch *n*

запись *(на магнитную ленту)* Tonbandaufnahme *f*, Tonbandaufzeichnung *f*

заплатить *см.* **платить**

запоздание Verspätung *f*; Verzögerung *f* *(замедление, промедление)*

запоздать sich verspäten; ~ **с платежом** mit der Zahlung im Rückstand sein

заполнить (aus)füllen; ~ **бланк** Formular ausfüllen

запонки Manschettenknöpfe *pl*

запорный Absperr-; ~ **кран** Absperrhahn *m*; ~**ое устройство** Absperrvorrichtung *f*

заправлять *(машину)* tanken

запрашивать *(кого-л. о чем-л.)* anfragen *(bei jemandem nach D)*; ~ **разрешение** eine Genehmigung einholen; ~ **предложение** ein Angebot anfordern

запрет Verbot *n*; ~ **на ввоз** Einfuhrverbot *n*; ~ **на вывоз** Ausfuhrverbot *n*, Exportverbot *n*; ~ **поставок** Liefersperre *f*; **наложить** ~ *(на что-л.)* etwas mit Beschlag belegen; **отменить** ~ Verbot aufheben

запрос *(на что-л., чего-л.)* Anfrage *f* *(über A, nach D)*; ~**ы о поставках** Anfrage wegen einer Lieferung; ~**ы покупателей** Käuferwünsche *pl*; ~**ы** *(потребности)* Ansprüche *pl*

запустить *(двигатель)* starten, anlaufen lassen

запчасти Ersatzteile *pl*; **комплект** ~**ей** ein Satz von Ersatzteilen; **склад** ~**ей** Ersatzteillager *n*

заранее im voraus

зарегистрироваться sich registrieren /eintragen/ lassen

заржаветь verrosten

заседание Sitzung *f*; △ **вечернее** ~ Abendsitzung *f*; **заключительное** ~ Abschlußsitzung *f*; **пленарное** ~ Plenarsitzung *f*; **утреннее** ~ Morgensitzung *f*; **место** ~**я** Tagungsort *m*

засорить verstopfen

заставлять zwingen

застегнуть *(ремни в самолете)* anschnallen

застежка-молния Reißverschluß *m*

застраховать *(от чего-л.)* versichern *(gegen A)*

засчитать in Anrechnung bringen

затор *(дорожный)* Verkehrsstockung *f*

затраты Aufwand *m*; △ Kosten *pl* *(денежные расходы)*; Aufwendungen *pl* *(für A)*; **возмещаемые** ~ entschädigter Aufwand; **годовые** ~ Jahresaufwendungen *pl*; **дополнительные** ~ Nebenkosten *pl*; **единовременные** ~ einmaliger Aufwand; **нормативные** ~ normativer Aufwand; **общие** ~ Gesamtaufwand *m*; **первоначальные** ~ Anfangsaufwand *m*; **плановые** ~ planmäßige Aufwendungen; **постоянные** ~ stetige Aufwendungen; **текущие** ~ laufende Aufwendungen; **фактические** ~ tatsächlicher Aufwand; ~ **материалов** Materialaufwand *m*; ~ **на материально-техническое снабжение** der Aufwand für materiell-technische Ausstattung; ~ **на монтажные работы** Montageaufwendungen *pl*; ~ **на приобретение материалов** Aufwendungen für Anschaffung von Materialien; ~ **при перегрузке /перевалке/** der Aufwand beim Umschlag

затрачивать aufwenden

затребовать beantragen, anfordern, verlangen; ~ **сведения** Auskunft verlangen

затруднение Schwierigkeit *f*, schwierige Situation; *(препятствие)* Hindernis *n*; ~**ия со сбытом** Absatzschwierigkeiten *pl*; **быть в ~и** sich in einer schwierigen Lage befinden; **встретить ~я** auf Schwierigkeiten stoßen; **выйти из ~я** aus der schwierigen Lage herauskommen

затруднительный schwierig

затруднять erschweren; Mühe machen

зафрахтовать *(судно)* (be)frachten, chartern

заходить 1. *(о судне, в порт)* anlaufen; anlegen; 2. *(за кем-л., за чем-л.)* abholen *(jemanden, etwas A)*

зачеркивать streichen

защита 1. Verteidigung *f*; Schutz *m*; **(анти)коррозийная ~** Korrosionsschutz *m*; **~ окружающей среды** Umweltschutz *m*; 2. *(в спорте, обороне)* Abwehr *f*

защищать abwehren

заявить erklären; *(делать заявку)* anmelden; *(констатировать)* feststellen; **~ о расторжении договора** den Vertrag kündigen; *(предъявить)* **претензию** Anspruch erheben /geltend machen/; **~ протест** Einspruch erheben

заявка Anforderung *f*, Bedarfsanmeldung *f*, *(требование)* Forderung *f*, △ **официальная ~** *(заказ)* offizieller Auftrag; **предварительная ~** *(напр., на телефонный разговор)* Voranmeldung *f*; ● **~ на вагоны** Wagenbestellung *f*; **~ на запчасти** die Bedarfsanmeldung der Ersatzteile, die Anforderung für die Ersatzteile; **~ на погрузку** Verladeanmeldung *f*; **~ на участие в выставке** der Teilnahmeauftrag für die Ausstellung; **~ о готовности к монтажу** Montagebereitschaftserklärung *f*; ■ **подавать ~у на патент** ein Patent anmelden

заявление Erklärung *f*; *(документ)* Antrag *m*; **~ на выдачу патента** Patentanmeldung *f*; **~ на компенсацию ущерба** Schadenanmeldung *f*; **~ на получение стенда** Standanmeldung *f*; **~ о расторжении** Kündigung *f*; **сделать ~** ein Gesuch einreichen

звено Glied *n*; Teil *m*

звонить *(по телефону кому-л.)* anrufen *(A)*, telefonieren *(mit D)*; **дозвониться** *(до кого-л.)* telefonisch einreichen *(A)*

звонок *(вызов по телефону)* Anruf *m*

звук Klang *m*

здание Gebäude *n*; **высотное ~** Hochhaus *n*

здоровье Gesundheit *f*; **как ваше ~?** *(как ваши дела?)* wie geht es Ihnen?

здравоохранение Gesundheitswesen *n*

зеленый grün

земля Boden *m*; Erde *f*; Grund *m*; Grundbesitz *m*; **обрабатываемая ~** bebautes /bestelltes/ Land; landwirtschaftliche Nutzfläche, **пахотная ~** Ackerboden *m*, Ackerland *n*; **приусадебная ~** Hofland *n*; **пустующая ~** brachliegendes Land, Brachland *n*; **собственная ~** Eigenland *n*

зеркало Spiegel *m*

зерно Getreide *n*, Korn *n*; △ **горчичное ~** Senfkorn *n*; **дробленое ~** Schrot *n*, *m*; **кормовое ~** Futtergetreide *n*; **посевное ~** Saatgetreide *n*; **продовольственное ~** Brotgetreide *n*; **сортовое ~** Sortengetreide *n*; **товарное ~** Marktgetreide *n*; ● **кофе в ~ах** Bohnenkaffee *m*; **кукуруза на ~** Kornmais *m*; **налив ~а** Körnerbildung *f*; **производство ~а** Getreideproduktion *f*

зернобобовые Hülsen-; ~ **культуры** Hülsenfrüchte *pl*

зерновоз *(судно)* Getreideschiff *n*, Getreidefrachter *m*

зерновой Korn-; Getreide-, ~**ая культура** Getreidekultur *f*; Getreideart *f*; ~ **сепаратор** Getreidewindsichter *m*

зерновые Getreide *n*; Kornergewächse *pl*; **кормовые** ~ Futtergetreide *n*; **яровые** ~ Sommergetreide *n*

зернодробилка Schrotmühle *f*; Kornquetsche *f*

зерноочистительная машина Kornfege *f*, Getreidereinigungsmaschine *f*

зерноподъемник Getreideelevator *m*

зерносушилка Getreidetrocknungsanlage *f*, Getreidetrockner *m*

зерноуборочный комбайн Mähdrescher *m*

зернофуражные культуры Futtergetreide *n*

зернохранилище Kornspeicher *m*, Getreidespeicher *m*, Getreidelager *n*

злоупотребление Mißbrauch *m*

знак Zeichen *n*; Kennzeichen *n*; △ **дорожный** ~ Verkehrszeichen *n*; **номерной** ~ *(напр., у автомашины)* Nummernschild *n*; **товарный** ~ Warenzeichen *n*; **фирменный** ~ Firmenzeichen *n*; ● ~ **контроля** Prüfzeichen *n*

знакомить bekannt machen

знакомиться *(с кем-л.)* *(mit jemandem D)* bekannt /vertraut/ machen, kennenlernen *(jemanden A)*

знакомство Bekanntschaft *f*

знакомый bekannt; Bekannte *m*; **быть** ~**ым с кем-л. по работе** kennen jemanden *(A)* von der Zusammenarbeit

знаменитый berühmt

знание Wissen *n*; Kenntnis *f*

значение Bedeutung *f*; **иметь** ~ von Bedeutung /von Belang/ sein; **иметь особое** ~ von besonderem Gewicht sein

значительный bedeutungsvoll

золото Gold *n*

золотой Gold-; golden; ~**ое содержание** Goldgehalt *m*

зонт Schirm *m*; ~ **от дождя** Regenschirm *m*; ~ **от солнца** Sonnenschirm *m*; **складной** ~ Knirps *m*

зоотехник Zootechniker *m*

зрение Sehkraft *f*; **с точки** ~**я** aus der Sicht; **точка** ~**я** Standpunkt *m*

зритель Zuschauer *m*

зуб Zahn *m*

И

игла Nadel *f*; **корундовая** ~ Saphirnadel *f*; **швейная** ~ Nähnadel *f*

игра Spiel *n*; ~ **в футбол** Fußballspiel *n*; ~ **в шахматы** Schachspiel *n*; **товарищеская** ~ Freundschaftsspiel *n*

игрок Spieler *m*

игрушка Spielzeug *n*

идти gehen; kommen *(приходить)*; ~ **навстречу** entgegenkommen ; ~ **на посадку** zur Landung ansetzen

избегать vermeiden

избирательность *(напр., у радиоаппаратуры)* Abstimmungsschärfe *f*

избыток Überfluß *m*, Überschuß *m*; **иметь** *(что-л.)* **в ~е** Überfluß haben *(an D)*; **сырье имеется в ~е** der Rohstoff ist in Überfluß vorhanden

известие Nachricht *f*

известность Bekanntheit *f*, Ruf *m*; **ставить** *(кого-л. о чем-л.)* **в ~** *(jemanden A von etwas D)* in Kenntnis setzen

известный bekannt; **всемирно ~** weltbekannt

известь Kalk *m*

извещать *(кого-л.)* benachrichtigen, unterrichten *(A)*; Bescheid geben *(D)*

извещение Mitteilung *f*; *(оповещение)* Benachrichtigung *f*; **~ об отправке товара** Versandanzeige *f*; **~ о готовности к испытаниям** Prüfbereitschaftsmeldung *f*; **~ о готовности товара к отгрузке** Versandbereitschaftsmeldung *f*; **~ о погрузке** Verladeanzeige *f*

извиниться *(перед кем-л.)* sich entschuldigen *(bei jemandem D)*

извинять entschuldigen, verzeihen; ✦ **Извините меня за мое опоздание.** Verzeihen /Entschuldigen/ Sie bitte meine Verspätung.

изгиб Krümmung *f*

изготовитель Erzeuger *m*, Hersteller *m*, Produzent *m*

изготовление Herstellung *f*, Erzeugung *f*, Produktion *f*, Anfertigung *f*; △ **серийное ~** Serienfertigung *f*, Fabrikation *f*; **штучное ~** Einzelfertigung *f*; ● **способ ~я** Herstellungsverfahren *n*; **ход ~я** Herstellungs(vor)gang *m*

изготовлять herstellen, erzeugen, anfertigen, fertigstellen

издавать *см.* **выпускать**

издание Auflage *f*; **переработанное ~** überarbeitete Auflage

издательство Verlag *m*

изделие Erzeugnis *n*; Werkstück *n*; Ware *f*; △ **высококачественное ~** Qualitätserzeugnis *n*, **готовое ~** Fertigware *f*, Fertigfabrikat *n*; **марочное** *(фирменное)* **~** Markenartikel *m*; **промышленное ~** Industrieerzeugnis *n*; **серийное ~** Serienerzeugnis *n*; **фарфоровые, фаянсовые и гончарные ~я** Porzellanwaren, Steingut und Tonwaren; **штучное ~** Einzelerzeugnis *n*; ✦ **~, производимое только определенной фирмой** Exklusivartikel *m*

издержки Ausgaben *pl*; Kosten *pl*; Aufwand *m*; **судебные ~** Gerichtskosten *pl*

излагать darlegen, wiedergeben; *(объяснять)* auseinandersetzen; *(формулировать)* fassen, abfassen; **~ мнение** Meinung darlegen; **~ требования** Forderungen vorbringen

излишек Überfluß *m*; Überschuß *m*; **~ веса** Mehrgewicht *n*, Übergewicht *n*; **выявился ~ в ...** es hat sich ein Überfluß von ... ergeben

изменение Änderung *f*, Veränderung *f*; △ **качественные ~я** qualitative Veränderungen; **конструктивные ~я** konstruktive Veränderungen; ● **~ цены** Preisänderung *f*; **~ к контракту** /**договору**/ Vertragsänderung *f*; **~ структуры материального производства** Strukturveränderungen der materiellen Produktion; ■ **внести ~я** Änderungen vornehmen /treffen/; **повлечь за собой ~** eine Änderung herbeiführen /nach sich ziehen, zur Folge haben/; ✦ **Цена не подлежит ~ю.** Der Preis unterliegt keiner Änderung. **Цены остаются без ~ия.** Die Preise bleiben fest.

изменить ändern, verändern, abändern

измениться sich verändern

измерение Messen *n*; Messung *f*; Abmessung *f*; **контрольное** ~ Nachmessung *f*

измерить (aus)messen; *(обмерить)* vermessen; ~ **повторно** nachmessen

измятый zerknittert

изнашиваемость Verschleiß *m*; Abnutzung *f*

износ Verschleiß *m*; Abnutzung *f*; **моральный** ~ Überalterung *f*; **подвергаться** ~**у** der Abnutzung unterliegen

износостойкий verschleißfest

изображение 1. Darstellung *f*; 2. *(то, что изображено)* Bild *n*; **графическое** ~ bildende Darstellung; **черно-белое** ~ Schwarzweißbild *n*

изобретатель Erfinder *m*

изобретение Erfindung *f*

израсходовать verbrauchen; *(деньги)* ausgeben

изучение Studium *n*; *(исследование)* Forschung *f*; ~ **рынка** Marktforschung *f*

изучать studieren, erlernen; *(проверять)* prüfen, untersuchen

изымать entnehmen; ~ **пробу** eine Probe entnehmen

изысканный auserlesen, ausgesucht

изыскать ausfindig machen; ermitteln; ~ **нужные средства** erforderliche Mittel ausfindig machen

изюм Rosinen *pl*

икона Ikone *f*, Heiligenbild *n*

икра *(рыбная)* 1. Fischlaich *m*, Rogen *m*; 2. Kaviar *m* *(консервы)*

икры *(ног)* Waden *pl*

иллюзионист Illusionist *m*

иллюминатор Bullauge *n*

имение Landgut *n*

иметь haben; besitzen; ~ **возможность** Möglichkeit haben, imstande sein *(быть в состоянии)*; ~ **значение** von Bedeutung /von Belang/ sein; ~ **место** *(состояться)* stattfinden; **Прибор имеет большие преимущества.** Das Gerät bietet große Vorteile. **Этот документ имеется.** Dieses Dokument liegt vor.

импорт Import *m*, Einfuhr *f*; **запрет на** ~ Einfuhrverbot *n*; **ограничение** ~**а** Einfuhrbeschränkung *f*; **потребность в** ~**е** Einfuhrbedarf *m*; **разрешение на** ~ Einfuhrgenehmigung *f*; **государственные постановления, регулирующие** ~ Einfuhrbestimmungen *pl*

импортёр Importeur *m*

импортный Einfuhr-, Import-; ~**ая пошлина** Einfuhrzoll *m*; ~ **товар** Einfuhrware *f*

импрессионизм Impressionismus *m*

имя Name *m*; **от имени кого-л.** im Namen jemandes *(G)*, im Auftrag *(по поручению)*

инвентарь Inventar *n*

инвестиция Investition *f*

индекс Index *m*; **почтовый** ~ Postleitzahl *f*; ~ **оптовых цен** Großhandelsindex *m*; ~ **цен** Preisindex *m*

индоссамент Indossament *m*

индоссант Indossant *m*

инженер Ingenieur *m*; ~-**конструктор** Entwicklungsingenieur *m*

инжир Feigen *pl*

инкассо Inkasso *n*; **платеж по** ~ *(в порядке* ~*)* Zahlung per Inkasso /auf dem Inkossowege/; ~ **с немедленной оплатой** Sofortbezahlverfahren *n*; ~ **с последующим акцептом** Inkasso mit Nachakzept; **по-**

слать по ~ zum Inkasso senden

инкрустация Intarsienarbeit *f*, Einlegearbeit *f*, Intarsia *f*

иностранец Ausländer *m*

иностранный ausländisch; Auslands-; ~ая валюта ausländische Währung

инспекция Inspektion *f*

институт Institut *n*; научно-исследовательский ~ Forschungsinstitut *n*

инструктаж Instruktion *f*; Anleitung *f*; Belehrung *f*; заключительный ~ abschließende Einweisung

инструкция Instruktion *f*; Anweisung *f*; Vorschrift *f*; Weisung *f* *(указание)*; △ служебная ~ Dienstanweisung *f*; техническая ~ technische Vorschrift; ● ~ о порядке отгрузки Versandvorschrift *f*; ~ по обслуживанию Bedienungsanweisung *f*; ~ по охране труда Arbeitsschutzbestimmungen *pl*; ~ по ремонту Reparaturanleitung *f*; ~ по уходу Wartungsvorschrift *f*; ~ по эксплуатации Gebrauchsanweisung *f*, Bedienungsanleitung *f*; ✦ по ~ и vorschriftmäßig

инструмент Werkzeug *n*; измерительный ~ Meßinstrument *n*; машинные ~ы Maschinenwerkzeuge *pl*; монтажные ~ы Montagewerkzeuge *pl*; необходимые ~ы notwendige Werkzeuge; специальные ~ы Spezialwerkzeuge *pl*

инструментальщик Werkzeugmacher *m*, Werkzeugschlosser *m*

интервал *(во времени)* Zeitabstand *m*, Abstand *m*; с ~ом в ... дней mit einem Zeitabstand von ... Tagen

интерес Interesse *n*; Belang *m*; вызывать ~ Interesse wecken /hervorrufen/; представлять ~ von Interesse /Belang/ sein; представлять чьи-л. ~ы jemandes *(G)* Interesse vertreten; проявлять ~ к Interessen *(an, für A)* zeigen; ~ы совпадают Interessen decken sich

интересоваться *(чем-л.)* sich interessieren *(für A)*

инфекция Infektion *f*

информация Information *f*; Auskunft *f* *(справка)*; △ видео~ Bildinformation *f*; ● средства массовой ~и Massenmedien *pl*; средство ~и Medium *n*; ■ дать ~ю *(информировать)* informieren, Auskunft geben /erteilen/; получить ~ю Auskunft erhalten

информировать informieren; benachrichtigen, in Kenntnis setzen; unterrichten

инъекция Injektion *f*; Einspritzung *f*; сделать ~ю eine Injektion machen, eine Spritze geben

иск Klage *f*, Forderung *f*; отказать в ~е Klage abweisen; предъявлять ~ *(кому-л.)* *(gegen A)* eine gerichtliche Klage erheben, Klage führen; klagen; предъявлять ~ на возмещение убытков auf Schadenersatz klagen

искажать entstellen, verdrehen, verunstalten

искатель *(фотоаппарата)* Sucher *m*; призматический Prismasucher *m*

искать suchen

исключая ausgenommen, außer *(D)*; mit Ausnahme *(G, von D)*; ausschließlich; ~ упаковку exklusive Verpackung

исключить ausschließen; *(из документов)* streichen

исключение *(удаление)* Ausschluß *m*; Ausschaltung *f*; *(из правил)* Ausnahme *f*; ~ из

списков die Streichung aus der Liste; **сделать** ~ eine Ausnahme machen; **в виде ~я** ausnahmsweise

искусство Kunst *f*; **восточное** ~ orientalische Kunst; **западноевропейское** ~ westeuropäische Kunst; **изобразительное** ~ bildende Kunst; **народное** ~ Volkskunst *f*

исполнение 1. *(проведение)* Erfüllung *f*, Durchführung *f*; 2. *(выполнение)* Ausführung *f*; ~ **из стальных труб** Stahlrohrausführung *f*; **техническое** ~ technische Ausführung; **тропическое** ~ tropische Ausführung; 3. *(осуществление)* Abwicklung *f*; ~ **договора** Abwicklung des Vertrages

исполнитель Vollstrecker *m*, Vollzieher *m*, Vortragende *m* (напр., песни)

исполнять 1. ausführen; erfüllen, vollziehen, in die Tat umsetzen; 2. *(на сцене, в кино)* darstellen, spielen, ausführen, vortragen

использование 1. Ausnützung *f*, Nutzung *f*; ♦ **эффективное и рациональное** *(хозяйственное)* ~ **энергии** effektive und wirtschaftliche Nutzung von Energie; 2. *(освоение)* Verwendung *f*; Anwendung *f*; Einsatz *m*

использовать verwenden, benutzen, ausnutzen, einsetzen; ~ **все средства** alle Mittel anwenden; ~ **рационально** rationell nutzen

испортить *(повредить)* beschädigen; verderben

испорченный verdorben

исправить *(ошибку)* korrigieren; berichtigen; ~ *(починить)* ausbessern; reparieren; ~ **дополнительно** nachbessern

исправление *(ошибки)* Korrektur *f*; Berichtigung *f*, Verbesserung *f*; *(починка)* Ausbesserung *f*; Reparatur *f*; **дополнительное** ~ Nachbesserung *f*; **внести ~я** Verbesserungen eintragen /vornehmen/

исправность Intaktheit *f*; **привести в** ~ instand setzen; **содержать в ~и** instand /in gutem Zustand/ halten; **машина в ~и** Maschine ist intakt

испытание Versuch *m*, Test *m*, Probe *f*; Erprobung *f*; Prüfung *f*; **предварительное** ~ Vorprüfung *f*; **приёмочные ~я** Übernahmeprüfungen *pl*; **пусковые** ~**я** Startversuche *pl*; **подвергнуть ~ю** einer Prüfung unterwerfen; **объект ~я** Prüfungsstück *n*

испытывать prüfen, erproben; untersuchen

исследование Forschung *f*, Untersuchung *f*; **прикладное** ~ angewandte Forschung; **результаты ~я** Forschungsergebnisse *pl*

истекать *(о сроке)* ablaufen; **срок ~ет** die Frist läuft ab

истечение *(о времени)* Ablauf *m*; ~ **договора** Erlöschen des Vertrags; **по ~и срока** nach Ablauf der Frist; **Неполадка произошла до ~я гарантийного срока** Schadenfall trat im Garantiezeitraum auf.

историк Historiker *m*

история Geschichte *f*

источник Quelle *f*; **данные об ~е** Quellenangaben *pl*; **указатель ~а** Quellennachweis *m*

исход Ausgang *m*, Ergebnis *n*; ~ **дела** Ausgang des Verfahrens; ~ **переговоров** Ergebnis der Verhandlungen

исчисление Berechnung *f*, Rechnung *f*; ~ **издержек** Kostenrechnung *f*; ~ **прибыли** Profitkalkulation *f*; ~ **себестоимости** Selbstkostenberechnung *f*; ~ **убытков** Verlustberechnung

К

кабель Kabel n; **бронированный** ~ bewehrtes Kabel, Panzerkabel n; **высокочастотный** ~ Hochfrequenzkabel n; **двухжильный** ~ Zweileiterkabel n; **многожильный** ~ Mehrleiterkabel n; **неизолированный** ~ blankes Kabel; **низковольтный** ~ Niederspannungskabel n; **одножильный** ~ einadriges Kabel; **трёхжильный** ~ Dreileiterkabel n

кабина Kabine f; *(для экипажа самолета)* Kanzel f; ~ **переводчика** Dolmetscherkabine f

кабинет *(рабочая комната)* Kabinett n; Arbeitszimmer n; ~ **начальника** Chefzimmer n; ~ **в учреждении** Amtzimmer n

каблук Absatz m; **на высоком** ~е mit hohem Absatz; **на низком** ~е mit flachem Absatz; **на среднем** ~е mit halbhohem Absatz

кадр Bild n

кадры Kader pl; **молодые** ~ Nachwuchskader pl; **научные** ~ wissenschaftliche Kader; ~ **специалистов** Fachkräfte pl; **готовить** *(растить)* ~ Kader entwickeln

какао Kakao m

календарь Kalender m

калькулировать kalkulieren, berechnen; ~ **по высокой цене** hoch kalkulieren; ~ **по низкой цене** niedrig kalkulieren; **Цены были скалькулированы на основе согласованных протоколов по ценам.** Die Preiskalkulation erfolgte nach abgestimmten Preisprotokollen.

калькулятор Kalkulator m; **карманный** ~ Taschenrechner m

калькуляция Kalkulation f; Voranschlag m; Kostenberechnung f; ~ **цен** Preiskalkulation f; **представлять** ~**ю цен** Preiskalkulation vorlegen

камбала: морская ~ Scholle f; **речная** ~ Flunder m

каменщик Maurer m

камера 1. *(фотоаппарата)* Kamera f; **зеркальная** ~ Spiegelreflexkamera f; **малоформатная** ~ Kleinbildkamera f; **узкопленочная** ~ Schmalfilmkamera f; **2.** *(помещение)* Kammer f; ~ **хранения багажа** Aufbewahrungskammer f, Gepäckaufbewahrung f; **3.** *(для колес)* Schlauch m

кампания Aktion f; **весенне-полевая** ~ Frühjahrsbestellung f; **посевная** ~ Aussaatkampagne f

камфара Kampfer m

канат Seil m; Strang m; *(для причала)* Tau n

капитал Kapital n; **вкладывать** ~ Kapital anlegen /investieren/

капиталовложение Kapitalanlage f; Investition f; **производить** ~**я** das Kapital investieren

капитальный Kapital-; Haupt-; General-; ~ **ремонт** Generalreparatur f, Generalüberholung f; ~**ое строительство** Großbautätigkeit f

капитан Kapitän m; ~ **команды** *(спорт.)* Mannschaftsführer m; Mannschaftskapitän m

капля Tropfen m; **валериановые** ~**и** Baldriantropfen pl

капуста Kohl m; **белокочанная** ~ Weißkohl m; **брюссельская** ~ Rosenkohl m; **кислая** ~ Sauerkohl m; **краснокочанная** ~ Rotkohl m; **цветная** ~ Blumenkohl m

карамель Bonbons pl

карандаш Bleistift *m*; **цветной** ~ Farbstift *m*
карантин Quarantäne *f*; **быть под** ~**ом** in Quarantäne liegen; **выдержать** ~ Quarantäne durchmachen; **снять** ~ Quarantäne aufheben
карбюратор Vergaser *m*
кардиограмма Kardiogramm *n*
кардиолог Kardiologe *m*
каркас Gerüst *n*, Gestell *n*, Gerippe *n*, Skelett *n*; **рамный** ~ Rahmengestell *n*
карман Tasche *f*
карниз Gesims *n*
карп Karpfen *m*
карта Karte *f*; **географическая** ~ Landkarte *f*; **политическая** ~ politische Karte
картина Bild *n*; **жанровая** ~ Genrebild *n*; ~, **написанная маслом** Ölgemälde *n*
картон Pappe *f*, Karton *m*; **асбестовый** ~ Asbestpappe *f*; **гофрированный** ~ Wellpappe *f*; **твердый** ~ Hartpappe *f*
картофелеводство Kartoffel(an)bau *m*
картофеледробилка Kartoffelquetsche *f*
картофелекопатель Kartoffelvorratsroder *m*; ~ **элеваторного типа** Siebkettenroder *m*
картофелемойка Kartoffelwaschmaschine *f*
картофелесажалка Kartoffellegemaschine *f*, Kartoffelsetzmaschine *f*
картофелесортировка Kartoffelsortiermaschine *f*
картофелеуборочный комбайн Kartoffelkombine *f*, Kartoffelvollerntemaschine *f*
картофелехранилище Kartoffellagerhalle *f*; Kartoffelmiete *f*
картофелечистка Kartoffelschälmaschine *f*

картофель Kartoffeln *pl*; △ **ранний** ~ Frühkartoffeln *pl*; **семенной** ~ Pflanzkartoffeln *pl*; **столовый** ~ Speisekartoffeln *pl*; ■ **копать** ~ Kartoffel roden; **окучивать** ~ Kartoffel (an)häufeln; **садить** ~ Kartoffel legen
картофельная мука (*крахмал*) Kartoffelmehl *n*, Kartoffelstärke *f*
касательно bezüglich (*G*), hinsichtlich (*G*)
касаться 1. berühren (*дотрагиваться*); streifen (*задевать*); Он лишь коснулся этого вопроса. Er streifte diese Frage nur kurz. 2. (an)betreffen, angehen (*иметь отношение к чему-л.*); что касается этого вопроса... was diese Frage (an)betrifft
касса Kasse *f*; **билетная** ~ Fahrkartenschalter *m*
кассета Kassette *f*
каталог Katalog *m*; ● ~ **выставки** Ausstellungskatalog *m*; △ **иллюстрированный** ~ illustrierter Katalog; **почтовый** ~ (*газет и т. п.*) Postzeitungsliste *f*; **сборный** ~ **машин** Sammelkatalog für Maschinen
категорический entschieden, kategorisch; **самым** ~**им образом** aufs entschiedenste
катушка (*в фотоаппарате*) Filmspule *f*
кафе Café *n*; **молочное** ~ Milchbar *f*; ~-**мороженое** Eisdiele *f*
качественный qualitativ, qualitätsgerecht; Qualitäts-; ~ **товар** Qualitätsware *f*
качество Qualität *f*; Güte *f*; (*свойство*) Beschaffenheit *f*; (*признак*) Merkmal *n*; △ **высокое** ~ hochwertige Qualität; **высшее** ~ Spitzenqualität *f*; **низкое** ~ niedrige Qualität; **производственные** ~**а** Leistungsmerkmale *pl*; **среднее** ~ Durchschnittsqualität *f*; ■ **повыше-**

ние ~а Qualitätssteigerung *f*; ✦ по ~у qualitätsmäßig; **товар высшего /среднего, низкого/** ~а die Ware (von) höchster /mittlerer, niedriger/ Qualität

качка Schaukeln *n*; Schlingern *n*

каюта Kajüte *f*, Schiffskabine *f*

квалификация Qualifikation *f*; **курсы повышения** ~и Weiterbildungslehrgang *m*; **повышение** ~и Weiterbildung *f*

квалифицированный qualifiziert; ~**ая работа** Facharbeit *f*; ~ **рабочий** gelernter /geschulter/ Arbeiter, Facharbeiter *m*

квартал 1. Quartal *n*; **перенести на второй** ~ auf das zweite Quartal übertragen; **по** ~**ам** vierteljährlich; 2. *(жилых домов)* Häuserblock *m*

квартира Wohnung *f*

квартплата Miete *f*

квитанция Quittung *f*; △ **багажная** ~ Gepäckschein *m*; **весовая** ~ Wiegebescheinigung *f*; **кассовая** ~ Kassenbeleg *m*; **почтовая** ~ Posteinlieferungsschein *m*; ● ~ **доплаты** Zuschlagkarte *f*; ~ **об отправке** *(груза)* Ablieferungsschein *m*; ~ **о доставке** Lieferschein *m*; ~ **о получении** *(груза)* Annahmeschein *m*; ~ **о приемке** Empfangsbescheinigung *f*; ■ **выдавать** ~**ю** eine Quittung ausstellen

квота Quote *f*; Anteil *m*; **устанавливать** ~**у** Quote feststellen

кефир Kefir *m*

кинескоп Bildröhre *f*

кино Kino *n*

киноактер Filmschauspieler *m*

киноаппарат Filmapparat *m*, Filmkamera *f*

кинозвезда Filmstar *m*

кинокомедия Lustspielfilm *m*; **музыкальная** ~ musikalischer Lustspielfilm

кинооператор Kameramann *m*

кинопромышленность Filmindustrie *f*

киносеанс Filmvorstellung *f*

киностудия Filmstudio *n*

киносценарий Drehbuch *n*

киносъёмка Filmaufnahme *f*

кинотеатр Kino *n*, Lichtspieltheater *n*

кинофестиваль Filmfestspiele *pl*

кинофильм Film *m*

киоск Kiosk *m*; **газетный** ~ Zeitungskiosk *m*

кипа Ballen *m*; ~ **ми** ballenweise; **упаковать в** ~**ы** einballen

кислота Säure *f*; **азотная** ~ Salpetersäure *f*; **борная** ~ Borsäure *f*; **серная** ~ Schwefelsäure *f*; **соляная** ~ Salzsäure *f*; **уксусная** ~ Essigsäure *f*

кисточка Pinsel *m*; ~ **для бритья** Rasierpinsel *m*

кишечник Darm *m*

класть legen; stecken; ~ **телефонную трубку** Hörer auflegen

клевер Klee *m*

клей Leim *m*, Klebstoff *m*

клемма Klemme *f*; ~ **ответвительная** Abzweigklemme *f*; **соединительная** ~ Anschlußklemme *f*

клеммник Klemmenbrett *n*

клиент Kunde *m*; ~**ы** Kundschaft *f*; **постоянный** ~ Stammkunde *m*; **обслуживание** ~**ов** Kundendienst *m*; **привлечение** ~**ов** Kundenwerbung *f*

клизма Klistier *n*, **ставить** ~**у** ein Klistier geben

клиника Klinik *f*

клиринг Clearing *n*; Verrechnung *f*

клоун Clown *m*

клубника Erdbeeren *pl*
ключ Schlüssel *m*; ~ **зажигания** Zündschlüssel *m*; **раздвижной гаечный** ~ verstellbarer Schraubenschlüssel *m*
книга Buch *n*; **детская** ~ **с картинками** Bilderbuch *n*; ~ **отзывов** Gästebuch *n*
ковер Teppich *m*
кожа Leder *n*; **искусственная** ~ Kunstleder *n*; **лаковая** ~ Lackleder *n*; **мятая** ~ Knautschleder *n*; **свиная** ~ Schweinleder *n*; **яловая** ~ Rindleder *n*
коза Ziege *f*
козел Bock *m*, Ziegenbock *m*
козий Ziegen-; ~**ье молоко** Ziegenmilch *f*; ~ **пух** Ziegenflaum *m*; ~**ья шерсть** Ziegenhaar *n*
колбаса Wurst *f*; **кровяная** ~ Blutwurst *f*; **ливерная** ~ Leberwurst *f*; **чайная** ~ Teewurst *f*; **языковая** ~ Zungenwurst *f*
колготки Strumpfhose *f*
колебание Schwankung *f*; **сезонные** ~**я** saisonbedingte Schwankungen; ~**я цен** Preisschwankungen *pl*
колено Knie *f*
колесо Rad *n*; **заднее** ~ Hinterrad *n*; **запасное** ~ Reserverad *n*; **переднее** ~ Vorderrad *n*
колея Gleis *n*; Spur *f*; **узкая** ~ Schmalspur *f*; **широкая** ~ Breitspur *f*; **ширина** ~**и** Spurweite *f*
количественный quantitativ; mengenmäßig
количество Zahl *f*, Anzahl *f*, Quantität *f*; Menge f; △ **годовое** ~ Jahresmenge *f*; **небольшое** ~ geringere Menge; **общее** ~ Gesamtmenge *f*; **оставшееся** ~ verbleibende /restliche/ Menge; ● ~ **очков** (*в спорте*) Punktzahl *f*; ~ **штук** (*экземпляров*) Stückzahl *f*; **скидка на** ~ Mengenrabatt *m*; ✦ **по** ~**у** quantitativ; **сверх** ~**а, указанного в контракте** über die im Vertrag festgelegten Mengen hinaus
коллега Kollege *m*
коллекция Sammlung *f*, **античная** ~ antike Sammlung; **частная** ~ Privatsammlung *f*; ~ **картин** Gemäldesammlung *f*; ~ **монет** Münzensammlung *f*
коллоквиум Kolloquium *n*
колонна (*строительная*) Säule *f*
колорит Kolorit *n*
колоритный farbenreich
кольцо Ring *m*
команда Manschaft *f*
командировать (ab)kommandieren; entsenden
командировка 1. (*поездка*) Dienstreise *f*; **вернуться из** ~**и** von der Dienstreise zurückkehren; **находиться в** ~**е** sich auf einer Dienstreise befinden; **расходы на** ~**у** Reisekosten *pl*; 2. (*командирование*) Entsendung *f*, Delegierung *f*, Kommandierung *f*; **график** ~**и** Delegierungsplan *m*; ~ **на определенный срок** zeitweilige Delegierung
командировочные Dienstreisegeld *n*
комбайн Kombine *f*, Vollerntemaschine *f*; **горный** ~ Grubenkombine *f*; **зерновой** ~ Mähdrescher *m*; **картофелеуборочный** ~ Kartoffelkombine *f*; **самоходный** ~ selbstfahrender Mähdrescher; **силосоуборочный** ~ Mähhäcksler *m*
комбайнер Kombinefahrer *m*
комбайностроение Mähdrescherbau *m*
комбинат Kombinat *n*
комедия Komödie *f*
комиссионные Provision *f*, Kommission *f*; **взыскивать** ~ eine Provision erheben; **начислять**

~ eine Provision berechnen, **платить** ~ eine Provision zahlen
комиссия Kommission f, Ausschuß m; Gremium n; **приемочная** ~ Prüfungskommission f; **экспертная** ~ Fachbeirat m
комитент Kommittent m, Auftraggeber m
комитет Komitee n, Ausschuß m; **арбитражный** ~ Schiedsausschuß m; **организационный** ~ Organisationskomitee n
коммерческий Handels-; kommerziell; kaufmännisch; ~**ая деятельность** Geschäftstätigkeit f; ~ **документ** Handelsdokument n
коммюнике Kommuniqué f
комната Zimmer n; △ **ванная** ~ Badezimmer n; **жилая** ~ Wohnzimmer n; **прихожая** ~ Vorzimmer n; **проходная** ~ Durchgangszimmer n; **смежная** (*соседняя*) ~ Nebenzimmer n; ● ~ **отдыха** Ruheraum m; ~ **-спальня** Schlafzimmer n
компания Gesellschaft f; **акционерная** ~ Aktiengesellschaft f; **дочерняя** ~ Tochtergesellschaft f; **судовладельческая** ~ Reederei f; Schiffahrtsgesellschaft f
компенсационный Kompensations-; ~**ая сделка** Kompensationsgeschäft n
компенсация Kompensation f, Ausgleich m; Entschädigung f; **денежная**~ finanzielle Entschädigung, Abfindungssumme f; ~ **за причиненный ущерб** Schadenersatz m; **размер** ~**и** Entschädigungssatz m
компенсировать kompensieren, ausgleichen; entschädigen; vergüten
компетентный zuständig; fachgemäß
компетенция (*круг полномочий*) Kompetenz f, Zuständigkeit f. **Это не входит в мою** ~**ю.** Ich bin dafür nicht zuständig.
комплекс Komplex m
комплексный komplex
комплект (*набор*) Satz m; △ **гарантийный** ~ Garantiesatz m, ● ~ **запасных частей** der Satz von Ersatzteilen; ~ **прибора** komplettes Gerät; ~ **радиоламп** Röhrenbestückung f; ~ **турбин** Turbosatz m
комплектный komplett
комплектование Komplettierung f
композитор Komponist m
компресс Kompresse f
конвенциональный Konventional-; ~ **штраф** Konventionalstrafe f, Pönale n
конверт Umschlag m; **почтовый** ~ Briefumschlag m
кондиционер Klimaanlage f; **напольный** ~ Klimatruhe f
конец Ende n; **в конце концов** letzten Endes, schließlich
конкретный konkret
конкурент Konkurrent m
конкурентный Konkurrenz-, ̱ ~**ые материалы** Konkurrenz unterlagen pl; ~**ые цены** Konkurrenzpreise pl; **последние** ~**ые материалы** letzte Konkurrenzunterlagen; **устаревшие** ~**ые материалы** veraltete Konkurrenzunterlagen; ■ **передавать** ~**ые материалы** Konkurrenzmaterialien übergeben; **предоставлять** ~**ые материалы** Konkurrenzmaterialien vorlegen; **сравнивать** ~**ые материалы** Konkurrenzunterlagen vergleichen; ◆ **имеющиеся в наличии** ~**ые материалы** vorhandene Konkurrenzmaterialien

конкурентоспособность Konkurrenzfähigkeit f

конкуренция Konkurrenz f, Wettbewerb m
конкурировать konkurrieren, wetteifern
коносамент Konnossement n; △ **боротовой** ~ (An)Bordkonnossement n; **морской** ~ Seefrachtbrief m; **прямой** ~ Durchgangskonnossement n; **сборный** ~ Sammelkonnossement n; **чистый** ~ reines Konnossement; ● ~ **на что-л.** Konnossement über etwas (A); **оригинал** ~а Originalkonnossement n
консерватория Konservatorium n
консервация Konservierung f
консервировать konservieren
консервы Konserven pl; **овощные** ~ Gemüsekonserven pl; **фруктовые** ~ Obstkonserven pl
консигнация Konsignation f; **сделка по** ~и Konsignationsgeschäft n; **отправлять товар на** ~ию Ware in Konsignation senden
конституционный verfassungsmäßig
конституция 1. (*основной закон*) Verfassung f (*Grundgesetz*) 2. (*телосложение*) Körperbau m, Konstitution f
конструктор Konstrukteur m **главный** ~ Chefkonstrukteur m
конструкция Konstruktion f; Ausführung f; **встроенные** ~и Einbauten pl; **новые** ~и Neuentwicklung f; **облегченная** ~ Leichtbauweise f; **рамная** ~ Rahmenkonstruktion m, Rahmenbau m; **стальная** ~ Stahlskelettbau m; **в конструкции просим учесть** bei der Konstruktion bitten wir zu berücksichtigen
консульство Konsulat n
консультация Konsultation f; ~ **для пользователей** Anwenderberatung f; **техническая** ~ technische Konsultation; **получить** ~**ию** sich in einer Konsultation vertraut machen
консультировать eine Konsultation geben; einen Rat erteilen
консультироваться um Rat fragen
контакт Kontakt m; Verbindung f; **деловые** ~ы Geschäftskontakte pl; **штепсельный** ~ Steckkontakt m; **вступить в** ~ Fühlung nehmen; sich in Verbindung setzen; Beziehungen /Kontakte/ aufnehmen; **иметь тесный** ~ **друг с другом** in engem Kontakt miteinander stehen; **поддерживать деловые** ~ы geschäftliche Beziehungen /Verbindungen/ unterhalten
контейнер Container m; Behälter m
контингент Kontingent m
контора Kontor n, Büro n; **транспортная** ~ Speditionsfirma f
контрагент Kontrahent m; Geschäftspartner m; **торговый** ~ Handelspartner m
контракт см. договор
контрактный verträglich; vertragsmäßig; Vertrags-; ~**ая цена** Vertragspreis m
контроль Kontrolle f; Prüfung f; △ **главный** ~ Oberaufsicht f; **паспортный** ~ Paßkontrolle f; **таможенный** ~ Zollkontrolle f; ● ~ **багажа** Gepäckkontrolle f; ~ **качества продукции** Güterkontrolle f; ■ **взять под** ~ unter Kontrolle stellen; **находиться под** ~ем unter Kontrolle stehen
контрольный: ~**ая отметка** [*пометка*] Kontrollvermerk f; ~**ая служба** Kontrolldienst m; ~ **список** Kontrolliste f
контрпредложение Gegenangebot n; Gegenvorschlag m

конференция Konferenz *f*; Tagung *f*; **научная ~** wissenschaftliche Konferenz
конфета Konfekt *n*; **шоколадные ~ы** Pralinen *pl*
конфискация Beschlagnahme *f*
конфисковать beschlagnahmen; mit Beschlag belegen
конфитюр Konfitüre *f*
концепция Konzeption *f*
концерт Konzert *n*
кончить enden, beenden; schließen
кончиться enden; ein Ende nehmen; zu Ende gehen; *(о запасе)* zur Neige gehen; **У меня кончился бензин.** Mein Treibstoff ist ausgegangen.
конъюнктура Konjunktur *f*; **использовать ~у** Konjunktur nutzen
коньки Schlittschuhe *pl*; **кататься на ~ах** Schlittschuhe laufen
конькобежец Schlittschuhläufer *m*
коньяк Weinbrand *m*, Kognak *m*
кооператив Genossenschaft *f*
кооперация Kooperation *f*, Zusammenarbeit *f*
координация Koordinierung *f*; Koordination *f*
копия Kopie *f*; Abschrift *f*; **в ~и** abschriftlich
корабль Schiff *n*
коричневый braun
корм Futter *n*, Futtermittel *n*; Fraß *m*, Fressen *n*; △ **грубый ~** Rauhfutter *n*; **зеленый ~** Grünfutter *n*; **концентрированный ~** Kraftfutter *n*; **подножный ~** Weidefutter *n*; **птичий ~** Vogelfutter *n*; **силосный ~** Gärfutter *n*, Silage *f*, Silofutter *n*; **сочный ~** Saftfutter *n*; ■ **запасаться ~ом** Futter aufbereiten /machen, schneiden/; **задавать ~ скоту** dem Vieh Futter schütten

корма Heck *n*
кормить speisen; füttern *(животных)*
коробка Schachtel *f*, Dose *f*; **предохранительная ~** Sicherungdose *f*; **распределительная ~** Schaltdose *f*; **соединительная ~** Anschlußdose *f*; **~ передач** Wechselgetriebe *n*; **~ спичек** eine Schachtel Streichhölzer
корова Kuh *f*; **дойная ~** Milchkuh *f*; **мясная ~** Mastkuh *f*; **доить ~у** eine Kuh melken
коровий Kuh-; **~ье масло** Butter *f*; **~ье молоко** Kuhmilch *f*
коровник Kuhstall *m*, Rinderstall *m*
короткий kurz; **~ое замыкание** Kurzschluß *m*
корпорация Körperschaft *f*
корпус Gehäuse *n*
корректировать korrigieren; berichtigen
корректировка Korrektur *f*; Berichtigung *f*; **~ цены** Preiskorrektur *f*
корреспондент Korrespondent *m*; Berichterstatter *m*; **газетный ~** Reporter *m*
корреспонденция Korrespondenz *f*; *(почтовые отправления)* Briefsendungen *pl*; **коммерческая ~** Handelskorrespondenz *f*
коррозия Korrosion *f*, Rosten *n*
костюм Anzug *m*; **дамский ~** Kostüm *n*; **двухбортный ~** zweireihiger Anzug; **купальный ~** Badeanzug *m*; **мужской ~** Anzug *m*; **однобортный ~** einreihiger Anzug; **платье-~** Jackenkleid *n*
косяк Pfosten *n*
котировка Notierung *f*; Kotierung *f*; △ **ежемесячная ~** monatliche Kotierung; **начальная ~** Anfangskotierung *f*; **оконча-**

тельная ~ endgültige Kotierung; **прямая** ~ direkte Kotierung; **самая последняя** ~ abschließende Kotierung; ■ **представлять** ~**у** Kotierung vorlegen /vorweisen/

котлета Kotelette *f*

кофе Káffee *m*; ~ **в зернах** Bohnenkaffee *m*

кофта Frauenbluse *f*, kurze Frauenbluse

кошелёк Portemonnaie *n*

кража Diebstahl *m*; **заявлять о** ~**e** einen Diebstahl anzeigen; **застраховать от** ~**и** gegen Diebstahl versichern

край Rand *m*

крайний äußerst; ~**я цена** äußerster Preis

кран 1. *(подъемный)* Kran *m*; ~ **большой грузоподъемности** Schwerlastkran *m*; **мостовой** ~ Laufkran *m*; **поворотный** ~ Drehkran *m*; **погрузочный** ~ Laderkran *m*; **подъемный** ~ Hebekran *m*; **самоходный** ~ Fahrzeugkran *m*; **2.** *(водопроводный)* Wasserhahn *m*; **запорный** ~ Absperrhahn *m*

крановщик Kranführer *m*

краситель Farbstoff *m*; **производство** ~**ей** Farbstoffindustrie *f*

красить färben

краска Farbe *f*; **грунтовая** ~ Grundfarbe *f*; **масляная** ~ Ölfarbe *f*

краскопульт Farbspritzpistole *f*

краткосрочный kurzfristig

кредит Kredit *m*; △ **беспроцентный** ~ zinsloser Kredit; **государственный** ~ Staatskredit *m*; **льготный** ~ Vorzugskredit *m*; ● ~-**нота** Kreditnote *f*; ~ **под проценты** verzinslicher Kredit; ~ **с рассрочкой платежа** Teilzahlungskredit *m*; ■ **аннулировать** ~ den Kredit zurückziehen; **закрыть** ~ den Kredit kündigen; **купить в** ~ auf Abzahlung /Kredit/ kaufen; **открыть** ~ Kredit eröffnen /gewähren, einräumen/

кредитор Gläubiger *m*

кредитоспособность Kreditwürdigkeit *f*

кредитоспособный kreditfähig

крем Creme *f*, Krem *f*; ~**для бритья** Rasierkrem *f*; ~**для обуви** Schuhkrem *f*; **косметический** ~ Hautkrem *f*; **кулинарный** ~ Schlagkrem *f*

крепкий fest

крепление Befestigung *f*

кресло Sessel *m*

крестьянин Bauer *m*

кризис Krisis *f*; Krise *f*

критерий Kriterium *n*

критик Kritiker *m*

кровать Bett *n*, Bettstelle *f*

кровотечение Blutung *f*; **останавливать** ~ Blutung stillen

кровь Blut *n*; **переливание** ~**и** Bluttransfusion *f*

круг Kreis *m*; **поворотный** ~ Drehscheibe *f*

круиз Rundreise *f*

крыша Dach *n*; **плоская** ~ Flachdach *n*

крышка Deckel *m*; **завинчивающаяся** ~ Schraubdeckel *m*

крючок Haken *m*

кулиса Kulisse *f*

культивировать züchten

культура *(растение)* Kultur *f*; **бобовая** ~ Hülsenfrucht *f*; **масличная** ~ Ölfrucht *f*; **промежуточная** ~ Zwischenfrucht *f*; **пропашная** ~ Hackfrucht *f*; **сельскохозяйственная** ~ landwirtschaftliche Kultur; **технические** ~**ы** technische Nutzpflanzen, Industriepflanze *f*; **ягодные** ~**ы** Beerenobst *n*; **продвинуть** ~**у на север** die Anbaugrenze einer Kultur nach Norden verlegen

культурный kulturell

купить kaufen; beschaffen *(доставать, приобретать)*

купля Kauf *n*; **условия ~и и продажи** Kaufbedingungen *pl*; **формальности ~и и продажи** Kaufformalitäten *pl*

курить rauchen

курица Huhn *n*

курс Kurs *m*; △ **валютный ~** Währungskurs *m*; **обменный ~** Wechselkurs *m*; **расчетный ~** Verrechnungskurs *m*; ● **~ дня** *(биржевой)* Tageskurs *m*; **повышение ~а** Kurssteigerung *f*; **понижение ~а** Kursrückgang *m*; ■ **потерять на ~е** an Kurs verlieren; **рассчитать по ~у zum Kurs von ...** berechnen; ✦ **вне ~а** außer Kurs

курсы *(обучение)* Lehrgang *m*; **~лекций** Vortragszyklen *pl*, Vorlesungsreihen *pl*; **специализированные ~** Fachlehrgang *m*

куртка Joppe *f*, Jacke *f*

кусок Stück *n*

кухня Küche *f*

кушать essen

Л

лаборант Laborant *m*

лаборатория Laboratorium *n*

лайнер: воздушный ~ Verkehrsflugzeug *n*; **морской ~** Überseefahrgastschiff *n*, Liniendamfer *m*

лак Lack *m*; **~ для волос** Haarlack *m*; **~ для ногтей** Nagellack *m*

лампа Lampe *f*; **люменисцентная ~** Leuchtröhre *f*; **настольная ~** Tischlampe *f*; **ночная ~** Nachttischlampe *f*; **подвесная ~** Hängelampe *f*; **электронная ~** Röhre *f*; **электрическая ~** Glühlampe *f*, Glühbirne *f*

лапша Nudeln *pl*

лебёдка Winde *f*; Seilwinde *f*

лёгкий leicht

легковоспламеняющийся entzündbar

лёгкое Lunge *f*

лежать liegen; **~ в основе** zugrunde liegen

лезвие бритвы Rasierklinge *f*

лекарство Medikament *n*; Medizin *f*, Arznei *f*, Arzneimittel *n*

лектор Lektor *m*; Vortragende *m*

лекция Vorlesung *f*; Lektion *f*

лента Band *n*; **железная ~** Eisenband *n*; **~ для пишущей машинки** Farbband *n*; **магнитофонная ~** Tonband *n*

лес 1. Wald *m*; Forst *m*; Waldung *f*; △ **заповедный ~** Hegeholz *m*, Hegewald *m*; **лиственный ~** Laubwald *m*; **~ на корню** anstehendes Holz; **перестоявший ~** abständiges /überständiges/ Holz; Überständer *m*; **смешанный ~** Mischwald *m*; **срубленный ~** Abschlag *m*, geschlagenes Holz; **хвойный ~** Nadelwald *m*; ● **право пользования ~ом** Holzrecht *n*; 2. *(материал)* Holz *n*; △ **корабельный ~** Schiffsholz *n*; **круглый ~** Rundholz *n*; **мачтовый ~** Mastholz *n*; **молевой ~** Treibholz *n*; **поделочный ~** Nutzholz *n*; **строевой ~** Bauholz *n*; ● **~ воздушной сушки** lufttrocknendes Holz

лесничество Forstamt *n*, Försterei *f*

лесной Wald-, Forst-; **~ массив** Waldung *f*; **~ое хозяйство** Forstwirtschaft *f*

лесовоз *(судно)* Holzfrachter *m*

лестница Treppe *f*; **~-стремянка** Leiter *f*

летать fliegen
лётчик Flieger *m*
ликвидация Liquidierung *f*; ~ выставки der Abbau der Ausstellung; ~ договора die Auflösung des Vertrags; ~ долгов die Begleichung der Schulden; ~ предприятия die Abwicklung des Betriebs; ~ неполадок die Beseitigung der Defekte
ликвидный liquid; flüssig; ~ые средства flüssige Mittel
ликёр Likör *m*
лиловый lila
лимит Limit *n*
лимитировать limitieren, begrenzen
лимон Zitrone *f*
лимонад Limonade *f*
линза Linse *f*
линия Linie *f*; высоковольтная ~ Hochspannungsleitung *f*; осветительная ~ Lichtleitung *f*; поточная ~ Taktstraße *f*; трамвайная ~ Straßenbahnlinie *f*; трёхфазная ~ Drehstomleitung *f*
линь Schlei *m*
лирика Lyrik *f*
лист Blatt *n*; лавровый ~ Lorbeerblatt *n*; путевой ~ Fahrbefehl *m*; упаковочный ~ Packliste *f*
литейщик Gießer *m*
литература Literatur *f*; научно-популярная ~ die populärwissenschaftliche Literatur; техническая ~ die technische Literatur; художественная ~ die schöngeistige Literatur
литография Lithographie *f*
лифт Lift *m*, Fahrstuhl *m*, Aufzug *m*; грузовой ~ Lastenaufzug *m*;, пассажирский ~ Personenaufzug *m*; скоростной ~ Schnellaufzug *m*
лицензия Lizenz *f*; ~ на ввоз Einfuhrlizenz *f*, Importlizenz *f*; ~ на вывоз Ausfuhrlizenz *f*, Exportlizenz *f*; производить по ~и mit Lizenz herstellen
лицо 1. (*человек*) Person *f*; доверенное ~ Vertrauensmann *m*; должностное ~ Dienstperson *f*; заинтересованное ~ Interessent *m*; официальное ~ Amtsperson *f*; самостоятельное юридическое ~ die selbständige juristische Person; третье ~ dritte Person; частное ~ Privatperson *f*; юридическое ~ juristische Person; от ~а im Namen; 2. (*часть тела*) Gesicht *n*
лично persönlich
личность Persönlichkeit *f*
лишь nur; erst (*о времени*)
лодка Boot *n*; гоночная ~ Rennboot *n*; моторная ~ Motorboot *n*; парусная ~ Segelboot *n*
ложа Loge *f*
ложка Löffel *m*; столовая ~ Eßlöffel *m*; чайная ~ Teelöffel *m*
локоть Ellbogen *m*
лопаться platzen
лошадь Pferd *n*; Gaul *m*; Roß *n*; △ беговая ~ Rennpferd *n*; верховая ~ Reitpferd *n*; вьючная ~ Packpferd *n*; заводская ~ Zuchtpferd *n*; ломовая ~ Lastpferd *n*; подседельная ~ Sattelpferd *n*; полукровная ~ Halbblut *n*; рабочая ~ Gaul *m*; рысистая ~ Traber *m*, Trabgänger *m*; упряжная ~ Wagenpferd *n*; чистокровная ~ Vollblut *n*, Vollblüter *m*; ■ загнать (*верховую*) ~ ein Pferd zuschanden reiten; садиться на ~ das Pferd besteigen, aufs Pferd steigen; ✦ верхом на ~и zu Pferde
лошак Maulesel *m*
луг Wiese *f*; Wiesengrund *m*, за-

ливной ~ Überschwemmungswiese *f*
луговодство Wiesenwirtschaft *f*
луговой Wiesen-; ~ **берег** Wiesenufer *n*; ~ **массив** Grünland *n*
лугопастбищные угодья Wiesen- und Weideflächen *pl*
лук Zwiebel *f*
льгота Privileg *n*; Vergünstigung *f*; Vorrecht *n*, Vorzugsrecht *n*, Sonderrecht *n*; *(уступка)* Ermäßigung *f*; **предоставлять кому-л** ~ы j-m Vergünstigungen einräumen /gewähren/

льготный Vorzugs-; **на** ~ых **условиях** zu Vorzugsbedingungen
лыжи Ski *pl*; Schneeschuhe *pl*; **кататься на** ~ах Ski laufen
лыжник Skiläufer *m*
любезность Liebenswürdigkeit *f*, Freundlichkeit *f*; **оказать кому-л.** ~ j-m eine Liebenswürdigkeit erweisen; **Заранее благодарим за вашу** ~. Wir danken Ihnen voraus für Ihr Entgegenkommen.
любезный liebenswürdig
любитель Amateur *m*
любой beliebig; **в** ~**ое время** zum beliebigen Zeitpunkt

М

магазин Laden *m*, Geschäft *n*, Handlung *f*; **продовольственный** ~ Lebensmittelgeschäft *n*; **промтоварный** ~ Industriewarengeschäft *n*; **специализированный** ~ Fachgeschäft *n*; **универсальный** ~ Warenhaus *n*; Kaufhaus *n*; ~ **готового платья** Konfektionshaus *n*
магистраль 1. *(дорога)* Fernstraße *f*; Verkehrsader *f*; 2. *(проводка)* Leitung *f*; **питающая** ~ Speiseleitung *f*; **подводящая** ~ Zuleitung *f*
магнитофон Tonbandgerät *n*; **кассетный** ~ Kassettenrekorder *m*
мазь Salbe *f*; **борная** ~ Borsalbe *f*
майка Turnhemd *n*, Sporthemd *n*
майонез Mayonnaise *f*
мак Mohn *m*
макароны Makkaroni *pl*
макет Modell *n*; Entwurf *m*
макрель *(рыба)* Makrele *f*
максимальный maximal; Höchst-
малина Himbeeren *pl*

мало wenig; nicht genug; **слишком** ~ zu wenig
мандарин Mandarine *f*
мандат Mandat *n*
манёвренность Manövrierfähigkeit *f*
манжета Manschette *f*
маникюр Maniküre *f*
маргарин Margarine *f*
маржа Marge *f*
маринист Marinemaler *m*
марка 1. *(денежная единица)* Mark *f*; 2. *(торговая)* Handelsmarke *f*; 3. *(почтовая)* Briefmarke *f*
маркировать markieren, signieren
маркировка Markierung *f*, Beschriftung *f*; **инструкция по** ~е Markierungsvorschrift *f*; **наносить** ~у Markierung auftragen
марля Mull *m*, Gaze *f*
мармелад Gelefrüchte *pl*
маршрут Marschweg *m*, Marschroute *f*; ~ **автобуса** Buslinie *f*; ~ **полёта** Flugstrecke *f*; ~ **путешествия** Reiseroute *f*; **трамвайный** ~ Straßenbahnlinie *f*

маслёнка Ölkanne *f*
масло Butter *f*; Öl *n*; **машинное** ~ Maschinenöl *n*; **отработанное** ~ Altöl *n*; **подсолнечное** ~ Sonnenblumenöl n; **растительное** ~ Öl *n*; **сливочное** ~ Butter *f*, Tafelbutter *f*; **смазочное** ~ Schmieröl *n*
мастер Meister *m*
мастерская Werkstatt *f*; **авторемонтная** ~ Autoreparaturwerkstatt *f*; **передвижная** ~ bewegliche Werkstatt *f*; **ремонтная** ~ Reparaturwerkstatt *f*; **стационарная** ~ ständige Werkstatt
мастерство Meisterschaft *f*
масштаб Maßstab *m*; **выдержанный в** ~е maßstabgerecht

материал Material *n*, Stoff *m*, Werkstoff *m*; △ **горючий** ~ Brennstoff *m*; **информационный** ~ Informationsmaterial *n*; **керамический** ~ keramischer Werkstoff; **основной** ~ Grundstoff *m*; **перевязочный** ~ Verbandstoff *m*; **рекламационные** ~ы Reklamationsunterlagen *pl*; **стоительный** ~ Baumaterial *n*; **упаковочные** ~ы Verpackungsmittel *pl*; ● ~ **для оформления** Gestaltungsmaterial *n*; **подвоз** ~ов Materialzufuhr *f*
матрица Mater *f*
мачта Mast *m*
машина Maschine *f*; △ **высокопроизводительная** ~ Hochleistungsmaschine *f*; **дефектная** ~ defekte /schadenhafte/ Maschine; **дорожно-строительная** ~ Straßenbaumaschine *f*; **комплектная** ~ komplette Maschine; **литейная** ~ Gießereimaschine *f*; **печатная** ~ Druckmaschine *f*; **пишущая** ~ Schreibmaschine *f*; **поставленная** ~ gelieferte Maschine; **ротационная** ~ Rotationsmaschine *f*; **сельскохозяйственная** ~ Landmaschine *f*; **стиральная** ~ Waschmaschine *f*, **строительная** ~ Baumaschine *f*; **электронно-вычислительная** ~ **(ЭВМ)** Elektronenrechenmaschine *f*, Elektronenrechner *m*, Computer *m*; ● ~ **для пищевой промышленности** Nahrungsmittelmaschine *f*; ~ **на гусеничном ходу** Raupenfahrzeug *n*; **ЭВМ для управления производством** Prozeßmaschine *f*, Prozeßrechner *m*, **ЭВМ для обработки данных** Datenverarbeitungsmaschine *f*; ✦ ~ **поставленная со всеми принадлежностями** gelieferte Maschine mit allem Zubehör
машинист Maschinist *m*
машинистка Maschinenschreiberin *f*; ~**-стенографистка** Stenotypistin *f*
машиностроение Maschinenbau *m*; **сельскохозяйственное** ~ Landmaschinenbau *m*; **энерго**~ Kraftmaschinenbau *m*
маяк Leuchtturm *m*
мебель Möbel *n*; **мягкая** ~ Polstermöbel *n*
мед Honig *m*
медаль Medaille *f*; **награждать** ~ью mit einer Medaille auszeichnen
медсестра Krankenschwester *f*
международный international; ~**ое железнодорожное грузовое сообщение** internationaler Eisenbahngüterverkehr *m*
мелиорация Melioration *f*
мелочь *(мелкие деньги)* Kleingeld *n*
ментол Menthol *n*
меню Speisekarte *f*, Menü *n*
менять tauschen; umtauschen; wechseln
мера 1. Maß *n*; ~ **веса** Gewichtsmaß *m*; ~ **длины** Längenmaß

n; **2.** (*мероприятие*) Maßnahme *f*; **временная** ~ provisorische Maßnahme; **ответная** ~ Gegenmaßnahme *f*; ~ **предосторожности** Vorsichtsmaßnahme *f*; **принять** ~ы Maßnahmen treffen /ergreifen, einleiten/

мероприятие Maßnahme *f*, Veranstaltung *f*; **спортивное** ~ Sportveranstaltung *f*; **проводить** ~ Maßnahme treffen

местный einheimisch, hiesig, örtlich

место 1. Ort *m*; Stelle *f*; Platz *m*; △ **верхнее** ~ Oberplatz *m*; **нижнее** ~ Unterplatz *m*; ● ~ **в спальном вагоне** Schlafwagenplatz *m*; ~ **выгрузки** (*судна*) Entlöschungsort *m*; ~ **жительства** Wohnort *m*; ~ **исполнения** Erfüllungsort *m*; ~ **назначения** Bestimmungsort *m*; ~ **поставки** Lieferungsort *m*; ~ **пребывания** Aufenthaltsort *m*; **указание** ~а Ortsangabe *f*; ■ **быть на** ~е an Ort und Stelle sein; **занимать** ~ den Platz belegen; **2.** (*багаж, груз*) Kollo *n*; Frachtstück *n*

месяц Monat *m*; ~, **в котором наступает обусловленный срок** Abrechnungsmonat *m*

металл Metall *n*; **антифрикционный** ~ Lagermetall *n*; **благородный** ~ Edelmetall *n*, edles Metall; **легкий** ~ Leichtmetall *n*; **листовой** ~ Blech *n*; **порошковый** ~ Sintermetall *n*; **прокатываемый** ~ Walzgut *n*; **редкие** ~ы seltene Metalle; **цветной** ~ Buntmetall *n*, Nichteisenmetall *n*; **черный** ~ Eisenmetall *n*, Fe-Metall *n*

металлический metallisch, metallen; Metall-; ~ое **основание** Metallfuß *m*; ~ие **перила** Metallgeländer *pl*; ~ие **изделия** Metallwaren *pl*

металлообработка Metallbearbeitung *f*

металлург Metallurge *m*

металлургия Metallurgie *f*; **черная** ~ Eisen- und Stahlindustrie *f*

метание Werfen *n*; ~ **диска** Diskuswerfen *n*; ~ **молота** Hammerwerfen *n*; ~ **копья** Speerwerfen *n*

метод Methode *f*; Verfahren *n*, ~ **работы** Arbeitsweise *f*

методология Methodologie *f*

метр Meter *n*; **квадратный** ~ Quadratmeter *n*; **кубический** ~ Kubikmeter *n*; **погонный** ~ laufendes Meter

метро Untergrundbahn *f*, U-Bahn *f*; Metro *f*

мех Pelz *m*

меха Rauchwaren *pl*

механизм Mechanismus *m*; Vorrichtung *f*; **измерительный** ~ Meßwerk *n*; **передаточный** ~ Getriebe *n*, Kraftübertragung *f*; **подъемный** ~ Hebezeug *n*; **погрузочный** ~ Beladeausrüstung *f*; **разгрузочный** ~ Entladeausrüstung *f*; **рулевой** ~ Lenkung *f*

механик Mechaniker *m*

механика Mechanik *f*; **точная** ~ Feinmechanik *f*

мешать stören

микропроцессор Mikroprozessor *m*

микрофон Mikrophon *n*

микроэлектроника Mikroelektronik *f*

микроэлектронный mikroelektronisch

минимальный minimal, Mindest-, **в** ~ **срок** in der allerkürzesten Zeit

министерство Ministerium *n*; **соответствующее** ~ zuständiges Ministerium

министр Minister *m*

мир Welt *f*

мирный friedlich; **решать ~ым путем** auf friedlichem Wege lösen

мировой *(всемирный)* Welt-; **~ рынок** Weltmarkt *m*

мнение Meinung *f*, Auffassung *f*, Ansicht *f*; △ **ложное ~** falsche Meinung; ■ **быть того же ~я** derselben Meinung sein; **высказать ~ по поводу чего-л.** zu etwas *(D)* Stellung nehmen; **обменяться ~ями** *(мыслями)* Gedanken austauschen; **присоединиться к ~ю кого-л.** der Meinung jemandes *(G)* anschließen; **разделять ~** die Meinung /Ansicht/ teilen; **согласиться с ~ем** die Meinung jemandes *(G)* akzeptieren; ✦ **~ по вопросу** die Meinung zum Problem /zur Frage/; **Каково ваше ~?** Welche Meinung vertreten Sie? **по моему ~ю** meiner Meinung nach; **По этому вопросу я не могу высказать свое ~.** Dazu kann ich nicht äußern. **я придерживаюсь ~я** ich bin der Meinung

многолетний langjährig

модель Modell *n*; **действующая ~** Funktionsmodell *n*; **первая ~** Erstaufführung *f*

модификация 1. Modifizierung *f*, Abwandlung *f*; *(исполнение)* Ausführung *f*

модный Moden-; **~е товары** Modewaren *pl*

можно *(возможно)* man kann; es besteht die Möglichkeit; **если ~** wenn möglich, wenn es geht; *(по возможности)* nach Möglichkeit

мозаика Mosaik *n, f*

молодняк 1. *(животные)* Jungvieh *n*, Jungtiere *pl*; *(птицы)* Jungvögel *pl*; *(однодневные цыплята)* Eintagsküken *pl*; 2. *(лес)* Jungholz *n*, Jungwald *m*, Jungwuchs *m*

молодой jung

молоко Milch *f*; △ **бутылочное ~** Flaschenmilch *f*; **кислое ~** Sauermilch *f*, dicke Milch; **козье ~** Ziegenmilch *f*; **коровье ~** Kuhmilch *f*; **парное ~** die kuhwarme Milch; **разливное ~** die löse Milch; **сгущеное ~** die kondensierte Milch, Kondensmilch *f*; **снятое ~** Magermilch *f*; **сухое ~** Trockenmilch *f*; **цельное ~** Vollmilch *f*; ● **~ высшего качества** Vorzugsmilch *f*

молоковоз *(автомобиль)* Milchauto *m*

молокоперерабатывающий milchverarbeitend

молот Hammer *m*; **паровой ~** Dampfhammer *m*

молотилка Dreschmaschine *f*

молотильный Dresch-

молотый gemahlen

молоть mahlen; **~ кофе** Káffee mahlen

молотьба Dreschen *n*, Drusch *m*

монета Münze *f*

монополия Monopol *n*; **государственная ~ внешней торговли** staatliches Außenhandelsmonopol; **иметь ~ию на что-л.** Monopol *(auf A)* besitzen /haben/

монтаж Montage *f*, Zusammenstellung *f*; Zusammenbau *m*; Aufstellung *f*; ● **вопрос о ~е** die Frage der Montage; **издержки по ~у /стоимость ~а/** Kosten für Montage /Montagekosten *pl*/; **план ~а** Aufstellungsplan *m*; **с ~ем *(при ~е)* прибора** bei der Montage des Gerätes; **ход ~а** Montageablauf *m*

монтажник Montagefachmann *m* *(специалист)*; Montagearbeiter *m* *(рабочий)*

монтёр *(монтажник)* Monteur *m*; Installateur *m*

монтировать montieren, aufstel-

len; zusammenbauen
море Meer *n*, See *f*; в открытом ~ auf hoher /offener/ See; отправить ~ем verschiffen
морковь Möhren *pl*
мороженое Eis *n*; Gefrorene *n*
морозильник (*морозильная камера*) Gefrierfach *n*
морской Meer-; See-; ~ая болезнь Seekrankheit *f*; ~им путём auf dem Seeweg; пригодный для ~ перевозки seemäßig
мотор Motor *m*
мотороллер Motorroller *m*
мощность Leistung *f*, Kapazität; △ максимальная ~ Höchstleistung *f*; максимальная подключаемая ~ Anschlußhöchstleistung *f*; номинальная ~ Nennleistung *f*; подключаемая ~ Anschlußleistung *f*; полезная ~ Nutzleistung *f*; полная ~ Vollastleistung *f*; производственная ~ Produktionskapazität *f*; ■ работать на полную ~ mit Hochbetrieb /Hochbruck arbeiten; die volle Kapazität ausnutzen; ● данные о ~ти Leistungsdaten *pl*
музей Museum *n*; исторический ~ historisches Museum; мемориальный ~ Gedenkstätte *f*; политехнический ~ polytechnisches Museum; ~ прикладного искусства Museum angewandter Kunst; ~ современного искусства Museum moderner Kunst
музыка Musik *f*
музыкант Musikant *m*
мука Mehl *n*
мусор Müll *m*; строительный ~ Schutt *m*, Abraum *m*; вывозка ~а Müllabfuhr *f*
мусоропровод Müllschlucker *m*
мыло Seife *f*
мысль Gedanke *m*; (*идея*) Idee *f*, Это хорошая ~. Das ist ein guter Einfall.
мыть waschen
мясо Fleisch *n*

Н

набирать: ~ высоту Höhe gewinnen; ~ номер (*по телефону*) eine Nummer wählen
наблюдение Beobachtung *f*; (*надзор*) Überwachung *f*; Aufsicht *f*; взять под ~ unter Aufsicht nehmen
набросок Skizze *f*; Entwurf *m*
навалом unverpackt; товар ~ lose Ware
навигация Schiffahrt *f*; Navigation *f*; открытие ~и Eröffung der Navigation
навоз Mist *m*; Stalldühger *f*; уборка ~а Ausmisten *n*
нагрузить (*чем-л.*) beladen (*mit D*); ~ вагон Wagen beladen; ~ судно Schiff beladen, befrachten
нагрузка Belastung *f* Beanspruchung *f*; максимальная ~ maximale Belastung, Höchstbelastung *f*; полная ~ машины volle Arbeitsauslastung einer Maschine; ~ поперечного сечения Querschnitts belastung *f*
надбавка Zuschlag *m*; Aufschlag *m*; ~ в цене Preisaufschlag *m*; Aufpreis *m*; Mehrpreis *m*, Preiszuschlag *m*
надежность Zuverlässigkeit *f*
надеяться hoffen
надлежащий gebührend
название Name *m*; Benennung *f*; (*обозначение*) Bezeichnung *f*; ~ фирмы Firmenbezeichnung *f*
назначение 1. (*установление*) Bestimmung *f*; Festsetzung *f*,

Festlegung f; ~ **цены** Festsetzung des Preises; 2. *(цель)* Bestimmung f, Zweck m; ~ **машины** der Verwendungszweck der Maschine; **место** ~**ия** Bestimmungsort m; **порт** ~**ия** Bestimmungshafen m; **станция** ~**ия** Bestimmungsbahnhof m; **страна** ~**ия** Bestimmungsland n; **по** ~**ию** bestimmungsmäßig; **не по** ~**ию** bestimmungswidrig; **с** ~**ем в** ... bestimmt nach ...; mit Bestimmung für ...

назначить 1. *(установить)* bestimmen, festsetzen, festlegen; ~**срок** den Termin festsetzen; 2. *(на должность)* ernennen

наименование Benennung f, Name m; Bezeichnung f; ~**товара** Warenbenennung f, die Bezeichnung der Ware; **того же** ~**ия** gleichen Namens

найти 1. *(разыскать)* (auf)finden; ausfindig machen; 2. *(открыть, изобрести)* entdecken; erfinden; ~ **данные** Angaben entnehmen *(aus D)*

накануне am Vorabend

накапливать ansammeln; einsparen *(сэкономить)*

накачать шину den Reifen aufpumpen

накладная Frachtschein m, Frachtbrief m; **железнодорожная** ~ Eisenbahnfrachtbrief m; ~ **на авиагруз** Luftschein m; ~ **речного транспорта** Flußladeschein m; **выписывать** ~**ую** einen Frachtbrief ausstellen; **составлять** ~**ую** einen Frachtbrief ausfertigen; **номер** ~**ой** Frachtbriefnummer f

наклеивать (an)kleben

наладить in Gang /Ordnung, Fluß/ bringen; einrichten; instand setzen; ~ **отношения** Beziehungen /Kontakte/ aufnehmen

наладка *(станка)* Einrichten n;

в период ~**и автомата** beim Einrichten des Automaten

наличие Vorhandensein n; Anwesenheit f; **имеющийся в** ~**ии** verfügbar; vorhanden; **В** ~ **имеются станки и запчасти.** Die Maschinen und Ersatzteile sind vorhanden.

наличные *(деньги)* Bargeld n; **платёж** ~**ми** Barzahlung f; **продажа за** ~ Barverkauf m; **покупать за** ~ gegen bar kaufen

налог Steuer f; Abgaben pl *(налоги)*; △ **косвенный** ~ indirekte Steuer; **подоходный** ~ Einkommensteuer f; **прямой** ~ direkte Steuer; ● ~ **на заработную плату** Lohnsteuer f; ~ **с оборота** Umsatzsteuer f; **уклонение от уплаты** ~**а** Steuerflucht f, Steuerhinterziehung f; ■ **взимать** ~ Steuer erheben; **обложить** ~**ом** mit Steuer belegen; besteuern; **платить** ~ Steuer entrichten; ✦ **не облагаемый** ~**ом** steuerfrei

намереваться beabsichtigen; vorhaben; die Absicht haben

намерение Absicht f

наносить: ~ **маркировку** Markierung auftragen; ~ **(причинить) ущерб** einen Schaden zufügen

нападать angreifen

напиток Getränk n; **алкогольный** ~ alkoholhaltiges Getränk; **безалкогольный** ~ alkoholfreies Getränk; **освежающие** ~**и** Erfrischungen pl

напоминание Mahnung f; **письменное** ~ schriftliche Mahnung; Mahnbrief m; ~ **о платеже** Mahnung zur Zahlung; **телеграмма-**~ Telegramm mit einer Mahnung; **послать** ~ einen Mahnbrief senden

напомнить mahnen, erinnern *(an A)*

направить 1. *(послать)* schicken;

~ делегацию eine Delegation entsenden; **2.** *(о письмах)* richten *(an A)*; zuschicken *(an A)*, leiten; **ваш запрос мы направили дальше** Ihre Anfrage haben wir weitergeleitet

направление *(отправление)* Entsendung *f*; ~ **движения** Fahrtrichtung *f*

напрокат leihweise

напряжение Spannung *f*; **высокое** ~ Hochspannung *f*; **низкое** ~ Niederspannung *f*; **номинальное** ~ Nennspannung *f*; **сетевое** ~ Netzspannung *f*

наркоз Narkose *f*, Betäubung *f*; **местный** ~ örtliche Narkose; **общий** ~ Vollnarkose *f*; **под** ~**ом** unter Narkose

нарушение Verletzung *f*; **грубое** ~ grobe Verletzung; ~ **договора** Vertragsverletzung *f*; ~ **правил дорожного движения** Verletzung der Straßenverkehrsordnung; ~ **производственного процесса** Betriebsstörung *f*; ~ **сроков** Terminüberschreitung *f*; ~ **сроков командировки специалистов** die verspätete Entsendung der Fachkräfte

нарушить verletzen; brechen; ~ **обязательства** Verpflichtungen nicht erfüllen; ~ **правила дорожного движения** Verkehrsregeln verletzen

наряд Arbeitsanweisung *f*

насос Pumpe *f*

настаивать bestehen, beharren *(auf D)*

настил *(линолеума, пластики и пр.)* Fußbodenbelag *m*

настроение Stimmung *f*

наступать *(об явлениях, болезни и пр.)* beginnen, eintreten; *(о сроках платежей)* fällig werden

наступление *(о событиях)* Eintritt *m*; Einbruch *m*; ~ **срока платежа** Fälligkeit der Zahlung; ~ **холодов** Kälteeinbruch *m*

насчитывать zählen

натюрморт Stilleben *n*

наука Wissenschaft *f*

научный wissenschaftlich

наушники Kopfhörer *pl*

наценка Aufschlag *m*, Zuschlag *m*

начало Anfang *m*, Beginn *m*; ~ **выпуска продукции** Aufnahme der Produktion; ~ **монтажных работ** Anlauf der Montagearbeiten

начальник Vorgesetzte *m*; Chef *m*, Leiter *m*, Führer *m*; ~ **отдела** Abteilungsleiter *m*; ~ **поезда** Zugführer *m*; ~ **станции** Stationvorsteher *m*

начинать beginnen, anfangen; ~ **поставки** mit Lieferungen beginnen; ~ **процесс** *(против кого-л.)* Prozeß *(gegen j-n A)* eröffnen; ~ **работу** die Arbeit aufnehmen

начисление *(начисляемое)* Anrechnung *f*; ~ **процентов** Berechnung der Zinsen, Verzinsung *f*

неблагоприятный ungünstig

небрежность Nachlässigkeit *f*; *(неосторожность)* Fahrlässigkeit *f*; **по** ~**и** durch Nachlässigkeit

небрежный nachlässig; *(неосторожный)* fahrlässig

невропатолог Nervenarzt *m*

невыгодный unvorteilhaft; *(неблагоприятный)* ungünstig

невыплаченный rückständig

невыполнение Nichterfüllung *f*; Nichterfüllen *n*

негодный untauglich; unbrauchbar

недавний jüngst

недействительный ungültig

недоброкачественный minderwertig; von schlechter Qualität; (*поврежденный*) defekt; fehlerhaft

недовес Fehlgewicht *n*, Mindergewicht *n*; **восполнить** ~ ein Manko ausgleichen; **обнаружить** ~ ein Manko feststellen

недогружать unterbelasten

недопоставка Minderlieferung *f*

недоразумение Mißverständnis *n*; **это произошло по ~ю** das beruht auf einem Mißverständnis

недорогой preisgünstig, kostengültig

недоставать (*чего-л.*) fehlen (*an D*), mangeln (*an D*)

недостаток Mangel *m*; ~ **материала** Materialmangel *m*; ~ **рабочей силы** Arbeitskräftemangel *m*; **испытывать** ~ (*в чем-л.*) Mangel an etw.(*D*) leiden; **был установлен** ~ der Mangel wurde festgestellt; **из-за** ~**ка** aus Mangel

недостаточно ungenügend

недостача Manko *n*, Fehlen *n*, Fehlmenge *f*; ~ **в весе** Gewichtsmanko *n*; ~ **двух мест** ein Manko von zwei Kolli; **восполнить** ~**у** ein Manko ersetzen; **обнаружить** ~**у** ein Manko entdecken

недостающий fehlend

независимый unabhängig

незамерзающий eisfrei

незанятый unbesetzt

неизменный unveränderlich

неисправность Defekt *m*; Schaden *m* (*повреждение*); Mangel *m*, Fehler *m* (*недостаток, дефект*); **приведенная** ~ angeführter Mangel; **указанная** ~ angezeigter Mangel; **возникли** ~**и** die Mängel sind aufgetreten; **устранять** ~ Mängel /Unzulänglichkeiten/ beseitigen

неквалифицированный unqualifiziert; ungelernt

некомплектный unvollständig, unkomplett

нелегкий schwierig; ~**ая работа** eine schwierige Arbeit

немедленный unverzüglich; sofortig; ~**ая оплата** Sofortbezahlung *f*; ~ **ответ** umgehende Antwort

необходимость Notwendigkeit *f*; **крайняя** ~ die äußerste Notwendigkeit; **в случае** ~**и** im Notfall; **по** ~**и** notwendigerweise

необходимый notwendig, nötig, unentbehrlich; **крайне** ~ dringend benötigt

неоднократный mehrmalig; ~**ые напоминания** wiederholte Mahnungen

неоплаченный unbezahlt, unbeglichen

неплатежеспособность Zahlungsunfähigkeit *f*

неповрежденный unversehrt, unbeschädigt

непонятный unverständlich

непортящийся lagerfähig; ~ **товар** lagerfähige Ware

непосредственный unmittelbar

непостоянный unbeständig

непременно unbedingt

непреодолимый unüberwindlich; ~**ая сила** (**форс-мажор**) Höhere Gewalt; Force majeure

непрерывный ununterbrochen; laufend; kontinuierlich, zügig

неприемлемый unannehmbar

неприятность Unannehmlichkeit *f*

непроизводительный unproduktiv; ~**ые расходы** unproduktive Kosten

непромокаемый wasserdicht

нерасфасованный lose

нереальный unreal

нерешенный ungelöst; ~**ая проблема** offenes Problem

несгораемый feuerfest

несоблюдение Nichteinhaltung *f*; ~ **правил** Nichtbeachtung der Regeln; ~ **срока** Nichteinhaltung der Frist, Fristüberschreitung *f*
несоответствие Nichtübereinstimmung *f*
нести tragen
нетто netto; **цена** ~ Nettopreis *m*
неудовлетворительный unbefriedigend
неуплата Nicht(be)zahlung *f*; **в случае** ~ы im Falle der Nichtzahlung
неуплаченный unbezahlt; rückständig; ~**ые долги** ausständige Schulden; ~**ая сумма** rückständige Summe; ~**ые суммы по счетам** Rückstände *pl*, Außenstände *pl*
неустойка Konventionalstrafe *f*, Verzugszinsen *pl*; Pönale *n*; ~ **в размере** ... eine Konventionalstrafe in Höhe von ...; **взимать** ~**у** eine Konventionalstrafe erheben; **оговорить** ~**у** eine Konventionalstrafe ausbedingen; **требовать** ~**у** eine Konventionalstrafe beanspruchen
нефть Erdöl *n*
нехватка *см.* **недостаток**
нexoдoвoй (*товар*) unverkäufliche (Ware)
неявка Ausbleiben *n*
неясно unklar
низкий niedrig
низкосортный minderwertig
нитки Zwirn *m*
ниша Nische *f*
новатор Neuerer *m*; Bahnbrecher *m*

новинка Neuerscheinung *f* (*о книге*); Neuentwicklung *f*; Neuheit *f*
новостройка Neubau *m*
новшество Neuerung *f*
нога Bein *n*; Fuß *m*
ноготь Nagel *m*
нож Messer *n*
ножницы Schere *f*
номенклатура Nomenklatur *f*; ~ **товаров** Warennomenklatur *f*

номер Nummer *f*; △ **двухместный** ~ (*в гостинице*) Doppelbettzimmer *n*, Zweibettzimmer *n*; **одноместный** ~ Einbettzimmer *n*; **порядковый** ~ laufende Nummer; ● ~ **вагона** Waggonnummer *f*; ~ **в гостинице** Hotelzimmer *n*; ~ **контракта** Vertragsnummer *f*; ~ **телефона** Rufnummer *f*, Fernsprechnummer *f*
номинальный Nenn-; ~**ая мощность** Nennleistung *f*; ~**ое напряжение** Nennspannung *f*; ~**ая сила тока** Nennstromstärke *f*; ~**ая стоимость** Nennwert *m*
норма Norm *f*, Soll *n*; ~**ы расхода материалов** Materialverbrauchsnormen *pl*; ~**ы расхода запчастей** Ersatzteilverbrauchsnormen *pl*
нормирование Normierung *f*
нормированный genormt
нос Nase *f*
носильщик Gepäckträger *m*
носки Socken *pl*
нуждаться (*в чем-л.*) brauchen etwas (*A*), benötigen (*A*), Bedarf haben (*an D*)

О

обгон Überholen *n*
обед Mittagessen *n*; **время до** ~**а** vormittags; **время после** ~**а** nachmittags

обедать zu Mittag essen
обеспечение Sicherstellung *f*; Gewährleistung *f*; (*снабжение*) Versorgung *f*; ~ **стабильности**

Gewährleistung der Stabilität
обеспечивать *(гарантировать)* sichern, sicherstellen; *(снабжать чем-л.)* versorgen, versehen *(mit D)*
обесцвечивать bleichen; entfärben
обесценение Entwertung *f*; ~ **валюты** Abwertung der Währung
обещание Versprechen *n*
обещать versprechen
обзор Übersicht *f*; Rundschau *f*
обижаться übelnehmen, beleidigt sein, sich beleidigt fühlen
область *(территория)* Gebiet *n*; *(сфера деятельности)* Gebiet *n*; Bereich *m*; Fach *n*; **в ~и науки** auf dem Gebiete der Wissenschaft
облегчать erleichtern; ~ **рабочий процесс** Erleichterungen im Arbeitsablauf bringen /verschaffen/; *(упрощать)* vereinfachen, weniger kompliziert machen
обмен Austausch *m*, Tausch *m*; △ **широкий** ~ umfangreicher Austausch; ● ~ **денег** Geldaustausch *m*; ~ **информацией** Informationsaustausch *m*; ~ **мнениями** Gedankenaustausch *m*; ✦ **в** ~ **на что-л.** im Austausch gegen *(A)*
обменять tauschen, austauschen; umtauschen; ~ *(деньги)* einwechseln
обнаружить entdecken; aufdecken; *(показать)* aufweisen; *(установить)* feststellen
обобщать zusammenfassen; ~ **опыт** Erfahrungen verallgemeinen
обогащение Bereicherung *f*; *(облагораживание)* Veredelung *f*
обогревать heizen
обозначать bezeichnen; kennzeichnen
обозначение Bezeichnung *f*; ~ **фирмы (фирменный знак)** Firmenbezeichnung *f*
обозрение *(осмотр)* Schau *m*, Besichtigung *f*
обои Tapeten *pl*; **оклеить** ~**ями** tapezieren
оборона Abwehr *f*; Verteidigung *f*
оборот Umsatz *m*; Umlauf *m*; **пускать в** ~ in Umlauf bringen
оборудование Ausrüstung *f*, Anlagen *pl*; Ausstattung *f*, Einrichtung *f*; **вспомогательное** ~ Hilfseinrichtung *f*; **дополнительное** ~ Zusatzeinrichtung *f*; **комплектное** ~ komplette Ausrüstung; **кузнечное** ~ Schmiedeausrüstung *f*; **лабораторное** ~ Laboreinrichtung *f*; **подсобное** ~ Hilfe- und Zusatzeinrichtungen *pl*; **подъемно-транспортное** ~ Fördertechnik *f*; **трамвайное** ~ Straßenbahntechnik *f*; **энергетическое** *(силовое)* ~ Energieausrüstung *f*
оборудовать ausstatten, ausrüsten; installieren; einrichten; **прибор полностью оснащен** *(оборудован)* **электроникой** das Gerät ist vollelektronisch ausgerüstet
обоснование *(доказательство)* Beweisführung *f*
обрабатывать verarbeiten; bearbeiten
обработка Bearbeitung *f*; ~ **информации** Informationsverarbeitung *f*; ~ **сырья** Rohstoffverarbeitung *f*; **электронная** ~ **данных** elektronische Datenverarbeitung
обрадовать Freude bereiten; **мы будем рады, если вы ...** wir würden uns eine Freude bereiten, wenn Sie ...
образ *(способ)* Art *f*; Weise *f*, **надлежащим** ~**ом** sachgemäß; **никоим** ~**ом** keinesfalls; **следующим** ~**ом** folgenderweise
образец Muster *n*; **новый** ~ Neuentwicklung *f*; **опытный** ~ Ver-

suchsmuster *n*; **по образцу** nach dem Muster

образование *(просвещение)* Bildung *f*, Ausbildung *f*

образцовый vorbildlich

обратный Rück-; rückgängig; ~ **билет** Rückfahrkarte *f*; ~**ая посылка** Rücksendung *f*; ~ **путь** Rückfahrt *f*; ~**ая связь** Rückverbindung *f*

обращаться *(с кем-л., с чем-л.)* behandeln *(A)*; *(к кому-л.)* sich wenden /sich richten/ *(an A)*

обращение *(с кем-л., с чем-л.)* Behandlung *f (mil D)*; **бережное** ~ schonende Behandlung; *(к кому-л.)* Anrede *f (an A)*. Anforderung *f*

обслуживание Bedienung *f*; Aufwartung *f*; **бытовое** ~ Dienstleistung *f*, Service *m*; ~ **покупателей** Kundendienst *m*; *(машин)* Bedienung *f*, Wartung *f*; *(медицинское, культурное)* Betreuung *f*; **неквалифицированное** ~ unsachmäßige Bedienung; **техническое** ~ technische Wartung

обслуживать bedienen

обстановка *(положение)* Lage *f*; Situation *f*; Verhältnisse *pl*; ~ **комнаты** Zimmereinrichtung *f*; *(обстоятельства, условия)* Bedienungen *pl*

обстоятельство Umstand *m*; ~**а дела** Sachlage *f*; **в зависимости от обстоятельств** je nach den Umständen, **смотря по** ~**ам** jeweils, je nachdem

обсуждать besprechen; beraten; erörten

обсуждение Besprechung *f*; Beratung *f*, Erörtung *f*

обтрёпанный *(об одежде)* ausgefranst

обувь Schuhwerk *n*

обучать ausbilden

обучение Schulung *f*; Ausbildung *f*

обшивка Verkleidung *f*; **броневая** ~ Panzerung *f*; **деревянная** ~ Holzverkleidung *f*; **наружная** ~ *(у судна)* Außenwand *f*; ~ **стен панелями** Wandtäfelung *f*

общественность Öffentlichkeit *f*

общество Gesellschaft *f*; Verband *m*; **акционерное** ~ Aktiengesellschaft *f*; **исследовательское** ~ Forschungsgesellschaft *f*; **страховое** ~ Versicherung *f*; ~ **с ограниченной ответственностью** Gesellschaft mit beschränkter Haftung (GmbH)

общий *(с другими)* gemeinsam, gemein; *(совокупный)* Gesamt-; allgemein; ~ **вид** Totalansicht *f*; ~**ая сумма** Gesamtbetrag *m*; ~**ие условия поставок** allgemeine Lieferungsbedingungen; ~ **ущерб** Totalverlust *m*

объединение Vereinigung *f*; Verein *m*; *(процесс)* Zusammenschluß *m*

объединённый *(единый)* vereint

объезд Umleitung *f*

объект Objekt *n*

объектив Objektiv *n*; **теле**~ Teleobjektiv *n*; **широкоугольный** ~ Weitwinkelobjektiv *n*

объективный objektiv

объём Umfang *m*; ~ **задач** Umfang der Aufgaben; ~ **поставок** Lieferumfang *f*; ~ **производства** Produktionsvolumen *n*; ~ **товарооборота** das Volumen des Warenumsatzes; ~ **задач увеличивается** Aufgaben werden umfangreicher; **сверх** ~**ов, предусмотренных соглашением** über das von dem Abkommen vorgesehenen Volumen

объявление Erklärung *f*; ~ *(в печати)* Anzeige *f*; Veröffentlichung *f*; **дать** ~ **в газету** eine

Anzeige aufgeben; **помещать ~ в газете** inserieren

объяснение Erklärung *f*; Erläuterung *f*

объяснять erklären; erläutern

обычно gewöhnlich; üblicherweise

обязанность Pflicht *f*; Verpflichtung *f*; **вменять в ~** verpflichten *(zu D)*; **исполнять ~и** fungieren

обязательность Verbindlichkeit *f*

обязательство Verpflichtung *f*; **гарантийное ~** Garantieverpflichtung *f*; **выполнять ~** die Verpflichtung erfüllen, der Verpflichtung nachkommen; **принимать на себя ~** eine Verpflichtung übernehmen

овёс Hafer *m*

овощевод Gemüsezüchter *m*

овощеводство Gemüsebau *m*, Anbau von Gemüse, Gemüseanbau *m*; **полевое ~** Freilandgemüse(an)bau *m*; **тепличное ~** Treibgemüse(an)bau *m*

овощеперерабатывающий: ~ая промышленность gemüseverarbeitende Industrie

овощесушильный: ~ завод Dörrgemüsefabrik *f*; **~ая установка** Gemüsetrockenanlage *f*

овощехранилище Gemüselagerhalle *f*; Lagerhaus *n* für Gemüse

овощи Gemüse *n*; **консервированные ~** Büchsengemüse *n*; **свежемороженые ~** Feinfrostgemüse *n*; **свежие ~** frisches Gemüse; **столовые ~** Feingemüse *n*; **сушёные ~** Dörrgemüse *n*

овощной Gemüse-; Grün-; **~ магазин** Gemüseladen *m*; **~ые семена** Gemüsesamen *pl*

овца Schaf *n*; **молодая ~** Schaflamm *n*

овцевод Schafzüchter *m*

овцеводство Schafzucht *f*

овцематка Mutterschaf *n*

овцеферма Schaffarm *f*

овчарня Schafstall *m*

овчина Schaffell *n*; Lammfell *n*

оглавление Inhaltsverzeichnis *n*

оглашать bekanntmachen; verkünden *(приговор)*

огнестойкий feuerbeständig

огнестойкость Feuerfestigkeit *f*

огнетушитель Feuerlöschgerät *n*

огнеупорный feuerfest

оговорить *(в договоре)* ausbedingen, vorbehalten

оговорка Vorbehalt *m*; *(юр.)* Klausel *f*; **делать ~у** vorbehalten; **сделать согласованную ~у** eine Zusammenbemerkung machen; **с ~ой** mit Vorbehalt; vorbehaltlich

огонь Feuer *m*

ограничение Beschränkung *f*, Einschränkung *f*

ограничивать beschränken

огурец Gurke *f*

одаренный begabt

одежда Kleidung *f*; **верхняя ~** Oberbekleidung *f*

одеколон Kölnischwasser *n*

одеяло Bettdecke *f*

одинаковый gleich; ähnlich

однополюсный einpolig

однотипный gleichartig

однофазный Einphasen-

одобрять *(что-л.)* zustimmen *(D)*, beistimmen *(D)*; billigen *(A)*

ожерелье Halsschmuck *m*; **~ из жемчуга** Halsschmuck aus Perlen; **~ из янтаря** Halsschmuck aus Bernstein

ожидание Erwartung *f*

озимые Wintergetreide *n*; Wintersaat *f*; Winterkulturen *pl*; **~ая пшеница** Winterweizen *m*, **~ая рожь** Winterroggen *m*;

зерно для ~ых посевов Wintersaatgut *n*
озимь Wintersaat *f*; Wintersaatfeld *n* (*поле*)
ознакомить (*с чем-л.*) bekanntgeben (*etwas A*); einen Blick vermitteln (*in etwas*)
ознакомиться (*с чем-л.*) sich bekannt /vertraut/ machen (*mit D*)
оказать (*сделать*) leisten; ~ **помощь** Hilfe leisten; ~ **услугу** eine Dienst erweisen
оказаться (*обнаружиться*) sich erweisen, sich herausstellen; ~ **в наличности** vorhanden sein; ~ **вынужденным** sich als gezwungen /genötigt/ erweisen
океан Ozean *m*
оклеветать diffamieren; verleumden
окно Fenster *n*
около (*приблизительно*) etwa, ungefähr, zirka
оконный Fenster-; ~**ая занавеска** (*штора*) Fenstervorhang *m*; ~**ая ниша** Fensternische *f*; ~**ая рама** Fensterrahmen *m*; ~**ое стекло** Fensterglas *n*; ~ **шпингалет** Fensterwirbel *m*
окончание Schluß *m*; Abschluß *m*, Beendigung *f*
окончательный endgültig
окраска Anstrich *m*, Farbanstrich *m*
окружающая среда Umgebung *f*, Umwelt *f*
окулист Augenarzt *m*, Okulist *m*
окунь Barsch *m*
опоздание Verspätung *f*
опаздывать sich verspäten, Verspätung haben; ~ **на поезд** den Zug verpassen
опасаться befürchten
опасность Gefahr *f*; **подвергать** ~**и** gefährden

опера Oper *f*
оператор Kameramann *m*
операция Operation *f*; **банковская** ~ Bankgeschäft *n*, Bankoperation *f*; **рабочая** ~ Arbeitsgang *m*; **выяснить вопросы платежных** ~**ий** Zahlungsfragen klären
оперетта Operette *f*
оперировать operieren
опечатывание Versiegeln *n*
опираться (*на что-л.*) ruhen (*auf A*), sich stützen (*auf A*); **мы опираемся на ваши данные** wir stützen uns auf Ihre Angaben
описание Beschreibung *f*; Schilderung *f*
оплата Bezahlung *f*, Begleichung *f*; △ **немедленная** ~ Sofortbezahlung *f*; **почасовая** ~ Stundenlohn *m*; **сдельная** ~ Leistungslohn *m*, Stücklohn *m*; ● ~ **пошлины** Verzollung *f*; ~ **счёта** die Begleichung der Rechnung *f*; ~ **чека** die Einlösung des Schecks; ■ **предъявить к** ~**e** zur Bezahlung vorlegen; **подлежит** ~**e** soll beglichen werden; ◆ ~ **за поставленные машины производится** die Bezahlung der gelieferten Maschinen erfolgt
оплатить bezahlen, begleichen; ~ **пошлину** verzollen; ~ **счёт** eine Rechnung begleichen
опоздание Verspätung *f*; (*задержка*) Verzögerung *f*, Verzug *m*; ~ **поставки** Lieferungsverzögerung *f*; **без** ~**ия** ohne Verspätung; **с** ~**ем на два дня** mit zwei Tagen Verspätung
опора Stütze *f*; **решётчатая** ~ Gittermast *m*
оправа Fassung *f*
оправдать rechtfertigen
определение (*установление*) Festlegung *f*; ~ **цены** Preisfestlegung *f*

определённый bestimmt
определить bestimmen; *(установить)* festsetzen, festlegen
опробование Erprobung *f*; ~ **оборудования в действии** Funktionsprobe *f*
опубликование Veröffentlichung *f*
опубликовать veröffentlichen
опыт Erfahrung *f*; **обмен** ~**ом** Erfahrungsaustausch *m*; **передовой** ~ fortschrittliche Erfahrung; **обобщать** ~ Erfahrungen verallgemeinen
опытный erfahren
оратор Redner *m*; **предыдущий** ~ Vorredner *m*
óрган Organ *n*; Behörde *f*; **административный** ~ Verwaltungsbehörde *f*; **закупочные** ~**ы** Einkaufsorganisationen *pl*; **сбытовые** ~**ы** Verkaufsorganisationen *pl*; ~**ы управления** Verwaltungsorgane *pl*
оргáн Orgel *f*
организация 1. *(процесс)* Organisation *f*, Organisierung *f*; ~ **технического обслуживания** der Aufbau der Kundendienstes; 2. *(учреждение, предприятие)* Institution *f*, Organisation *f*; **внешнеторговая** ~ Außenhandelsunternehmen *n*; **проектная** ~ Projektierungsbetrieb *m*; **строительная** ~ Baubetrieb *m*; **торговая** ~ Handelsorganisation *f*
организовать organisieren
оргкомитет Organisationskomitee *n*
оргтехника Bürotechnik *f*
орех Nüsse *pl*
оригинал Original *n*
ориентация Orientierung *f*
оркестр Orchester *n*
орошение *(обводнение)* Bewässerung *f*
ортопед Orthopäde *m*
осадки Niederschläge *pl*

освещение Beleuchtung *f*
освобождать erlösen; entlasten; ~ **от обязательств** von den Verpflichtungen entbinden
освоение *(разработка)* Erschließung *f*; ~ **рынка** Markterschließung *f*
осложнение Komplikation *f*; Komplizierung *f*; Erschwerung *f*
осматривать besichtigen
осмотр Besichtigung *f*; *(проверка)* Revision *f*, Prüfung *f*; △ **профилактический** ~ prophylaxische Durchsicht; **тщательный** ~ sorgfältige Durchsicht /Prüfung/; **подвергать** ~**у** einer Besichtigung unterziehen
оснащение Ausrüstung *f*, Ausstattung *f*
основа Grundlage *f*; ~ **прибора** Herzstück des Gerätes; ~ **развития** Grundlage für die Entwicklung; **на** ~**е** aufgrund *(G)*, auf Grund, auf der Grundlage
основание 1. *(причина, основа)* Basis *f*, Grundlage *f*, Grund *m*; **правовое** ~ Rechtsgrundlage *f*; **безо всякого** ~**я** ohne jeden Grund, ohne allen Anlaß; **на каком** ~**ии?** aus welchem Grund?; **на этом** ~**ии** aus diesem Grund; **есть все** ~**ия полагать** man hat allen Grund anzunehmen; 2. *(нижняя часть чего-л.)* Fuß *m*
основной Haupt-; Grund-; *(существенный)* wesentlich; **в** ~**ом** im wesentlichen
основывать gründen
основываться *(на чем-л.)* beruhen, basieren *(auf D)*
особенно insbesondere
оспаривать bestreiten
оставлять lassen; hinterlassen; ~ **без внимания** unbeachtet lassen; ~ **за собой право** sich *(D)* das Recht vorbehalten

остальной übrig; restlich; ~ые **вопросы** die übrigen /restlichen/ Fragen; ~**ая сумма** restliche Summe; **в** ~**ом** im übrigen

останавливать anhalten; stoppen; ~ **машину** Maschine abstellen /stillegen/; *(прерывать)* unterbrechen

остановка *(стоянка)* Haltestelle *f*; ~ **автобуса** Bushaltestelle *f*; ~ **такси** Taxihaltestelle *f*; ~ **трамвая** Straßenbahnhaltestelle *f*; ~ **(работы) машины** Stillstand der Maschine

остаток Rest *m*; ~ **суммы** der Rest der Summe

остаться bleiben

остов Gerüst *n*

осторожно vorsichtig

остриё Spitze *f*

острый schaft; ~ое **заболевание** akute Erkrankung

осуществлять *(совершать)* abwickeln; ausführen, verwirklichen; ~ **сделку** Geschaft tätigen

ось Achse *f*; **центральная** ~ Mittelachse *f*

отбор Auswahl *f*; Auslese *f*; Entnahme *f*; ~ **образцов** Mustervorlage *f*

отверстие Loch *n*; Öffnung *f*

отвёртка Schraubenzieher *m*

ответ Antwort *f*; Beantwortung *f*; Erwiderung *f*; △ **отрицательный** ~ negative /verneinende/ Antwort; **положительный** ~ positive /bejahende, zustimmende/ Antwort; **телеграфный** ~ Drahtantwort *f*; ● ~ **по телексу** fernschriftliche Antwort, die Antwort per Telex; ~ **по телетайпу** die Antwort per Fernschreiber; ■ **дать** ~ die Antwort geben, antworten; **дать** ~ **о результатах** über das Ergebnis informieren

ответвление Abzweigung *f*

ответственность Verantwortlichkeit *f*, Verantwortung *f*; Haftung *f*; Haftpflicht *f*; ■ **взять на себя** ~ die Verantwortung übernehmen; **нести** ~ *(за что-л.)* die Verantwortung tragen /halten/ *(für A)*, verantwortlich sein; ~ **лежит** *(на ком-л.)* die Verantwortung liegt *(bei D)*; ✦ ~ **перед** *(кем-л.)* die Verantwortung gegenüber *(D)*

отвечать 1. antworten, beantworten, eine Antwort geben; ~ **по телефону** sich melden; 2. *(соответствовать чему-л.)* entsprechen *(D)*; **прибор** ~**ет вашим ожиданиям и требованиям** das Gerät erfüllt alle Ihre Erwartungen und Ansprüche

отгораживать absperren

отгрузка Verladung *f*, Verladen *n*; Versand *m*; △ **готовый к** ~**е** verladebereit; ● **готовность к** ~**е** Verladebereitschaft *f*; **дата** ~**и** Verladedatum *n*; **извещение о готовности к** ~**е** Verladebereitschaftsmeldung *f*; **инструкция по** ~**е** Versandvorschrift *f*; ~ *(погрузка)* **на пароход** Verschiffung *f*; **порт** ~**и** Verladehafen *m*; **расходы по** ~**е** Versandkosten *pl*; **сведения об** ~**е** Versanddaten *pl*; ■ **производить** ~**у** die Verladung durchführen; ~ **производится** die Verladung erfolgt; **со дня** ~**и** vom Tage der Verladung

отгрузочный Verlade-; Versand-; ~ые **документы** Versanddokumente *pl*; Verladepapiere *pl*

отдел Abteilung *f*; △ **конструкторский** ~ Entwicklungsabteilung *f*; **конъюнктурный** ~ die Abteilung für Marktforschung; **протокольный** ~ Protokollabteilung *f*; **рекламный** ~ Werbeabtejlung *f*; **технический** ~ technische Abteilung; **транс-**

портный ~ Verkehrsabteilung f; **финансовый** ~ Finanzabteilung f; **юридический** ~ Rechtsabteilung f; ■ **начальник** ~а Abteilungsleiter m; ~ **виз и регистрации** Paß- und Visabüro n; ~ **информации** Informationsabteilung f; ~ **приема груза** Güterannahme f

отдельный (ab)gesondert; *(единичный)* einzeln; *(особый)* Sonder-; Separat-

отделять abteilen

отдых Erholung f

отечественный einheimisch; ~ая **промышленность** einheimische Industrie; ~ **продукт** einheimisches Produkt

отзыв Äußerung f; Gutachten n; *(заключение)* Urteil m; *(отклик)* Widerhall m

отзывать abrufen

отказ Absage f; Ablehnung f; Verweigerung f; ~ **от чего-л.** Verzicht *(auf A)*; ~ **от договора** Rücktritt vom Vertrag; ~ **от платежа** Verweigerung der Zahlung, Zahlungsverweigerung f; ~ **от права осмотра товара** Verzicht auf Warenbesichtigung; **получать** ~ eine Absage erhalten; **в случае** ~а im Falle der Ablehnung

откладывать *(отсрочить)* aufschieben, verschieben; **переговоры отложены** der Termin der Verhandlungen ist verschoben worden

отклонение 1. *(несовпадение)* Abweichung f; **допустимое** ~ zulässige Abweichung; Toleranz f; ~ **в отношении качества** Qualitätsdifferenz f; ~ **от образца** die Abweichung vom Muster; 2. *(отказ)* Ablehnung f, Zurückweisung f

отклонять *(отвергнуть)* ablehnen; zurückweisen; ~ **рекламацию** Reklamation ablehnen

отключать abschalten

откорм Mast f, Mästen n, Mästung f; *(о домашней птице)* Stopfen n; **пастбищный** ~ Weidemast f

откормить mästen, ~ *(домашнюю птицу)* stopfen

откормочный Mast-, ~ая **ферма** Mastfarm f

открывать öffnen offenbaren· aufmachen

открытие *(научное)* Entdeckung f; *(освоение)* Erschließung f

открытка Karte f; **почтовая** ~ Postkarte f; ~ **с видом** Ansichtskarte f; ~ **с марками** frankierte Postkarte

открытый offen

отличаться sich auszeichnen

отмена Aufhebung f; Abschaffung f; ~ **заказа** Abbestellung des Auftrags; ~ **распоряжения** Rückgängigmachung f

отменять aufheben; außer Kraft setzen *(закон)*; ~ **заказ** den Auftrag abbestellen

отметка *(пометка)* Vermerk m

отмечать *(обозначать)* bezeichnen

отношение *(к кому-л., к чему-л.)* Verhalten n *(zu D, gegenüber D)*; *(связи)* Beziehungen pl; **валютно-финансовые** ~ия Valuta-Finanzbeziehungen pl; **товарно-денежные** ~ия Ware-Geld-Beziehungen pl; **торговые** ~ Handelsbeziehungen pl; **устанавливать** ~ия Beziehungen aufnehmen

отнять wegnehmen; *(присваивать)* sich aneignen

отодвигать *(о сроках)* verschieben, aufschieben

отоларинголог Hals-Nasen-Ohrenarzt m

отопительный Heiz-; ~ая **батарея** Heizkörper m; ~ая **труба**

Heizrohr n; ~ая установка Heizanlage f

отопление Heizung f; **водяное** ~ Warmwasserheizung f; **воздушное** ~ Luftheizung f; **паровое** ~ Dampfheizung f; **печное** ~ Ofenheizung f; **центральное** ~ Fernheizung f, Zentralheizung f

отпечаток Abdruck m

отправитель Absender m

отправить versenden, absenden, abschicken; ~ **багаж** Gepäck abfertigen; ~ **заказным почтовым отправлением** eingeschrieben senden; *(на судне)* verschiffen; *(отгрузить)* zum Versand bringen; *(откомандировать)* abkommandieren, schicken, entsenden

отправка *(товаров, писем и т. п.)* Absendung f, Abtransport m, Versand m; *(транспортировка)* Beförderung f, Transport m; **частичная** ~ Teilsendung f; **уведомление об** ~**e** Versandanzeige f; **готовить к** ~**e** versandfertig machen; **товар на заводе готов к** ~**e** die Ware steht versandbereit im Werk

отправление *(товаров)* Absendung f; Versand m; *(транспортного средства)* Abfahrt f; **почтовое** ~ Sendung f, Postsendung f; ~ **багажа** Gepäckabfertigung f; ~ **груза самолётом** Luftsendung f; **место** ~**ия** Absendungsort m

отпуск Urlaub m

отрасль Zweig m; Branche f

отсрочка Aufschub m; Verschiebung f; Nachfrist f; *(платежа)* Stundung f; **не терпит** ~**и** *(отлагательства)* keinen Aufschub duldet

отставание Rückstand m, Zurückbleiben n; ~ **в выпуске продукции** der Rückstand in der Produktion

отступать *(от правил и пр.)* abweichen, abgehen *(von D)*

отступление Abweichung f; ~ **от стандартных размеров** Maßabweichung f

отсутствие Fehlen n; Mangel m; Nichtvorhandensein n; Abwesenheit f *(о людях)*

отсутствовать fehlen

отсыреть feucht werden

оттенок Färbung f; Schattierung f; ~ **цвета** Farbton m

отход *(транспортного средства)* Abfahrt f

отходы *(производства)* Abfälle pl; Abfallstoffe pl

отчёт Bericht m; Abrechnung f; **годовой** ~ Jahresbericht m, Jahresrechnung f; **финансовый** ~ Finanzbericht m; **дать** ~ **в чем-л.** über etwas *(A)* Rechenschaft geben /ablegen/

отчисление Abzug m, Abführung f; ~ **прибыли** Gewinnabgabe f

отчётливый deutlich

отчётность Rechnungslegung f

отъезд Abfahrt f; Abreise f; Ausreise f; ~ **специалистов** Ausreise der Spezialisten

отъезжать abreisen

оферировать offerieren; anbieten

оферта Offerte f; Angebot n; **свободная** ~ die freibleibende Offerte; **обязывающая** ~ die bindende Offerte; **твёрдая** ~ die feste Offerte

офицер Offizier m

официальный amtlich; offiziell

официант Kellner m

официантка Kellnerin f

оформитель Gestalter m

оформление 1. *(выполнение формальностей)* Abfertigung f; ~ **багажа** Gepäckabfertigung f; ~ *(документов)* Ausfertigung f *(der Dokumente)*; ~

документов на импорт Einfuhrabfertigung der Dokumente; **2. художественное** ~ künstlerische Ausstattung
оформлять gestalten; ausfertigen; abfertigen
офорт Radierung *f*
охватить umfassen, erfassen; ergreifen
охватывающий umfassend; übergreifend
охлаждение Abkühlung *f*, Kühlung *f*; **с водяным** ~**ем** wassergekühlt
охрана Schutz *m*, Bewachung *f*; Wachdienst *m*; ~ **окружающей среды** Umweltschutz *m*; ~ **прав изобретателя** Erfindungsschutz *m*; ~ **труда** Arbeitsschutz *m*
охранять bewachen
оценивать bewerten; veranschlagen; (ab)schätzen; einschätzen; ~ **обстановку** Situation einschätzen

оценка *(суждение)* Einschätzung
очередь Reihe *f*; **быть на** ~**и** an der Reihe sein; **в свою** ~ seinerseits; **в первую** ~ in erster Linie; **не в последнюю** ~ nicht zuletzt
очистка Reinigung *f*, Säuberung *f*
очищать säubern, reinigen; ~ **от примесей** läutern; ~ **от пыли** abstauben; *(спирт и т п.)* raffinieren
очки Brille *f*; **защитные** ~ Schutzbrille *f*
ошибаться sich irren, sich täuschen
ошибка Fehler *m*; *(заблуждение)* Irrtum *m*; *(недосмотр)* Versehen *n*; ~ **в счёте** Rechenfehler *m*; **допустить** ~**у** einen Fehler machen; **исправить** ~**у** einen Fehler berichtigen; **произошла** ~ es liegt ein Irrtum vor; **по** ~**е** aus Versehen
ошибочный versehentlich, falsch

П

павильон Pavillon *m*; **выставочный** ~ Ausstellungshalle *f*; **торговый** ~ Verkaufspavillon *m*; **ярмарочный** ~ Messehalle *f*; ~ **машиностроения** Maschinenhalle *f*
паз Fuge *f*; Nut(e) *f*
пакет Paket *n*; ~ **молока** eine Tüte Milch
палата *(учреждение)* Kammer *f*; **торговая** ~ Handelskammer *f*

палатка Zelt *n*
палец Finger *m*; ~ *(ноги́)* Zehe *f*
палтус Heilbutt *m*
палуба Deck *n*; **главная** ~ Hauptdeck; **кормовая** ~ Achterdeck; **средняя** ~ Zwischendeck *n*; ~ **для прогулок** Promenadendeck *n*

пальто Mantel *m*; **дамское** ~ Damenmantel *m*; **демисезонное** ~ Übergangsmantel *m*; **летнее** ~ Sommermantel *m*; **мужское** ~ Herrenmantel *m*
памятник Denkmal *n*; **архитектурный** ~ Baudenkmal *n*; **исторический** ~ historisches Denkmal
память Gedächtis *n*; **для памяти** zum Gedächtis; **на** ~ zum Andenken
панель Platte *f*; **деревянная** ~ Holztäfelung *f*; **железобетонная** ~ Stahlbetonplatte *f*; **строительная** ~ Plattenbauelement *n*; Großplatte *f*; ~ **дистанционного управления** Fernbedienungspult *n*
пансионат Pension *f*; Erholungsheim *n*

папка Aktendeckel *m*
параметр Parameter *m*; **гарантийные** ~ы Garantiewerte *pl*; **технические** ~ы technische Parameter; **экономические** ~ы ökonomische Parameter
парикмахер Friseur *m*
парикмахерская Frisiersalon *m*; **дамская** ~ Damenfriseur *m*; **мужская** ~ Herrenfriseur *m*
парк Park *m*; **зоологический** ~ Tiergarten *m*, Zoo *m*; **увеселительный** ~ Vergnügungspark *m*
паром Fähre *f*; **железнодорожный** Eisenbahnfähre *f*
пароход Dampfer *m*; **наименование** ~а Dampfername *m*; **подавать** ~ den Dampfer bereitstellen
пароходство Reederei *f*; Schiffahrtsbetrieb *m*; **морское** ~ Seeschiffahrt *f*; **речное** ~ Binnenschiffahrt *f*
партия Partei *f*; Partie *f*; **мелкая** ~ **товара** kleine Warenpartie, kleiner Warenposten; **вся** ~ die gesamte Partie; **равными месячными** ~ями in gleichen monatlichen Partien
партнёр Partner *m*; *(договаривающаяся сторона)* Vertragspartner *m*; ~ **по переговорам** Verhandlungspartner *m*
парфюмерия Parfümeriewaren *pl*
паспорт Paß *m*; **заграничный** ~ Reisepaß *m*
пассажир Passagier *m*; Fahrgast *m*; ~ **воздушного транспорта** Fluggast *m*
паста Pasta *f*; **зубная** ~ Zahnpaste *f*
патрон станка Fassung der Werkbank
пахать pflügen
пахнуть *(чем-л.)* riechen *(nach D)*; *(благоухать)* duften
пахта Buttermilch *f*

пациент Patient *m*
пачка Päckchen *n*
певец Sänger *m*
педагог Pädagoge *m*
пейзаж Landschaft *f*; *(картина)* Landschaftsbild *n*
пенициллин Penizillin *n*
пенсионер Rentner *m*
пеня Geldstrafe *f*, Verzugszinsen *pl*; **начислять** ~ю Verzugszinsen erheben
пепельница Aschenbecher *m*
переадресовать umadressieren
перевалка Umladen *n*, Umschlag *m*; ~ **грузов** Güterumschlag *m*
перевес *(излишек в весе)* Übergewicht *n*
перевод 1. *(на другой язык)* Übersetzen *n* *(письменный)*, Dolmetschen *n* *(устный)*; **синхронный** ~ Simultandolmetschen *n*; **служба устного** ~а Dolmetscherdienst *m*; **установка синхронного** ~а Simultandolmetschenanlage *f*; 2. *(денежный)* Geldüberweisung *f*; **почтовый** ~ Postüberweisung *f*; **отправитель** ~а der Absender der Überweisung; **получатель** ~а der Empfänger der Überweisung
переводчик: *(письменный)* Übersetzer *m*; *(устный)* Dolmetscher *m*
перевозка Beförderung *f*, Transport *m*; △ **автотранспортные** ~и Kraftwagenverkehr *m*; **контейнерная** ~ Containertransport *m*; **обратная** ~ Rückbeförderung *f*; **транзитные** ~и Transitverkehr *m*; ● ~ **водным путём** die Beförderung auf dem Wasserweg; ~ **воздушным путём** die Beförderung auf dem Luftweg; ~ **морским путём** die Beförderung auf dem Seeweg; ~ **сухопутным путём** die Beförderung auf dem

Landweg; ✦ ~ туда и обратно Hin- und Herbeförderung f; путь (маршрут) ~и Transportweg m

перевыполнять überbieten

перевязка Verbinden n; Verband m

переговоры Verhandlungen pl; Unterredungen pl, Besprechnungen pl; ~ по ценам Preisverhandlungen pl; (соглашения) Vereinbarungen pl; вести ~ Verhandlungen führen; verhandeln; возобновить ~ Verhandlungen wiederaufnehmen; отложить ~ Verhandlungen verschieben; ~ отложены der Termin der Verhandlungen ist verschoben worden; на ~ах bei der Verhandlung; с ~ов aus der Verhandlung

перегонять überholen

перегородка Abgrenzungswand f, Trennwand f, Scheidewand f

перегружать überladen

перегрузка: (превышение нагрузки) Überlastung f, Überladung f; (перевалка) Umladung f; Umschlag m; без ~и umschlagfrei

передавать übergeben, überreichen; zuleiten; (доставить) zukommen lassen; ~ (кому-л.) право (an j-n A) das Recht abtreten; (сведения) übermitteln; ausrichten

передача Übergabe f; Übermittlung f; Ablieferung f; (по радио, по телевизору) Übertragung f; ~ прав die Abtretung der Rechte

передвижение Verschiebung f

передвижной fahrbar; ~ кран Mobilkran m

передний vordere; Vorder-

переезжать umziehen

перекрёсток Kreuzung f, Straßenkreuzung f

перекрытие Abdeckung f

перематывать (плёнку) umspulen; ~назад zurücklaufen lassen

перенесение Verschiebung f (срока); Verlegung f; ~ с одного счёта на другой Umbuchung f

переносить übertragen; vertragen; verschieben; ~ на другой срок den Termin verlegen; ~ срок den Termin verschieben; ~ с одного счёта на другой umbuchen

перепаковать umpacken

переписка Briefwechsel m, Schriftverkehr m

переправа Überfahrt f

перепродажа Weiterverkauf m; Zwischenhandel m

перепроизводство Überproduktion f

перерабатывать verarbeiten

переработка Verarbeitung f; ~ нефти Erdölverarbeitung f

перерасход Mehrverbrauch m

перерасчёт Neuberechnung f; курс ~а валюты Umrechnungskurs m

перерыв Pause f; (временный) Unterbrechung f

пересаживаться umsteigen

пересмотр Überprüfung f

пересмотреть revidieren; überprüfen

перестройка Umbau m

пересылать schicken; übersenden, zusenden; übermitteln

перестановка Umstellung f; ~колёсных пар die Umstellung der Radsätze

пересчёт Umrechnung f; в ~е (на что-л.) umgerechnet (auf A)

пересчитывать umrechnen

переулок Gasse f

переход Übergang m, Straßenübergang m

перец Pfeffer m; **красный** *(стручковый)* ~ Paprika m
перечислять *(называть)* aufzählen; *(приводить данные)* anführen; ~ **деньги** überweisen; ~ **деньги в иностранной валюте** transferieren
перечень Verzeichnis n; Liste f; ~ **товаров** Warenliste f; **такой** ~ **имеется** es gibt so eine Übersicht
перила Geländer n
период Periode f; Zeitdauer f; Zeitraum m; ~ **действия** *(документа)* Gültigkeitsdauer f; **на определенный** ~ für eine bestimmte Zeit
перманент *(завивка)* Dauerwelle f
перрон Bahnsteig m; **крытый** ~ Bahnsteighalle f; **открытый** ~ Außenbahnsteig m
персик Pfirsich m
персонал Personal n, Belegschaft f; **обслуживающий** ~ Dienstpersonal n, Bedienungspersonal n; **обслуживающий** ~ *(в мастерской)* Kundendienstpersonal n
перспектива Perspektive f; ~**сбыта** Absatzperspektive f; **на длительную** ~**у** für eine längere Perspektive
перспективный Perspektiv-; perspektivisch; zukunftsorientiert

песня Lied n
песок Sand m; **сахарный** ~ Streuzucker m
печатать *(в типографии)* drukken; *(на пишущей машинке)* tippen; ~ **фотокарточки** Abzüge machen
печать Siegel n, Stempel m; *(печатание)* Druck m; **ставить** ~ abstempeln
печень Leber f
печенье Keks m; Kleingebäck n

печь Ofen m; **доменная** ~ Hochofen m; **мартеновская** ~ Siemens-Martin-Ofen m; **отопительная газовая** ~ Gasheizer m
пешеход Fußgänger m
пианино Klavier n
пиво Bier n; **светлое** ~ helles Bier; **темное** ~ dunkles Bier
пиджак Herrenjackett n; Herrenjacke f
пижама Schlafanzug m
пила Säge f
пилот Flugzeugführer m
пирог Kuchen m; Pastete f; **рождественский** ~ Stollen m; ~ **из фруктов** Obstkuchen m; ~ **с маком** Mohnkuchen m; ~ **с творогом** Quarkkuchen m
пирожное Törtchen n; Kuchen m
писатель Schriftsteller m
письменный schriftlich
письмо Brief m; Schreiben n; **заказное** ~ Einschreibebrief m; **международное** ~ Auslandsbrief m; **официальное** ~ offizielles Schreiben; **сопроводительное** ~ Begleitbrief m; **срочное** ~ Eilbrief m; **ценное** ~ Wertbrief m; ~ **без марки** unfrankierter Brief
питание Verpflegung f, Speisung f; **Как организовано** ~? Wie ist die Verpflegung geregelt?
питательный nahrhaft
питать speisen
пить trinken
пиявка Egel m, Blutegel m
плавание Schwimmen n
плавка Schmelzen n; **плазменная** ~ Plasmaschmelzen n
плавки *(купальные)* Badehose f
плакат Plakat n; Aushang m; **право на расклейку** ~**ов** Anschlagrecht n; **столб для** ~**ов** Anschlagsäule f
план 1. Plan m *(плановое задание)*; **годовой** ~ Jahresplan m;

учебный ~ Stundenplan *m*; Lehrplan *m (в школе)*, Studienplan *m (в вузе)*; ~ **закупок** Einkaufsplan *m*; ~ **научной работы** der Plan der wissenschaftlichen Arbeit; **2.** *(чертёж)* ~ **города** Stadtplan *m*; **генеральный** ~ Übersichtsplan *n*; **задний** ~ Hintergrund *m*; **передний** ~ Vordergrund *m*; **средний** ~ Mittelgrund *m*

пластмасса Plast *m*; Kunststoff *m*

пластырь Pflaster *n*; **вытяжной** ~ Zugpflaster *n*; **липкий** ~ Heftpflaster *n*; **накладывать** ~ ein Pflaster auflegen

плата Zahlung *f*; Gebühr *f*; **арендная** ~ Pachtgeld *n*; **заработная** ~ Lohn *m*; ~**в рассрочку** Abschlagszahlung *f*; ~ **за доставку** Anfuhrgebühr *f*; ~ **за перевозку** Fracht *f*, Frachtgebühr *f*, Frachtgeld *n*; ~**за пользование помещением** /кварт ~/ Miete *f*, Wohnungsmiete *f*; ~ **за пользование телефоном** Fernsprechgebühr *f*; ~ **за проезд** Fahrgeld *n*; ~ **за прокат** Leihgebühr *f*; ~**за простой** *(судна)* Liegegeld *n*

платёж Zahlung *f*; ● ~ **по аккредитиву** die Zahlung durch ein Akkreditiv; ~ **по инкассо** die Zahlung per Inkasso; ~ **с аккредитива** die Zahlung aus dem Akkreditiv; ~ **через банк** die Zahlung durch /über/ die Bank; **срок** ~**а** der Termin der Zahlung; **условие** ~**а** Zahlungsbedingung *f*; ■ **вносить срочные** ~**и** fällige Zahlungen leisten; **послать наложенным** ~**ом** mit /unter/ Nachnahme schikken; ~ **производится** die Zahlung erfolgt; ♦ **срок** ~**а наступает** die Zahlung wird fällig

платёжный оборот Zahlungsverkehr *m*

платёжеспособность Zahlungsfähigkeit *f*

плательщик Zahler *m*

платить (be)zahlen; ~ **вперёд** vorauszahlen; ~ **в рассрочку** in Raten zahlen; ~ **наличными** in bar zahlen

платный gebührenpflichtig

платок Tuch *n*; **носовой** ~ Taschentuch *n*

платье Kleid *n*; **готовое** ~ Konfektion *f*; ~ **без рукавов** ärmelloses Kleid; ~**с рукавами в три четверти** das Kleid mit dreiviertellangem Ärmel

плацкарта Platzkarte *f*; Bettkarte *f*

плёнка Film *m*; **катушечная** ~ Rollfilm *m*; **магнитная** ~ Tonband *n*; **малоформатная** ~ Kleinbildfilm *m*; **негативная** ~ Negativfilm *m*; **обратимая** ~ Umkehrfilm *m*; **узкая** ~ Schmalfilm *m*; **фото** ~ Film *m*; **цветная** ~ Farbfilm *m*; **чёрно-белая** ~ Schwarzweißfilm *m*

плечики *(вешалка)* Kleiderbügel *m*

плечо Schulter *f*

плинтус Fußleiste *f*

плита Platte *f*; Tafel *f*; △ **газовая** ~ Gasherd *m*; **гипсовая** ~ Gipsdiele *f*; **древесноволокнистая** ~ Holzfaserplatte *f*; **древесностружечная** ~ Holzspannplatte *f*; **звукоизоляционная** ~ Schalldämmplatte *f*; **картонная** ~ Kartontafel *f*; **пластмассовая** ~ Plasteplatte *f*; **прессованная древесная** ~ Preßholztafel *f*; **фанерная** ~ Furnierplatte *f*; ● ~ **из листовой стали** Stahlblechplatte *f*

плитка Fliese *f*; Platte *f*; **электро**~ elektrischer Kocher

пловец Schwimmer *m*

пломба Bleiplombe *f*; Plombe *f*; **таможенная** ~ zollamtlicher Verschluß

плохой schlecht

площадка Platz *m*; **строительная ~** Bauplatz *m*
площадь 1. *(в населенном пункте)* Platz *m*; **рыночная ~** Marktplatz *m*; **2.** *(поверхность)* Fläche *f*; **полезная ~** Nutzfläche *f*
плуг Pflug *m*
побуждать veranlassen
поверхность Oberfläche *f*
повестка: ~ дня Tagesordnung *f*; **включать в ~у дня** auf die Tagesordnung setzen; **исключать из ~и дня** von der Tagesordnung streichen; **перейти к ~е дня** in die Tagesordnung eintreten; **уточнить ~у дня** die Tagesordnung präzisieren; **что сегодня на ~е дня?** Was steht heute auf der Tagesordnung?
повесть Novelle *f*
повлечь *(вызвать)* nach sich ziehen, zur Folge haben
повод Anlaß *m*; **воспользоваться ~ом** *(etw.)* zum Anlaß nehmen; **дать ~** *(чему-л.)* *(zu etw. D)* Anlaß geben; **по ~у** anläßlich *(G)*, aus Anlaß; bezüglich *(G)*
поворот Kurve *f*; **левый ~** Linkskurve *f*; **правый ~** Rechtskurve *f*; **радиус ~а** Schwenkbereich *m*
повредить beschädigen; Schaden zufügen
повреждение Störung *f*; Beschädigung *f*; Schaden *m*; **~ машины** Maschinenschaden *m*; **~ упаковки** Beschädigung an der Verpackung; **частичное ~** Teilschaden *m*; **имеются ~ия** die Beschädigungen wurden festgestellt
повреждённый beschädigt; **в ~ом состоянии** in beschädigtem Zustand
повышать erhöhen, steigern; **~ цену** den Preis erhöhen
повышение Erhöhung *f*, Steigerung *f*; **~ квалификации** Weiterbildung *f*; **~ производительности труда** Steigerung der Arbeitsproduktivität; **~ цен** Preiserhöhung *f*; **~ цен мирового рынка** Erhöhung der Weltmarktpreise

повязка Verband *m*; **временная ~** Notverband *m*; **гипсовая ~** Gipsverband *m*; **наложить ~у** Wunde verbinden

погасить *(задолженность)* begleichen, tilgen

поговорить sprechen; **~ по вопросу** eine Frage behandeln

погода Wetter *n*; **благоприятная ~** günstiges Wetter; **лётная ~** günstiges Flugwetter; **неблагоприятная ~** ungünstiges Wetter

пограничный Grenz-; **~ая зона** Grenzgebiet *n*; **~ контроль** Grenzkontrolle *f*; **~ контрольный пункт** Grenzkontrollpunkt *m*; **~ая охрана** Grenzschutz *m*; **~** *(пограничный пункт)* Grenzübergang *m*; **~ пункт обмена валюты** Grenzwechselstelle *f*; **~ая станция** Grenzstation *f*; **~ая таможня** Grenzzollamt *n*

погрешность Fehler *m*; **допустимая ~** Toleranz; zulässiger Fehler; **~ измерения** Meßfehler *m*; **~ прибора** Gerätefehler *m*

погрузить (be)laden, verladen; *(на судно)* verschiffen

погрузка Verladen *n*, Beladen *n*, Beladung *f*; *(на судно)* Verschiffung *f*; **~ отправителем** Selbstverladung *f*; **ставить под ~у** zur Beladung bereitstellen; **готовый к ~е** beladebereit

погрузочная платформа Laderampe *f*

погрузчик Lader *m*; **вилочный ~** Gabelstapler *m*

подача Abgabe *f*; Einreichung *f*; **~ бетона** Betondeschickung *f*; **~ вагона** Wagenbereitstellung *f*; ~ **воды** Wasserzufuhr *f*; ~ **заявки** Einreichung einer Anforderung; **с механизированной** ~**ей** mit mechanisiertem Zubringer

подвергать unterziehen, unterwerfen; ~**проверке** einer Kontrolle unterziehen; ~ **риску** einem Risiko aussetzen; ~ **экспертизе** begutachten lassen

подготовить vorbereiten

подготовка Vorbereitung *f*; ~ **к эксплуатации** Einsatzvorbereitung *f*; ~ **научных кадров** die Ausbildung wissenschaftlicher Kader; **профессиональная** ~ *(обучение)* Schulung *f*

подданный Staatsangehörige *m*

подданство Staatsangehörigkeit *f*

поддержка Unterstützung *f*

подземный unterirdisch

подкармливать *(растения)* nachdüngen

подключать anschließen; ~**к электросети** an das Stromnetz anschließen

подключение Anschluß *m*; ~ **воды** Wasseranschluß *m*; ~**к телексу** Fernschreibanschluß *m*; ~ **телефона** Telefonanschluß *m*; **плата за** ~ Anschlußgebühren *pl*; **условия** ~**ия** Anschlußbedingungen *pl*

подлежать unterliegen; ~ **изменению** einer Abänderung unterliegen; ~ **рассмотрению в арбитражном порядке** einem Schiedsgerichtsverfahren unterliegen

подлинник Urtext *m*

подмётка Sohle *f*, Schuhsohle *f*

поднимать heben; steigern

подниматься aufsteigen

подоконник Fensterbrett *n*

подотрасль Sparte *f*; Erzeugnisgruppe *f*

подписание Unterzeichnung *f*;

~ **контракта** /*договора*/ Vertragsunterzeichnung *f*

подписывать unterschreiben, unterzeichnen; signieren

подпись Unterschrift *f*; **за** ~**ю** *(кого-л.)* mit Unterschrift *(von D)*

подрисовывать *(губы, брови)* nachziehen

подробно ausführlich; eingehend; **рассматривать что-л. более** ~ etwas näher betrachten; ~**ые данные вы найдёте в нашем каталоге** nähere Angaben entnehmen Sie aus unserem Katalog

подробность Einzelheit *f*

подряд Kontrakt *m*; Vertrag *m*

подрядчик 1. Auftragnehmer *m*; **генеральный** ~ Generalauftragnehmer *m*; 2. *(поставщик)* Lieferant *m*

подставка Gestell *n*; Untergestell *n*

подсчёт Berechnung *f*

подтверждать bestätigen

подтверждение Bestätigung *f*; Bekräftigung *f*

подушка Kissen *n*, Kopfkissen *n*

подход Herangehen *n*

подходить 1. *(приближаться)* sich nähern, kommen, herankommen; 2. *(годиться для чего-л.)* sich eignen, passen *(D)*, zusammenpassen

подшипник Lager *n*; **роликовый** ~ Rollenlager *n*; **шариковый** ~ Kugellager *n*; ~ **качения** Wälzlager *n*; ~ **скольжения** Gleitlager *n*

подъезд *(вход)* Aufgang *m*

поезд Zug *m*; **пассажирский** ~ Personenzug *m*; **скорый** ~ Schnellzug *m*; **товарный** ~ Güterzug *m*; ~ **дальнего следования** Fernzug *m*

поездка Fahrt *f*; *(командировка)*

Dienstreise f; *(путешествие)* Reise f; **прогулочная** ~ Vergnügungsreise f; **туристская** ~ Touristenreise f; ~ **на автомашине** Autoreise f

пожар Brand m

пожелание Wunsch m; **высказать** ~ Wünsche bekannt geben

позаботиться sorgen *(für A)*

позволить erlauben, gestatten; *(дать возможность, допустить)* zulassen, ermöglichen; *(вести к чему-л.)* führen *(zu D)*

поздравить *(кого-л. с чем-л.)* gratulieren *(j-m zu D)*; beglückwünschen *(j-n zu D)*

позиция Position f; **наивысшая** ~ Spitzenposition f

пойти см. **идти**; ~ **навстречу пожеланиям** den Wünschen entgegenkommen

пока vorläufig; ~ **нам хватит ста тонн** vorläufig genügen uns hundert Tonnen

показ *(демонстрация)* Vorführung f; ~ **мод** Modeschau f

показать zeigen; *(демонстрировать)* vorführen; ~ **себя** sich bewähren; **прибор хорошо показал себя** das Gerät hat sich bewährt

поквартально vierteljährlich; pro Quartal

покинуть *(оставлять)* verlassen; *(уходить)* weggehen; *(оставлять без помощи)* im Stich lassen

покрывать *(долги, расходы)* abdecken; begleichen

покрытие 1. *(верхний слой)* Deckschicht f; Anstrich m; Belag m; **антикоррозийное** ~ Rostschutzanstrich m; **наружное** ~ Außenanstrich m; **резиновое** ~ Gummibelag m; 2. *(долгов, дефицита)* Bestreitung f; Begleichung f; Abdeckung f; Tilgung f *(погашение)*; 3. *(де-* *нежная сумма)* Deckung f; **золотое** ~ Golddeckung f

покрышка *(автомашины)* Reifendecke f

покупатель Käufer m; Kunde m; **оптовый** ~ Abnehmer m; **потенциальный** ~ Interessent m

покупать (ein)kaufen, besorgen, (käuflich) erwerben

пол Fußboden m; **плиточный** ~ Fliesenfußboden m, Plattenfußboden n

поле Feld n; **бахчевое** ~ Melonenfeld n; **вспаханное** ~ Acker m; **опытное** ~ Versuchsfeld n; **паровое** ~ Brache f, Brachland n; **ржаное** ~ Roggenfeld n; **футбольное** ~ Fußballplatz m; ~ **для игр** Spielfeld n; ~ **орошения** Rieselfeld n

полевод Feldbauspezialist m; Akkerbauer m

полеводство Feldbau m; Feldwirtschaft f

полезный nützlich; **быть** ~**ым** von Nutzen sein; **чем я могу быть** ~**ым?** was kann ich für Sie tun?

полёт Flug m; **беспосадочный** ~ Nonstopflug m; **рейсовый** ~ Linienflug m; ~ **на дальнее расстояние** Langstreckenflug m; **время** ~**а** Flugzeit f

поливать begießen

поликлиника Poliklinik f

полис: страховой ~ Police f, Versicherungsschein m; **выдать** ~ eine Police ausstellen

полистирол Polystirol n

политика Politik f

политический politisch; ~ **деятель** Politiker m

полицейский Polizist m; ~ **пост** Polizeiposten m; ~ **участок** Polizeirevier n; Polizeiwache f

полка Regal n

полномочие Vollmacht f, Bevollmächtigung f, Berechtigung f;

давать ~ия bevollmächtigen; иметь ~ия Vollmachten besitzen
полноправный vollberechtigt
полностью völlig, vollständig
полноценный vollwertig
половина Hälfte f
положение 1. Lage f; Situation f; затруднительное ~ schwierige Situation; имущественное ~ Vermögenslage f; правовое (юридическое) ~ Rechtslage f; создавшееся ~ entstandene Lage; из этого ~ия можно сделать вывод aus dieser Feststellung kann man eine Schlußfolgerung ziehen; 2. (предписание) Bestimmung f
положительный positiv; bejahend; ~ый ответ positive Antwort; в случае ~ого решения im bejahenden Fall
положить legen; ~ телефонную трубку den Hörer auflegen
поломка Bruch m; Beschädigung f
полотенце Handtuch n
полотно (ткань): льняное ~ Leinwand f; трикотажное ~ Strickstoff m
полоть jäten; ~ огород den Garten vom Unkraut säubern
полуботинки Halbschuhe pl
полуфабрикат Halbfabrikat n; Halbfertigerzeugnis n; Vorprodukt n
полуфинал Halbfinale n, Halbfinalspiel n
получатель Empfänger m; Adressat m
получать bekommen, erhalten; empfangen; ~ информацию Information einholen; мы получили ваше письмо wir sind im Besitz Ihres Briefes
получение Empfang m; Erhalt m (корреспонденции); по ~ию nach Erhalt /Empfang/

получиться (о результате и т. п.) sich ergeben; при делении получилось 3 и 2 в остатке bei der Devision erhielten wir drei, Rest zwei; сколько получится? wieviel macht es aus?; из этого ничего не получится es wird nichts daraus
польза Nutzen m; Vorteil m; извлекать из чего-л. ~у Vorteil /Nutzen/ aus etwas (D) ziehen; приносить ~у Nutzen bringen; в вашу ~у zu Ihren Gunsten
пользоваться benutzen; verwenden; Gebrauch machen (von D); ~ случаем eine Gelegenheit ergreifen; пользуясь случаем bei dieser Gelegenheit; ~ услугами Dienste in Anspruch nehmen
пометка Vermerk m; ~ о способе отправки Beförderungsvermerk m
помеха Störung f; ~ в производстве Produktionsstörung
помещение Raum m; Räumlichkeit f; △ подвальное ~ Kellerraum m; производственное ~ Betriebsraum m; складское ~ Lagerschuppen m; служебное ~ Dienstraum m; ● недостаток ~ия Raummangel m; ~ для переговоров Verhandlungsraum m; ◆ если у вас трудно с ~ем falls Sie Schwierigkeiten mit dem Raum haben sollten
помидор Tomate f
помнить (о чем-л.) sich erinnern (an A), denken (an A)
помощь Hilfe f; Beistand m; Unterstützung f; финансовая ~ finanzielle Unterstützung; экономическая ~ Wirtschaftshilfe f; при ~и, с ~ю mit Hilfe (G, von D); с ~ю новой установки mit der neuen Anlage
понижаться fallen, sinken; (уменьшаться) abnehmen

понимание Verständnis n; Verstehen n; Begreifen n; Einsicht f; **Я благодарен вам за ~.** Ich bin Ihnen für Ihre Einsicht dankbar.

пополнение Ergänzung f; Auffüllung f

поправка Abänderung f; **~ (к закону)** Änderungsantrag m; **проект ~и** Änderungsvorschlag m

поражение Niederlage f

порвать zerreißen

порожний leer; **~вагон** Leerwagen m

порожняк Leertransport m; Leerwagen m; **вес ~a** Leergewicht n

поросёнок Ferkel n

порт Hafen m; **~ назначения** Bestimmungshafen m; **~ отгрузки** Verladehafen m; Verschiffungshafen m; **~ отправления** Abgangshafen m; **~ перегрузки** Umschlaghafen m; **~ прибытия** Eingangshafen m; **~ разгрузки** Löschhafen m; **черноморский ~** Schwarzmeerhafen m; **входить в ~** in den Hafen einlaufen; **выходить из ~a** aus dem Hafen auslaufen; **заходить в ~** den Hafen anlaufen

портить(ся) verderben

портрет Porträt n, Bildnis n

портфель Mappe f, Acktentasche f, **~ заказов** Auftragsbestand m

портье Portier m

поручать *(кому-л. что-л.)* beauftragen (j-n mit D)

поручение Auftrag m, Anweisung f; **инкассовое ~** Inkassoauftrag m; **платежное ~** Überweisungsauftrag m; **финансовое ~** Anweisung f; **по ~ию** im Auftrag von *(D)*

поручительство Bürgschaft f

порча Verderb m, Zerstörung f; *(повреждение)* Beschädigung f; **по поводу ~и** anläßlich Beschädigung

порядок Ordnung f; **ящики были в ~e** die Kisten waren einwandfrei

посадка Landung f; **аварийная ~** Bruchlandung f; **вынужденная ~** Notlandung f; **промежуточная ~** Zwischenlandung f; **~ на фюзеляж** Bauchlandung f; **делать промежуточную ~у** zwischenlanden; **совершать ~у** landen

посев Saat f; Aussaat f

посетитель Besucher m; **книга отзывов ~ей** Gästebuch n

посещать besuchen

посещение Besuch m; *(осмотр)* Besichtigung f; **программа ~ия** Besuchsprogramm n

послать senden, schicken; übersenden

последовательность Aufeinanderfolge f; Konsequenz f, Reihenfolge f

последствие Folge f; Resultat n; Ergebnis n; Auswirkung f

посмотреть ansehen

пособие Unterstützung f, Beihilfe f; **наглядные ~я** Anschauungsmittel pl; **учебное ~** Lehrmittel n

посоветоваться sich beraten

посольство Botschaft f

посредник Kommissionär m, Vermittler m

посредничество Vermittlung f

поставить см. поставлять

поставка Lieferung f, Zustellung f; △ **взаимные ~и** gegenseitige Lieferungen; **дополнительная ~** Zusatzlieferung f; **досрочная ~** Vorauslieferung f; **завершающая ~** Endauslieferung f; **некомплектная ~** unvollständige Lieferung; **прямая ~** Direktlieferung f; **срочная ~**

eilige Lieferung; **частичная** ~ Teillieferung *f*; ● **возможность** ~**и** Liefermöglichkeit *f*; **график** ~**и** Lieferplan *m*; Liefergrafik *m*; **задолженность по** ~**ам** Lieferrückstand *m*; ~ **каф** Lieferung caf; ~ **ниже установленного количества** Minderlieferung *f*; ~ **сверх установленного количества** Mehrlieferung *f*; ~ **сиф** Lieferung cif; **просрочка** ~**и** Lieferverzug *m*; **срок** ~**и** Lieferfrist *f*; **условия** ~**и** Lieferungsbedingungen *pl*; ■ **произвести** ~**у** eine Lieferung vornehmen /durchführen/, liefern; **ускорить** ~**у** eine Lieferung beschleunigen; ~ **производится** eine Lieferung erfolgt; ✦ **при определении сроков** ~**и** bei der Feststellung der Lieferterminen; ~**и соответствуют условиям фоб** die Lieferungen fallen zu den Bedingungen fob

поставлять liefern, beliefern

поставщик Lieferant *m*, Lieferer *m*; **основной** ~ Generallieferant *m*; ~ **сырья** Rohstoffproduzent *m*;

постановка 1. Stellung *f*; ~ **задачи** Aufgabestellung *f*; ~**цели** Zielstellung *f*; 2. (*представление*) Aufführung *f*, Vorführung *f*

постановление Anordnung *f*; Beschluß *m*; ~**по импорту** Einfuhrbestimmungen *pl*

постоянный ständig; stetig; dauernd; (*непрерывный*) kontinuierlich

постройка Bau *m*; **кирпичная** ~ Ziegelbau *m*; **неотделанная** ~ Rohbau *m*

поступать (*прибывать*) eintreffen

поступление (*денег, документов и т. п.*) Eingang *m*; Eingehen *n*; **при** ~**ии товара** beim Eingang der Ware

посылать senden, schicken; ~ **вслед** nachschicken; ~ **обратно** zurücksenden

посылка Paket *n*; Sendung *f*; ~ **за границу** Auslandspaket *n* **почтовая** ~ Postsendung *f*

потеря Verlust *m*; ~ **в весе** Gewichtsverlust *m*; **восполнить** ~**ю** Verlust ersetzen; **понести** ~**ю** Verlust erleiden

потолок Decke *f*

потребитель Verbraucher *m*; Bedarfsträger *m*; Konsument *m*; Benutzer *m*; (*покупатель, получатель*) Abnehmer *m*

потребление Verbrauch *m*

потребность Bedarf *m*; Bedürfnisse *pl*; ~ **в территории** Flächenbedarf *m*; **удовлетворить** ~**и** die Bedürfnisse decken

потребоваться erforderlich sein

почетный Ehren- ~**ое звание** Ehrentitel *m*

починить ausbessern, reparieren

почка Niere *f*

почта Post *f*; **воздушной** ~**ой** per /durch, mit/ Luftpost; **отдельной** ~**ой** mit getrennter Post; **с обратной** ~**ой** postwendend; **той же** ~**ой** mit gleicher Post

почтовый Post-; ~ **абонентный ящик** Postschließfach *n*; ~ **сбор** Porto *f*, Postgebühr *f*; ~ **служащий** Postangestellte *m*; ~ **ящик** Briefkasten *m*

пошлина Zoll *m*; **ввозная** ~Einfuhrzoll *m*; **облагаемый** ~**ой** zollbar; **свободный от** ~**ы** zollfrei; **экспортная** ~ Ausfuhrzoll *m*; **уплата** ~**ы** Zollbezahlung *f*; **заплатить** ~**у** Zoll zahlen; **подлежать обложению** ~**ой** dem Zoll unterliegen; zollpflichtig sein; **уплатить** ~**у за товар** die Ware verzollen

поэт Dichter *m*

появляться erscheinen, zum Vorschein kommen

пояснение Erläuterung f, Erklärung f
права водительские Fahrerlaubnis f
правило Regel f; ~а дорожного движения Straßenverkehrsordnung f; ~а игры Spielregeln pl; ~а противопожарной безопасности Feuerschutzbestimmungen pl; как ~ in der Regel; нет правил без исключений keine Regel ohne Ausnahmen
правильность Richtigkeit f
правильный richtig; korrekt; быть ~ым (обоснованным) zu Recht bestehen
правление Vorstand m
право Recht n; Berechtigung f; △ авторское ~ Urheberrecht n; ● ~ на распоряжение /указание/ Weisungsrecht n; ~ приоритета Vortrittsrecht n; ~ собственности Eigentumsrecht n; ■ воспользоваться ~ом vom Recht Gebrauch machen, das Recht ausüben; иметь ~ Recht haben, berechtigt sein; лишить (кого-л.) ~а (j-m) das Recht entziehen; отказаться от ~а auf das Recht verzichten; оставлять за собой ~ sich (D) das Recht vorbehalten; передавать (кому-л.) ~ das Recht übertragen (auf A); ~ переходит (с кого-л. на кого-л.) das Recht geht (von j-m auf j-n); представлять ~ das Recht einräumen; ✦ ~ принадлежит (кому-л.) das Recht steht (zu D)
правомочный befugt, bevollmächtigt
праздник Feier f, Fest n
пребывание Verbleib m, Aufenthalt m
превышать übersteigen, übertreffen; (о сроках) überschreiten
предварительно vorläufig; provisorisch; ~ая приемка Vorabnahme f; ~ый счет vorläufige Rechnung; заказывать ~ vorbestellen
предлагать vorschlagen
предложение Vorschlag m; Angebot n; △ встречное ~ Gegenangebot n; Gegenvorschlag m; глобальное ~ Gesamtangebot n; действительное ~ gültiges Angebot; коммерческое ~ Offerte f; конкурентное ~ Konkurrenzangebot n; контрактное ~ Vertragsangebot n; твёрдое ~ festes Angebot; ● выдача ~ия die Abgabe eines Angebots; ~ без обязательств freibleibendes Angebot; ~ новинок Neuheitsangebot n; ~ образцов Musterangebot n; ~ потребительских товаров Konsumgüterangebot n; ~ спорттоваров das Angebot an Sportartikel; ~ средств производства Investitionsgüterangebot n, Produktionsmittelangebot n; представление ~я die Bereitstellung des Angebots; проверка ~ия die Prüfing des Angebots; спрос и ~ Angebot und Nachfrage; сумма ~ия Angebotswert m; цена ~ия Angebotspreis m; ■ дать /вносить, сделать/ ~ das Angebot /den Vorschlag/ machen /erteilen, unterbreiten/; отклонить ~ das Angebot ablehnen; отозвать ~ das Angebot zurückziehen; принять ~ das Angebot annehmen /akzeptieren/; разработать ~das Angebot erarbeiten; ✦ после детальной проверки ~ия nach genauer Prüfung des Angebots; ~ включает в себя das Angebot umfaßt; ~ действительно до das Angebot bleibt gültig bis; ~ не может быть принято das Angebot ist unannehmbar /nicht akzeptiert/; ~ распространяется на das Angebot erstreckt sich auf (A)

предложить vorschlagen; anbieten

предмет Gegenstand *m*; ~ контракта Gegenstand des Vertrags; ~ы первой необходимости Bedarfsartikel *pl*; ~ы серийного производства Serienartikel *pl*

предоставление Überlassung *f*, Einräumung *f*, Gewährung *f*; ~ займа Darlehnsgewährung *f*; ~ кредита Kreditgewährung *f*; ~ отсрочки die Gewährung /Bewilligung/ einer Nachfrist; ~ полномочий die Ausstattung mit Vollmachten; ~ работы Arbeitsbeschaffung *f*, Arbeitsnachwies *m*

предоставлять gewähren, einräumen; überlassen; ~ в распоряжение zur Verfügung stellen; ~ полномочия mit Vollmächten ausstatten

предосторожность Vorsicht *f*; мера ~и Vorsichtsmaßregel *f*

предотвращать vorbeugen, verhindern

предохранитель Sicherung *f*

предохранять (*от чего-л.*) schützen (*vor D, gegen A*)

предписание Vorschrift *f*, Anordnung *f*, Verordnung *f*

предписанный vorgeschrieben

предполагаемый voraussichtlich

предпосылка Voraussetzung *f*

предпочитать bevorzugen, vorziehen

предпочтение Vorzug *m*

предприниматель Unternehmer *m*

предпринимать unternehmen; шаги Schritte unternehmen

предприятие Betrieb *m*; Unternehmen *n*; внешнеторговое ~ Außenhandelsbetrieb *m*; деревообрабатывающее ~ Holzbearbeitungsbetrieb *m*; крупное ~ Großbetrieb *m*; мелкое ~ Kleinbetrieb *m*; обрабатывающее ~ Verarbeitungsbetrieb *m*;

снабженческое ~ Versorgungsbetrieb *m*; совместное ~ gemeinsamer Betrieb

председатель Vorsitzende *m*; ~ (*объединения*) Präsident *m*

представитель Vertreter *m*, Repräsentant *m*; полномочный ~ bevollmächtigter Vertreter; торговый ~ Handelsvertreter *m*; ~ фирмы Firmenvertreter *m*

представительство Vertretung *f*, Repräsentation *f*; торговое ~ Handelsvertretung *f*

представление Vorzeigung *f*; (*театральное*) Aufführung *f*, Vorführung *f*; цирковое ~ Zirkusaufführung *f*

представлять (*предъявлять*) vorlegen, vorweisen; ~ документы к оплате Dokumente zur Zahlung vorlegen; ~ на рассмотрение unterbreiten; zur Einsicht vorlegen; (*кого-л. кому-л.*) vorstellen; (*какую-л. страну, фирму и т. п.*) vertreten

предстоять bevorstehen; мне предстоит срочная работа /много работы/ ich habe eine dringende Arbeit zu erledigen /viel zu tun/

предстоящий bevorstehend

предусматривать 1. vorhersehen, voraussehen; 2. (*рассматривать*) in Betracht ziehen

предъявитель Überbringer *m*; Inhaber *m*; ~ векселя Wechselinhaber *m*

предъявление Vorlegen *n*, Vorzeigen *n*, Vorlage *f*, Vorlegung *f*, Vorweisung *f*; по ~ии документов gegen Vorlage der Dokumente

предъявлять vorlegen; vorbringen; vorzeigen; ~ претензии Anspruch erheben; einen Anspruch geltend machen; ~ свои права seine Rechte vorweisen; ~ штраф за нарушение дого-

вора eine Vertragsstrafe geltend machen
преимущественно vorzugsweise
преимущество Vorzug *m*, Vorteil *m*; Vorrang *m*; **предоставлять большие ~а** große Vorteile bieten
прейскурант Preisliste *f*
прекращать beenden; aufhören; einstellen; **фирма прекратила платежи** die Firma stellte Zahlungen ein
прекращение Einstellung *f*
премьера Prämiere *f*
прения Debatte *f*, Meinungsaustausch *m*
преобразование Umgestaltung *f*
преобразовывать umgestalten
преподаватель Lehrer *m*; **~ вуза** Hochschullehrer *m*; Lehrer im Hochschuldienst
препятствие Hindernis *n*; Hemmnis *n*; **без ~ий** reibungslos; ungehindert; **натолкнуться на ~ия** auf Hindernisse stoßen; **создать ~ия** Hindernisse in den Weg legen
препятствовать hindern
прервать unterbrechen
пресс Presse *f* **кузнечный ~** Schmiedepresse *f*
пресса Presse *f*
пресс-конференция Pressekonferenz *f* **заключительная ~** Abschlußpressekonferenz *f*
пресс-центр Pressezentrum *n*
претендовать *(на что-л.)* beanspruchen, Anspruch erheben *(auf D)*
претензия Anspruch *m*; *(коммерческая)* Beanstandung *f*; Mängelrüge *f*, Reklamation *f*; **рекламационная ~** Reklamationsanspruch *m*; **по поводу** *(чего-л.)* ein Anspruch wegen /hinsichtlich/ *(G)*; **срок подачи ~ии** Anspruchsfrist *f*; **заявлять**

~ии Ansprüche erheben; **иметь ~ию на что-л.** Ansprüche machen; **отклонить ~ию** einen Anspruch zurückweisen; **предъявить ~ию** einen Anspruch geltend machen; **предъявить ~ию кому-л.** einen Anspruch erheben gegen *(A)*, einen Anspruch stellen an *(A)*; **признавать ~ию** den Anspruch anerkennen; **удовлетворять ~ию** den Anspruch befriedigen; dem Anspruch stattgeben
прибор Gerät *n*, Apparat *m*; **измерительный ~** Meßinstrument *n*, Meßgerät *n*; **оптический ~** optisches Gerät; **это ~ высшего качества** das Gerät ist ein Spitzenerzeugnis
прибывать ankommen, eintreffen; **поезд ~ет на вокзал** der Zug kommt auf den Bahnhof an
прибыль Gewinn *m*, Profit *m*; Vorteil *m*; △ **валовая ~** Bruttogewinn *m*; Gesamtgewinn *m*; **добавочная ~** Extraprofit *m*; **максимальная ~** Maximalprofit *m*, Höchstprofit *m*; **непредвиденная ~** unvorgesehener Gewinn /Profit/; **ожидаемая ~** voraussichtlicher Gewinn /Profit/; **относительная ~** relativer Profit; **плановая ~** Plangewinn *m*; **средняя ~** Durchschnittsprofit *m*; **устойчивая ~** stabiler Gewinn; **чистая ~** Reingewinn *m*, Nettogewinn *m*; ● **норма ~и** Profitrate *f*; **~ для уплаты налогов** der Gewinn für Steuerzahlungen; **~ за вычетом налогов** der Profit mit Abzug von Steuerzahlungen; **~ подлежащая обложению налогами** steuerpflichtiger Profit; **участие в ~и** Gewinnbeteiligung *f*; ■ **извлекать ~** den Gewinn /den Vorteil/ ziehen; **обеспечивать ~** den Profit garantieren /gawährleisten/; **получать ~** den Gewinn erwirt-

schaften; **приносить** ~ Gewinn /Vorteil/ bringen; **распределять** ~ Profit einteilen /verteilen/

прибытие Ankunft f, Eintreffen n

приветствие Begrüßung f

приветствовать begrüßen, grüßen

прививка Impfung f; **делать** ~у impfen

привлекать heranziehen

привод Getriebe n, Antrieb m; **гидравлический** ~ hydraulischer Antrieb, Hydraulikantrieb m; **зубчатый** ~ Zahnradantrieb m; **дистанционный** ~ Fernantrieb m; **моторный** ~ Motorantrieb m; **пневматический** ~ pneumatischer Antrieb; **электрический** ~ elektrischer Antrieb

приглашать einladen

приглашение Einladung f; **принять** ~ die Einladung annehmen; **по** ~ию auf Einladung

приговор Urteil n; **вынести** ~ ein Urteil fällen

пригодный verwendbar

пригород Vorstadt f; Vorort m

приезд Ankunft f, Anreise f; **дата** ~a Anreisedatum n

приемлемый annehmbar; akzeptabel

приём 1. Annahme f; ~ **посылок** Paketannahme f; ~ **телеграмм** Telegrammannahme f; 2. (официальный) Empfang m; 3. (способ) Verfahren n; Methode f;

приёмка 1. Abnahme f; Übernahme f; 2. ~ **товара** Warenabnahme f; 2. (испытание машины) Prüfung f

приёмщик Abnehmer m, Abnahmebeamte m, Abnahmebeauftragte m

признание Anerkennung f

признательный dankbar, erkenntlich

признать anerkennen, akzeptie-

ren; ~ **претензию** Reklamation als berechtigt akzeptieren; (согласиться с чем-л.) zugeben (D)

прийти kommen; ~ **к соглашению** zu einer Übereinkunft gelangen /kommen/

приклеить ankleben

прикреплять anbringen, befestigen

прилавок Ladentisch m

прилагать beilegen, beifügen; ~ **все силы** alles daransetzen

прилетать anfliegen; angeflogen kommen

приложение Beilage f, Anhang m; Anlage f

применение Anwendung f, Verwenung f, Einwendung f, Gebrauch m, Einsatz m; **широкое** ~ breite Anwendung; **найти** ~ Verwendung finden; **прибор универсален в** ~**ии** das Gerät ist universell einsetzbar

применять anwenden, verwenden

пример Beispiel n; **объяснять на** ~**е** an dem Beispiel erläutern

примерно annähernd; ungefähr

примесь Beimischung f; Zusatz m

принадлежность (предметы) Zubehör n; **канцелярские** ~**и** Bürobedarf m; **кухонные** ~**и** Kochgeräte pl; **постельные** ~**и** Bettzeug n

принимать 1. empfangen, in Empfang nehmen, annehmen; ~ **на себя** übernehmen; ~ **заказ** eine Bestellung /einen Auftrag/ annehmen; 2. (посетителей, гостей и т. п.) empfangen, aufnehmen; 3. (на работу) engagieren; 4. (закон, проект и т. п.) annehmen, bestätigen, akzeptieren; ~ **решение** einen Beschluß fassen; ~ **резолюцию** eine Resolution annehmen; 5. (во внимание) in Betracht /Erwägung/ ziehen

приносить mitbringen

принудительный Zwangs-; **в ~ом порядке** zwangsweise
принцип Prinzip n; Grundsatz m; **~ы ценообразования** Preisbildungsprinzipien pl; Grundsätze der Preisbildung
приобретать erwerben, erlangen, sich (D) anschaffen
приоритет Priorität f, Vorrang m, Vorrecht n
приостановить unterbrechen; einstellen; stillegen; **~завод** Werk stillegen; **~ поставку** Lieferung einstellen
приправа Zutat f, Würze f
природа Natur f
прирост Zuwachs m
присвоение Aneignung f
присоединять anschließen
приспосабливать anpassen
приспособление (механизм) Vorrichtung f
пристанище Unterkunft f
пристань Anlegestelle f; Landungsplatz m; **с ~и** ab Kai; ab Quai
пристройка Anbau m
приступ (болезни) Anfall m (der Krankheit)
приступить (начать) beginnen, in Anspruch nehmen
присутствие Beisein n; Anwesenheit f; **в ~ии** in Anwesenheit, im Beisein
присутствующий Anwesende m
притязание (на что-л.) Anspruch m (auf, an A); **~ на возмещение убытков** Entschädigungsanspruch m
приход (прибытие) Ankunft f
прицеп Anhänger m
причина Grund m; Ursache f; **веская ~** schwerwiegender Grund; **~ задержки в поставках** die Ursache für die verspätete Lieferung; **послужить ~ой** (чего-л.) verursachen; **по**

~е aus dem Grund; какова ~ was ist der Grund; woran liegt es
причитаться zustehen, zukommen
пришить annähen
проба Probe f; **выборочная ~** Stichprobe f; **брать ~у** Probe entnehmen; **в виде ~ы** als Probe
пробег Lauf m; **порожние ~и** Leerläufe pl
проблема Problem n; **нерешенная ~** offenes Problem; **техническая ~** technisches Problem; **давать новое решение проблем** neuartige Problemlösungen bringen; **обсудить ~у** Problem beraten /besprechen/; **решить ~у** Problem lösen
проведение Durchführung f, Verwirklichung f; **~ анализов** Ausfertigung von Analysen
проверить prüfen; überprüfen; kontrollieren; **~ дополнительно** nachprüfen; **~ вес (вторично)** nachwiegen; **~ на выборку** eine Stichprobe machen; **~ счет** Rechnung prüfen
проверка Prüfung f; Revision f; Durchsicht f (просмотр); △ **выборочная ~** Stichprobe f; **дополнительная ~** Nachprüfung f; **окончательная ~** Abschlußprüfung f, endgültige Prüfung; **предварительная ~** Vorprüfung f; ● **~ мощности** Leistungsnachweis m; ■ **произвести ~у** eine Prüfung vornehmen; ✦ **после ~и** nach Prüfung
провеять worfeln, schwingen
провод Leitung f; Kabel n; Leiter m; **гибкий ~** Leitungsschnur f; **нулевой ~** Nulleiter m; **повреждение ~а** Leitungsstörung f; **сечение ~а** Leitungsquerschnitt m
проводить 1. (сопровождать) begleiten; **~ кого-л. на вокзал**

jemanden *(A)* zum Bahnhof bringen; **2.** *(мероприятие)* durchführen; ~ **собрание** Versammlung abhalten /durchführen/
проводиться *(состояться)* stattfinden; **переговоры будут** ~ die Verhandlung findet statt /wird stattfinden/
проводка *(бухгалтерская)* Buchung *f*
проводник Schaffner *m*, Zugsschaffner *m*
провоз Transport *m*; Beförderung *f*; **обратный** ~ Rücktransport *m*; ~ **в одну сторону** Hinbeförderung *f*; ~ **туда и обратно** Hin-und Herfracht *f*
проволока Draht *m*
прогиб Durchbiegung *f*
прогноз Prognose *f*; Vorhersage *f*, Voraussage *f*; ~ **погоды** Wetterprognose *f*, Wettervorhersage *f*
прогнозирование Prognostizierung *f*
программа Programm *n*; △ **двухсторонняя** ~ **специализации и кооперации производства** bilaterales Programm der Spezialisierung und Kooperierung der Produktion; **долгосрочная целевая** ~ langfristiges Zielprogramm; **производственная** ~ Produktionsprogramm *n*; ● ~ **действий** Aktionsprogramm *n*; ~ **капиталовложений** Investitionsprogramm *n*
прогресс Fortschritt *m*
продавать verkaufen; ~ **в кредит** auf Kredit verkaufen; ~ **на вес** nach Gewicht verkaufen; ~ **по образцу** nach Muster verkaufen; ~**с аукциона** versteigern
продавец Verkäufer *m*
продажа Verkauf *m*; △ **предварительная** ~ Vorverkauf *m*; ● ~ **авиабилетов** Flugkartenverkauf *m*; ~ **билетов в театр** Theaterkartenverkauf *m*; ~ **за**

наличные Barverkauf *m*; ~**проездных билетов** Fahrkartenausgabe *f*; ~ **через банк** ein Verkauf durch die Bank /per Bank/
продвижение Vorrücken *n*; Vordringen *n*; Vormarsch *m*; Voranschreiten *n*
проделать см. **делать**
продлевать prolongieren; verlängern; ~ **срок** die Frist verlängern, den Termin hinausschieben /verschieben/
продление Verlängerung *f*; ~ **визы** Visumverlängerung *f*; ~ **срока** Fristverlängerung *f*
продовольствие Lebensmittel *n*; Verpflegung *f*
продолжать fortsetzen, fortfahren
продолжаться dauern
продолжительность Dauer *f*; ~ **действия** *(документа)* Gültigkeitsdauer *f*; ~ **игры** Spieldauer *f*; ~ **поездки** Fahrtdauer *f*
продолжительный dauerhaft
продукция Produktion *f*; Erzeugnisse *pl*; **готовая** ~ Fertigerzeugnisse *pl*; **отечественная** ~ Landesprodukte *pl*; **промышленная** ~ Industriegüter *pl*; **выпуск** ~**ии** Produktionsausstoß *m*
продумать durchdenken; gründlich nachdenken; erwägen; **мы продумали все возможности** wir haben alle Möglichkeiten erwogen
проезд Durchfahrt *f*
проездом auf der Durchreise
проект Entwurf *m*; △ **рабочий** ~ Ausführungsprojekt *m*; ● ~ **договора** *(контракта)* Vertragsentwurf *m*; ~ **оформления** Gestaltungsentwurf *m*; ~ **поправки** Abänderungsvorschlag *m*; ~ **решения** Losungsvorschlag *m*; ~ **строительства** Bauentwurf *m*; ■ **обсудить** ~ Entwurf beraten; **согласовать** ~ Entwurf abstimmen

проектирование Projektierung f
проектировать entwerfen
проектный Entwurfs-; ~ые данные Entwurfsdaten pl; ~ая документация Entwurfsunterlagen pl; ~ чертеж Entwurfszeichnung f
прожектор Scheinwerfer m
проживать leben, wohnen; sich aufhalten
проигрыватель Plattenspieler m
произведение Werk n
производитель (продукции) Produzent m, Erzeuger m
производительность Produktivität f; △ высокая ~ hohe Produktivität; наивысшая ~ Nöchstleistung f; средняя ~ Durchschnittsleistung f; ● ~машины die Leistungsfähigkeit der Maschine; ~ труда Arbeitsproduktivität f; ■ добиться ~ти die Leistung erreichen
производить produzieren; herstellen, erzeugen; (продукцию) verfertigen; (осуществлять) leisten, vornehmen, durchführen; ~ платеж eine Zahlung leisten
производство Produktion f; Fertigung f, Fabrikation f, Erzeugung f; △ винокуренное ~ Branntweinbrennerei f; высокомеханизированное ~ eine hoch mechanisierte Fertigung; крупносерийное ~ Großserienfertigung f; мелкосерийное ~ Kleinserienfertigung f; опытное ~ Versuchsproduktion f; сельскохозяйственное ~ Landgüterwirtschaft f; серийное ~ Serienproduktion f; штучное ~ Einzelfertigung f; ● основные средства ~а Investitionsgüter pl; ~ потребительских товаров Konsumgüterproduktion f; ~ швейных машин Nähmaschineindustrie f; ■ приостановить ~ Produktion stillegen; приступить к ~у чего-л. etwas (A) in die Produktion aufnehmen; снять с ~а aus der Produktion ziehen, vom Produktionsprogramm absetzen; Produktion von (D) einstellen; увеличить ~ Produktion steigern /vergrößern/
произносить aussprechen
проинформировать informieren
происходить (совершаться) erfolgen, stattfinden
происхождение Herkunft f; Ursprung m; сертификат о ~ии Herkunftszertifikat n
происшествие Zwischenfall m
пройти durchgehen; passieren
прокат Walzgut n; стальной ~ Walzstahl m
промышленность Industrie f; △ бумажная ~ Papierindustrie f; кожевенная ~ Lederwarenindustrie f; легкая ~ Leichtindustrie f; металлообрабатывающая ~ metallbearbeitende Industrie; обрабатывающая ~ verarbeitende Industrie, Veredelungsindustrie f; пищевая ~ Nahrungsmittelindustrie f; полиграфическая ~ polygrafische Industrie; резиновая ~ Gummiindustrie f; рыбная ~ Fischindustrie f; химическая ~ chemische Industrie; холодильная ~ Kälteindustrie f; швейная ~ Konfektionsindustrie f; ● отрасли ~и Industriezweige pl
пропажа (потеря) Verlust m; Abhandenkommen n
пропуск (документ) Passierschein m, Ausweis m, постоянный ~ Dauerausweis m; разовый ~ einmaliger Ausweis; служебный ~ Dienstausweis m; ~ для проезда автомашины через границу Triptyk n
проработка Durcharbeitung f
прорезиненный gummiert

просить bitten *(ит А)*
просмотр Durchsicht *f*, Prüfung *f*; тщательный ~ sorgfältige Prüfung /Durchsicht/
просмотреть durchsehen; *(печатный материал)* durchlesen; *(проверить)* prüfen, überprüfen; ~ документы Einsicht in die Dokumente nehmen
просо Hirse *f*
проспект Prospekt *m*
просрочить in Verzug geraten; im Verzug /Rückstand/ sein; einen Termin versäumen /überschreiten/
просрочка Verzögerung *f*; Verzug *m*; Fristüberschreitung *f*; ~ в поставке Lieferverzug *m*; штраф за ~у Verzugszinsen *pl;* произошла ~ в передаче документации entstand eine verzögerte Übergabe der Dokumentation
простаивать *(бездействовать)* stillstehen, stilliegen, ausfallen
простой машины Ausfall /Stillstand/ der Maschine; время ~я Ausfallzeit *f*, Stillstandzeit *f*
простыня Bettlaken *n*
просьба Bitte *f*; Anliegen *n*; по ~e auf Grund einer Bitte; исполнить ~у Bitte erfüllen; У меня к вам просьба. Ich habe ein Anliegen an Sie. Я сообщу о вашей просьбе директору. Ich werde dem Direktor Ihre Bitte vortragen.
протест Einspruch *m*; заявлять ~ Einspruch erheben
противовес Gegengewicht *n*
противозаконный rechtswidrig
противоречие Widerspruch *m*
протирать *(продырявить)* durchscheuern
протокол Protokoll *n*; ежегодные ~ы Jahresprotokolle *pl;* заключительный ~ abschließendes Protokoll; ~ приемки Abnahmeprotokoll *n*; вести ~ protokollieren; занести в ~ zu Protokoll geben; зачитать ~ Protokoll vorlesen; составить ~ Protokoll aufnehmen /ausstellen, aufsetzen/

протрава для семян Samenbeize *f*
протравить *(семена)* beizen
протравленный gebeizt
профессионально fachmännisch; professionell
профилактика Prophylaxe *f*, Vorbeugung *f*
профсоюз Gewerkschaft *f*; член ~а Gewerkschafter *m*, Gewerkschaftsmitglied *m*
профсоюзный деятель Gewerkschaftsfunktionär *m*
проход Durchgang *m*, Laufgang *m*; поперечный ~ Quergang *m*
проходить *(состояться)* stattfinden; заседание ~дит die Sitzung findet statt
процедура Prozedur *f*; ввозные ~ы Einfuhrabfertigung *f*
процент Prozent *n*; Zins *m*; ... ~ов годовых ... Jahreszinsen; около ... ~ов etwa ... Prozent; взимать ~ы Zinsen erheben
процентный Zins-; ~ая ставка Zinsfuß *m*; в ~ом отношении картина следующая prozentual ergibt sich folgendes Bild
процесс Prozeß *m*; Vorgang *m*; Verlauf *m*; △ производственный ~ Arbeitsvorgang *m*; рабочий ~ Arbeitsablauf *m*; судебный ~ Gerichtsprozeß *m*; ● ~ выполнения договора Abwicklung des Vertrags; ~ изготовления Fertigungsvorgang *m*; ~ы с использованием разделения труда arbeitsteilige Prozesse
прочерк Strich *m*
прочный fest; *(длительный)* dauerhaft

прощаться sich verabschieden
проявитель *(фото)* Entwickler *m*
проявлять *(пленку)* (Film) entwickeln
пруд Teich *m*
пружина Feder *f*
прыгун Springer *m*
прыжок Sprung *m;* Springen *n;* △ показательный ~ Schausprung *m;* тройной ~ Dreisprung *m;* ● ~ в высоту Hochsprung *m;* ~ в длину Weitsprung *m;* ~ на лыжах с трамплина Skispringen *n;* ~ с места Sprung aus dem Stand; ~ с парашютом Fallschirmabsprung *m;* ~ с разбега Sprung aus dem Anlauf; ~ с шестом Stabhochsprung *m*
пряжа Garn *n*
пряжка Schnalle *f*
прямоугольный rechteckig
пряность Würze *f*
психиатр Psychiater *m*
птица Vogel *n;* домашняя ~ Geflügel *n*
публикация Veröffentlichung *f*
публичный öffentlich
пуговица Knopf *m*
пудра Puder *f;* сахарная ~ Puderzucker *m,* Staubzucker *m*
пудрить pudern
пузырь Blase *f;* желчный ~ Gallenblase *f;* мочевой ~ Harnblase *f;* ~ от ожога Brandblase *f*
пункт Punkt *m;* △ конечный ~ Endpunkt *m;* консультационный ~ Beratungsstelle *f;* кульминационный ~ Höhepunkt *m;* населенный ~ Ort *m;* Ortschaft *f;* начальный ~ Ausgangspunkt *m;* справочный ~ Auskunftsstelle *f;* учебный ~ Ausbildungsstelle *f;* ● ~ назначения Bestimmungsort *m;* ~ обмена валюты Wechselstelle *f;* ~ скорой помощи Unfallstation *f*
пуск *(в эксплуатацию)* Inbetriebnahme *f*
пускатель Anlasser *m*
пустой leer
путёвка Einweisung *f;* Schein *m;* туристская ~ Reisescheck *m;* ~ в дом отдыха Ferienscheck *m;* ~ в санаторий die Einweisung /der Einweisungsschein/ in ein Sanatorium; получить ~у в дом отдыха einen Ferienplatz im Erholungsheim bekommen
путеводитель Reiseführer *m;* ~ по музею Museumsführer *m*
путешественник Reisende *m*
путешествие Reise *f;* ~ на самолете Flugreise *f*
путь 1. Weg *m;* Bahn *f;* Route *f;* водный ~ Wasserweg *m;* Wasserstraße *f;* воздушный ~ Luftweg *m;* морской ~ Seeweg *m,* Schiffahrtsweg *m;* подъездной ~ Zufahrt *f,* Zufahrtsweg *m;* ~ следования *(груза и т. п.)* Beförderungsweg *m;* ~ сообщения Verkehrsstraßen *pl;* устанавливать ~ следования груза den Transportweg feststellen; 2. *(ж.-д.)* Gleis *n,* Schienenweg *m;* железнодорожный ~ Eisenbahnlinie *f;* запасной ~ Reservegleis *n;* Abstellgleis *n;* подъездной ~ Anschlußgleis *n;* станционный ~ Bahnhofsgleis *n*
пучок Bündel *n;* световой ~ Lichtbündel *n*
пушнина *(меха)* Rauchwaren *pl*
пфенниг Pfennig *m*
пчеловод Bienenzüchter *m*
пшеница Weizen *m;* озимая ~ Winterweizen *m;* яровая ~ Sommerweizen *m*
пшено Hirse *f*
пылесос Staubsauger *m*

пьеса Theaterstück *n*; **музыкальная** ~ Musikstück *n*

пятиборье Fünfkampf *m*
пятно Fleck *m*

Р

работа Arbeit *f*; Betrieb *m*; △ **бесперебойная** ~ *(машины)* störungsfreier Betrieb (der Maschine); **исследовательская** ~ Forschungsarbeit *f*; **лабораторная** ~ Laborarbeit *f*; **машинописная** ~ Schreibarbeit *f*; **многодневная** ~ eine tagelange Arbeit; **монтажные** ~ы Montagearbeiten *pl*, Aufbauarbeiten *pl*, **непрерывная** ~ *(машины)* Dauerbetrieb *m* (der Maschine); **отделочные** ~ы Ausstattungsarbeiten *pl*; **погрузочно-разгрузочные** ~ы Be-und Ausladearbeiten *pl*; **подготовительные** ~ы Vorbereitungsarbeiten *pl*; **полевые** ~ы Feldarbeiten *pl*; **предварительные** ~ы Vorarbeiten *pl*; **ремонтные** ~ы Reparaturarbeiten *pl*; Instandsetzungsarbeiten *pl*; **сверхурочные** ~ы Überstunden *pl*, Überstundenarbeiten *pl*; **срочная** ~ eine dringende Arbeit; **строительные** ~ы Bauarbeiten *pl*; **трудоемкая** ~ eine kraftraubende Arbeit; **штукатурные** ~ы Stuckarbeiten *pl*; ● **возобновление** ~ы Arbeitsaufnahme *f*; **ход** *(процесс)* ~ы Arbeitsvorgang *m*

работать arbeiten; *(о машинах)* gehen, laufen; funktionieren; in Betrieb sein; ~ **вхолостую** leerlaufen; ~ **исправно** intakt sein; **не** ~ stillstehen; **мой телефон не** ~ет mein Telefon ist gestört.

работник Arbeiter *m*; **научный** ~ Wissenschaftler *m*; ~**торговли** im Handel Beschäftigte

рабочий Arbeiter *m*; **квалифицированный** ~ Facharbeiter *m*; **транспортный** ~ Transportarbeiter *m*; ~ **сельскохозяйственного производства** der Facharbeiter für landwirtschaftliche Produktion

равномерно gleichmäßig
равноправие Gleichberechtigung *f*
равный gleich
радиоприёмник Rundfunkempfänger *m*, Rundfunkgerät *n*, Radioapparat *m*
радист Funker *m*
радоваться sich freuen *(über A)*
разбирать abbauen
разведка Erkundung *f*
развитие Entwicklung *f*; **в** ~**ии экономики** bei der Entwicklung der Wirtschaft

развлечение Unterhaltung *f*

разговаривать sprechen; sich unterhalten; ~ **по телефону** *(с кем-л.)* telefonieren *(mit D)*

разговор Gespräch *n*; Unterhaltung *f*; **междугородный телефонный** ~ Ferngespräch *n*; **местный телефонный** ~ Ortsgespräch *n*; **телефонный** ~ **по международной связи** Auslandsferngespräch *n*

разговорник Sprachführer *m*

разгружать ausladen; entladen; abladen

разгрузка Abladen *n*, Entladen *n*, Ausladen *n*; *(судна)* Löschen *n*; **место** ~**и** Entladestelle *f*; **порт** ~**и** *(судна)* Löschungshafen *m*

разделение Teilung *f*; Aufteilung *f*; **точное** ~ *(по чему-л.)*. genaue Aufteilung *(nach D)*; ~ **труда** Arbeitsteilung *f*

раздеться sich ausziehen, sich entkleiden; *(снять пальто)* den Mantel ablegen

различие Unterschied *m*; Verschidenheit *f*; Differenz *f*; ~ в валютных курсах Kursdifferenz *f*

различный verschieden

размер Maß *n*; Ausmaß *n*; *(величина)* Größe *f*; *(измерение)* Abmessung *f*; **внутренние** ~ы Innenabmessungen *pl*; ~ площади Flächenumfang *m*; ~ поперечного сечения Querschnittabmessungen *pl*; Querabmessungen *pl*; **разница в** ~ах Maßdifferenz *f*; **отступление от указанных** ~ов Maßabweichung *f*

разместить unterbringen; disponieren; ~ заказ Auftrag unterbringen

размещение Unterbringung *f*

размножать vervielfältigen; ~ документы Dokumente vervielfältigen

размышлять überlegen

разнарядка Zuteilung *f*; ~для возврата товара Versandschrift für die Rückware; **составить** ~у Zuteilung ausstellen /zum Versand anweisen/

разница Unterschied *m*; Differenz *f*; ~в стоимости Differenz im Werte; ~в цене Preisdifferenz *f*; ~ между ценами Preisspanne *f*; ~ по сравнению *(с чем-л.)* der Unterschied *(gegenüber D)*; **выявилась** ~ eine Differenz trat auf

разногласие Meinungsverschiedenheit *f*; Uneinigkeit *f*

разобраться 1. *(выяснить)* sich (D) klar werden; **2.** *(устроиться)* sich einrichten

разогревать aufwärmen

разоружение Abrüstung *f*

разочаровывать enttäuschen

разработать *(проект и т. п.)* ausarbeiten, erarbeiten

разработка 1. *(вопроса, проекта и т. п.)* Ausarbeitung *f*; Erarbeitung *f*; **2.** *(технологии, конструкции)* Entwicklung *f*; ~ современных методов die Entwicklung moderner Verfahren; **3.** *(горн.)* Abbau *m*; Förderung *f*; ~ открытым способом Tagebau *m*; **угольная** ~ Kohlenabbau *m*

разрез Schnitt *m*; Durchschnitt *m*; **вертикальный** ~ Vertikalschnitt *m*; **поперечный** ~ Querschnitt *m*; **продольный** ~ Längsschnitt *m*

разрешать erlauben, gestatten; *(допустить)* zulassen; *(одобрить)* bewilligen, genehmigen; ~ спор Streit austragen

разрешение Erlaubnis *f*; *(позволение)* Genehmigung *f*; ~ на ввоз Einfuhrerlaubnis *f*, Einfuhrgenehmigung *f*, Einfuhrlizenz *f*; ~ на вывоз Ausfuhrerlaubnis *f*; Ausfuhrgenehmigung *f*, Ausfuhrlizenz *f*

разряд *(класс, лига)* Liga *f*, Klasse *f*

разъяснение Erläuterung *f*; Erklährung *f*; **дать** ~ **по** ... Auskunft über *(A)* geben

разыскивать *см.* искать

район Kreis *m*, Bezirk *m*

ракетка *(теннисная)* Tennisschläger *m*

рама Rahmen *m*; **дверная** ~ Türzarge *f*, Türfutter *m*

рамка Rahmen *m*; **в** ~ах *(в пределах)* im Rahmen; **выходить за** ~и über die Rahmen hinausgehen

раскладушка Klappbett *n*

распаковывать auspacken

расписание Plan *m*; Verzeichnis *n*; **зимнее** ~ **движения** Winterfahrplan *m*; **летнее** ~ **движения** Sommerfahrplan *m*; ~ **движения** *(поездов)* Fahrplan *m*; ~ **полётов** Flugplan *m*; **по** ~ию fahrplanmäßig

расписаться *(подписать)* un

terschreiben, unterzeichnen; ~в получении den Empfang bestätigen /quittieren/

расписка Quittung *f*; Bescheinigung *f*; выдать ~у eine Quittung ausstellen; quittieren; выдать ~у в получении den Empfang quittieren

располагать *(чем-л.)* verfügen *(über A)*, zur Verfügung haben *(etwas A)*

расположение Lage *f*; город расположен die Stadt liegt

распорядиться *(о чём-л.)* anordnen; *(чем-л.)* verfügen *(über A)*; ~ товаром иначе über die Ware anders verfügen

распоряжение Anordnung *f*; Anweisung *f*, Disposition *f*; ~ об отгрузке Versandanweisung *f*; быть в ~ии j-m zur Verfügung stehen; давать ~я Dispositionen treffen; представлять что-л. в чье-л. ~ etwas j-m *(D)* zur Verfügung stellen; по ~ию auf Anordnung

распределение Distribution *f*; Aufteilung *f*; Verteilung *f*, Einteilen *n*

распределительный Verteiler-; Verteilungs-; ~ щит Schaltbrett *n*; ~ ящик Schaltschrank *m*, Verteilerschrank *m*

распределять einteilen, verteilen, aufschlüsseln; ~ поставки по транспортной номенклатуре ~ie ferungen nach der Transportnomenklatur aufschlüsseln

распространение Verbreitung *f*; *(сбыт, продажа)* Vertrieb *m*; ~ газет Zeitungsvertrieb *m*

распространять verbreiten

распылитель Spritzpistole *f*

рассказ Erzählung *f*

рассрочка Stundung *f*; платеж в ~у Ratenzahlung *f*

расстояние Entfernung *f*; Strecke *f*; *(интервал)* Abstand *m*; боковое ~ Seitenabstand *m*; ~ между балками Trägerabstand *m*; ~ между колоннами Abstand der Säulen; ~ от пола Bodenabstand *m*; ~ от стены Wandabstand *m*; ~ от центра до центра Abstand von Mitte zu Mitte

рассчитаться die Rechnung machen

растение Pflanze *f*; лекарственное ~ Heilkraut *n*

расторгать aufheben; außer Kraft setzen; annullieren; ~ контракт /соглашение/ den Vertrag /das Abkommen/ kündigen /annullieren, aufheben/

расторжение Annullierung *f*, Aufhebung *f*; срок для ~я договора Kündigungsfrist für den Vertrag

расход *(затраты)* Ausgabe *f*, Kosten *pl*; ▲ дополнительные ~ы Mehrkosten *pl*; командировочные ~ы Reisekosten *pl*; накладные ~ы Spesen *pl*; нормальные ~ы normale Kosten; побочные ~ы Nebenkosten *pl*; транспортные ~ы Transportkosten *pl*, Beförderungskosten *pl*; фактические ~ы tatsächliche Kosten; ● возмещение ~ов Kostenerstattung *f*; ~ы на ремонт Reparaturkosten *pl*; ~ы на фрахт Frachtkosten *pl*; ~ы по аренде *(помещения)* Mietkosten *pl*; ~ы по монтажу Aufbaukosten *pl*; ~ы по отгрузке Versandkosten *pl*; ~ы по перегрузке Kosten für die Umladung; ~ы по строительству Baukosten *pl*; ~ы по упаковке Verpackungskosten *pl*; снижение ~ов Kostenersparnis *f*; ■ нести ~ы Kosten tragen; оплатить ~ы Kosten bezahlen; оспаривать ~ы за что-л. Kosten für etw *(A)* bestreiten; покрыть ~ы Kosten decken; ◆ за исключением путевых ~ов mit Ausnahme der Reisekosten; **мы взяли бы ~ы на себя** die Kosten würden wir tragen

расходовать ausgeben, verbrauchen

расхождение Differenz *f*; Divergenz *f*; *(противоречие)* Widerspruch *m*; **~ в цене** Verhandlungsspanne zum Preis

расцветка Farbe *f*, Farbenzusammenstellung *f*

расценка Schätzung *f*, Taxierung *f*; Preis *m*; Tarif *m*

расчесать *(волосы)* kämmen

расчёска Kamm *m*

расчёт Berechnung *f*; Verrechung *f*; Kalkulation *f*; Abrechnung *f*; △ **безналичный ~** Verrechnungsverkehr *m*, bargeldlose Verrechnung, bargeldloser Zahlungsverkehr; **машинный ~** maschinelle Berechnung; **окончательный ~** Schlußabrechnung *f*; **переработанный ~** korrigierte Berechnung; **предварительный ~** Voranschlag *m*; **сравнительный ~** Vergleichsrechnung *f*; ● **~ расходов** Kostenberechnung *f*; **~ цен** Preiserrechnung *f*

расширение Erweiterung *f*; Ausdehnung *f*

расширять erweitern; **~взаимный товарообмен** den gegenseitigen Warenumtausch erweitern

ратуша Rathaus *n*

рационализация Rationalisierung *f*

реагировать reagieren

реализация Realisierung *f*; Verwirklichung *f*; *(проведение)* Durchführung *f*; *(сбыт)* Absatz *m*; **~ товарных поставок** Abwicklung der Warenlieferungen

реализм Realismus *m*

ребро *(край)* Kante *f*

ревизия Revision *f*; Überprüfung *f*

ревизовать revidieren; überprüfen

регби Rugby *n*

регистрационный: ~ бланк Anmeldeformular *n*; **~ сбор** Anmeldegebühr *f*

регистрация Registrierung *f*; Anmeldung *f*; **обязательная ~** Anmeldepflicht *f*; **предварительная ~** Voranmeldung *f*; **бюро ~ии** Anmeldestelle *f*; **отдел ~ии** Meldeamt *n*

регистрировать registrieren, eintragen

регламент Reglement *n*; Dienstordnung *f*

регулировать regeln; regulieren; **(у)регулировать мирным путём** auf dem friedlichen Wege regeln; **~ цены** Preise regeln

регулятор Regler *m*; **~ громкости** Lautstärkeregler *m*; **~ контрастности** Kontrastregler *m*; **~ напряжения** Spannungsregler *m*; **~ скорости** Geschwindigkeitsregler *m*; **~ тембра** Regler der Klangfarbe

редакция *(формулировка)* Fassung *f*; Formulierung *f*

редиска Radieschen *n*

режим *(условия, характер работы)* Regime *n*, Arbeitsweise *f*, Betriebsbedingungen *pl*; **аварийный ~** Notbetrieb *m*; **валютный ~** Devisenbewirtschaftung *f*; **длительный ~** Dauerbetrieb *m*; **оптимальный ~** günstige Bedingungen; ● **рабочий ~ машины** Arbeitsbedingungen der Maschine; **~ работы радиолампы** Betriebszustand der Radioröhre; **установка /прибор/ работает по паспортному режиму** die Anlage /das Gerät/ funktioniert nach dem Maschinenpaß /laut Maschinenpaß/

режиссёр Regisseur *m*

резинка Radiergummi *m*

резолюция Resolution *f*

результат Resultat *n*; Ergebnis *n*; ~ **проверки** Prüfungsbefund *m*

рейка Leiste *f*, Latte *f*, Stange *f*

рейс Fahrt *f*, Route *f*; **авиа**~ Flug *m*; **обратный авиа**~ Rückflug *m*; **специальный авиа**~ Sonderflug *m*

река Fluß *m*

реквизиты *(отгрузочные)* Versandinstruktionen *pl*

реклама Werbung *f*; **делать** ~у werben

рекламация Mängelanzeige *f*; Mängelrüge *f*; Reklamation *f*; Beanstandung *f*; **отклонить** ~ию Reklamation ablehnen /zurückweisen/; **предъявить** ~ию **по поводу чего-л.** reklamieren, beanstanden; Reklamation geltend machen /anmelden, vorbringen/; **принять** ~ию Reklamation akzeptieren /anerkennen, annehmen/; **рассматривать** ~ию Reklamation (über)prüfen /bearbeiten/; **считать** ~ию **закрытой** Reklamation als erledigt betrachten

рекламационный Reklamations-; ~ **акт** Reklamationsprotokoll *n*; ~ **материал** Reklamationsunterlagen *pl*; ~**ая претензия** Reklamationsanspruch *m*

рекламный Werbe-; ~ **текст** Werbetext *m*; ~ **фильм** Werbefilm *m*

рекомендация Empfehlung *f*; Referenz *f*; **иметь хорошие** ~**ии** gute Referenze haben

реконструкция Rekonstruktion *f*

рекорд Rekord *m*; **мировой** ~ Weltrekord *m*

рекордсмен Rekordhalter *m*

реле Relais *n*; **коммутационное** ~ Schaltrelais *n*

рельс Schiene *f*; **направляющий** ~ Laufschiene *f*

ремень Gürtel *m*; **кожаный** ~ Ledergürtel *m*

ремесленник Handwerker *m*

ремесло Handwerk *n*; **художественное** ~ Kunsthandwerk *n*

ремитент *(векселедержатель)* Remitent *m*

ремонт Reparatur *f*; Ausbesserung *f*; *(здания, помещения)* Renovierung *f*; *(приведение в исправность)* Instandsetzung *f*; △ **гарантийный** ~ Garantiereparatur *f*; Reparatur im Rahmen der Garantieleistung; **капитальный** ~ Generalreparatur(en) *f*, *(pl)*; **крупный** ~ große Reparatur(en); **мелкий** ~ kleine Reparatur(en); **срочный** ~ Schnellreparatur *f*; ● **инструкция по** ~у Reparaturanleitung *f*; **стоимость** ~а Reparaturkosten *pl*, Instandsetzungskosten *pl*; ■ **провести** ~ Reparatur durchführen

ремонтировать reparieren; ausbessern; instand setzen

рентабельность Rentabilität *f*

реорганизация Neuregelung *f*, Reorganisation *f*; Neugestaltung *f*; Umgestaltung *f*

репертуар Spielplan *m*; Repertoire *n*

репетировать proben

репетиция Probe *f*

репродукция Reproduktion *f*

репутация Ruf *m*

ресница Wimper *f*

реставратор Restaurator *m*

реставрировать restaurieren

ресторан Restaurant *n*; Gaststätte *f*

ресурсы Ressourcen *pl*; **сырьевые** ~ Rohstoffressourcen *pl*

реферат Referat *n*

рефрижератор Kühlwagen *m*; Kühler *m*

рецепт Rezept *n*

рецидив Rückfall *m*

речь Rede *f*; **произнести** ~ eine

Rede halten; ~ идёт о es handelt sich um *(A)*, es geht um *(A)*
решать *(принять решение)* beschließen; einen Beschluß fassen; *(проблему, задачу)* lösen
решающий entscheidend
решение Entscheidung *f*; Beschluß *m*; *(задачи, проблемы)* Lösung *f*; △ **комплексное** ~ komplexe Lösung; **компромиссное** ~ gemeinsamer Kompromiß; **новые** ~**я** neuartige Lösungen; **окончательное** ~ endgültiger Beschluß; **ошибочное** ~ Fehlentscheidung *f*; **положительное** ~ positive Entscheidung; ● ~ **арбитража** die Entscheidung der Arbitrage; ■ **найти** ~ eine Lösung finden; **принять** ~ einen Beschluß fassen; ✦ **я надеюсь на положительное** ~ ich rechne mit einer positiven Entscheidung
решётка Gitter *n*
решётчатый Gitter-; ~ **каркас** Lattengestell ; ~**ая опора** Gittermast *m*; ~**ая рама** Gitterrahmen *m*
решительно entschieden
ржаветь (ver)rosten
рига *(гумно)* Dreschscheune *f*
рис Reis *m*
риск Risiko *n*; *(опасность)* Gefahr *f*; **на свой** ~ auf eigene Gefahr; ~ **брать на себя** das Risiko übernehmen
рисунок Zeichnung *f*
робот Roboter *m*; **промышленный** ~ Industrieroboter *m*
родители Eltern *pl*
родственный verwandt
рожок для обуви Schuhanzieher *m*
рожь Roggen *m*; **озимая** ~ Winterroggen *m*; **яровая** ~ Sommerroggen *m*; ~ **в снопах** Roggengarben *pl*; **поле ржи** Roggenschlag *m*

розетка Rosette *f*; **штепсельная** ~ Steckdose *f*
розовый rosa
розыск Suche *f*; Ermittlung *f*
ролик Rolle *f*; Walze *f*; **ходовой** ~ Laufrolle *f*
роль Rolle *f*; **главная** ~ Hauptrolle *f*
ром Rum *m*
роман Roman *m*; **детективный** ~ Kriminalroman *m*; Krimi *m*; **исторический** ~ historischer Roman
рост *(увеличение)* Anwaschen *n*; Wachstum *n*; Zuwachs *m*, Zunahme *f*; Aufstieg *m*, Steigerung *f*; ~ **цен** Preissteigerung *f*
рот Mund *m*
рубильник Hebelschalter *m*
рубль Rubel *m*
руда Erz *n*; **марганцевая** ~ Marganzerz *n*
рудник Bergwerk *n*
руина Ruine *f*
рука: *(от кисти до плеча)* Arm *m*; *(кисть, ладонь)* Hand *f*
рукав Ärmel *m*
руководитель Leiter *m*
руководство Leitung *f*, Führung *f*; **под** ~**ом** unter der Führung /Leitung/
руководствоваться sich leiten lassen *(von D)*
рукопись Handschrift *f*
рулетка Bandmaß *n*
руль Lenkrad *n*; Steuerrad *n*
русый blond; hellbraun
ручательство Bürgschaft *f*
ручаться *(за кого-л.)* Bürgschaft leisten *(für A)*
рыба Fisch *m*; **живая** ~ lebender Fisch; **мороженая** ~ Gefrierfisch *m*; **свежая** ~ Frischfisch *m*; **солёная** ~ Salzfisch *m*; **сушёная** ~ Dörrfisch *m*
рыбак Fischer *m*

рыбачить Fischfang treiben
рыбный Fisch-; ~ые консервы Fischkonserven pl; ~ая ловля Fischfang m; ~ промысел Fischereigewerbe n; ~ая торговля Fischhandel m
рыбовод Fischzüchter m
рыбоводство Fischzucht f; прудовое ~ Teichfischwirtschaft f
рыбозавод Fischkonservenfabrik f; плавучий ~ Fang- und Verarbeitungsschiff n; schwimmende Fischfabrik
рыбокомбинат Fischkombinat n
рыбокоптильня Fischräucherei f
рыболовство Fischerei f; Fischfang m
рыбопромышленность Fischereiindustrie f

рынок Markt m; △ внешний ~ Außenmarkt m; внутренний ~ Binnenmarkt m; главный ~ Hauptmarkt m; мировой ~ Weltmarkt m; фрахтовый ~ Frachtmarkt m; ● состояние ~а Marktlage f; конкурентноспособность мирового ~а Weltmarktfähigkeit f; обработка и изучение ~а Marktbearbeitung und Marktforschung (f); цены внутреннего ~а Inlandspreise pl
рыхлить (землю) auflockern; lokker machen
рыхлитель Auflockerer m; Bodenauflockerungsgerät n
рычаг Hebel m
рюмка (для водки) Schnapsglas n

С

сад Garten m; фруктовый ~ Obstgarten m
садиться sich setzen; Platz nehmen; (в поезд, на самолет и т. п.) sich einsteigen; (на судно) sich einschiffen
садовник Gärtner m
садоводство Gartenbau m
сажать (растения) pflanzen
саженец Setzling m, Pflänzling m
салат Salat m
сало Speck m; (жир) Fett n; жирное ~ fetter Speck; топлёное ~ Schmalz n
салон Salon m; дамский ~ Damensalon m; мужской ~ Herrensalon m; ~ выставки Ausstellungsraum m
салфетка Serviette f
сальдо Saldo m; Saldobetrag m; Rechnungsabschluß m
салями Salami f
самолёт Flugzeug n; винтовой ~ ein Flugzeug mit Kolbentriebwerk; нерейсовый /специальный/ ~ Sondermaschine f; пассажирский ~ Verkehrsflugzeug n; реактивный ~ Düsenflugzeug n; турбореактивный ~ Turbodüsenflugzeug n; ~ большой дальности полета Langstreckenflugzeug n
самостоятельно selbständig
сандалия Sandale f
санитар Sanitäter m
санкция Sanktion f
сапог Stiefel m; дамский ~ Damenstiefel m
сатин Satin m
сахар Zucker m; пилёный ~ (рафинад) Würfelzucker m
сбережение Sparen n, Ersparung f
сбор (налог) Gebühr f, Steuer f; комиссионный ~ Kommissionsgebühr f; портовый ~ Hafengebühr f; таможенный ~ Zollgebühr f

сборный montierbar
сбруя Pferdegeschirr *n*
сбыт Absatz *m*; ● **возможность** ~а Absatzmöglichkeit *f*; **изучение** ~а Absatzforschung *f*; **канал** ~а Vertriebsweg *m*; **рынок** ~а Absatzmarkt *m*; **перспективы** ~а Absatzperspektive *f*; **трудности** ~а Absatzschwierigkeiten *pl*; ■ **находить** ~ Absatz finden; ✦ **не находящий** ~а *(о товаре)* unabsetzbar
свежий frisch
свёкла Rübe *f*; **кормовая**~ Futterrübe *f*; **сахарная**~ Zuckerrübe *f*; **столовая**~ rote Bete
свекловодство Zuckerrübenanbau *m*
свеклокопатель Rübenroder *m*; Rübenroderpflug *m*
свеклосахарный завод Rübenzuckerfabrik *f*
свет Licht *n*
светильник Leuchte *f*
светосила Leuchtkraft *f*
светофильтр Farbfilter *m*
светофор Ampel *f*, Verkehrsampel *f*
свеча Kerze *f*; **запальная** ~ Zündkerze *f*
свидетельство *(удостоверение)* Bescheinigung *f*; Beglaubigung *f*, Schein *m*; Zeugnis *n*; Urkunde *f*; **авторское** ~ Urheberzeugnis *n*; **гарантийное** ~ Garantieschein *m*; Garantieurkunde *f*; **заводское** ~ **об испытаниях** Werkprüfungsschein *m*; ~ **о происхождении товара** Ursprungszertifikat *n*
свидетельствовать *(о чем-л.)* zeugen /Zeugnis ablegen/ *(von D)*
свинина Schweinefleisch *n*
свинарник Schweinestall *m*
свиновод Schweinezüchter *m*, Schweinehalter *m*

свиноводство Schweinezucht *f*
свиноматка Muttersau *f*
свиноферма Schweinefarm *f*
свинья Schwein *n*; *(самка)* Sau *f*
свободный frei; *(незакреплённый)* lose; ~ **для вывоза** ausfuhrfrei; ~ **от арендной платы** mietefrei; ~ **от налогов** steuerfrei; ~ **от пошлины** zollfrei
своевременный rechtzeitig; termingemäß, fristgemäß
свойство Eigenschaft *f*, Beschaffenheit *f*
связать verbinden; in Verbindung setzen, binden
связаться sich in Verbindung setzen
связь 1. Verbindung *f*, Zusammenhang *m*; **в** ~**и с** in Verbindung mit *(D)*; in (im) Zusammenhang mit *(D)*; 2. *(общение, отношения)* Beziehung *f*; Verhältnis *n*, Verbindung *f*; **внешнеторговые** ~**и** Außenhandelsbeziehungen *pl*; **длительные** *(многолетние)* ~**и** langjährige Beziehungen; **прямые** ~**и** direkte Beziehungen, **торговые** ~**и** Handelsbeziehungen *pl*; **экономические** ~**и** Wirtschaftsbeziehungen *pl*; **завязать более тесные** ~**и** Bindungen enger gestalten; **наладить торговые** ~**и** Handelsbeziehungen anknüpfen; **оживить старые** ~**и** alte Geschäftsverbindungen beleben; **поддерживать** *(с кем-л.)* ~ den Zusammenhalt pflegen, Verbindung halten *(mit j-m D)*; 3. *(почта, телеграф, транспортное сообщение)* Verkehr *m*, Verbindung *f*, **воздушная** ~ Flugverbindung *f*; **дальняя** *(междугородная)* ~ Fernverkehr *m*, Fernverbindung *f*; **местная** ~ Ortsverkehr *m*; 4. *(техн.)* Verbindung *f*, Verband *m*; **деревянная** ~ Holzverband *m*; **металлическая** ~ Stahlkonstruk-

tionsverband *m*, metallische Verbindung

сдавать abgeben

сдача Ablieferung *f*; *(передача)* Übergabe *f*; **место ~и товара** Ablieferungsort *m*; Ort der Übergabe der Ware

сделка Geschäft *n*; Vertrag *m*; **заключение ~и** Geschäftsabschluß *m*; **заключение ~и на закупку** Einkaufsabschluß *m*; **~и, заключенные на ярмарке** Messeabschlüsse *pl*; **заключать ~у** einen Vertrag schließen; ein Abkommen treffen; **~ считается заключенной** Geschäft gilt als abgeschlossen

сдвинуть verschieben

себестоимость Selbstkosten *pl*; Gestehungskosten *pl*; **~ единицы продукции** Selbstkosten der Produktionseinheit; **калькуляция ~и** Kalkulation /Berechnung/ der Selbstkosten; **~ реализованной продукции** Selbstkosten der abgesetzten /verkauften/ Produktion; **снижение ~и** Selbstkostensenkung *f*; **ниже ~и** unter Selbstkosten; **по ~и** laut /gemäß/ Selbstkosten

сев Saat *f*; Aussaat *f*; *(время сева)* Saatzeit *f*; **весенний ~** Frühjahrsbestellung *f*

север Norden *m*

сезонный Saison-; saisonbedingt; **~ые товары** Saisonwaren *pl*

сейф Stahlfach *n*, Tresor *m*

секция Sektion *f*

селекция Selektion *f*, Auslese *f*

сельскохозяйственный landwirtschaftlich

семинар Seminar *n*; **проводить ~** ein Seminar abhalten

сено Heu *n*

сеновал Hauboden *m*; Heudiele *f*

сеноворошилка Heuwendemaschine *f*

сенозаготовка Heubeschaffung *f*

сенокос: *(косьба)* Heuernte *f*; *(время косьбы)* Heuerntezeit *f*

сенокосилка Grasmäher *m*, Grasmähmaschine *f*

сенонагрузчик Heulader *m*, Heulademaschine *f*

сенопресс Heupresse *f*

сенофураж Heufutter *m*

сенохранилище Heuschuppen *m*

сервис Service *m*; Bedienung *f*

сердце Herz *n*

серебро Silber *n*

середина Mitte *f*

серийный Serien-; serienmäßig; **~ое изделие** Serienerzeugnis *n*; **~ое производство** Serienproduktion *f*

серия Serie *f*

сертификат Zertifikat *n*; Bescheinigung *f*; Attest *n*; **весовой ~** Gewichtszertifikat *n*; **заводской ~** Zertifikat des Werkes; **~ качества** Qualitätszertifikat *n*; **~ о происхождении товара** Ursprungszertifikat *n*, Herkunftszertifikat *n*

сессия Tagung *f*; Sitzungsperiode *f*; **экзаменационная ~** Prüfungsperiode *f*

сеть Netz *n*; **телетайпная ~** Fernschreibnetz *n*; **телефонная ~** Fernsprechnetz *n*; **подключение к ~и** Netzanschluß *m*; **~ технического обслуживания** Netz des Kundendienstes

сечение Schnitt *m*; **поперечное ~** Querschnitt *m*; **продольное ~** Längsschnitt *m*

сеялка Sämaschine *f*; **тракторная рядовая ~** Traktorendrillmaschine *f*

сеянец Sämling *f*

сеять säen, aussäen; **~ гнёздами** dibbeln; **~ рядами** drillen

сигнал Signal *n*; Zeichen *n*; **звуковой ~** *(клаксон)* Hupe *f*

сигнализация Signalisierung f; **аварийная** ~ Alarmanlage f; **пожарная** ~ Feuermelder m

сиденье Sitz m

сила Kraft f; Gewalt f; Stärke f; *(действенность документа)* Gültigkeit f; △ **лошадиная** ~ Pferdestärke f; **непреодолимая** ~ Höhere Gewalt; Force majeure f; ● **вступление в** ~у Inkrafttreten n; **свето** ~ Leuchtkraft f; ~ **тока** Stromstärke f; ■ **вступить в** ~у in Kraft treten; **оставаться в** ~е in Kraft bleiben; **оставить в** ~е in Kraft lassen; **терять** ~у außer Kraft treten; Gültigkeit verlieren; **терять** ~у **за давностью** verjähren; ✦ **имеющий** ~у geltend; **наступление случаев непреодолимой** ~ы das Eintreten der Umstände der Höheren Gewalt

симпозиум Symposium n

симптом Symptom n

симфония Sinfonie f

синтез Synthese f

синька *(светокопировальная)* Blaupause f

система System n; △ **гибкая производственная** ~ flexibles Fertigungssystem; **контейнерная транспортная** ~ Containertransportsystem n; **световодная** ~ Lichtleitungssystem n; ● ~ **внешнеторговых цен** Außenhandelspreissystem n; **комплексная** ~ **машин и приборов** komplexes Maschinen- und Gerätesystem; ~ **комплексной автоматизации** komplexes Automatisierungssystem

ситец Kattun m

сиф cif

скатерть Tischdecke f

сквер Grünanlage f

скидка Rabatt m, Ermäßigung f, Nachlaß m; △ **гарантийная** ~ Garantierabatt m; **особая** ~ Sonderrabatt m; ● ~ **на количество** Mengenrabatt m; ~ **при уплате наличными** Skonto m; ~ **с цены** Preisnachlaß m; ■ **предоставить** ~у einen Rabatt gewähren; ~**представляется** der Rabatt erfolgt; **со скидкой в 10 %** mit einem Rabatt von zehn Prozent /mit zehn Prozent Rabatt/

склад Lager n, Lagerraum m; △ **консигнационный (комиссионный)** ~ Konsignationslager n; ● **охрана** ~а Lagerüberwachung f; ~ **запчастей** Ersatzteillager n; ~ **открытого хранения** Freilager n; **хранение на** ~е Lagerung f, Einlagerung f; ■ **иметь на** ~е auf Lager haben; **находиться** *(храниться)* **на** ~е im Lager liegen, (ein)lagern; **поместить на** ~ in ein Lager bringen; **укладывать на** ~е lagern, einlagern; **устроить** *(создать)* ~ ein Lager anlegen; **хранить на** ~е im Lager aufbewahren

складирование Einlagerung f

складировать (ein)lagern

скоро bald; **как можно** ~ее sobald wie möglich

скоропортящийся (leicht)verderblich

скорость Geschwindigkeit f; △ **максимальная** ~ Höchstgeschwindigkeit f; ● **груз большой** ~и Eilfracht f; **груз малой** ~и Frachtgut n; ~ **передвижения** Fahrtgeschwindigkeit f; ~ **полета** Fluggeschwindigkeit f; ■ **отправить большой** ~ю als Eilgut senden

скот Vieh n; △ **крупный рогатый** ~ Rindvieh n; Rinder pl; **мелкий** ~ Kleinvieh n; **молочный** ~ Milchkühe pl; **мясной** ~ Fleischvieh n; Mastvieh n; **племенной** ~ Zuchtvieh n; **породистый** ~ Rassevieh n; Rassezuchtvieh n; **рабочий** ~ Zugvieh n; ● **поголовье** ~а *(на единицу площади)* Viehbestand *m*, Viehbesatz *m*; **содержание** ~а Viehhaltung *f*; **уход за** ~ом Viehpflege *f*

скотник Viehpfleger *m*

скотный двор Viehhof *m*

скотобойня Schlachthof *m*, Schlachthaus *n*

скотовод Viehzüchter *m*

скотоводство Viehzucht *f*

скотовоз Viehtransportauto *n*

скульптура Skulptur *f*

сладкий süß

слалом Slalom *m*

слева links

следовать *(чему-л.)* folgen *(D)*; befolgen *(A)*; nachkommen *(D)*, resultieren *(A)*

следующее das Folgende; **сообщаем вам** ~ wir teilen Ihnen folgendes mit

следующий folgend, nächst; ~ **год** kommendes Jahr; ~ **месяц** der nächste Monat; ~ **пароход** der nächste Dampfer; ~ **за этим** nachfolgend; ~**им образом** folgendermaßen, wie folgt

слесарь Schloßer *m*; ~**-водопроводчик** Wasserleitungsinstallateur *m*; ~**-сборщик** Montageschloßer *m*; ~ **по ремонту машин** Maschinenschloßer *m*; ~**-ремонтник** Reparaturschloßer *m*

слива Pflaume *f*

сливки Sahne *f*; Rahm *m*

слово Wort *n*; **взять** ~ Wort ergreifen; **просить** ~ ums Wort bitten, sich zum Wort melden

сложность Kompliziertheit *f*

служащий Angestellte *m*

служба Dienst *m*; △ **санитарная** ~ Sanitätsdienst *m*; **сервисная** ~ Kundendienst *m*; ● ~ **авиатуризма** Luftreisedienst *m*; ~ **переводов** Dolmetscherdienst *m*; ~ **размножения документов** Kopiedienst *m*; **срок** ~**ы** *(машины)* Betriebsdauer *f*; Lebensdauer *f*

служить dienen

случай Fall *m*; Vorfall *m*; Gelegenheit *f*; Zwischenfall *m*; △ **крайний** ~ Notfall *m*; **несчастный** ~ Unfall *m*; **спорный** ~ Streitfall *m*; ● **в** ~**е положительного ответа** im bejahenden Fall; **несчастный** ~ **на дороге** Verkehrsunfall *m*; **несчастный** ~ **на производстве** Arbeitsunfall *m*; ~ **гарантийного ремонта** Garantiefall *m*; ■ **воспользоваться** ~**ем** eine Gelegenheit benutzen; **пропустить** ~ eine Gelegenheit versäumen; ✦ **в данном** ~**е** gegebenenfalls; **в известных** ~**ях** unter Umständen; **в каждом отдельном** ~**е** jeweils; **в крайнем** ~**е** im Notfall, im äußersten Fall, notfalls; **в противном** ~**е** widrigenfalls; **в худшем** ~**е** schlimmstenfalls; **на всякий** ~ auf jeden Fall; **ни в коем** ~**е** auf keinen Fall, keinesfalls; **пользуясь** ~**ем** bei dieser Gelegenheit; **по** ~**ю** *(чего-л.)* anläßlich *(G)*; **по этому** ~**ю** aus diesem Anlaß; **при** ~**е** gelegentlich

случка *(о лошадях)* Deckung *f*; Desken *n*; Belegen *n*; Beschälen *n*

смазка Schmierfett *n*

смазывать abschmieren

смена Schicht *f*; **ночная** ~ Nachtschicht *f*

смесь Mischung *f*

смета Anschlag *m*; Kostenaufstellung *f*; **предварительная** ~ Kostenvoranschlag *m*; **составить** ~**у** Kostenanschlag aufstellen

сметана saure Sahne

смородина *(ягода)* Johannisbeere *f*

смотреть (an)sehen

снабжать (*чем-л.*) versorgen (*mit D*); versehen (*mit D*); speisen; ~ **товарами** mit Waren beliefern

снабжение Versorgung *f*; ~ **запчастями** Ersatzteilversorgung *f*, Versorgung mit Ersatzteilen; ~ **образцами** Bemusterung *f*; ~ **рудой** Erzversorgung *f*

снаряд (*спортивный*) Gerät *n*

снизить senken; verringern

снимать abnehmen; ~ **в аренду** pachten; ~ **квартиру** Wohnung mieten; ~ **копию** Kopie anfertigen; ~ **корабль с мели** ein Schiff wieder flott machen; ~ **урожай** ernten, die Ernte einbringen; ~ **фильм** einen Film drehen

снимок Aufnahme *f*; **рентгеновский** ~ Röntgenaufnahme *f*

снова wieder

соблюдать einhalten, beachten, befolgen; ~ **срок** Fristen einhalten; ~ **условия** Bedingungen erfüllen

соблюдение Einhaltung *f*; Befolgung *f*; Beachtung *f*; ~ **сроков** die Einhaltung der Fristen; ~ **условий** die Erfüllung der Bedingungen; **точное** ~ **договорных условий** genaue Einhaltung der Vertragsbedingungen

собор Dom *m*; **кафедральный** ~ Kathedrale *f*

собственность Eigentum *n*; **общественная** ~ gesellschaftliches Eigentum; **частная** ~ Privateigentum *n*

совершать (*делать*) machen; vollbringen, leisten; unternehmen; ~ **деловую поездку** Geschäftsreise unternehmen; ~ **туристскую поездку** Touristenreise unternehmen

совет Rat *m*

советоваться (*с кем-л.*) sich beraten (*mit D*), zu Rate ziehen (*A*)

совещание Beratung *f*, Besprechung *f*

совладелец Mitbesitzer *m*

совместно zusammen; gemeinsam; ~**ое предприятие** gemeinsamer Betrieb

совпадение Zusammentreffen *n*, Zusammenfallen *n*

современный modern

согласие Übereinstimmung *f*; Zustimmung *f*; Einverständnis *n*; **выразить** ~ Zustimmung äußern; **дать** ~ Zustimmung geben, Einverständnis erklären; **достичь** ~**я** Übereinstimmung erzielen /herbeiführen/

согласиться (*на что-л.*) einwilligen (*in A*); eingehen (*auf A*), einverstanden sein (*mit D*); ~ **на предложение** in den Vorschlag einwilligen; (*с чем-л.*) zustimmen, beistimmen (*D*); akzeptieren (*A*); (*разделить точку зрения*) Auffassung teilen

согласно (*чему-л.*) laut (*G, D*), gemäß (*D*), entsprechend (*D*); zufolge (*G, D*); ~ **договору** laut Vertrag, vertragsgemäß; ~ **желанию** wunschgemäß

согласование Abstimmung *f*; Koordinierung *f*; Vereinbarung *f*

согласованность Übereinstimmung *f*;

соглашение (*договор*) Abkommen *n*; (*договоренность*) Vereinbarung *f*; △ **валютное** ~ Valutaabkommen *n*; **действующее** ~ geltendes /gültiges/ Abkommen; **долгосрочное** ~ langfristiges Abkommen; **дополнительное** ~ Zusatzabkommen *n*; **межправительственное** ~ Regierungsabkommen *n*; **финансовое** ~ Finanzabkommen *n*; ● ~ **клиринговых расчетов** Verrechnungsabkommen *n*, Glearingabkommen *n*; ~ **о платежах** Zahlungsabkommen *n*; ~ **о принципах ценообразования** die Vereinbarung über die Grundsätze der Preisbildung; ~ **о ценах** Preisabsprache *f*; ◼ **заключать** ~ ein Abkommen schließen; **подписывать** ~ ein Abkommen unterzeichnen /unterschreiben/; **попытаться достичь** ~**ия сторон** eine Einigung der Partien versuchen; ~ **предусматривает** das Abkommen sieht vor; **прекращать действие** ~**ия** ein Abkommen kündigen; **прийти к** ~**ию** zu einer Einigung kommen; **по** ~**ию** laut Vereinbarung

содействие Unterstützung *f*, Beihilfe *f*, Beistand *m*

содействовать *(чему-л.)* beitragen *(zu D)*, fördern *(A)*

содержание *(сущность)* Inhalt *m*; **дословное** ~ Wortlaut *m*; **золотое** ~ Goldgehalt *m*; **расходы по** ~**ию** Unterhaltungskosten *pl*; ~ **в исправном состоянии** Instandhaltung *f*

содержать *(вмещать)* enthalten, einschließen; umfassen, erfassen

содружество Gemeinschaft *f*

соединение Verbindung *f*; **болтовое** ~ Schraubenverbindung *f*

соединительный Anschluß-; ~ **провод** Anschlußleitung *f*; ~**ая труба** Anschlußrohr *n*

соединять verbinden, vereinigen; **Меня не соединили** *(по телефону)*. Ich habe keinen Anschluß bekommen.

сожаление Bedauern *n*; **к** ~**ию** leider, bedauerlicherweise; **к нашему** ~**ию** zu unserem Bedauern; **выразить** ~ Bedauern ausdrücken

создавать schaffen, *(основывать)* gründen

создание *(действие)* Schaffen *n*; Schaffung *f*

создаться *(возникнуть)* entstehen

созывать *(собрание и т. п.)* einberufen

сок Saft *m*; **апельсиновый** ~ Apfelsinensaft *m*; **виноградный** ~ Traubensaft *m*; **мандариновый** ~ Mandarinensaft *m*; **томатный** ~ Tomatensaft *m*; **фруктовый** ~ Fruchtsaft *m*; **яблочный** ~ Apfelsaft *m*

сокращать *(укоротить)* kürzen, verkürzen; *(уменьшить)* reduzieren, verringern, vermindern; ~ **срок** die Frist kürzen; ~ **расходы** Kosten vermindern; ~ **число** die Zahl verringern

солист Solist *m*

солонина Pökelfleisch *n*

соль Salz *n*; **фиксажная** ~ Fixiersalz *n*

солярка Dieselkraftstoff *m*

сом Wels *m*

соната Sonate *f*

соображение Erwägung *f*

сообщать mitteilen, bekanntgeben, vortragen; ~ **по телетайпу** per Fernschreiber übermitteln

сообщение *(известие)* Mitteilung *f*, Meldung *f*, Nachricht *f*; *(связь)* Verkehr *m*, Verbindung *f*; **краткое** ~ Kurznachricht *f*; **судоходное** ~ Schiffsverbindung *f*; **трамвайное** ~ Straßenbahnverbindung *f*

сооружать errichten, bauen

сооружение *(действие)* Errichtung *f*; **подъемные** ~**ия** Förderausrüstungen *pl*; *(здание)* Gebäude *n*

соответствие Übereinstimmung *f*; **в** ~**и** *(с чем-л.)* in Übereinstimmung, gemäß *(mit D)*

соответствовать *(чему-л.)* entsprechen *(D)*, übereinstimmen *(mit D)*; ~ **нормам** den Normen genügen

соответствующий entsprechend;

(пригодный) angemessen, passend

соотношение Verhältnis *n*; ~ **курсов** *(валют)* Kursverhältnis *n*; ~ **цен** Preisrelation *f*; **в соответствующем** ~**ии** im entsprechenden Verhältnis

сопроводительный Begleit-; ~**ое письмо** Begleitschreiben *n*

соревнование *(спортивное)* Wettkampf *m*; **отборочные** ~**я** Ausscheidungsspiele *pl*; ~ **на первенство мира** Weltmeisterschaft *f*; ~ **на первенство страны** Landesmeisterschaft *f*

сорочка *(рубашка)* Hemd *n*; **верхняя** ~ Oberhemd *n*; **нижняя** ~ Unterhemd *n*; **ночная** ~ Nachthemd *n*

сорт Sorte *f*; **высший** ~ beste Qualität; **товары первого** ~**а** die Ware der ersten Sorte; **подобранный по** ~**ам** assortiert

сосед Nachbar *m*

сосиска Würstchen *n*

состав Zusammensetzung *f*; Bestandteile *pl*; Bestand *m*; △ **второй** ~ *(актеров)* zweite Besetzung *f*; **личный** ~ Personalbestand *m*; **преподавательский** ~ Lehrkörper *m*; ● ~ **команды** Mannschaftsaufstellung *f*; ~ **поставки** der Kontingent der Lieferung; ▨ **входить в** ~ gehören *(zu D)*, angehören *(D)*; ✦ **в полном** ~**е** vollzählig; **делегация в** ~**е 10 человек** eine aus zehn Personen bestehende Delegation

составлять *(сочинять)* verfassen; *(деловое письмо)* abfassen, aufsetzen, entwerfen; *(смету, планы)* aufstellen; ~ **протокол** ein Protokoll aufsetzen; *(суммарно)* ausmachen; betragen, sich belaufen *(auf A)*

состояние Zustand *m*; *(положение)* Lage *f*; **в безупречном** ~**ии** in einem einwandfreien Zustand; **в поврежденном** ~**ии** in beschädigtem Zustand

состоять bestehen

состояться stattfinden

сотрудник Mitarbeiter *m*; ~ **государственного аппарата** Mitarbeiter im Staatsapparat

сотрудничать zusammenarbeiten

сотрудничество Zusammenarbeit *f*; **двухстороннее** ~ bilaterale Zusammenarbeit

соус Soße *f*

сохранение Erhaltung *f*; Wahrung *f*, Bewahrung *f*

сохранность Unversehrtheit *f*

союз Bund *m*, Bündnis *n*, Verband *m*

спасать retten

спектакль Vorstellung *f*; Theateraufführung *f*; **вечерний** ~ Abendaufführung *f*, Abendvorstellung *f*; **дневной** ~ Nachmittagsvorstellung *f*;

специализация Spezialisierung *f*

специализированный spezialisiert; ~ **магазин** Fachgeschäft *n*; ~ **ая торговля** Fachhandel *m*

специалист Spezialist *m*, Fachmann *m*; ~**ы** Fachleute *pl*, Fachkräfte *pl*; ~ **по ...** Spezialist für ...

специи Gewürz *n*

спецификация Spezifikation *f*; **поставочная** ~ Lieferspezifikation *f*; **составлять** ~**ию** Spezifikation zusammenstellen

спецодежда Arbeitsbekleidung *f*

спешить eilen, sich beeilen; *(о часах)* vorgehen

спина Rücken *m*

спирт Spiritus *m*; Alkohol *m*; **винный** ~ Weingeist *m*; **нашатырный** ~ Salmiakgeist *m*

список Liste *f*; Verzeichnis *n*; Aufstellung *f*; Stückliste *f* *(перечень)*; ● ~ **запчастей** Ersatzteilliste *f*; ~ **литературы** Literaturverzeichnis *n*; ~ **товаров** Warenliste *f*; ■ **составить** ~ Aufstellung machen

спички Streichhölzer *pl*

спор Streit *m*; Streitigkeit *f*; Auseinandersetzung *f*; **разрешать** *(уладить)* ~ einen Streit schlichten

спорный strittig; Streit-; ~ **вопрос** Streitfrage *f*, strittige Frage

спорт Sport *m*; **зимний** ~ Wintersport *m*; **конный** ~ Reitsport *m*; **конькобежный** ~ Eislaufen *n*; **лыжный** ~ Skisport *m*; **мото** ~ Motorsport *m*; **парусный** ~ Segelsport *n*; **планёрный** ~ Segelflugsport *m*; **стрелковый** ~ Schießsport *m*; **виды** ~а Sportarten *pl*

спортивный sportlich; Sport-; ~ **зал** Sportsaal *m*; Sporthalle *f*; ~ **клуб** Sportklub *m*; ~ **комплекс** Sportforum *n*; ~**ое мероприятие** Sportveranstaltung *f*; ~**ое общество** Sportgemeinschaft *f*; Sportverein *n*; ~**ая площадка** Sportplatz *m*; ~**ое поле** Sportfeld *n*; ~**ое снаряжение** Sportausrüstung *f*; ~**ое сооружение** Sportanlage *f*

спортсмен Sportler *m*; ~ **экстракласса** Spitzensportler *m*

способ Weise *f*, Art *f*, Verfahren *n*; **новые технологические** ~**ы** neue technologische Verfahren; ~ **изготовления** Produktionsverfahren *n*; ~ **платежа** Zahlungsart *f*

способность Fähigkeit *f*; Vermögen *n*; **покупательная** ~ Kaufkraft *f*

способствовать *(чему-л.)* beitragen *(zu D)*, fördern *(A)*

справедливый gerecht; rechtmäßig; *(обоснованный)* berechtigt; gerechtfertigt; ~**ая претензия** gerechter Anspruch

справиться *(сделать)* schaffen; fertig werden *(mit D)*; bewältigen *(A)*; **Мы не справимся с этим за один месяц.** Wir werden es nicht im Laufe eines Monats schaffen.

справка: 1. *(сведения)* Auskunft *f*; **дать** ~**у** *(о чем-л.)* Auskunft geben /erteilen/ *(über A)*; **наводить** ~**и** Auskünfte einholen; **получить** ~**у** Auskunft erhalten; 2. *(документ)* Bescheinigung *f*

справочник Handbuch *n*; Nachschlagewerk *n*

спрашивать fragen; Fragen stellen

спринцовка Klistierspritze *f*

спрос Nachfrage *f*; Bedarf *m*; **покупательский** ~ Kaufnachfrage *f*; ~ **на потребительские товары** Konsumnachfrage *f*; **экспортные товары, пользующиеся большим** ~**ом** begehrte Exportartikel; **пользоваться большим** ~**ом** sehr gefragt /begehrt/ sein; **удовлетворять** ~ den Bedarf decken

сравнение Vergleich *m*; **документы для** ~**я** vergleichbare Dokumente; **для** ~**я** zum Vergleich; **по** ~**ию** im Vergleich *(zu D)*

сравнить vergleichen

средний durchschnittlich; Durchschnitts-; ~ **вес** Durchschnittsgewicht *n*; ~**ее качество** Durchschnittsqualität *f*, mittlere Qualität

средство Mittel *n*; △ **болеутоляющее** ~ schmerzstillendes Mittel *n*, Linderungsmittel *n*; **вспомогательное** ~ Hilfsmittel *n*; **дезинфицирующее** ~ Desinfektionsmittel *n*; **пропиточное** ~ Imprägniermittel *n*; **противопожарное** ~ Feuerschutzmittel *n*; **снотворное** ~ Schlafmittel *n*; **транспортное** ~ Fahrzeug *n*; ● ~**автоматизации** das Mittel für Automatisierung; ~**а производства** Produktionsmittel *pl*,

Investitionsgüter *pl*; ~ связи Nachrichtenmittel *n*; ~ сообщения Verkehrsmittel *n*; экономия *(денежных)* средств Kosteneinsparung *f*

срок Frist *f*; Termin *m*; △ гарантийный ~ Garantiefrist *f*; дополнительный ~ Nachfrist *f*; крайний ~ der letzte Termin; точные ~и genaue Termine; установленный ~ festgestellter Termin; ● истечение ~a der Ablauf der Frist; по истечении ~a nach Ablauf der Frist; согласование ~ов die Abstimmung der Fristen; сокращение ~ов die Verkürzung der Termine; ~ договора Vertragsdauer *f*; ~ монтажа Montagefrist *f*; ~ поставок Liefertermin *m*, Lieferfrist *f*; ~ пребывания Aufenthaltstermin *m*; ~ службы *(машины)* Lebensdauer *f*; ■ выдержать ~ die Frist /den Termin/ einhalten; перенести ~ den Termin /die Frist/ verschieben; поставить в ~ fristgemäß /termingemäß, rechtzeitig/ liefern; принять ~ den Termin akzeptieren; продлить ~ die Frist /den Termin/ verlängern; сократить ~ die Frist /den Termin/ (ver)kürzen; ◆ в следующие ~и zu folgenden Fristen; в те же ~и zu gleichen Fristen; Гарантийный ~ истёк. Die Garantiefrist ist abgelaufen. Как обстоит дело со ~ами? Wie steht es mit der Terminfrage?; командирование специалистов на определённый ~ die zeitweilige Delegierung von Spezialisten; по ~ам nach Fristen; ~и внедрения в производство das Tempo der Überleitung in die Produktion; считать ~ реальным den Termin für real halten

срочность Dringlichkeit *f*

ссылаться *(на кого-л.)* verweisen; sich berufen *(auf A)*

ссылка Hinweis *m*, Verweis *m*

стабильный stabil

ставить stellen; setzen; ~ в известность in Kenntnis setzen

ставка *(тариф)* Satz *m*; Rate *f*; Taxe *f*; максимальная ~ Höchstsatz *m*, Höchstrate *f*; минимальная ~ Mindestsatz *m*, Mindestrate *f*; процентная ~ Prozentsatz *m*; фрахтовая ~ Frachtsatz *m*; по высшей ~е nach dem höchsten Satz; по твёрдым ~ам nach festen Sätzen

сталь Stahl *m*; листовая ~ Blech *n*; тавровая ~ T-Stahlprofil *n*

стандарт Standard *m*, Norm *f*; мировой ~ Weltstand *m*

стандартный Standard-; ~ размер Standardgröße *f*

станок Werkzeugmaschine *f*; Werkbank *f*; △ металлообрабатывающий ~ Metallbearbeitungsmaschine *f*; печатный ~ Druckerpresse *f*; прецизионный ~ Präzesionswerkbank *f*; сверлильный ~ Bohrmaschine *f*; ткацкий ~ Webstuhl *m*; токарный ~ Drehmaschine *f*; шлифовальный ~ Schleifmaschine *f*; ● ~ с микроэлектронным управлением die Werkzeugmaschine mit mikroelektronischer Steuerung; схема ~a Maschinenplan *m*

станция Station *f*; △ автозаправочная ~ Tankstelle *f*; авторемонтная ~ Autoreparaturstation *f*; грузовая ~ Güterbahnhof *m*; железнодорожная ~ Eisenbahnstation *f*; пограничная ~ Grenzstation *f*; телефонная ~ Fernsprechamt *n*; Fernamt *n*; ● ~ выгрузки Ausladestation *f*; ~ метро Metrostation *f*; ~ назначения Bestimmungsort *m*; Zielbahnhof *m*; ~ пересадки Umsteigebahnhof m; ~ **отправления** Abgangsbahnhof m, Abgangsstation f; Versandstation f; ~ **погрузки** Verladestation f

стараться sich bemühen; bestrebt sein

старт Start m

стартер *(машины)* Anlasser m

стартовать starten

статуя Statue f

статья Artikel m; *(бюджета)* Posten m; **газетная** ~ Presseartikel m; **приходная** ~ Einkommensposten m; **расходная** ~ Abgangsposten m; Ausgabeposten m

стекло Glas n; **ветровое** ~ Windschutzscheibe f; **зеркальное** ~ Spiegelglas n; **лобовое** ~ Frontscheibe f; **матовое** ~ Mattglas n; **оконное** ~ Fensterglas n, Fensterscheibe f; ~ **часов** Uhrglas n

стеклоочиститель Scheibenwischer m

стена Wand f; **кирпичная** ~ Mauer f; **панельная** ~ Tafelwand f

стенд Stand m; **коллективный** ~ Kollektivstand m; **ярмарочный** ~ Messestand m; **отказаться от** ~**а** den Stand aufgeben; **на** ~**е** am Stand

степень Grad m; Maß n; Stufe f; ~ **автоматизации** Automatisierungsgrad m; Automatisierungsstufe f; **высокая** ~ **надежности и маневренности** ein hoher Grad der Zuverläßigkeit und Disponibilität

стереоустановка Stereoanlage f

стержень Stange f; Stab m; Stiel m; **стальной** ~ Stahlstab m; ~ **шариковой авторучки** Kugelschreibermine f

стетоскоп Stethoskop n, Hörrohr n

стиль Stil m; **архитектурный** ~ Baustil m

стимул Anreiz m; Ansporn m; Anregung f

стимулирование Stimulierung f; **материальное** ~ materielle Stimulierung; **экономическое** ~ ökonomische Stimulierung

стимулировать stimulieren

стирать waschen; löschen; *(мыть)* waschen; *(запись на пленке)* löschen

стоимость Wert m; Preis m; *(расходы)* Kosten pl; *(цена)* Preis m; △ **возможная** ~ mögliche Kosten; **конечная** ~ endgültiger Preis; **контрактная** ~ Vertragspreis m; **номинальная** ~ Nennwert m; **нормативная** ~ normative Kosten; **общая** ~ Gesamtwert m; **ориентировочная** ~ voraussichtiger Preis; **оценочная** ~ Schätzungswert m; **покупная** ~ Anschaffungswert m; Anschaffungskosten pl, Kaufwert m; **полная** ~ Vollwert m; **совокупная** ~ Gesamtwert m; **средняя** ~ Durchschnittskosten pl; **установленная** ~ festgesetzter Preis; ● ~ **вывоза строительного оборудования** Kosten für Abtransport von Bauausrüstungen; ~ **выполнения пуско-наладочных работ** Kosten für Einrichten und Inbetriebnahme; ~ **выполнения монтажных работ** Kosten für Montage; ~ **выполнения строительных работ** Kosten für Bauarbeiten; ~ **доставки** Lieferungskosten pl; Lieferwert m; ~ **запасных частей** der Preis für Ersatzteile; ~ **изготовления** Produktionskosten pl; ~ **капитального строительства** Kosten für den Investitionsbau; ~ **материалов** Werkstoffkosten pl; ~ **оборудования** Kosten für Ausrüstung; ~ **объекта** der Preis des Objektes; ~ **подключения** Anschlußkosten pl; ~

проезда Fahrtkosten *pl*; ~ работ Arbeitskosten *pl*; ~ рабочей силы Kosten für Arbeitskräfte; ~ расхода электроэнергии Kosten für Energieverbrauch; ~ ремонта Reparaturkobten *pl*; ~ строительства Baukosten *pl*; ~ транспортировки Kosten für Transport; ~ упаковки Verpackungskosten *pl*; ~ услуг Kosten für Bedienung /Betreuung/; ~ в постоянных ценах der Wert in ständigen Preisen; ~ в текущих ценах der Wert in heutigen /gegenwärtigen/ Preisen; ~ю в im Wert von; по ~и wertmäßig; ◼ возместить ~ den Wert ersetzen; уплатить ~ Kosten /den Wert/ bezahlen

стойка (*стол или шкафчик*) Ständer *m*; (*буфетная*) Theke *f*; строительная ~ Ständer *m*

стол Tisch *m*; складной ~ Klapptisch *m*; операционный ~ Operationstisch *m*; раздвижной ~ Ausziehtisch *m*

столб Säule *f*; Pfahl *m*; Stange *f*

столица Hauptstadt *f*

стоматолог Zahnarzt *m*

сторона Seite *f*; (*в договоре*) Seite *f*; (*направление*) Richtung *f*; △ верхняя ~ Oberseite *f*; внутренняя ~ Innenseite *f*; лицевая (*передняя*) ~ Vorderseite *f*; наружная ~ Außenseite *f*; нижняя ~ Unterseite *f*; продольная ~ Längsseite *f*; торцевая ~ Stirnseite *f*; ✦ мы со своей ~ы wir unserseits; с другой ~ы anderseits; с одной ~ы einerseits

стоянка (*автомашины*) Parkplatz *m*; ~ такси Taxihaltestelle *f*, Taxistand *m*

страна Land *n*; ~-отправитель Versandland *n*; ~-поставщик сырья Rohstoffland *n*; ~-продавец Verkäuferland *n*; соседняя ~ Nachbarland *n*

страхование Versicherung *f*; △ обязательное ~ Pflichtversicherung *f*; ● ~ груза Güterversicherung *f*; ~ на случай болезни Krankenversicherung *f*; ~ от пожара Feuerversicherung *f*; расходы по ~ию Versicherungskosten *pl*, Versicherungsspesen *pl*

страховать (*от чего-л.*) versichern (*gegen A*)

страховщик Versicherer *m*

стрела Pfeil *m*

стрелка (*часов*) Zeiger *m*

стрижка (*прическа*) Haarschnitt *m*; (*овец*) Schur *f*

стричь schneiden

строго streng

строитель Bauarbeiter *m*

строительный Bau-; ~ое дело Bauwesen *n*; ~ая машина Baumaschine *f*; ~ые элементы Bauteile *pl*

строительство Bau *m*; Aufbau *m*, Bauen *n*; расходы по ~у Baukosten *pl*

стройка *см.* строительство

строка Zeile *f*

структура Struktur *f*; Gefüge *n*; изменение ~ы Strukturveränderung *f*

студент Student *m*

ступенчатый stufenförmig

ступня Fuß *m*

стык Fuge *f*

субподрядчик Nachauftragnehmer *m*

субпоставщик Unterlieferant *m*, Zulieferant *m*

субсидия Unterstützung *f*; finanzielle Beihilfe; Subvention *f*; государственная ~ staatlicher Zuschuß

суд Gericht *n*

судак Zander *m*

судебный gerichtlich; Gerichts-;

~ые издержки Gerichtskosten *pl*; ~ым порядком auf dem Rechtswege, auf gerichtlichem Wege
судно Schiff *n*; △ грузовое ~ Frachtschiff *n*; зафрахтованное ~ Charterschiff *n*; линейное ~ Linienschiff *n*; морское ~ Seeschiff *n*; нефтеналивное ~ (*танкер*) Tanker *m*, Tankschiff *n*; насыпное ~ Schüttgutfrachter *m*; пассажирское ~ Fahrgastschiff *n*; рефрижераторное ~ Kühlschiff *n*; речное ~ Flußschiff *n*; специализированное ~ Spezialschiff *n*; торговое ~ Handelsschiff *n*; трамповое ~ Trampschiff *n*; транспортное ~ Transportschiff *n*; универсальное ~ Universalschiff *n*; ● извещение о прибытии ~а die Anmeldung über das Eintreffen des Schiffes; прибытие ~а das Einlaufen des Schiffes; ■ входит в порт das Schiff läuft in den Hafen ein; ~ выходит из порта das Schiff läuft aus dem Hafen aus; подать ~ в порт ein Schiff im Hafen bereitstellen
судостроение Schiffbau *m*
судья Richter *m*; (*в спорте*) Kampfrichter *m*, Schiedsrichter *m*
сужение Verengung *f*
сумка Tasche *f*; дамская ~ Handtasche *f*; хозяйственная ~ Einkaufstasche *f*
сумма Summe *f*; Betrag *m*; △ минимальная ~ Mindestbetrag *m*; общая ~ Gesamtsumme *f*, Gesamtbetrag *m*; ● арендной платы Mietbetrag *m*; вся ~ счета gesamter Rechnungsbetrag; ~ предложения Angebotswert *m*; ■ перевести ~y eine Summe überweisen; ✦ в ~e... im Betrag von ...; на общую ~y mit einer Gesamtbetrag

суп Suppe *f*
суперарбитр Superarbiter *m*
сустав Gelenk *n*
суточные Tagegeld *n*, Tagegelder *pl*
суть (*сущность*) Schwerpunkt *m*
сухарь Zwieback *m*
сушение Trocknen *n*, Dörren *n*
сушёный getrocknet, gedörrt
сушилка (*аппарат*) Trockner *m*, Trocknungsanlage *f*; (*помещение*) Trockenraum *m*, Trockenkammer *f*; (*рига*) Trockenboden *m*, Darre *f*
сушка *см.* сушение
сушить trocknen
существенный wesentlich
существо (*сущность*) Wesen *n*, Kern *n*; перейти к ~у вопроса auf das Wesen der Sache übergehen
существовать existieren; (*быть в наличии*) vorhanden sein; (*состоять*) bestehen
сфера Sphäre *f*; Bereich *m*; ~ обслуживания Dienstleistungswesen *n*
схема Schema *f*; Skizze *f*, Plan *m*
сцена Bühne *f*
сценарий Drehbuch *n*
сцепление Kupplung *f*
счастье Glück *n*
счёт 1. Konto *n*; Rechnung *f* (*расчетный документ*); △ банковский ~ Bankkonto *n*; лицевой ~ persönliches Konto; окончательный ~ Schlußrechnung *f*; предварительный ~ vorläufige /provisorische/ Rechnung, Proformarechnung *f*; текущий ~ laufende Rechnung; ● оплата ~а die Begleichung der Rechnung; отказ от уплаты ~а die Zahlungsverweigerung der Rechnung; ~ по контракту die Rechnung zum Kontrakt; ■ аннулировать (*сторниро-

вать) ~ eine Rechnung stornieren; **выставить** ~ eine Rechnung ausstellen; **дебетовать** ~ ein Konto mit *(D)* belasten; **записать на** ~ auf dem Konto verbuchen; **идти за** ~ *(кого-л.)* zu Lasten (j-s) gehen /fallen/; **кредитовать** ~ einem Konto gutschreiben; **оплатить** ~ **полностью** eine Rechnung in voller Höhe bezahlen /begleichen/; **отнести на** ~ **кого-л.** j-m in die Rechnung stellen; **предъявить** ~ *(за что-л.)* (etw) in die Rechnung stellen; ♦ **вся сумма** ~**a** gesamter Rechnungsbetrag; **в** ~ **a** conto; **в** ~ **суммы** zu Lasten der Summe; ~ **в почтовом отделении** *(для безналичных расчётов)* Postscheckkonto *n*; ~, **по которому наступают сроки платежей** fällige Rechnung; 2. *(из магазина, предприятия и т. п.)* Rechnung *f*; **заплатить по** ~ **у** eine Rechnung begleichen /bezahlen/; **Счёт выписан на сумму 5 000 марок**. Die Rechnung lautet auf fünftausend Mark.
счётчик Zähler *m*
считать 1. *(сосчитать)* zählen, rechnen; **не** ~**ая кого-л., чего-л.** ohne j-n etw *(A)* zu rechnen,

ausgenommen *(исключая)*; ~**ая в том числе** darunter, einschließlich; 2. *(кем-л., чем-л.)* halten *(für A)*; betrachten, beurteilen *(als A)*; **Специалисты** ~**ют этот прибор оптимальным**. Die Fachleute beurteilen dieses Gerät als optimal; **фирма** ~**ет** die Firma ist der Meinung
считаться *(с кем-л., с чем-л.)* berücksichtigen, Rücksicht nehmen; *(слыть)* gelten *(als N, für A)*; **Сделка считается заключенной**. Das Geschäft gilt als abgeschlossen.
съезд Kongreß *m*; ~ **профсоюзов** Gewerkschaftskongreß *m*
съёмный abnehmbar
сыр Käse *m*; **голландский** ~ holländischer Käse; **зеленый** ~ Kräuterkäse *m*; **плавленый** ~ Schmelzkäse *m*; **швейцарский** ~ Schweizer Käse
сырьё Rohstoff *m*; **добыча** ~**я** Rohstoffgewinnung *f*; **переработка** ~**я** Rohstoffverarbeitung *f*; **химическое** ~ chemischer Grundstoff
сюжет Sujet *n*
сюрреализм Surrealismus *m*

Т

табак Tabak *m*
тайм *(футбольный)* Halbzeit *f*
такелажник Takeler *m*
такси Taxi *n*
тамбур Windfang *m*
таможенник Zollbeamte *m*
таможенный Zoll-; ~ **досмотр** Zollkontrolle *f*; Zollrevifision *f*; ~**ая пошлина** Zollgebühr *f*; Zoll *m*
таможня Zollamt *n*
танец Tanz *m*

танцовщик Ballettänzer *m*
тара *(упаковка)* Tara *f*; *(упаковочный материал)* Außenverpackung *f*; **порожняя** ~ Leergut *n*; **вес** ~**ы** Verpackungsgewicht *n*
тарелка Teller *m*
тариф Tarif *m*; Gebühr *f*; Gebührensätze *pl*; **по** ~**у** tarifmäßig
творог Quark *m*
творчество Schaffen *n*
театр Theater *n*; **драматический**

~ Schauspielhaus *n*; **оперный** ~ Opernhaus *n*; ~ **для детей** Kindertheater *n*; ~ **для юношества** Jugendtheater *n*

тезис These *f*, Thesis *f*; Leitsatz *m*

текст Text *m*; Wortlaut *m*; **подлинный** ~ Urtext *m*; ~**ы для публикаций** Texte für die Publikation *f*; ~**ы докладов с данными о докладчиках** Vorträge mit Angaben der Vortragenden

текущий laufend

телебашня Fernsehturm *m*

телевидение Fernsehen *n*

телевизор Fernsehgerät *n*; Fernseher *m*

телеграмма Telegramm *n*; △ **обычная** ~ gewöhnliches Telegramm; **поздравительная** ~ das Glückwunschtelegramm; ● ~**-молния** Blitztelegramm *n*; **письмо-**~ Brieftelegramm *n*; ~ **с оплаченным ответом** das Telegramm mit bezahlter Antwort; ■ **получить** ~**у** ein Telegramm erhalten; **послать** ~**у** ein Telegramm schicken /senden/

телеграф Telegraf *m* **по** ~**у** telegrafisch

телеграфировать telegrafieren

тележка (kleiner) Wagen; **вагонная** ~ Untergestell *n*; **крановая** ~ Laufkatze *f*

телекс Telex *m*

телепередача Fernsehsendung *f*, Fernsehübertragung *f*

телетайп Fernschreiber *m*, Ferndrucker *m*; **номер** ~**а** Fernschreibnummer *f*

телефильм Fernsehfilm *m*

телефон Telefon *n*, Fernsprecher *m*; ● ~**-автомат** Fernsprechautomat *m*; **междугородный** ~ Fernamt *n* *(станция)*; **вызов по** ~**у** Anruf *m*; **номер** ~**а** Rufnummer *f*; **пользование** ~**ом** Telefonbenutzung *f*; ■ **говорить по** ~**у** *(с кем-л.)* telefonieren *(mit D)*; **позвонить по** ~**у** *(кому-л.)* (j-n) anrufen; ✦ **по** ~**у** telefonisch, per Telefon; **Нам нужно установить несколько** ~**ов**. Wir brauchen einige Telefonanschlüsse. **Я поставил себе** ~. Ich habe mir ein Telefon legen lassen.

телефонный telefonisch; ~ **аппарат** Telefonapparat *m*; ~**ая будка** Telefonzelle *f*; ~ **разговор** Telefongespräch *n*; ~ **справочник** Telefonbuch *n*

телёнок Kalb *n*; **убойный** ~ Schlachtkalb *n*; ~ **на племя** Zuchtkalb *n*

тема Thema *n*; **научно-исследовательская** ~ Forschungsthema *n*; **непосредственная** ~ eigentliches Thema; **Мы предлагаем вам** ~**у исследований**. Wir schlagen Ihnen eine Forschungsarbeit vor.

тёмный dunkel

темп Tempo *n*; **медленным** ~**ом** in langsamem Tempo; **в ускоренном** ~**е** in beschleinigtem Tempo; **в** ~**е** in Tempo

температура Temperatur *f*; ~ **помещения** Raumtemperatur *f*; ~ **находится в пределах ... градусов** die Temperatur liegt zwischen ... Grad

теннис Tennis *n*; **настольный** ~ Tischtennis *n*; ~**ная площадка** *(корт)* Tennisplatz *m*

тенор Tenor *m*

теория Theorie *f*

теперешний jetzig; gegenwärtig

теплостойкий hitzebeständig, wärmebeständig

теплофикация Fernheizug *f*

теплоцентраль Fernheizwerk *n*

терапевт Internist *m*, Therapeut *m*

терапия Therapie *f*
термометр Thermometer *n*
территория Territorium *n*; *(площадь)* Fläche *f*; **открытая** ~ Freigelände *n*; ~ **выставки** Ausstellungsgelände *n*; ~ **города** Stadtgebiet *n* ~ **завода** Werkgelände *n*
тесный eng; ~**ое сотрудничество** enge Zusammenarbeit
тест Test *m*
техник Techniker *m*
техника Technik *f*; △ **вычислительная** ~ Rechentechnik *f*; **дорожная** ~ Straßenbautechnik *f*; **измерительная** ~ Meßtechnik *f*; **производственная** ~ Fertigungstechnik *f*; **робото**~ Robotertechnik *f*; **слаботочная** ~ Schwachstromtechnik *f*; **холодильная** ~ Kältetechnik *f*; ● ~ **глубокого вакуума** Hochvakuumtechnik *f*; ~ **связи** Nachrichtentechnik *f*; Fernmeldetechnik *f*
технолог Technologe *m*
технология Technologie *f*; Verfahrentechnik *f*; Verfahren *n*; △ **базисная** ~ Basistechnologie *f*; **безотходная** ~ abfallarme Technologie; **био**~ Biotechnologie *f*; **перспективная** ~ zukunftsorientierte Technik; **типовая** ~ Typentechnologie *f*; **энергоёмкая** ~ energieintensive Technologie; ● **внедрение передовой** ~**ии** die Einführung einer progressiven Technologie; **новая** ~ **производства** *(чего-л.)* eine neue Technologie für die Herstellung *(von D)*; **создание новых базисных** ~**ий** die Schaffung neuer Basistechnologien; ~ **обработки давлением** Umformtechnik *f*; ~ **производства** Produktionstechnologie *f*
техобслуживание Kundendienst *m*
течь 1. *(утечка)* Leck *n*; **дать** ~ leck werden; **иметь** ~ leck sein; 2. *(протекать)* fließen
тип Typ *m*; Art *f*; **машина** ~**а X** die Maschine vom Typ X
типизация Typisierung *f*
типовой Muster-; ~ **договор** Mustervertrag *m*
типографский Druck-; ~**ие работы** Druckarbeiten *pl*
тир Schießstand *m*
титр Titel *m*
ткань Stoff *m*
товар Ware *f*; △ **бракованный** *(забракованный)* ~ Ausschußware *f*; **возвращаемый** ~ Rückware *f*; **галантерейные** ~**ы** Galanteriewaren *pl*, Kurzwaren *pl*; **дефицитный** ~ Mangelware *f*; **залежалый** ~ Ladenhüter *m*, überlagerte Ware; **запрашиваемый** *(желательный)* ~ gewünschte Ware; **качественный** ~ Qualitätsware *f*; **недоброкачественный** ~ mangelhafte Ware; **отечественный** ~ Inlandsware *f*; **повреждённый** ~ die beschädigte Ware; **поставленный** ~ die gelieferte Ware; **поступивший** ~ die eingetroffene Ware; **посылаемый** ~ Sendung *f*; **представительские** ~**ы** Repräsentationsware *f*; **различные** ~**ы** die diversen Waren /Artikel/; **спортивные** ~**ы** Sportartikel *pl*; **сыпучие** ~**ы** Schüttgut *n*, Schüttware *f*; **текстильные** ~**ы** Textilien *pl*; **фасованный** ~ die abgepackte Ware; **ходкий** ~ die marktfähige Ware; **штучный** ~ Stückware *f*; **экспортные** ~**ы** Ausfuhrwaren *pl*, Exportartikel *pl*; ● **вид** ~**а** Warenart *f*; **наличие** ~**а** Warenbestand *m*; ~ **на плаву** schwimmende Ware; **номенклатура** ~**а** Warennomenklatur *f*; **партия** ~**а** Warenpartie *f*; ✦ ~, **выдерживающий длительное хранение** lagerfähige Ware; ~ **массового произ-**

водства Stapelware *f*; ~, на который поступила рекламация reklamierte Ware; ~, находящийся в *(сухопутном)* пути rollende Ware; ~, находящийся на таможенном складе die Ware unter Zollverschluß; ~, не оплаченный пошлиной unterzollte Ware; ~, не подлежащий обложению (пошлиной) Freigut *n*; ~ы, продаваемые на месте Lockwaren *pl*; ~, продаваемые на метры Meterwaren *pl*; ~ широкого потребления Konsumgüter *pl*, Massenbedarfsartikel *pl*; ■ возвращать~ die Ware zurückweisen; **выставлять** ~ die Ware auslegen; **поставлять** ~ die Ware liefern

товаровед Warensachkundige *m*; Warenexperte *m*

товарообмен Warenaustausch *m*; Güteraustausch *m*

товарооборот Warenumsatz *m*

ток Strom *m*; △ **многофазный** ~ Mehrphasenstrom *m*; **однофазный переменный** ~ Einphasenwechselstrom *m*; **переменный** ~ Wechselstrom *m*; **постоянный** ~ Gleichstrom *m*; **трёхфазный** ~ Drehstrom *m*; ● **вид** ~a Stromart *f*; **напряжение** ~a Stromspannung *f*; **отключение** ~a Stromabschaltung *f*; **двигатель трехфазного** ~a Drehstrommotor *m*; **номинальная сила** ~a Nennstromstärke *f*; ~ **высокой частоты** Hochfrequenzstrom *m*; ~ **высокого напряжения** Hochspannungsstrom *m*

токарь Dreher *m*

толкание Stoßen *n*; ~ **ядра** Kugelstoßen *n*

толщина Stärke *f*; Dicke *f*

томат Tomate *f*

тонна Tonne *f*; ~ами Tonnenweise

тоннаж Tonnage *f*; ~ **судна** Schiffsraum *m*

топливо Brennstoff *m*, Heizstoff *m*; Kraftstoff *m*, Treibstoff *m*; **газообразное** ~ Treibgas *n*; **дизельное** ~ Dieseltreibstoff *m*; **жидкое** ~ flüssiger Brennstoff; **твёрдое** ~ fester Brennstoff; **ядерное** ~ Kernbrennstoff *m*

торговать *(чем-л.)* handeln *(mit D)*

торговля Handel *m*; △ **внешняя** ~ Außenhandel *m*; **внутренняя** ~ Binnenhandel *m*; Inlandshandel *m*; **двухсторонняя** ~ bilateraler Handel; **заморская** ~ Überseehandel *m*; **комиссионная** ~ Kommissionshandel *m*; **многосторонняя** ~ multilateraler Handel; **посредническая** ~ Zwischenhandel *m*; Vermittlungshandel *m*; **посылочная** ~ Versandhandel *m*; **розничная** ~ Einzelhandel *m*, Kleinhandel *m*; **оптовая** ~ Großhandel *m*; ■ **вести** ~ю Handel treiben; **возобновить** ~ю Handel wiederaufnehmen; **принятый в** ~e handelsüblich; **приступить к** ~e Handel aufnehmen

торговый Handels-; ~е **барьеры** Handelsschranken *pl*; ~ая **палата** Handelskammer *f*; ~ое **предприятие** Handelsunternehmen *n*

торгпред *(торговый представитель)* Handelsvertreter *m*

торгпредство *(торговое представительство)* Handelsvertretung *f*

тормоз Bremse *f*; **ножной** ~ Fußbremse *f*; **ручной** ~ Handbremse *f*

тормозить bremsen

тормозная жидкость Bremsflüssigkeit *f*

торт Torte *f*; **фруктовый** ~ Obsttorte *f*; **шоколадный** ~ Schokoladentorte *f*

торшер Stehlampe f
точка Punkt m; ~ зрения Gesichtspunkt m; Auffassung f; Standpunkt m; Stellungnahme f; Я не разделяю эту ~у зрения. Ich bin nicht dieser Auffassung. Имеются различные ~и зрения. Es ergeben sich unterschiedliche Standpunke.
точно korrekt; genau; Все расчёты были проведены ~. Alle Berechnungen wurden korrekt vorgenommen.
точность Genauigkeit f; Präzision f; с большой ~ю mit großer Genauigkeit
точный pünktlich; ~ измерительный прибор Feinmeßgerät n; ~ая механика Feinmechanik f; ~ый прибор Präzisionsgerät n
традиционный traditionell
трактор Traktor m; △ гусеничный ~ Raupenschlepper m, Raupentraktor m; колёсный ~ Radschlepper m, Radtraktor m; мощный ~ Großtraktor m; пропашной ~ Hackfruchtschlepper m; трелёвочный ~ Holzrückschlepper m; ● ~-тягач Schlepper m; Trecker m; ▓ работать на ~е einen Traktor fahren
тракторист Traktorist m
тракторный Traktoren-; Schlepp-; ~ поезд Treckerzug m; ~ая тяга Schlepperzug m; Traktorenantrieb m
трамвай Straßenbahn f
трамплин Trampolin n; (для прыжков в воду) Sprungbrett n; (для прыжков на лыжах) Sprungschanze f, Schanze f
транзит Transit m; перевозить ~ом als Transitware befördern
транспорт Transport m; Verkehr m; Verkehrswesen n; Beförderung f; автомобильный ~ Kraftverkehr m; внутренний ~ Binnenverkehr m; водный ~ Wassertransport m; воздушный ~ Luftverkehr m, Lufttransport m; грузовой ~ Güterverkehr m, Frachttransport m; железнодорожный ~ Eisenbahntransport m; морской ~ Seetransport m; речной ~ Binnenschiffahrt f; сухопутный ~ Landtransport m
транспортировка Transport m; Beförderung f; △ последующая ~ Weiterbeförderung f; ● ~ автомашиной Beförderung mit Kraftfahrzeug; ~ водным путем Beförderung auf dem Wasserwege; ~ по железной дороге Beförderung mit der Eisenbahn; ~ самолётом Beförderung auf dem Luftwege
транспортная контора Transportkontor n
трасса Trasse f, Strecke f, Linie f; Bahn f
трассант (векселедатель) Trassant m
трассат Trassat m
тратить verbrauchen; ~ деньги Geld ausgeben; ~ время Zeit verlieren
тратта Tratte f
требование 1. Forderung f; Verlangen n, Erfordernis n; △ встречное ~ Gegenforderung f; законное ~ rechtmäßige Forderung; ● ~ заработной платы Lohnforderung f; ~ о снижении цены Preisreduzierungsforderung f; ▓ выдвигать (предъявлять) ~ия Ansprüche stellen; отвечать ~иям Ansprüchen /Forderungen/ entsprechen; удовлетворять ~ Ansprüche befriedigen; учитывать ~ den Ansprüchen Rechnung tragen, Ansprüche berücksichtigen; ✦ по ~ию auf Forderung; по вашему ~ию auf Ihr Verlangen; 2. (документ) Bestellzettel m, Bestellung f (на что-л. auf A); пла-

тежное ~ Zahlungsforderung *f*; **3.** *(техническая инструкция)* Bestimmungen *pl*
требовать *(что-л.)* fordern, verlangen, beanspruchen *(A)*; bedürfen *(G)*
требоваться nötig /erforderlich/ sein; benötigt werden
требуемый erforderlich; gewünscht
тренер Trainer *m*
тренироваться trainieren
треска Dorsch *m*
третейский Arbitrage-; Schieds-; ~ **суд** Schiedsgericht *n*
трёхфазный dreiphasig; Dreiphasen-; ~ **двигатель** Drehstrommotor *m*; ~**ая линия** Drehstromleitung *f*; ~ **ток** Drehstrom *m*
трещина Riß *m*
трио Trio *n*
троллейбус Trolleybus *m*, Oberleitungsbus *m*
трос Seil *n*, Tau *n*, Trosse *f*; **стальной** ~ Drahtseil *n*; Stahldrahttau *n*; **тяговый** ~ Zugseil *n*
труба Rohr *n*; Röhre *f*; **бронированная** ~ Panzerrohr *n*; **водопроводная** ~ Wasser(leitungs)rohr *n*; **выхлопная** ~ *(автомашины)* Auspuffrohr *n*; **фасонная** ~ Profilrohr *n*
трубопровод Rohrleitung *f*; **всасывающий** ~ Saugleitung *f*; **кольцевой** ~ Ringleitung *f*; **нагнетательный** ~ Druckleitung *f*, Steigleitung *f*; **пневматический** ~ Druckluftleitung *f*
труд Arbeit *f*; **Спасибо за ваши** ~**ы**. Ich danke für Ihre Bemühungen.
трудно schwierig
трудность Schwierigkeit *f*; **преодолевать** ~**и** die Schwierigkeiten überwinden; **создавать кому-л.** ~**и** jemandem Schwierigkeiten in den Weg legen; **устранять** ~**и** die Schwierigkeiten aus dem Wege räumen; **в связи с** ~**ями** auf Grund der Schwierigkeiten
трудный schwer, schwierig; ~ **день** ein schwieriger Tag
трусы Turnhose *f*
туалет Toilette *f*; **женский** ~ Damentoilette *f*; **мужской** ~ Herrentoilette *f*
туннель Tunnel *m*; ~ **для пешеходов** Fußgängerunterführung *f*
туризм Touristik *f*, Touristenverkehr *m*
турист Tourist *m*
турнир Turnier *n*; **шахматный** ~ Schachturnier *n*
туфли Schuhe *pl*; **детские** ~ Kinderschuhe *pl*; **домашние** ~ Hausschuhe *pl*; **женские** ~ Damenschuhe *pl*; ~-**лодочки** Pumps *pl*
тщательно sorgfältig
тщательность Sorgfalt *f*
тюк Ballen *m*; ~**ами** ballenweise
тягач Trecker *m*; Schlepper *m*; Zugmaschine *f*
тяжесть Schwere *f*; Gewicht *n*; **центр** ~**и** Schwerpunkt *m*

У

убедительный überzeugend; triftig; ~ **довод** ein triftiger Grund; ~**ая просьба** eine dringende Bitte

убедиться *(в чем-л.)* sich überzeugen *(von D)*; sich vergewissern *(G)*

убирать *(урожай)* ernten

уборка Aufräumen *n*; ~ **помещения** Säuberung des Raums; ~ **урожая** Ernte *f*
убыток Schaden *m*; Verlust *m*; Nachteil *m*; ● **возмещение** ~**ов** Schadenersatz *m*; **исчисление** ~**ов** Schadenberechnung *f*; **определение** ~**ов** Schadenermittlung *f*; ■ **быть в** ~**е** benachteiligt sein; **возместить** ~ Schadenersatz leisten, für den Schaden aufkommen; **нести** ~ den Verlust erleiden; **покрывать** ~ den Verlust decken
уважаемый geehrter; **глубокоуважаемый** sehr geehrter
уважение Achtung *f*; **с глубоким** ~**ем** mit Hochachtung
уведомить benachrichtigen; in Kenntnis setzen; unterrichten *(von D)*
уведомление Mitteilung *f*; Benachrichtigung *f*; Meldung *f*; Bescheid *m*; ~ **об отправке** Versandanzeige *f*; ~ **о готовности товара к отгрузке** Versandbereitschaftserklärung *f*; **согласно** *(бухгалтерскому)* ~**ию** laut Avis
увеличение Vergrößerung *f*; Zunahme *f*; *(расширение)* Erweiterung *f*; *(рост, повышение)* Steigerung *f*, Erhöhung *f*; ~ **цены** Preiserhöhung *f*
увеличить vergrößern; *(расширить)* erweitern; *(повысить)* steigern
увеличиться sich vergrößern; *(усилиться)* sich verstärken
уверенность Zuversicht *f*; Gewißheit *f*
увлажнение Befeuchtung *f*
углубление Vertiefung *f*
угодье Grundstück *n*, Gelände *n*; **естественные кормовые** ~**я** natürliches Grünland; **лесные** ~**я** Waldungen *pl*, Forste(n) *pl*; **охотничьи** ~**я** Jagdgründe *pl*; **полевые** ~**я** Ackerland *n*; **сельскохозяйственные** ~**я** landwirtschaftliche Nutzfläche; **сенокосные** ~**я** Heuschlag *m*
угол Ecke *f*
уголь Kohle *f*; **бурый** ~ Braunkohle *f*; **газификация угля** Kohlenvergasung *f*; **обогащение угля** Kohlenveredelung *f*; **сжижение угля** Kohlenverflüssigung *f*
угорь Aal *m*
удаваться gelingen
удалять entfernen; *(выдернуть)* herausziehen
удар Stoß *m*; **штрафной** ~ Strafstoß *m*
удвоение Verdoppelung *f*
удвоить verdoppeln; ~ **цену** den Preis um das Zweifache erhöhen
удержать *(вычесть)* abziehen; in Abzug bringen
удобрение *(процесс)* Düngung *f*; Düngen *n*; *(вещество)* Dünger *m*, Düngemittel *n*; △ **азотное** ~ Stickstoffdünger *m*; **естественные** ~**я** natürlicher Dünger, Grundünger *m*, Stallmist *m*; **известковое** ~ Kalkdünger *m*; **калийное** ~ Kalidünger *m*; **минеральное** ~ Mineraldünger *m*; **органическое** ~ organischer Dünger; **сборное** ~ Kompost *m*, Mischdünger *m*; **химическое** ~ chemischer Dünger; ■ **внесение** ~**ий** Ausbreiten von Dünger; **внесение** *(химических)* ~**ий** Düngerstreuen *n*; Streuen von Dünger
удобрять düngen; *(навозом)* misten
удобство Bequemlichkeit *f*; **со всеми** ~**ами** mit allem Komfort
удовлетворение Befriedigung *f*; ~ **потребности** Bedarfsdeckung *f*; ~ **претензии** Anerkennung eines Anspruchs; ~ **просьбы** Erfüllung einer Bitte; ~ **рекламации** Erledigung der Reklamation

удовлетворять befriedigen, zufriedenstellen; ~ **желание** einen Wunsch erfüllen; ~ **потребности** den Bedarf befriedigen /decken/; ~ **требования** den Forderungen stattgeben, den Anforderungen entsprechen

удовольствие Vergnügen *n*

удостоверение Bescheinigung *f*; Beglaubigung *f*; Ausweis *m*; Berechtigungsschein *m*; **специальное** ~ Sonderausweis *m*; ~ **журналиста** Presseausweis *m*; ~ **личности** Personalausweis *m*

удостоверенный bescheinigt, beglaubigt

удостоверять bescheinigen, beglaubigen; bekräftigen; ~ **подпись** die Unterschrift beglaubigen

уезжать verreisen

ужин Abendbrot *n*, Abendessen *n*

узел (*устройства*) Einheit *f*; Bauelement *n*, Element *n*; Baugruppe *f*; **дефектный** ~ eine defekte Baugruppe; **комплектующий** ~ Komplettierungsbaugruppe *f*; **транспортный** ~ Verkehrsknotenpunkt *m*

узнать (*что-л.*) erfahren (*A*); sich erkundigen (*nach D*)

указание 1. Hinweis *m*; Angabe *f* (*сведения, сообщение*); ~ **размеров** Maßangabe *f*; ~ **на недостатки** Mängelanzeige *f*; **с** ~**ем мотивировки** unter Angabe der Gründe; **с** ~**ем цен** unter /mit der/ Angabe der Preise; **2.** (*совет, инструкция*) Weisung *f*, Anweisung *f*, Instruktion *f*, Vorschrift *f*; Anleitung *f*; **давать** ~**ия** Anweisungen geben; **придерживаться** ~**ий** sich an die Vorschriften halten; **следовать** ~**иям** den Anweisungen folgen; **мы дали** ~ **экспедитору** wir haben den Spediteur veranlaßt

указатель (*дорожный*) Wegweiser *m*

указать 1. (*привести данные*) angeben, anführen, anzeigen; ~ **на недостатки** auf die Mängel hinweisen /aufmersam machen/; ~ (*на что-л.*) hinweisen (*A*); aufmerksam machen (*auf A*); **как указано выше** wie oben angeführt; **Я указал это в таможенной декларации.** Ich habe es in der Zollerklärung angegeben. **2.** (*назначить, установить*) festsetzen, festlegen, bestimmen; ~ **срок поставки** die Lieferungsfrist festsetzen /bestimmen/

укладка Einladen *n*; Verpacken *n*; ~ (**на судно**) Trimmer *m*; ~ **в мешки** Einsackung *f*

укладывать legen

укомплектование Komplettierung *f*

украшать (aus)schmücken

украшение (*предмет*) Schmuck *m*; Dekor *m*

укрепление Festigung *f*

уксус Essig *m*

уладить ordnen, regeln; ~ **дело** eine Angelegenheit regeln; ~ **спор** beilegen; ~ **спор путем переговоров** einen Streit auf der Verhandlungsweise beilegen

улица Straße *f*; **главная** ~ Hauptstraße *f*

улучшать verbessern

улучшение Verbesserung *f*

уменьшать vermindern, verringern, herabsetzen; ~ **вес** das Gewicht verringern; ~ **цену** den Preis herabsetzen /ermäßigen, reduzieren/

уменьшенный verkleinert

умывальник Waschbecken *n*

универсальность Universalität *f*; ~ (*заменяемость*) **прибора** Einsetzbarkeit des Gerätes

универсальный universal, universell

университет Universität f
уникальный einzigartig
унификация Unifikation f
унифицированный unifiziert; einheitlich
упаковка 1. *(действие)* Verpacken n, Einpacken n; 2. *(тара)* Einpackung f, Verpachung f; △ **деревянная** ~ Holzverpackung f; **морская** ~ seemäßige Verpackung; **обычная** ~ Normalverpackung f; **поврежденная** ~ beschädigte Verpackung; ● **вес** ~**и** Leergewicht n; **вид** ~**и** Verpackungsart f; **жалоба на** ~**у** die Beschwerde über die Verpackung; **повреждения** ~**и** Beschädigungen an der Verpackung; ✦ **без** ~**и** unverpackt; **из-за повреждения** ~**и** infolge Beschädigung der Verpackung
упаковочный Pack-, Verpakkungs-; ~ **лист** Packliste f, Packzettel m
упаковывать verpacken, einpacken; ~ **в мешки** (ein)sacken
уплата *см.* **платеж**; **в** ~**у** zum Ausgleich; **в счёт** ~**ы** als Akontozahlung; ~ **по счёту** Begleichung der Rechnung; **при условии** ~**ы вперед** gegen Vorauszahlung; **с** ~**ой вперед** vorauszahlen; **подлежать** ~**е** fällig sein
уплатить *см.* **платить**
уполномоченный Bevollmächtigte m; Beauftragte m
уполномочивать bevollmächtigen; *(на что-л.)* beauftragen *(mit etwas D)*
упомянутый erwähnt, genannt
управление *(руководство)* Leitung f; Verwaltung f; **совместное** ~ Zusammenführung f; *(машиной)* Steuerung f; **программное** ~ **осуществляется с помощью** *(чего-л.)* Steuerungsaufgaben werden mit Hilfe (etwas G) ... realisier

упрощать vereinfachen; weniger kompliziert machen
урегулирование Regelung f; **полюбовное** ~ **спора** gütliche Beilegung eines Streites
урегулировать regeln, erledigen; beilegen; ~ **конфликт** den Konflikt beilegen
уровень Niveau n; **наивысший** ~ Höchstand m; **наивысший научно-технический** ~ wissenschaftlich-technischer Höchstand; **среднемесячный** ~ Monatsdurchschnitt m; ~ **курса** Kursstand m; ~ *(размер)* **процента** Preiszinssatz m; ~ **специализации** Spezialisierungsgrad m; ~ **цен** Preisniveau n
урожай Ernte f; Ernteertrag m; **богатый** ~ eine gute (reiche) Ernte; **уборка** ~**ая** Ernte f; Ernteeinbringung f; **снять** ~ abernten
урожайность Erträge pl; *(уровень урожая)* Ernteertrag m; **повышение** ~**ти с гектара** Steigerung der Hektarerträge
урожайный fruchtbar, ergiebig; ~ **сорт** eine ertragreiche Sorte
уролог Urologe m
усиление Erstarkung f
усиливать verstärken
усилие Anstrengung f; Bemühung f; **прилагать все** ~**ия** alles tun; alle Anstrengungen unternehmen
ускорение Beschleunigung f
ускорять beschleunigen; ~ **уплату** Zahlung vorrücken
условие Bedingung f; *(оговорка, особое условие в договоре)* Klausel f; *(предпосылка)* Voraussetzung f; △ **исходные** ~**я** Ausgangsbedingungen pl; **льготные** ~**я** Vorzugsbedingungen pl; **общие** ~**я** allgemeine Bedingungen; **приемлемые** ~**я** annehmbare Bedingungen; ● **базисные** ~**я поставок** Lieferbasis

f; ~я договора Vertragsbedingungen *pl*; ~я платежа Zahlungsbedingungen *pl*; ~я поставок Lieferbedingungen *pl*; ~я производства Produktionsbedingungen *pl*; ~я труда Arbeitsbedingungen *pl*; ~я участия Teilnahmebedingungen *pl*; на ~ях zu den Bedingungen; по ~ям фоб zu den Bedingungen fob; при ~и unter der Bedingung; ■ выполнять ~я Bedingungen erfüllen; нарушать ~я Bedingungen verletzen; создать ~ я Voraussetzungen schaffen

условленный *(согласованный)* vereinbart, verabredet.

услуга Dienst *m*, Dienstleistung *f*; быть к ~ам zu Diensten stehen; оказывать ~у einen Dienst erweisen /leisten/; предлагать свои ~и seine Dienste anbieten, sich empfehlen

услышать *см.* слушать

усмотрение Ermessen *n*; по вашему ~ию nach Ihrem Ermessen Мы представляем это дело на ваше ~. Wir überlassen diese Sache Ihrer Einsicht.

усовершенствование Vervollkommnung *f*; Weiterentwicklung *f*; техническое ~ technische Vervollkommnung; ~ в приборе eine Verbesserung am Gerät; внести ~ в машину Verbesserungen an der Maschine vornehmen, благодаря техническим ~ям auf Grund /dank/ der technischen Weiterentwicklung

усовершенствованный verbessert; ~ прибор ein (technisch) verbessertes Gerät

усовершенствовать vervollkommnen, verbessern

успеть zurechtkommen; rechtzeitig kommen; schaffen

успех Erfolg *m*

успешный erfolgreich

устав Statut *n*, Ordnung *f*; Satzung *f*

устанавливать 1. *(расставлять, монтировать)* aufstellen, montieren; einbauen *(вмонтировать, вделывать)*; installieren *(оборудовать)*; ~ оборудование die Ausrüstung aufstellen /anbauen/; **2.** ~ *(наладить)* контакт с кем-л. mit jemandem Kontakt aufnehmen; **3.** *(назначить, определить)* bestimmen; festsetzen, festlegen; ~ цену den Preis festsetzen /festlegen/

установка *(монтаж)* Aufstellung *f*; *(механизм)* Anlage *f*; автоматическая ~ automatische Anlage; высокопроизводительная ~ hochproduktive Anlage; вытяжная вентиляционная ~ Luftabsaugvorrichtung *f*; дефектная ~ defekte Anlage; морозильная ~ Gefrieranlage *f*; недорогая ~ preisgünstige Anlage; низкотемпературная холодильная ~ Tiefkühlanlage *f*; опытная ~ Versuchsanlage *f*; оросительная ~ Bewässerungsanlage *f*; осветительная ~ Lichtanlage *f*; отопительная ~ Heizanlage *f*; силовая ~ Kraftanlage *f*; холодильная ~ Kühlanlage *f*; электро~ с заземленной нейтралью elektrische Anlage mit geerdetem Nulleiter

установление Feststellung *f*, Festlegung *f*; Errichtung *f*; ~ цены Preisfestlegung *f*

устойчивость Standfestigkeit *f*; *(стабильность)* Stabilität *f*

устраивать 1. *(организовывать)* veranstalten, organisieren; ~ лабораторию das Laboratorium einrichten; **2.** *(удовлетворять кого-л.)* recht sein *(D)*; Это меня ~ет. Das ist mir recht. Вас устроит это время? Ist Ihnen diese Zeit angenehm?

устранение Beseitigung *f*, Behebung *f*; Abstellung *f*; ~ недостатков die Beseitigung /Ab-

stellung/ der Mängel; ~ **повреждения** die Behebung des Schadens; **в целях ~ия** zwecks Beseitigung
устранять beseitigen, beheben
устройство *(оборудование)* Einrichtung *f*, Ausrüstung *f*; *(конструкция)* Konstruktion *f*. Einrichtung *f*; Vorrichtung *f*, Einbau *m*; **запорное ~** Absperrvorrichtung *f*; **отсасывающее ~** Absaugvorrichtung *f*; **переговорное ~** Sprechanlage *f*; **программное ~** Programmeinrichtung *f*; **пусковое ~** Anlasser *m*, Anlaßvorrichtung *f*; **распределительное ~** Schaltanlage *f*; **связующее ~** Verkettungseinrichtung *f*; **~ с программным управлением** Programmsteuergerät *n*
уступка Zugeständnis *n*; **взаимные ~и** gegenseitige Zugeständnisse; **добиваться больших ~ок** große Zugeständnisse erzielen; **идти на ~и** Zugeständnisse machen
усы Schnurrbart *m*
утверждать behaupten, versichern
утверждение *(высказывание)* Behauptung *f*; Bestätigung *f*; **~ цен** Preisfestlegung *f*; **представить на ~** zur Bestätigung vorlegen
утеряться verlorengehen; abhanden kommen
утечка Leckage *f*, Leckverlust *m*
утка Ente *f*
уточнять präzisieren, genauer bestimmen
утруска Verlust *m* (durch Verschütten)
утюг Bügeleisen *n*, Plätte *f*
ухо Ohr *n*
уход *(обслуживание)* Pflege *f*; Behandlung *f*; Bedienung *f*; Wartung *f*
ухудшить verschlechtern

участвовать *(в чем-л.)* teilnehmen *(an D)*
участие Teilnahme *f*, Beteiligung *f*, Anteil *m*; **принимать ~ (в чем-л.)** sich beteiligen *(an D)*, teilnehmen *(an D)*; **при ~ии** unter Beteiligung *(von D)*
участник Teilnehmer *m*; Beteiligte *m*; **~ выставки** Ausstellungsteilnehmer *m*
учащийся Schüler *m*
учебник Lehrbuch *n*
учебный Lehr-; **~ курс** Lehrgang *m*
учёт Berücksichtigung *f*; **бухгалтерский ~** Buchführung *f*; **без ~а** *(чего-л.)* ohne Rücksicht *(auf A)*; **с ~ом** *(чего-л.)* unter Berücksichtigung *(G)*
училище Lehranstalt *f*; **профессиональное ~** Berufsschule *f*
учитель Lehrer *m*; **~ математики** Mathematiklehrer *m*; **~ немецкого языка** Deutschlehrer *m*; **~ русского языка** Russischlehrer *m*
учитывать 1. berücksichtigen; in Betracht ziehen; **~ая** *(что-л.)* in Anbetracht *(G)*; unter Berücksichtigung *(G)*; **нельзя не ~** es darf nicht übersehen werden; 2. *(в расчетах)* einkalkulieren
учреждение *(заведение)* Behörde *f*, Amt *n*; Büro *n*; Anstalt *f*, Einrichtung *f*; **лечебное ~** Heilanstalt *f*; **учебное ~** /*заведение*/ Lehranstalt *f*; **~ культуры** kulturelle Einrichtung
ущерб Verlust *m*; Schaden *m*; **материальный ~** Sachschaden *m*; **возмещение ~а** Schadenersatz *m*; **исчисление ~а** Schadensberechnung *f*; **требование на возмещение ~а** Schadenersatzanspruch *m*; **возместить ~** den Schaden vergüten; für den Verlust entschädigen; **нанести ~** den Schaden zufügen

Ф

фабрика Fabrik f
факт Tatsache f; Faktum n; **достоверный** ~ eine unbestrittene Tatsache; **проверять** ~ы Tatsachen prüfen
фактический tatsächlich; ~ое положение вещей tatsächliche Sachlage
фактор Faktor m
фактура Faktura f, Faktur f; **счёт-**~ Fakturarechnung f; **выписать** ~у на товар für die Ware eine Faktura ausstellen; Ware fakturieren
фактурный Fakturen-; ~ая стоимость Fakturenwert m
фамилия Name m, Familienname m
фанера Furnier n; **клеёная** ~ Sperrholz n
фара Scheinwerfer m
фармацевт Pharmazeut m
фарфор Porzellan n
фас (франко вдоль борта) fas (frei längsseites Schiffs)
фасад Front f, Vorderseite f
ферма (сельскохозяйственная) Farm f; **животноводческая** ~ Viezuchtfarm f; **молочная** ~ Milchfarm f; **2.** (в строительстве) Binder m; Träger m, Fachwerkträger m, Hauptträger m
фехтовальщик Fechter m
фехтование Fechten n
фигурное катание (на коньках) Eiskunstlauf m
физик Physiker m
физкультура Körperkultur f
филиал Filiale f, Zweigstelle f; Zweigniederlassung f
филолог Philologe m
фильм Film m; **двухсерийный** ~ zweiteiliger Film, Film in zwei Teilen; **детективный** ~ Krimi m, Kriminalfilm m; **документальный** ~ Dokumentarfilm m; **дублированный** ~ synchronisierter Film; **звуковой** ~ Tonfilm m; **мультипликационный** ~ Zeichenfilm m, Trickfilm m; **научно-популярный** ~ populärwissenschaftlicher Film; **приключенческий** ~ Abenteuerfilm m; **художественный** ~ Spielfilm m; **цветной** ~ Farbfilm m; **черно-белый** ~ Schwarzweißfilm m; **широкоэкранный** ~ Breitwandfilm m

фильтр Filter m; **жёлтый** ~ Gelbfilter m; **зеленый** ~ Grünfilter m; **красный** ~ Rotfilter m; **масляный** ~ Ölfilter m

финал Endspiel n, Finale n, Finalspiel n

финансирование Finanzierung f, Finanzieren n

финансировать finanzieren

фирма Firma f; △ **брокерская** (посредническая) ~ Brokerfirma f; **конкурирующая** ~ Konkurrenzfirma f; **надёжная** ~ zuverlässige Firma; **посылочная** ~ Versandhaus n; **солидная** ~ solide Firma; **вывеска** ~ы Firmenschild n; **~-поставщик** Lieferfirma f; **представитель** ~ы Firmenvertreter m; **~-член** Mitgliedsfirma f

фоб fob, frei an Bord; **поставка** ~ Foblieferung f; **на условиях** ~ zu Foblieferung, zu Bedingungen fob

фонд 1. (денежный) Fonds m; **валютный** ~ Devisenbestand m; **Международный валютный** ~ Internationaler Währungsfonds; ~ **использования прибыли** Gewinnverwendungsfonds m; **2.** (запас, ресурсы) (eiserner) Bestand; Grundbestand m; **библиотечный** ~ Bücherbestand m; **рыночные** ~ы Warenangebot n

форель Forelle *f*
форма Form *f*; **быть в** ~е in Form sein
формирование Gestaltung *f*; ~ **пропорций** Gestaltung der Proportionen
формировать gestalten; zusammenstellen; (aus)bilden; **Как вы будете** ~ **отправки?** Wie stellen Sie die Transporte /Sendungen/ zusammen?
формуляр *(бланк)* Formular *n*; **заполнять** ~ Formular ausfüllen
форс-мажор Force majeure *f*, Höhere Gewalt; **пункт (в договоре) о** ~е Force majeure-Klausel *f*
фотоаппарат Kamera *f*, Fotoapparat *m*
фотографический Foto-; ~ие **работы** Fotoarbeiten *pl*
фотокарточка Photo *n*, Lichtbild *n*
фотоматериал Bildmaterial *n*
фоторепродукция Fotoreproduktion *f*
фототелеграф Bildfunk *m*
франко- franko, frei; ~-**борт** franko Bord; ~-**вагон** заводская станция franko Waggon Werkstation; ~-**граница** franko Grenze; ~-**место** franko Ort; ~-**порт** franko Hafen; ~-**склад** franko Lagerhaus
фрахт 1. *(плата за провоз)* Fracht *f*; Frachtkosten *pl*; ~ **в оба конца** Aus- und Rückfracht *f*; 2. *(груз)* Fracht *f*, Ladung *f*; **излишний** ~ Überfracht *f*; **мертвый** ~ Faulfracht *f*; **транзитный** ~ Transitfracht *f*
фрахтование Befrachtung *f*, Charterung *f*
фрахтовать frachten, befrachten; chartern
фрезеровщик Fräser *m*
фреска Fresko *n*
фронтон Giebel *m*
фрукты Obst *n*, Früchte *pl*; **свежие** ~ Frischobst *n*; **сушёные** ~ Dörrobst *n*
футбол Fußball *m*, Fußballspiel *n*
футболист Fußballspieler *m*
футляр Futteral *n*; Hülle *f*; Tasche *f*; **для очков** ~ Brillenfutteral *n*; *(фотоаппарата)* Schutztasche *f*

Х

халатность Fahrlässigkeit *f*, Nachlässigkeit *f*
характер Charakter *m*; Wesen *n*; *(вид)* Art *f*; ~ **изменения контракта** die Art der Vertragsänderung
характеристика Charakteristik *f*
хватать *(быть достаточным)* (aus)reichen, genügen; **Нам хватит одного часа.** Eine Stunde wird uns genügen.
химик Chemiker *m*
химический chemisch
хинин Chinin *n*
хирург Chirurg *m*
хлеб Brot *n*; **белый** ~ Weißbrot *n*; **смешанный** ~ Mischbrot *n*; **черный** ~ Schwarzbrot *n*; **ржаной** ~ **из муки грубого помола** Vollkornbrot *n*
хлопок Baumwolle *f*
ход Gang *m*; Verlauf *m*, Lauf *m*; Ablauf *m*; **холостой** ~ Leerlauf *m*; ~ **изготовления** Verlauf der Herstellung, Herstellungsgang *m*; ~ **сделки** die Abwicklung des Geschäftes; **Я очень рад хорошему** ~у **поставок.** Ich freue mich über den guten Ablauf der Lieferungen.

хо́дкий (*о товаре*) gängig; stark gefragt; absatzfähig
хозя́йство Wirtschaft *f*; **во́дное ~** Wasserwirtschaft *f*; **дома́шнее ~** Haushalt *m*; **кру́пное ~** Großwirtschaft *f*; **лесно́е ~** Forstwirtschaft *f*; **ме́лкое ~** Kleinwirtschaft *f*; **подсо́бное ~** Nebenwirtschaft *f*; **се́льское ~** Landwirtschaft *f*; **складско́е ~** Lagerhaltung *f* **това́рное ~** Warenwirtschaft *f*; **тра́нспо́ртное ~** Transportwesen *n*
хозя́йственный wirtschaftlich
хоккеи́ст Hockeyspieler *m*
хокке́й Hockey *n*; **~ на траве́** Rasenhockey *n*; **~ с мячо́м** Eishockey mit Ball; **~ с ша́йбой** Eishockey (mit Scheibe)
хо́лод Kälte *f*; **наступле́ние ~ов** Kälteeinbruch *m*
холоди́льник Kühlschrank *m*, Eisschrank *m*
холоди́льный Kälte-; **~ая промы́шленность** Kälteindustrie *f*; **~ая те́хника** Kältetechnik *f*
холо́дный kalt
холст Leinwand *f*; (*карти́на*) Ölgemälde *n*
хор Chor *m*
хране́ние Aufbewahrung *f*; Verwahrung *f*; **дли́тельное ~ (на скла́де)** dauernde Lagerung; **~ запчасте́й (на скла́де)** Ersatzteillagerung *f*; **~ на скла́де** Lagerung *f*; **пла́та за ~** Lagergebühr *f*; **расхо́ды по ~ию** Aufbewahrungskosten *pl*
храни́ть aufbewahren; hüten; **~ на скла́де** lagern
хруста́ль Kristallwaren *pl*

Ц

ца́пфа Zapfen *m*
цвет Farbe *f*
цветно́й farbig; Farb-; **~ая компози́ция** Farbkomposition *f*; **~ рекла́мный проспе́кт** Farbprospekt *m*; **~ сни́мок** Farbfoto *n*; **~ телеви́зор** Farbfernseher *m*; **~ фильм** Farbfilm *m*
цвето́к Blume *f*
целесообра́зный zweckmäßig; zweckdienlich
целико́м völlig; ganz
целлюло́за Zellstoff *m*
цель Ziel *n*; Zweck *m*; **~ примене́ния маши́ны** Einsatzzweck /Verwendungszweck/ der Maschine; **служи́ть той же ~и** demselben Verwendungszweck dienen
цена́ Preis *m*; △ **ба́зисная ~** Basispreis *m*; **биржева́я ~** Börsenpreis *m*; **бросо́вая ~** Schleuderpreis *m*; **внешнеторго́вая ~** Außenhandelspreis *m*; **вну́тренняя ~** Binnenpreis *m*; Inlandspreis *m*; **вре́менная ~** vorläufiger Preis; **вы́годная ~** günstiger Preis; **де́йствующая ~** gültiger /geltender/ Preis; **де́мпинговая ~** Dumpingpreis *m*; **договорна́я ~** Vertragspreis *m*; **еди́ная ~** Einheitspreis *m*; **завы́шенная ~** überhöhter Preis; **загото́вительная ~** Beschaffungspreis *m*; **заку́почная ~** Aufkaufspreis *m*; **зани́женная ~** niedrig festgesetzter Preis; **и́мпортная ~** Importpreis *m*; **катало́жная ~** Katalogpreis *m*; **конкуре́нтная ~** Konkurrenzpreis *m*; **котиро́вочная ~** Börsenpreis *m*; **кра́йняя ~** äußerster Preis; **лими́тная ~** Limitpreis *m*; **льго́тная ~** Vorzugspreis *m*; **максима́льная ~** Höchstpreis *m*; **минима́льная ~** Mindestpreis *m*; **нача́льная ~** Anfangspreis *m*; **о́бщая ~** Gesamtpreis *m*; **опто́вая ~** Großhandelspreis *m*; **приблизи́тельная ~** annähernder Preis;

приемлемая ~ annehmbarer Preis; **прошлогодняя** ~ Vorjahrspreis m, der Preis des vergangenen Jahres; **раздельные** ~ы jeweilige Preise; **розничная** ~ Einzelpreis m; **рыночная** ~ Marktpreis m; **скользящая** ~ gleitender Preis; **сниженная** ~ herabgesetzter Preis; **сопоставимая** ~ vergleichbarer Preis; **среднегодовая** ~ Jahresdurchschnittspreis m; **средняя** ~ Durchschnittspreis m; **существующая** ~ gegenwärtiger /laufender/ Preis; **твердая** ~ Festpreis m, fester Preis; **фабричная** ~ Fabrikpreis m; ● **база** ~ы Preisbasis f; **взвинчивание** /*вздувание*/ цен Preistreiberei f; **годовой рост цен** jährliche Preissteigerungsrate; ~ **дня** Tagespreis m; **документы по** ~ам Preisunterlagen pl; **изменение цен** Preisveränderung f; **индекс цен** Preisindex m; **калькуляция цен** Preiskalkulation f; ~ **авиабилета** der Preis für eine Flugkarte; **определение** ~ы Preisbildung f; Preisfestlegung f; **падение цен** das Fallen /Sinken/ der Preise; **переговоры по** ~ам Preisverhandlung f; **повышение цен** Preissteigerung f; **предложение** ~ы Preisangebot n; **рост цен** Preiserhöhung f; **скидка с** ~ы Preisnachlaß m; **снижение цен** Preissenkung f; **согласование цен** Preisabstimmung f; **соотношение цен** Preisrelation f; **сопоставление цен** die Gegenüberstellung der Preise; **установление цен** Preisberechnung f; Preisfestlegung f; **уступка в** ~е Preiszugeständnis n; ~ **за штуку** Einzelpreis m; ~ **мирового рынка** Weltmarktpreis m; ~ **на станки** Preise für Werkzeugmaschinen; ~ **на хлеб** Brotpreis m; ~-**нетто** Nettopreis m; ~ **сиф** cif-Preis m; ~ **фоб** fob-Preis m; ~ **франко-вагон граница** der Preis franko Waggon Grenze; ■ **вычислить** (*вывести*) ~у **den Preis errechnen**; **настаивать на** ~е auf dem Preis bestehen; **обосновать** ~у den Preis begründen; **подтвердить** ~у den Preis belegen; **проверить** ~ы die Preise prüfen; ✦ **возобновить переговоры по** ~ам Preisverhandlungen (wieder) aufnehmen; **методика расчёта цен** die Methode der Preiserrechnung; **нарушение установленной** ~ы Preisverstoß m; **по завышенной** ~е zu einem überhöhten Preis; **сделать десятипроцентную скидку с** ~ы zehn Prozent vom Preis absetzen; **система внешнеторговых цен** Außenhandelspreissystem n; **требование о снижении** ~ы Preisreduzierungsforderung f; ~ы **были скалькулированы** die Preiskalkulation erfolgte; ~ **выше предложения партнёра** der Preis liegt über dem Angebot des Partners; ~ы **не могут быть изменены** die Preise unterliegen keiner Änderung; ~ы **определяются** /**устанавливаются**/ die Ermittlung der Preise erfolgt; ~ы **повышаются** die Preise steigen; ~ы **понижаются** die Preise sinken; ~ы **сложились** (*возникли*) die Preise entstanden; **эти** ~ы **не могут быть основой для дальнейших переговоров** als Grundlage für weitere Verhandlungen scheiden diese Preise aus

ценность Wert m

ценный Wert-; ~ые **бумаги** Wertpapiere pl; ~ые **вещи** Wertsachen pl

ценообразование Preisbildung f

центр Zentrum n, Mittelpunkt m; ~ **города** Innenstadt f; ~ **тяжести** Schwerpunkt m

церемония Zeremonie f; ~ **закрытия** Abschlußzeremonie f;

~ открытия Eröffnungszeremonie f
церковь Kirche f
цех Werkhalle f, Werkabteilung f

цикл Zyklus m
цирк Zirkus m
циркуляция Umlauf m
цифровой digital

Ч

чартер Charter m; Frachtvertrag m; ~-партия Charterpartie f
чай Tee m
час Stunde f; ~ы пик Hochbetrieb m; приемный ~ Sprechstunde f
частичный teilweise; ~ая поставка Teillieferung f, Teilsendung f
частный privat
частота Frequenz f; ~ кадров Bildfrequenz f; сетевая ~ Netzfrequenz f
часть 1. Teil m; большей ~ю größtenteils; zum größten Teil; равными ~ями zu gleichen Teilen; по ~ям in Raten; 2. (деталь) Teil n; дефектная ~ fehlerhaftes /defekts/ Teil; запасная ~ Ersatzteil n; изнашивающаяся ~ Verschleißteil n; электрическая ~ elektrisches Teil; гарантийный комплект запасных ~ей der Garantiesatz von Ersatzteilen; запасная ~, снятая с производства не mehr produziertes Ersatzteil; заявка на запасные ~и die Anforderung für die Ersatzteile; израсходованные запасные ~и verbrauchte Ersatzteile; необходимая запасная ~ erforderliches Ersatzteil; нормы расхода запасных ~ей Ersatzteilverbrauchsnormen pl; поставка запасных ~ей Ersatzteillieferung f; склад запасных ~ей Ersatzteillager n; снабжение запасными ~ями Ersatzteilversorgung f; список запасных ~ей Ersatzteilliste f; хранение запасных ~ей Ersatzteillagerung f

часы Uhr f; △ водонепроницаемые ~ wasserdichte Uhr; дамские ~ Damenuhr f; кварцевые ~ Quarzuhr f; наручные ~ Armbanduhr f; пыленепроницаемые ~ staubdichte Uhr; электронные ~ Elektronenuhr f; ✦ ~ на 16 камнях die Uhr mit 16 Steinen; ~ с противоударным устройством stoßgesicherte Uhr
чашка Tasse f
чек Scheck m; кроссированный ~ gekreuzter Scheck; ~ на предъявителя der Scheck auf Inhaber; получатель ~а Scheckabnehmer m; предъявитель /владелец/ ~а Scheckinhaber m; расчётный ~ Überweisungsscheck m, Verrechnungsscheck m; выписать ~ einen Scheck schreiben /ausstellen/; платить по ~у einen Scheck einlösen; расплачиваться ~ом mit Scheck bezahlen
чеканка Ausprägung f
чековый Scheck-; ~ая книжка Scheckbuch n; ~ оборот Scheckverkehr m
чемпион Meister m; ~ мира Weltmeister m; ~ страны Landesmeister m
черешня Süßkirschen pl
чернила Tinte f
чертёж Zeichnung f, Aufriß m; рабочий ~ Werkstattzeichnung f; сборочный ~ Ansichtszeichnung f; установочный ~ Montagezeichnung f; ~ общего вида Übersichtszeichnung f; ~ разреза Schnittzeichnung f; ~ с размерами Maßzeichnung f;

~ фундамента Fundamentzeichnung f
чертёжник technischer Zeichner
чип (сложная интегральная схема) Chip m
число Zahl f; Anzahl f; дробное ~ Bruchzahl f; нечётное ~ ungerade Zahl; целое ~ ganze Zahl; чётное ~ gerade Zahl; ~ мест (груза) Kollizahl f; ~ оборотов Drehzahl f; ~ (дата) Datum n; в том ~е da-runter; einschließlich
чистить reinigen
чистовой Rein-; ~ экземпляр Reinschrift f
чистота Sauberkeit f
чистый rein, sauber; экологически ~ ökologisch sauber
член (организации) Mitglied n; ~-учредитель Gründermitglied n
чрезвычайно außerordentlich
чрезмерный enorm; übermäßig

Ш

шаг Schritt m
шампанское Sekt m; полусладкое ~ halbsüßer Sekt; полусухое ~ halbtrockener Sekt; сладкое ~ süßer Sekt; сухое ~ trockener Sekt
шапка Mütze f; дамская ~ Damenmütze f; меховая ~ Pelzmütze f
шарф Schal m
шасси Fahrwerk n
шахматы Schach n, Schachspiel n
шахтёр Bergarbeiter m
шедевр Meisterwerk n
шёлк Seide f; искусственный ~ Kunstseide f; натуральный ~ Naturseide f
шерсть (волокно для пряжи) Wolle f; (пряжа) Wollgarn n; (волосяной покров животных) Fell n; из чистой ~и reinwollen
шерстяная ткань Wollstoff m
шест Stange f, Stab m
шея Hals m
шина Schiene f; (автомобиля) Reifen m; направляющая ~ Führungsschiene f, Gleitschiene f
ширина Breite f; Weite f; ~ой 5 метров fünf Meter breit; ~ прохода (коридора) Gangbreite f
широкий breit, weit; umfassend; ~ие полномочия weitgehende Vollmacht; ~ая программа ein umfassendes Programm; быть широко представленным (на выставке и т. п.) stark vertreten sein
шкала Skala f
шкаф Schrank m; гардеробный ~ Garderobenschrank m; настенный ~ Hängeschrank m
школа Schule f
шкура Fell n; Rohhaut f, Balg m
шлюз Schleuse f
шляпа Hut m; дамская ~ Damenhut m
шов Naht f
шоколад Schokolade f; плитка ~а eine Tafel Schokolade
шпагат Spagat m; Bindfaden m
шпилька (для волос) Haarnadel m
шпонка Dübel m
штамп Stempel m; ~ фирмы Firmenstempel m
штамповать stempeln
штатив Stativ n
штепсель Stecker m; Stöpsel m;

контактный ~ Kontaktstöpsel m

штопор Korkenzieher m; Pfropfenzieher m

штраф Strafe f; денежный ~ Geldstrafe f; конвенциональный ~ Konventionalstrafe f; ~ за просрочку платежа Verzugszinsen pl; заплатить ~ eine Strafe (be)zahlen; наложить ~ (на кого-л.) jemanden mit einer Strafe belegen

штрафовать bestrafen (A); j-m eine Geldstrafe auferlegen

штука Stück n

штукатурка Putz m, Verputz m

штучный Stück-; ~ товар Stückware f

шуба Pelzmantel m

Щ

щель Ritze f; Spalte f; Spalt m; Schlitz m

щека Wange f

щётка Bürste f; △ зубная ~ Zahnbürste f; ~ для волос Haarbürste f; ~ для ногтей Nagelbürste f; ~ для обуви Schuhbürste f

щиколотка Knöchel m

щит Tafel f; распределительный ~ Schaltbrett n; рекламный ~ Anschlagwand f

щука Hecht m

Э

эквивалент Äquivalent n; Gegenwert m

эквилибрист Äquilibrist m

экземпляр Exemplar n; Ausfertigung f; бесплатный ~ Freiexemplar n; второй ~ (копия) Doppel n; число ~ов Stückzahl f; в двух ~ах in doppelter Ausfertigung; в нескольких ~ах in mehreren Examplaren

экономика Ökonomik f; Wirtschaft f; Ökonomie f

экономист Wirtschaftsfachmann m; Ökonom m

экономить (ein)sparen

экономический wirtschaftlich, ökonomisch; Европейское ~ое сообщество Europäische Wirtschaftsgemeinschaft

экономичный wirtschaftlich

экономичность Wirtschaftlichkeit f; Rentabilität f

экономия Einsparung f; Ersparnis f; Sparsamkeit f; ~ сырья Einsparung von Rohstoffen

экран Schirm m; флюоресцирующий ~ Leuchtschirm m

экранизация Verfilmung f

экранировать abschirmen

экскаватор Bagger m

экскурсия Exkursion f; Führung f; ~ по городу Stadtrundfahrt f

экскурсовод Reiseleiter m; ~ по музею Museumsführer m

экспедитор Spediteur m; извещение ~а Spediteursmeldung f; расписка ~а Spediteursbescheinigung f

экспедиция Expedition f

эксперимент Experiment n

эксперт Experte m, Sachverständige m; заключение ~ов Sachverständigengutachten pl

экспертиза Begutachtung f, Expertise f; заключение ~ы Gutachten n; результаты ~ы Befund m (der Expertise); подвергать ~e begutachten lassen; производить ~у begutach-

ten; sein Gutachten abgeben; **проходить** ~у einer Expertise unterzogen werden
экспертный Experten-; ~ая группа Expertengruppe f; ~ая комиссия Sachverständigenkommission f; Fachbeirat m
эксплуатация Betrieb m; ● **ввод в** ~ию Inbetriebnahme f; **инструкция по** ~ии Bedienungsanleitung f; **срок** ~ии Betriebsdauer f; ■ **находиться в** ~ии in Betrieb sein; **пустить в** ~ию in Betrieb setzen /nehmen/; ◆ **пригодный к** ~ии betriebsfähig, betriebsfertig, für Betrieb /Einsatz/ geeignet; **на один год** ~ии für einjährigen Betrieb; **Прибор прост в** ~ии. Das Gerät läßt sich problemlos verwenden.
экспонат Exponat n, Ausstellungsgegenstand m, Ausstellungsstück n; **ярмарочные** ~ы Messegut n; **список** ~ов Exponatenliste f
экспонент Aussteller m
экспонометр Belichtungsmesser m
экспорт Export m, Ausfuhr f; **выручка от** ~а Exporterlös m; ~ **промышленного оборудования** Anlagenexport m; **статья** ~а Exportartikel m; **имеющий важное значение для** ~а exportwichtig; **предприятие, работающее на** ~ Exportbetrieb m; **пригодный для** ~а exportfähig
экспортировать exportieren
экспортный Export-, Ausfuhr-; ~ **заказ** Exportauftrag m; ~**но-импортная фирма** Export-Import-Firma f; ~**ое исполнение** Exportausführung f; ~**ая лицензия** Exportlizenz f; ~ **отдел** Exportabteilung f; ~**ая премия** Exportbonifikation f; ~**ая сделка** Exportabschluß m
электричество Elektrizität f

электробритва elektrischer Rasierapparat
электровоз elektrische Lokomotive
электродвигатель Elektromotor m
электродеталь Elektroteil n, Elektroeinzelteil n
электродрель Elektrobohrer m
электрокар Elektrokarren m
электролиния (*силовая*) Kraftlinie f
электроника Elektronik f
электроприбор Elektrogerät n
электросеть Stromnetz n
электростанция Kraftwerk n; **атомная** ~ Atomkraftwerk n; **гидро**~ Wasserkraftwerk n; **тепловая** ~ Wärmekraftwerk n

эмбарго Embargo n; ~ **на ввоз и вывоз** ein Embargo über Ein- und Ausfuhr; **наложить** ~ (*на что-л.*) ein Embargo (*über A*) verhängen
эмиссионный Emissions-; ~ **банк** Emissionsbank f
эмиссия Emission f
эмульсия Emulsion f
энергетика Energetik f; **ядерная** ~ Kernenergetik f
энергия Energie f; **подвод** ~ии Kraftanschluß m; **потребление** (*расход*) ~ии Energieverbrauch m; **потребность в** ~ии Energiebedarf m
энергоёмкий energieintensiv; stromintensiv, **не**~ energiearm
энергомашиностроение Kraftmaschinenbau m
энергоноситель Energieträger m
энергохозяйство Energiewirtschaft f
эпоха Epoche f; ~ **Возрождения** Renaissance f
эскалатор Rolltreppe f
эскиз Skizze f; **масштабный** ~

Maßskizze f; **сделать** ~ skizzieren

этаж Stock m; Stockwerk n; Etage f; Geschoß n; **верхний** ~ Obergeschoß n; **нижний** ~ Untergeschoß n; **подвальный** ~ Kellergeschoß n

эталон Eichmaß n; ~ **веса** Mustergewicht n

этикетка Etikett n; Bezeichnungszettel m; **багажная** ~ Kollizettel m; ~ **с указанием цены** Preiszettel m

эффект Effekt m; **экономический** ~ Nutzeffekt m

эффективность Effektivität f, Wirksamkeit f

эффективный effektiv, wirksam; ~**ые меры** wirksame Mittel

Ю

юбилей Jubiläum n
юбка Rock m; Frauenrock m
ювелир Juvelier m
юг Süden m
юридический Rechts-, juristisch; **имеющий** ~**ую силу** rechtsgültig
юрисконсульт Rechtsberater m
юриспруденция Jurisprudenz f, Rechtswissenschaft f
юрист Jurist m

Я

яблоко Apfel f
ягнёнок Lamm n
ягода Beere f
язык (орган) Zunge f; (речь) Sprache f; **иностранный** ~ Fremdsprache f; **национальный** ~ Nationalsprache f; Landessprache f; **официальный** ~ Amtssprache f
яйцо Ei n
ярлык Anhänger m; Aufkleber m
ярмарка Jahresmarkt m, Messe f; **весенняя** ~ Frühjahrsmesse f; **документация** ~**и** Messeunterlagen pl; ~ **импортных товаров** Importmesse f; ~ **образцов** Mustermesse f; ~ **химических товаров** Chemiefachmesse f; **ход** ~**и** der Ablauf der Messe; **посылать экспонаты на** ~**у** eine Messe beschicken; **проводить** ~**у** eine Messe abhalten

яровизация Jarowisieren n, Jarowisation f

яровизировать jarowisieren

яровой Sommer-; ~**ая пшеница** Sommerweizen m; ~**ая рожь** Sommerroggen m; ~**ые хлеба** Sommergetreide n, Sommerkorn n

ярус Rang m

ясность Klarheit f

ящик Kasten m; Kiste f; **выдвижной** ~ Schublade f; **почтовый** ~ Briefkasten m; **распределительный** ~ Verteilkasten m

АЛФАВИТНЫЙ УКАЗАТЕЛЬ*

А

аванс 67
автоматизация: комплексная система ~ии 86, 185
автомашина служебная 120
акт: рекламационный ~ 174
  ~ экспертизы 174
актер 255, 257
аккредитив 65, 66
амбулатория 237
анализ 130, 190
аппаратура 205
аренда 94
ассортимент 166
аэропорт 17

Б

багаж 18; оформление ~ а 11
база: материальная ~ 259, 260; полиграфическая ~ 251
баланс 58, 122
банк 65; центральный ~ 66
библиотека 250, 252, 253
билет 14; ~ в театр 25; ~ на автобус 20; ~ на поезд 15
болезни 241—242; ~ пищеварительного тракта 241
больница 237, 238
больной 237
борьба с сорняками и вредителями 97
брак 80
брутто: вес ~ 152, 156
бундесрат 194, 195
бундестаг 194, 195
бюро; ~ информации 123; ~ регистрации 218

В

вагон 15, 16, 155, 174; нехватка ~ов 158; номер ~а 174
валюта 11, 12, 63; конвертируемая ~ 59
взнос: регистрационный ~218
взыскание долгов 74
владелец 78
влажность воздуха 162
власти: высшие органы ~ 194
  местные органы ~ 234
внедрение 235, 181, 182, 190, 192, 235
возможности 151; производственные ~ 129
вознаграждение 259
возражение 227, 228
вокзал 13
вопросы: ~ стандартизации 187
  основные ~ 187; спорные ~ 195; финансовые ~ 247
впечатление 231
врач 31, 235, 240, 241
  практикующий ~ 236
выгода (экономическая) 81, 130
выгрузка: станция ~и 157
высказывание 229
выступление 227

Г

гарантия 164, 165
гастроли 255
гигиена 235
голосование 222
гостиница 23, 24

---

* Составил В. С. Гаврилов.

график: ~ гарантийного обслуживания 164; ~ командирования 177, 186, 187; ~ монтажа 161; ~ платежей 64
~ погашения кредитов 58
груз 156, 157; выставочный ~ 119
грузоподъемность 83
грузчик 120
группа 209, 211: исследовательская ~ 188, 189, 216; экспертная ~ 175

Д

данные: расчетные ~ 84; статистические ~ 224; технические ~ 81; точные ~ 174; экспериментальные ~ 225
дата: ~ выезда 187; ~ отгрузки 174; ~ поставки 146, 148; ~ приезда 187
декларация: таможенная ~ 10, 11
делегат 219, 227, 232
делегация 50
дело: библиотечное ~ 249; патентное ~ 178
демонстрация 123
демонтаж 120
депозит 62
депутат 194
деревья: фруктовые ~ 106
детали: быстроизнашивающиеся ~ 129; дефектные ~ 112; комплектующие ~ 192
дефекты: 158, 160, 164, 168, 170, 171; устранение ~ов 158
дизайн 84, 129
директор 39, 78
дискуссия 219, 230, 231
диспансер 238, 240, 241
дистрикт 193
договор 42, 256; проект ~а 42
договоренность 189
доказательство 227
доклад 115, 220, 221, 226, 230, 231
докладчик 222, 226, 229, 231
документ 44, 60, 72, 84, 114, 119, 131, 134, 136, 153, 208, 220, 223

документация 110, 135; ~ по ценам 130; техническая ~ 45, 83
дополнение 227, 228
доставка 115
дотация 79; государственная ~ 79, 260

З

заболевание 241, 242; вирусное ~ 243; ~ почек 243, 244; инфекционное ~ 243; острое ~ 239; сердечно-сосудистые ~ия 242; случаи ~я 241
заведение: учебное ~ 200, 201, 258
завод 148, 171, 192; ~ -изготовитель 169, 171, 173; ~-поставщик 165, 172; комплектный ~ 131
задержка 133, 155; ~ пуска в эксплуатацию 132
задолженность 69; ~ по кредитам 58, 59; ~ по платежам 69
заказ 151; специальный ~ 87
заключение: техническое ~ 135
законодательство 195
зал 253
замена 171, 173
замечание 227, 228, 232
запрос 40
запчасть 87, 161, 165, 166, 171
зарплата 88, 203, 211
заседание 220, 231; вечернее ~ 219, 230; пленарное ~ 219, 230; регламент ~ия 221 утреннее ~ 219, 230
затраты: дополнительные ~ 71
заявка 160, 166: бланк ~и 109; ~ о готовности к монтажу 160; официальная ~ 160; письменная ~ 164
здравоохранение 234, 235
земледелие 94
земли (федеральные) 193, 196, 200, 236, 249
земля 95

И

извещение 44; ~ о поставке 44
издательство 251
изделия 184, 223; готовые ~ 137; кабельные ~ 131; оптические ~ 132
издержки: судебные ~ 74
изменения 151; ~ к контракту 47, 48; конструктивные ~ 166; непредвиденные ~ 70; технические ~ 166
изучение 181
инвентарь 260
индекс цен 137
индоссамент 65
институт 207
инструктаж: заключительный ~ 163
инструкция: ~ по эксплуатации 83, 163
инструмент 161
информация 177; научно-техническая ~ 183
искусство 249; кино~ 256
использование 226; комплексное ~ 181
исполнение (техническое) 142
исправление 46
испытание 130; ~ машины 179; пусковые ~ия 189
исследование 181, 184, 230; медицинские ~ия 235; прикладные ~ 225; результаты ~ий 224, 225; фундаментальные ~ия 178, 185

К

кабинет 202
кадры 177, 251; молодые ~ 188
калькуляция цен 137
каникулы 204
кантон 193, 200
капиталовложения 79, 223
каталог 46, 211
кафедра 211
качество 44, 170: высокое ~ 128; контроль за ~ом 80, 130; улучшение ~а 136
квартал 149—151

квитанция (багажная) 157
киностудия 249
класс 206
клиент 87
книга 253, 254; издание книг 251
количество 166; ~ мест 152; ~ перевалочных пунктов 156
коллегия 210
коллектив (преподавательский) 203, 210
коллекция 256
коллоквиум 229
командирование 177
~ специалистов 186, 187
комиссия 195: арбитражная ~ 175; согласительная ~ 196
комитет 195
компенсация 70
комплект: гарантийный ~ 164; ~ быстроизнашивающихся деталей 129; ~ запасных частей 87, 129
компьютер 253
конгресс 230
конкурс 211
коносамент 146, 152
консервы 131
конструктор 124
конструкция 83, 140, 190
консультация 184, 186; техническая ~ 158, 160, 166
контакты 257
контейнер 153
контингенты 180; количественные ~ 180; стоимостные ~ 180
контракт 117, 255; дополнение к ~у 47
контроль (паспортный) 10, 11
конференция 177, 229—232
концепция 226, 229
кооперация 178, 179
корм 104
корректировка: ~ цен 141, 142
котировка 65, 143
кредит 55; ~-нота 65
критерий 188
курс: обменный 13
курсы: специализированные ~ 177

Л

лаборатория 188
лекарство 245, 246
лекция 212
  курс ~ий 177
лес 106
лесоводство 106
лечение 246, 247
лист: упаковочный ~ 153
литература: специальная ~ 224, 253; художественная ~ 251
лицензия 70, 88
льгота 73; ~ по платежам 73

М

магазин 33
маркировка 154; требования к ~е 154
мастер спорта 260
мастерские: передвижные ~ 158; стационарные ~ 158
материал 52, 53, 191; конкурентные ~ы 134, 139
машина 125, 128, 153, 158; грузовая ~ 145; дефектная ~ 165; марка ~ы 144; сельскохозяйственная ~ 96; серийная ~ 132; схема ~ы 167
медикаменты 241
медсестра общины 237
меню 28
мероприятие 238
место: грузовое ~ 153; ~ использования 131; ~ происшествия 239
методика: ~ расчета цен 136
методология: ~ работы 187
механизация 104
министерство 209, 234, 235
мнение 227, 228, 232
многообразие 225
модель: действующая ~ 124
модификация 80
монтаж 120, 161; квалифицированный ~ 158; шеф- ~ 161
монтажник 172
мощность 140; производственная ~ 79
музей 249, 250, 255, 256
мусор 121

Н

навоз 98
навык 206
нагрузка 84; максимальная ~ 162
название: ~ пограничного пункта 157; ~ судна 157
наименование: ~ груза 157
накладная: водная ~ 146; грузовая ~ 146; железнодорожная ~ 146
направления: основные ~ 181, 247
недостатки 171, 173
недостаточность: почечная ~ 244
недостача 173
неисправность 171
нетто 154; вес ~ 154, 156
новинка 111, 115, 124, 204
номенклатура 126, 127, 180, 247; ~ фирмы 125
номер: ~ в гостинице 24—25; ~ накладной 174; ~ телефона 23
норматив 190

О

обеспечение 86, 87, 251; материальное ~ 202
обеспеченность 250
обмен: ~ мнениями 223; ~ опытом 229, 231
оборудование 129, 153, 158; медицинское ~ 241, 246; проверка ~ия 174; транспортировка ~ия 161
обоснование 229
образование 200; система ~ия 200
  уровень ~ия 243
обслуживание: медицинское ~ 235, 237, 238
обувь 130
обучение 167, 185, 186; обязательное ~ 201; технические средства ~ия 205
общежитие: студенческое ~ 215
общество: акционерное ~ 78
  спортивное ~ 259; страховое ~ 175

община 194
объединение: ~ предпринимателей 198
объем 185, 247
объявление: рекламное ~ 111, 121
оговорка 63, 131
ограничение 208
одежда 130
округ: административный ~ 194
опера 255
операция 245; рабочая~ 224
оперетта 255
оплата 122; несвоевременная ~ 69; ~ труда 88, 259
оппонент 228
опухоль: злокачественная ~ 242
опыт 91, 225
оратор 227
орган: центральный ~ 234
оргкомитет 232, 233
орошение 97
осмотр 130; профилактический ~ 158, 160
основа: правовая ~ 184
основание: ~ переговоров 135
остановка 19, 20
ответственность 71, 147, 174, 238
отгрузка 148, 152
отделение: (медицинское) ~ 240 приемное ~ (врача) 240; родильное ~ 240
отзыв 128
отправление: почтовое ~ 145
оформление: внешнее ~ 129; художественное ~ 120
охрана 121; ~ труда 90
оценка 214

П

павильон 118, 119, 123, 124
палата: ~ депутатов 196
параметр 130, 189; гарантийные ~ы 160; технические ~ы 130
парикмахерская 26
парк: станочный ~ 85
партия 197, 198; отдельные ~ии 148 ~ товара 174
партнёр 87, 88, 144, 224
пасека 107

пациент 238, 244
педагог 202
пенсия 204
перевод 232; ~ денег 67; синхронный ~ 220
переводчик 220
перевозки 156; контейнерные ~ 153; стоимость ~ 137
переговоры 39
перегрузка 145, 147
переливание: ~ крови 244, 245
переработка 107
пересмотр: ~ цен 141
персонал: обслуживающий ~ 167, 203
перспектива 224
писатель 252
питание 115; ~ школьников 206
план 181, 183—187; учебный ~ 212
пластмасса 181
плата 245; ~ за учебу 202
платеж 60; объемы ~ей 60 отказ от ~а 69; порядок ~ей 58
плательщик 66
пломба 164
площадь: выставочная и складская ~и 113
повестка дня 222
повышение: ~ квалификации 204, 241; ~ цен 136
погрузка 145; станция ~и 157
подвод: ~ воды 162; ~ света 162
подготовка 96, 97
поддержка 227
поезд 13—17
поездка: деловая ~ 41
позиция 151
показ: мод 113
показатели: производственные ~ 192; технико-экономические ~ 81, 154
покупатель 172
поликлиника 236
полиция 197
полномочия 43, 67
положение: финансовое ~ 58
поломка 172; виновник ~и 172
полукантон 193, 200
полуфабрикат 137
получатель 65

помещение для переговоров 124
помощь 116—119, 239; материальная ~ 215
порт: ~ выгрузки 146; ~ назначения 152, 157; ~ отправления 152; ~ перегрузки 157
пособие: наглядное ~ 205
поставка 88, 151; дата ~и 148 досрочная ~ 149; возможность ~ и 144—145; объем ~ок 180; ~ запасных частей 165; равномерность ~ок 151; регулярная ~ 165; сроки ~ок 149; ускорение ~ок 173; условия ~ок 145 ~ фоб 145; экспортная ~ 152
потери: валютные ~ 63
потребность 234, 235
почва 98
почка 243, 244; донорская ~ 244; искусственная ~ 244
почта 21, 22
право собственности 146
практика: производственная ~ 213
применение 178
предложение 138, 227—229 конкурентное ~ 134
предмет 204, 214; ~ы точной механики 132
предпосылка 188
предприятие 75, 77, 78, 186; головное ~ 79; дочернее ~ 78; небольшое ~ 107; совместное ~ 76, 184; создание ~ия 182
председатель 222, 228
преимущество 81
прейскурант 61, 134, 137
премия 260
прения 230, 232
преподаватель 203, 211
пресс-конференция 216
пресс-центр 216
претензия 72, 133; встречная ~ 71
прибор 125, 128, 129, 140, 163, 168; измерительный ~ 132
прибыль 94: чистая ~ 94
привес 105
приглашение 12
применение 178

проблема 227, 231, 251; научная ~ 231
проверка: ~ прибора 171
проводка: бухгалтерская ~ 64
прогноз 185
программа 176, 218, 247; ~ капиталовложений 79; культурная ~ 219; рабочая ~ 180
продавец 172
продовольствие 174
продукты 130; скоропортящиеся сельскохозяйственные ~ 148
продукция 80, 93, 107, 108, 126, 191; ~ машиностроения 137; медицинская ~ 247
проект 180
проектирование 179, 185, 188
проживание 114
производительность 82; высокая ~ 128; рост ~и 192
производство 85, 190; крупносерийное ~ 87; материальное ~ 223; мелкосерийное ~ 182; ~ изделий 179; расширение объема ~а 191; рост ~а 191; серийное ~ 87, 192; специализация ~а 179; технология ~а 191; штучное ~ 87
пропуск: постоянный ~ 120
проспект 128, 134
протокол 190, 229; заключительный ~ 172; ~ испытаний 131; согласованные ~ы по ценам 134
профессор 209, 211, 212
процедура 228; (медицинская) ~ 237
прочность 84
публикация 232, 233
пункт: ~ назначения 152
пуск: пробный ~ 160
пути: дыхательные ~ 241; ~ перевозок 156
пчеловодство 107

Р

работа 96, 97, 120, 232; бесперебойная ~ 129; исследовательская ~ 188, 189, 216; конструкторская ~ 179; монтажная ~ 85, 120; научная ~ 185;

научно-исследовательская ~ 179, 187; разгрузочные ~ы 120 сверхурочная ~ 89; совместная ~ 185
работник: медицинский ~ 247; научный ~ 183, 216
рабочий 89, 161
разбивка: ~ цен 143
развитие 185
разговор: телефонный ~ 23
разгрузка 119
разделение: ~ труда 182
размер: ~ помещения 162
разница: ~ между ценами 143
разработка 185, 190, 223
распределение 95; ~ обязанностей 145; ~ площадей под культуры 95
расход: ~ электроэнергии 81
расходы 70, 94, 159, 172; дополнительные ~ 60, 138; накладные ~ 60, 70; непредвиденные ~ 121: ~ за доставку 145; ~ на командировку 138; транспортные ~ 145
расхождение в цене 140
расчёт 68, 72; машинные ~ы 68, 189; ошибка в ~ах 72; правильность ~ов 72; предварительные варианты ~а 136; предварительные ~ы по ценам 72; ~ы по ценам 136; сравнительный ~139; формы ~ а 62
редакция 228
резолюция 229
результаты 190: ~ внедрения 217; ~ проверки 172; ~ работы 189
реквизиты: отгрузочные ~ 156, 157
рекламация 175; удовлетворение ~ ии 169, 171
рекомендация 225
реконструкция 126
ремонт 158, 163, 171; гарантийный ~ 164; инструкция по ~у 166, 167; капитальный ~ 160, 164; крупный ~ 168; профилактический ~ 164; текущий ~ 160, 164
рентабельность 190

репертуар 254
ресурсы; использование ~ов 191 материальные ~ 92
рецепт 32, 245, 246
решение 231
риск 145, 146
рост: ~ цен 140
руководитель 188
руководство: ~ для сборки 46; техническое ~ 160
рыбоводство 107

С

сад: фруктовый ~ 106
самолёт 17, 18
санкции 46
сбыт 53, 108, 117
сведения 248
связи: прямые ~ 181
сдача 34, 68
себестоимость 61
севооборот 95
секция 259
селекция 101, 181
семинар 212
серия: нулевая ~ 192
сертификат: ~ качества 170, 175
сессия 195, 214; экзаменационная ~ 214
сила, непреодолимая ~ 147; рабочая ~ 86, 94, 191
симпозиум 177
синтез 181
система: контейнерная транспортная ~ 154; школьная ~ 200
скидка 170; ~ на количество 142
скот 92, 100, 101, породистый ~ 94 содержание ~а 103, 104
случай: несчастный ~ 239
смертность 245
смета 114, 121
снабжение 159
снаряжение: спортивное ~ 260
снимок: рентгеновский ~ 242
соблюдение: ~ правил 243
совещание 229; техническое ~ 190
согласие 151
согласованность 231

соглашение: межправительственное ~ 126
содействие 185
создание 181
сообщение: воздушное ~ 146
сооружение 258
соревнование 259
состав: профессорско-преподавательский ~ 210, 211
состояние: финансовое ~ 58, 93, 259
сотрудничество 257; научно-техническое ~ 176; расширение ~а 177; углубление ~а 177
союз 198; профессиональный ~ 198
специализация 181, 212
специалист 126, 135, 137, 160, 161, 171, 172, 186, 188, 207; обучение ~ов 177, 186; соответствующие ~ы 172; список ~ов 114
специальность 207, 208, 247
спецификация 130
спецодежда 161
список 45, 232; ~ необходимых запчастей 166; ~ экспертов 184
спорт 258, 259; виды ~а 260
спортсмен 258, 259, 260
способы: новые технологические ~ обмена информацией 247; ~ы транспортировки 152
спрос 191
средства: (денежные) ~ 67; ~ автоматизации 185; ~ механизации 185; транспортные ~ 239
сравнение 225
срок 150, 151; гарантийный ~ 45, 58, 81, 131,164; нарушение ~ов 71; перенос ~ а 150; продолжительность гарантийного ~ а 132; ~ аренды 114; ~ платежей 58, 69
ставка: процентная ~ 57, 59
стажировка 246, 247
стандарт 184, 190; мировой ~ 190
стандартизация 178, 184
станция: ~ отправления 157
статья 224, 332; ~и приходные и расходные 93

стачка 90
стенд 119
стимул 229
стипендия 215
стоимость: общая ~ 62, 93; полная ~ 60, 137
страхование 137; ~ на случай болезни 245
строительство 118, 119, 178
студент 212, 213, 215—217
сувенир 125
судно 131, 145—147, 152, 157
судопроизводство 197
сумма: отступная ~ 149
счет 26, 61, 122, 169, 173 расчётный ~ 66, 67
сырьё 86, 137, 191

Т

театр 249, 250, 254, 255
телеграмма 22
телекс 152, 156
температура 162
теория 229
терминал: контейнерный ~ 156
техника: компьютерная ~ 253; медицинская ~ 235
технология 98, 99, 224; комплексная ~ 182; прогрессивная ~ 182; типовая ~ 182
товар 132, 139, 141; вид ~а 132; качество ~а 44, 70; количество ~а 127, 128; недоброкачественный ~ 173; недостающий ~ 174; передача ~а 147; повреждение ~а 147; потребительские ~ы длительного пользования 19; право на ~ы 145
проверка ~а 130; рекламационный ~ 173; сорт ~а 145; сохранность ~а 147; список ~а 127; способ доставки ~а 145; страхование ~а 155; электробытовые ~ы 129
товарооборот 75
точка: ~ зрения 225—228
травма 239, 241, 244
травматизм: уличный ~ 244

транспорт 119, 180, 145; автомобильный ~ 145, 152; железнодорожный ~ 145
тратта 65, 70
требование 162, 190, 224
тренер 260
труд: ручной ~ 100, 104
трудность 108, 150
труды 232

У

уборка: ~ помещения 120; ~ урожая 100
угодья: земельные ~ 92
удобрение 97, 99
удой 105
удостоверение 245
узлы: дефектные ~ 164
уклонение от уплаты налогов 173
университет 207
упаковка 130, 152—154; вид ~и 152
морская ~ 153
уплата: ~ вперед 143
управление 195; органы ~ия 196, 201
уровень 182, 189; международный ~ 231; наивысший ~ 182
урожай 196
урожайность: ~ с гектара 100
условия 50, 148, 224; климатические ~ 163; оптимальные ~ 254; ~ для отдыха 50, 215; ~ договора 43; ~ жизни 215
услуги 178
усовершенствование 82, 85
успехи: спортивные ~ 259, 260
установка 129, 163; автоматическая ~ 150; заказанная ~ 151; опытная ~ 188
устранение 172; ~ недостатков 173; ~ повреждения 168
уступка 141
утверждение 223, 226
участник: ~ выставки 110, 114
учебник 203
учреждение 249, 250; амбулаторное ~ 236; лечебное ~ 240, 241; медицинское ~ 234

Ф

Факс 157
факультет 207, 208
физкультура 212, 258
фильм 256, 257; съёмки ~ов 257
фонд: книжный ~ 253
форс мажор 147
функция 235

Х

халатность 167
характеристика 91; техническая ~ 187
химчистка 30
хлев 103
хранение 107, 253; длительное ~ 130
хранилище 256

Ц

цель 183, 190
цена 43, 133, 247; биржевая ~ 138; глобальная ~ 136; групповые ~ы 136; движение цен 136; действующая ~ 138; договорная ~ 134, 138; изменение цен 141; конкурентная ~ 134, 135; контрактная ~ 140; мировые ~ы 139, 144; надбавка к ~е 142; позиционная ~ 136; поштучная ~ 137 протоколы по ~ам 134; разница в ~е 143; снижение ~ы 141; соотношение цен 140; средневесовая ~ 136; ~ внутреннего рынка 134, 135; ~ы мирового рынка 134, 135; частичное снижение ~ы 143
ценообразование 133, 135
цех 168
цирк 249, 254

Ч

часть: электрическая ~ 164
чек 65

Алфавитный указатель

чемпион: ~ мира 260; ~ страны 260
чертеж 45, 46, 84, 119
член: ~ профсоюза 90

Ш

школа 201; выпускник ~ы 207; общеобразовательная ~ 200; профессиональная ~ 200
штраф: ~ за просрочку уплаты 73

Э

экзамен 214
экономика 77
экономия 191
эксперимент 189
эксперт 183, 184, 189; заключение ~ов 222
экспертиза 168, 174
эксплуатация 85; ввод в ~ию 158; инструкция по ~ии 163, 166; пуск в ~ию 132
экспонат 110—112, 123, 256; список ~ов 125
экспонент 111
элеватор 108
энергия 191
эффективность: ~ производства 191

Я

язык 230

ALPHABETISCHES SACHREGISTER

A

Abendsitzung 219, 230
Abgangshafen 152
Abgangsstation 157
Abgeordnete 194
Abgeordnetenhaus 194, 196
Absatz 93, 108
Abstimmung 222, 223
Abteilung 240, 259
Abtransport 115
Abwandlung 80
Ackerbau 94
Akkreditiv 65, 66
Aktiengesellschaft 78
Ambulatorium 237
Analyse 130, 190
Änderung 151
Anforderung 162, 190
Angabe 174, 248; genaue ~ 174; technische ~ 134
Angebot 138
Angehörigkeit 249, 250
Anlage 129, 163; automatische ~ 150; bestellte ~ 151
Anregung 229
Anreisedatum 187
Anschauungsmittel 205
Anspruch 72, 133
Anstieg 192
Antragsformular 109
Anweisung 163; abschließende ~ 163
Anzahl 156; ~ der Kolli 152
Anzahlung 121
Arbeit 96, 97, 120, 212; gemeinsame ~ 185; wissenschaftliche ~ 185
Arbeiter 89
Arbeitsbedingung 160
Arbeitsentlohnung 88
Arbeitsergebnis 189
Arbeitsgang 224
Arbeitskleidung 161
Arbeitskraft 86, 94, 161, 191
Arbeitslohn 89
Arbeitsprogramm 180
Arbeitsproduktivität 192
Arbeitsschutz 90
Arbeitsteilung 182
Arbeitsunfall 239
Arbitrage 175
Artikel 224, 232
Arznei 245, 246
Arzneimittel 241
Arzt 31, 235, 240, 241
Atmungssystem 241
Aufbewahrungsort 256
Auftrag 151; offizieller ~ 160 schriftlicher ~ 164
Aufwendung 61
Ausarbeitung 185, 223
Ausfall 172
Ausführung: technische ~ 142
Ausbildung 167, 185, 200
Ausbildungssystem 200
Ausgaben 70, 94
Ausgestaltung: äußere ~ 129 künstlerische ~ 120
Ausladearbeit 120
Ausladestation 157
Ausreisetermin 187
Ausrüstung 129, 153, 158; medizinische ~ 241, 246; Prüfung der ~ 174
Äußerung 128, 227, 228, 229
Ausschuß 195
Ausschußerzeugnis 80

Alphabetisches Sachregister

Ausschußquote 80
Aussteller 111
Ausstellung 109; Schließung der ~ 122
Ausstellungsgüter 120
Ausstellungsteilnehmer 110, 114
Ausstellungs- und Lagerfläche 113
Austauschmöglichkeit 247
Auto 121
Automatisierung 86; Mittel für ~ 185
Automatisierungssystem: komplexes ~ 185
Autoverkehr 145

B

Bahnhof 13
Ballett 255
Bank 65, 66
Bankdepositum 62
Basis 259, 260; materiell-technische ~ 250; polygrphische ~ 251
Bau 118, 178
Baugruppe 164
Bedarf 191
Bedienungspersonal 167, 203
Bedienungsvorschrift 163, 166
Bedingungen 50, 148, 224; ~ für Erholung 50, 215; ~ der Viehhaltung 103; klimatische ~ 163; optimale ~ 254; vereinbarte ~ 122
Bedürfnis 234
Beförderung 161; Arten der ~ 145
Beförderungskosten 137
Begründung 229
Begutachtung: qualifizierte ~ 274
Behandlungsfall 241
Behauptung 226
Beheben: ~ des Schadens 168, 172
Belastung 84; maximale ~ 162
Belohnung 259
Bemerkung 227, 228, 332
Benachrichtigung 44
Beratung 229; technische ~ 190

Berechnung 68, 72; Korrektheit der ~ 72; maschinelle ~ 68, 189; vorläufige ~ 136
Berechnungsdaten 84
Beschluß 231
Beschränkung 208
Beseitigung 158; ~ der Mängel 173
Besitzer 78
Bestätigung 223, 226
Bestimmungshafen 157
Bestimmungsort 152
Betreuung: medizinische ~ 235, 237
Betrieb 75, 77, 78, 107, 129, 186; kleiner ~ 107; Schaffung des ~es 182
Bewachung 121
Bewässerung 97
Beweis 227
Bewerber 208
Bezahlung 122, 245
Bezeichnung 157; ~ der Fracht 157; ~ des Grenzübergangs 157
Beziehungen: direkte ~ 181
Bibliothek 250, 252, 253
Bibliothekwesen 249
Bienenzucht 107
Bilanz 58, 122
Bildungsniveau 243
Bluttransfusion 244
Boden 95, 98
Börsenpreis 138
Bruttogewicht 156, 152
Buch 253, 254
Bücherbestand 253
Buchung 64
Bundesland 193, 196, 200, 236, 249
Bundesrat 194, 195
Bundestag 194, 195

C

Charakteristik 91; technische ~ 187
Chef-Montage 161
Container 153
Containerbeförderung 153
Container-Terminal 156
Containertransportsystem 154

Alphabetisches Sachregister

D

Dauerausweis 120
Delegation 50, 233
Delegierte 219, 227, 232
Delegierung 185, 186
Delegierungsplan 186, 187
Demontage 120
Design 84, 129
Dienstfahrzeug 120
Dienstleistungen 178
Direktor 78
Diskussion 219, 230, 231, 232
Dispansaire 238, 240, 241
Distrikt 193
Dokument 60, 72, 84, 131, 134, 136, 153, 220, 223
Dokumentation 110; technische ~ 130, 167
Dolmetscher 220
Druckerzeugnisse 52
Dünger 97
Durchschnittspreis 136

E

Ebene: internationale ~ 231
Eindruck 231
Einführung 235, 181, 182, 190, 192, 235
Einkommens- und Abgangsposten 93
Einladung 12
Einrichtung: ambulante medizinische ~ 236
kulturelle ~ 249, 250; stationäre medizinische ~ 238
Einsparung 191
Einverständnis 151
Einwand 227, 228
Einzelanfertigung 87
Einzelpreis 137
Eisenbahn 145, 152
Eisenbahnfrachtbrief 146
Eisenbahnverkehr 145
Elektrobedarfsartikel 129
Empfänger 65
Empfehlung 225
Energie 191
Energieverbrauch 81
Entladen 119
Entladehafen 146
Entschädigung 70
Entschädigungssumme 149
Entsendung 177, 186, 187
Entwicklung 181, 185; langfristige ~ 185
Entwicklungsarbeit 179
Entwurf 180
Ereignisort 239
Erfahrung 91, 225
Erfahrungsaustausch 229, 231
Erforschung 181
Ergänzung 227, 228
Erkrankung 241
Ermäßigung 73
Ernteeinbringen 99
Erntezeit 100
Eröffnungszeremonie 219
Ersatzteil 87, 129, 161, 165, 166, 171
Ersatzteillieferung 166
Ertrag 96
Erweiterung des Produktionsvolumens 191
Erzeugnisse 184, 223; optische ~ 132; Produktion der ~ 179
Erziehung; körperliche ~ 258
Experiment 189
Experte 183, 184, 189
Expertengruppe 175
Expertise 174
Exponat 111, 123, 256
Exportlieferung 152

F

Fach 204, 214
Fachlehrgang 177
Fachleute 164, 207
Fachliteratur 224, 253
Fachrichtung 207, 208, 247
Fachstudium 212
Fachzimmer 202
Fahrkarten 14, 15, 20
Fahrpreisermäßigung 206
Fahrzeug 121, 180
Fakultät 207, 208
Fax 157
Fehler 158, 160, 164, 168
Fehlmenge 173
Ferien 204
Ferngespräch 23

Fertigerzeugnisse 137; medizinische ~ 247
Fertigkeit 206
Film 256
Filmaufnahme 257
Filmstudio 249
Finanzfrage 247
Fischzucht 107
Flughafen 17
Flugzeug 17, 18, 146
Force majere 147
Forderung 224
Formulierung 228
Forschung 184, 230; angewandte ~ 225; medizinische ~ 235
Forschungsarbeit 187, 188, 189, 216; Themen der ~en 189
Forschungsbasis; gemeinsame ~ 180
Forschungseinrichtung 177
Forschungsergebnis 190, 224, 225
Forschungsgruppe 188, 189, 216
Forstwirtschaft 106
Frachtbrief 146
Frist 188; 189; ~ der Begleichung 58
Funktion 235
Funktionserprobung 189
Funktionsmodell 124
Futter 104

G

Garantie 164, 165
Garantiefrist 45, 58, 81, 131, 164; Dauer der ~ 132
Garantiereparatur 164
Garantiesätze 164
Garantiezeit 45
Gastspiel 255
Gebrauchsanweisung 83
Gebrauchsort 131
Gegenanspruch 71
Gegenstand; ~ der Feinmechanik 132
Gahalt 203, 211, 259
Geldmittel 67; Überweisung der ~ 67
Gemeinde 194
Gemeindeschwester 237
Gemeinschaftsunternehmen 76, 184

Generalreparaturen 160
Gepäck 18
Gepäckabfertigung 11
Gepäckschein 157
Gerät 125, 128, 129, 140, 163, 168, 205
Überprüfung des ~ es 171
Gerichtskosten 74
Gerichtsverfahren 157
Gesamtpreis 62, 136
Gesamtwert 93
Geschäft 33
Geschäftsreise 41
Geschwülst: bösartige ~ 242
Gesetzgebung 195
Gesundheitswesen 234, 235
Getreidespeicher 108
Gewerkschaftsmitglied 90
Gewerkschaftsorganisation 89, 90
Gewichtszunahme 105
Gewinn 81; ökonomischer ~ 130
Gleichmäßigkeit: ~ der Lieferungen 151
Golddeckung 63
Gremium 210
Großserienfertigung 191, 192
Grundfachrichtung 251
Grundfrage 187
Grundlagenforschung 178, 185
Grundstück 92
Gruppe 209, 211
Gruppenpreis 136
Gutachten 135
Gütekontrolle 80, 130
Gygiene 235

H

Halbfabrikat 137
Haltestelle 19, 20
Handarbeit 155
Hauptbank 66
Hauptrichtung 181, 247
Hauptvortragende 222
Hauptwerk 79
Hektarertrag 100
Heilanstalt 240, 241
Heilbehandlung 246, 247
Heilverfahren 237
Herstellerwerk 169, 171, 173
Herz-Kreislauf-Kvankheiten 242
Hilfeleistung 239

Höchststand 182
Höhere Gewalt 147
Hotel 23, 24

I

Imkerei 107
Inbetriebnahme 85, 132, 158; Verzögerung der ~ 132
Indossament 65
Infektionskrankheit 243
Information 177; wissenschaftlich — technische ~ 183
Informationsbüro 123
Inlandpreis 134, 135
Institut 207
Inventar 260
Investition 223
Investitionsprogramm 79

K

Kabelerzeugnisse 131
Kader 177, 251
Katalog 46, 111
Käufer 172
Kennziffern 81, 124; statistische ~ 224; technische ~ 81, 124
Klasse 206
Klausel 131
Kleidungsstück 130
Kleinserienfertigung 182
Kollo 152, 153
Komplettierungsteile 192
Komputertechnik 253
Konferenz 177, 229—232
Kongreß 230
Konkurrenzangebot 194
Konkurrenzpreis 134, 135
Konkurrenzunterlagen 134, 139
Konnossement 146, 152
Konserven 131
Konstrukteur 124
Konstruktion 83, 140, 190
Konsultation 184, 186; technische ~ 158, 160, 166
Konsumgüter; langlebige ~ 131
Kontakte 257
Kontingent 180
Konto 66, 67, 169
Konzeption 226, 229

Kooperierung 178
Korpererziehung 212, 258
Korrektur 46, 184
Kosten 159, 172, 186; ~ der Forschungsarbeiten 188; ~ für die Beförderung 138
Kostenanschlag 114, 121
Kotierung 65, 143
Kraftanschluß 162
Kranke 237
Krankenhaus 237, 238
Krankenversicherung 245
Krankheit 241, 242; akute ~ 239; ~ des Verdauungssystem 242
Kredit 55; Rückstand für ~ 58; Zeitplan der Begleichung von ~en 58
Kreditnote 65
Kreis 194
Kriterium 188
Kulturprogramm 219
Kunde 87
Kunst 249

L

Laboratorium 188
Ladefähigkeit 83
Lage: finanzielle ~ 58, 93, 259
Lagerung 107, 130, 253
Lastkraftwagen 145
Lebensbedingungen 215
Lebensmittel 130, 174
Lehranstalt 200, 201, 258
Lehrbuch 203
Lehrer 203, 211
Lehrkörper 203, 210, 211
Lehrplan 212
Lehrmittel: technische ~ 205
Lehrstuhl 211
Leistung 140; sportliche ~en 260; technische und ökonomische ~en 154
Leistungsfähigkeit 129
Leiter 188
Lektor 211
Lichtschluß 162
Lieferbedingungen 145
Lieferbenachrichtigung 44
Lieferdatum 146, 148
Lieferfrist 148—149
Lieferrückstand 157

Lieferung 88, 151; Beschleunigung der ~en 173; fob ~ 145; ~en von Ersatzteilen 165; Möglichkeiten der ~ 144, 145; regelmäßige ~ 165; Termine der ~ en 149; Umfang der ~en 180; vorfristige ~ 149
Lieferwerk 165, 172
Literatur 251
Lizenz 70, 88
Luftfeuchtigkeit 162
Lufttemperatur 162
Luftverkehr 145, 146

M

Machtorgane: oberste ~ 194; örtliche ~ 234
Mängel 171, 173; Behebung der ~ 170; ~an Waggons 158
Markierung 154; Anforderungen an die ~ 154
Maschine 125, 128, 153, 158; defekte ~ 165; Erprobung der ~ 179; Marke der ~ 144; Prospekte der ~ 125
Maschinenbauerzeugnisse 137
Material 52, 53
Maße: ~ der Räumlichkeit 163
Maßnahme 238
Mechanisierung 104; Mittlel für ~ 185
Medizintechnik 235
Mehrkosten 60, 71
Meinung 227, 228, 232
Meinungsaustausch 223
Meister: ~ der Landes 260; ~ des Sports 260
Menge 166
Mengenkontingent 180
Mengenrabatt 142
Meßgerät 132
Methode 242; ~ der Preisrechnung 136
Methodologie 187
Mietdauer 114
Milchertrag 105
Montage 120, 161; Anleitung zur ~ 46; qualifizierte ~ 158
Montagearbeit 85, 120
Montagebereitschaftserklärung 160
Montageplan 161
Monteur 172
Morgensitzung 219, 230
Müll 121
Museum 249, 250, 255, 256

N

Nachlaß 170
Nachlässigkeit 167
Nachwuchskader 188
Name 157
Nebenkosten 131
Nettogewicht 154, 156
Neuheit 111, 115, 124, 204
Niere; künstliche ~ 244
Niereninsuffizienz 244
Nierenkrankheit 243, 244
Niveau 182
Nomenklatur 125, 126, 127, 180, 247
Normative 190
Note 214
Notierung 143
Nullserie 192
Nummer 23, 174
Nutzanwendung 178
Nutzfläche 92, 95
Nutzung 181, 191

O

Obstbäume 106
Obstgarten 106
Oper 255
Operation 245
Operette 255
Opponent 228
Organe: ortliche ~ 234; zentrale ~ 234
Organisationskomitee 232, 233

P

Pachtgeld 94
Pädagoge 202
Parameter 130, 189; technische ~ 130
Partie 174; einzelne ~ 148
Partner 87, 88, 144, 224

Alphabetisches Sachregister

Paßkontrolle 10, 11
Patentwesen 178
Patient 238, 244
Pause 221
Pavillon 118, 119, 123, 124
Perspektive 224
Plan 181, 183—187
Plenarsitzung 219, 230
Plombe 164
Poliklinik 236
Polizei 197
Post 21, 22
Posten 151
Postenpreis 136
Postsendung 145
Prämie 260
Präsidium 195
Praktik 177
Praktikum 213, 246, 247
Preis 43, 133, 247; Differenz zwischen den ∼en 143; gültiger ∼ 138; Teilreduzierung vom ∼ 143; Verhandlungsspanne zum ∼ 140
Preisänderung 141
Preisaufschlag 142
Preisaufteilung 143
Preisberechnung 72; vorläufige ∼en 136
Preisbewegung 136
Preisbildung 135; Grundsätze der ∼ 133
Preisermäßigung 170
Preisindex 137
Preiskalkulation 137
Preiskorrektur 141, 142
Preisliste 61, 134, 137
Preisprotokoll 134; abgestimmtes ∼ 134
Preisrelation 140
Preissenkung 141
Preisspanne 143
Preissteigerungsrate 140
Preisüberprüfung 141
Preisunterlagen 130, 133
Pressekonferenz 116
Pressezentrum 116
Privatlehranstalt 201
Probebetrieb 160
Problem 227, 231, 251; wissenschaftliches ∼ 231

Produkte: leichtverderbliche ∼ 148
Produktion 80, 93, 107, 108, 126, 137, 247; materielle ∼ 223; Nutzeffekt der ∼ 191
Produktionskapazität 79
Produktionstechnologie 191
Produktionsziffern 192
Produktivität 82; hohe ∼ 128; Steigerung der ∼ 191
Professor 209, 211, 212
Prognose 185
Programm 176, 218, 247
Projektierung 179, 185, 188
Prospekt 128, 134
Protokoll 190, 229; abschließendes ∼ 172
Prozedur 228, 237
Prozentsatz 57, 59
Prüfung 130, 214
Prüfungsabschnitt 214
Prüfungsprotokoll 131

Q

Qualität 44, 170; Besserung der ∼ 136; hohe ∼ 128
Qualitätszertifikat 170
Quartal 149—151

R

Rat: wissenschaftlicher ∼ 210
Rechenfehler 72
Rechnung 26, 61, 122, 169, 173
Recht; ∼ auf Bigentum 146
Rechtsfragen 184
Redner 227, 229, 231
Regierungsabkommen 126
Regierungsbezirk 194
Registrierungsbeitrag 218
Registrierungsbüro 218
Reingewinn 94
Reinigung; chemische ∼ 30
Reisekosten 138
Reklamation 175; Erledigung der ∼ 169, 171
Reklamationsprotokoll 174
Rentabilität 190
Rente 204
Reparatur 158, 163; größere ∼en

Alphabetisches Sachregister

161; laufende ~ 158, 160
Reparaturanleitung 166
Resolution 229
Ressource: materielle ~ 92
Restgeld 34, 68
Resultat 217; ~e der Prüfung 172
Rezept 32, 245, 246
Risiko 145, 146
Rohstoff 86, 92, 137; Nutzung der ~e 191
Röntgendarstellung 242
Routinedurchsicht 158, 161
Rückstand 58, 59

S

Saal 253
Saatfolgewechsel 95
Sachverständigengutachten 222
Sammlung 256
Sanktion 46
Sätze: ~ von Ersatzteilen 87, 129; ~ von Verschleißteilen 129
Säuberung; ~ der Räume 120
Schaden 171, 172
Schaffung 181
Schauspieler 255, 257
Scheck 65
Scheme 167
Schiff 131, 145—147, 152, 157
Schriftsteller 252
Schuhwerk 130
Schuldbetreiben 74
Schule 201; Absolventen der ~ 207; allgemeinbildende ~ 200; berufsbildende ~ 200
Schulpflicht 201
Schulsystem 200
Schulung 167
Schwierigkeiten 108, 150, 158
Seefrachtbrief 146
Seeverpackung 153
Sektion 259
Selbstkosten 61
Selektion 101
Seminar 212
Serienanfertigung 87
Serienmaschine 132
Serienproduktion 87, 192
Simultandolmetschen 220
Sitzung 220, 231
Sitzungsreglement 221

Sonderbestellung 87
Sortiment 166
Souvenir 125
Spendeniere 244
Speisekarte 28
Spesen 60, 61, 70
Spezialisierung 181, 212; ~ der Produktion 179
Spezialist 114, 126, 135, 137, 160, 161, 171, 188; Ausbildung der ~en 177, 186; Delegierung von ~ en 182; entsprechende ~en 172; Liste der ~en 114
Spielplan 254
Sport 258, 259
Sportarten 260
Sportausrüstung 260
Sporteinrichtung 258
Sportleistungen 259, 260
Sportler 258, 259, 260
Sportverein 259
Sprache 230
Sprechzimmer 240
Staatszuwendungen 79, 260
Stall 103
Stand 119, 189; wissenschaftlich-technischer ~ 189
Standard 184, 190
Standardisierung 178, 184
Standardisierungsfragen 187
Standpunkt 225, 227, 228
Station 240
Sterblichkeit 245
Strafe 175
Streik 90
Streitfrage 195
Steuerflucht 73
Stipendium 215
Student 212, 213, 215—217
Studentenwohnheim 215
Studienabschnitt 213
Studiumsgebühr 202
Stundentafel 212
Subvention 79
Symposium 177
Synthese 181

T

Tagesordnung 222
Tagung 195

Alphabetisches Sachregister

Technologie 98, 99, 224; komplexe ~ 182; progressive ~ 182
Teil: defekter ~ 164, 172
Telegramm 22
Telex 152, 156
Termin 151
Terminüberschreitung 71
Test 130
Theater 249, 250, 254, 255
Theaterkarte 25
Theorie 229
Tochterunternehmen 78
Trainer 258, 259
Transportarbeiter 120, 161
Transportarten 152
Transportkosten 145
Transportweg 156
Tratte 65, 70
Typentechnologie 182
Typisierung 178

Übereinkunft 189, 231
Überleitung 190
Übersetzung 232
Überstunden 89
Umfang 185, 247
Umladung 145, 147
Umschlag 156
Umschlaghafen 157
Unfall 241
Universität 207
Unkosten: unvorhergesehene ~ 121
Unkraut- und Schädlingsbekämpfung 99, 100
Unterkunft 114
Unterlagen 111; technische ~ 83
Unterrichtsmethodik 204
Unterstützung 116, 118; materielle ~ 215; technische ~ 185
Untersuchung 181
Unzulänglichkeiten 189

V

Valuta 12
Valutaschwankungen 63
Valutaverlusten 63

Veränderungen; konstruktive ~ 166; technische ~ 166
Veranstalter 110
Verantwortung 71, 147, 174, 238
Verbände 198
Verfahren: neue technologische ~ 187
Vergleich 225
Vergleichrechnung 139
Verhaltensweise: hygienische ~ 243
Verhandlung 40
Verhandlungsraum 127
Verkäufer 172
Verkehr 145—146
Verkehrsunfall 244
Verladestation 157
Verlag 251
Verlagwesen 249
Verletzung 239, 244
Vermietung 121
Vermittlungsausschuß 196
Veröffentlichung 232, 233
Verpackung 130, 152—154; Art der ~ 152
Verpackungsart 152
Verpackungsliste 153
Verpflegung 115
Verrechnungsform 62
Verrechnungskonto 67
Versand 148
Versanddaten 156, 174
Versandinstruktionen 156, 157
Verschiebung: ~ der Liefertermine 149
Verschiffung 145, 152
Versicherung 137, 175, 245; ~ der Ware 155
Versorgung 87, 251; materielle ~ 202; ~ mit Ersatzteilen 159
Versuchsanlage 188
Verteilung 95; ~ der Verpflichtungen 145; ~ von Nutzflächen für Kulturen 95
Vertrag 42, 117, 255, 256; Bedingungon des ~ es 43; Gesamtpreis des ~ es 62
Vertragsänderung 47, 48
Vertragsentwurf 42
Vertragsergänzung 47, 48
Vertragspreis 134, 138, 140
Verwaltung 195

Alphabetisches Sachregister

Verwaltungsorgan 196, 201
Verwendung 226
Verwendungszweck 55
Verzeichnis 45, 232
Verzögerung 133, 155
Verzugszinsen 73
Vieh 92, 101
Viehzucht 100
Vielfalt 225
Virusinfektion 243
Vollmacht 43, 67
Vollwert 60, 137
Voraussetzung 188
Vorauszahlung 143
Vorbereitung 96, 97
Vorführung 123
Vorlesung 212
Vorschlag 227—229
Vorschuß 67
Vorsitzende 222, 228
Vorteil 81
Vortrag 115, 220, 227, 230, 231
Vortragende 222, 226, 229, 231
Vortragszyklus 177
Vorzugszinsen 57

W

Wagen 15, 16
Waggon 155, 174
Währung 11, 12, 59, 63
 konvertierbare ~ 59
Wald 106
Ware 129, 132, 139, 141, 145, 155;
 Art der ~ 132; Beschädigung
 der ~ 147; fehlende ~ 174;
 Liste der ~ 127; mangelhafte
 ~ 173; Menge der ~en 127,
 128; Prüfung der ~ 230
Qualität der ~ 44, 170; Recht auf
 die ~ 145; reklamierte ~ 173;
 Sorte der ~ 145; Übergabe der
 ~147; Unversehrtheit der ~
 147
Warenpartie 174
Warenumsatz 75

Wasseranschluß 162
Wasserverkehr 145
Wechselkurs 13
Weiterbildung 204, 241
Weiterentwicklung 82, 85
Weltmarktpreis 134, 135, 139, 144
Weltmeister 260
Weltniveau 190
Werbeanzeige 111, 121
Werk 148, 171, 192, 232, 252;
 komplettes ~ 131
Werkhalle 168
Werkstätten 158
Werkzeugmaschinenpark 85
Werte: experimentelle ~ 225
Wertkontingente 180
Wettkampf 259
Wirtschaftsstruktur 77
Wissenschafter 183, 216

Z

Zahler 66
Zahlung 60; rechtzeitige ~ 69;
 Reihenfolge der ~ en 58; rück-
 ständige ~ 69; Volumen von ~
 en 60
Zahlungsbedingung 44
Zahlungsdokumente 65
Zahlungsfrist 69
Zahlungsverweigerung 69
Zahlungszeitplan 64
Zeichnung 45, 46, 84, 119
Zeitplan 58, 164
Zertifikat 175
Zirkus 249, 254
Zollerklärung 10, 11
Zuchtvieh 94
Zug 13—17
Zugeständnis 141
Zusammenarbeit 257; Erweite-
 rung der ~ 177; Vertiefung der
 ~ 177; wissenschaftlich-tech-
 nische ~ 176
Zustimmung 227
Zweck 183, 190

СПИСОК ИСПОЛЬЗОВАННОЙ ЛИТЕРАТУРЫ

Как правильно сказать по-немецки. М., 1976.

Коммерческая корреспонденция на немецком языке. М., 1979.

Немецко-русский словарь. М., 1992.

Практикум по страноведению: Немецкий язык. Мн., 1988.

Русско-итальянский разговорник по внешнеэкономическим связям. М., 1990.

Русско-немецкий разговорник. Мн., 1991.

Русско-немецкий словарь. М., 1989.

Aus der Sprachpraxis des staatlichen Vertragsgerichts. Berlin, 1981.

Der Fischer Weltalmanach. Frankfurt am Mein, 1991.

Deutsche Demokratische Republik: Handbuch. Leipzig, 1979.

Deutsche Umgangssprache. М., 1964.

Reisebuch DDR. Berlin, Leipzig, 1982.

Russisch für die Außenwirtschafts: Stufen 1-8. Berlin, 1982.

Russisch für die Außenwirtschaft: Kundendienst. Berlin, 1982.

Sprachführer für die Außenwirtschaftspraxis: Deutsch-Russisch. Berlin, 1974.

Справочное издание

Зеленин Константин Иванович

ДЕЛОВЫЕ КОНТАКТЫ
Русско-немецкий разговорник

Редактор
В. С. Гаврилов

Художник обложки
и художественный редактор
А. Г. Звонарев

Технический редактор
Г. М. Романчук

Корректор
Г. В. Вагабова

ИБ № 3495

Сдано в набор 8.12.92. Подписано в печать 21.01.94. Формат 84×108/32. Бумага тип. № 1. Высокая печать. Гарнитура литературная. Усл. печ. л. 21. Усл. кр.-отт. 21. Уч.-изд. л. 25,46. Тираж 50 000 экз. Заказ 2430.

Издательство «Вышэйшая школа» Министерства информации Республики Беларусь. Лицензия ЛВ № 5. 220048. Минск, проспект Машерова, 11.

Минский ордена Трудового Красного знамени полиграфкомбинат МППО им. Я. Коласа. 220005. Минск, ул. Красная, 23.